西藏统计年鉴

TIBET STATISTICAL YEARBOOK

2015

总第27期　NO.27

西藏自治区统计局
Tibet Autonomous Region Bureau of Statistics
国家统计局西藏调查总队
Tibet General Team of Investigation under the NBS
编

中国统计出版社
China Statistics Press

图书在版编目（CIP）数据

西藏统计年鉴. 2015：汉英对照 / 西藏自治区统计局, 国家统计局西藏调查总队编. -- 北京：中国统计出版社, 2015.7
ISBN 978-7-5037-7476-8

Ⅰ. ①西… Ⅱ. ①西… ②国… Ⅲ. ①统计资料－西藏－2015－年鉴－汉、英 Ⅳ. ①C832.75-54

中国版本图书馆 CIP 数据核字(2015)第 153652 号

西藏统计年鉴-2015

作　　者/ 西藏自治区统计局　国家统计局西藏调查总队
责任编辑/ 佘竞雄　刘院明　高勇
出版发行/ 中国统计出版社
地　　址/ 北京市丰台区西三环南路甲 6 号　邮政编码/100073
电　　话/ 邮购（010）63376909　书店（010）68783171
网　　址/ http://www.zgtjcbs.com
印　　刷/ 北京力信诚印刷有限公司
经　　销/ 新华书店
开　　本/ 890mm×1240mm　1/16
字　　数/ 860 千字
印　　张/ 29.5
版　　别/ 2015 年 7 月第 1 版
版　　次/ 2015 年 7 月第 1 次印刷
定　　价/ 280.00 元

本书附同版本 CD-ROM 一张，光盘内容以书面文字为准。
如有印装差错，由本社发行部调换。

《西藏统计年鉴–2015》编辑委员会及编辑工作人员

编辑委员会

编辑工作人员

《TIBET STATISTICAL YEARBOOK-2015》

EDITORIAL BOARD AND EDITORIAL STAFF

编辑说明

一、《西藏统计年鉴》(2015)是一本信息高度密集的资料工具书。本书收录了2014 年西藏自治区的经济和社会发展等各方面的统计数据,以及西藏和平解放以来各个时期的主要统计数据，是国内外各界人士了解西藏、认识西藏的重要资料性工具书。

二、全书内容分为 18 个篇目，即 1. 行政区划和自然资源；2. 综合；3. 人口、从业人员和职工工资；4. 固定资产投资；5. 财政；6. 物价；7. 人民生活；8. 农业；9. 工业；10. 建筑业；11. 运输和邮电；12. 国内贸易；13. 对外经济贸易和旅游；14. 金融和保险；15. 教育、科技和文化；16. 卫生、体育和环保；17. 各县（区、市）主要统计资料；18. 全国各省（区、市）统计资料。为便于读者正确使用资料，书末还附有主要统计指标解释。

三、本年鉴中总量指标均按当年现行价格计算。西藏生产总值及各产业增加值、农业总产值、工业总产值指数和增长速度均按可比价格计算。

四、本年鉴部分数据合计数或相对数由于单位取舍不同产生的计算误差未作机械调整。

五、本年鉴对以前的统计资料重新进行了核实，相应地调整了部分数据。读者在使用历史资料时，凡与本年鉴有出入的，均以本年鉴为准。

六、本年鉴中的符号使用说明:“…”表示数据不足本表最小单位数;“空格”表示该项统计指标数据不详或无数据;“＃”表示其中主要项。

七、资料中所使用的度量衡单位采用国际统一标准计量单位。

八、本书为中英文对照，配有电子版光盘。

九、《西藏统计年鉴》公开出版以来，受到了国内外广大读者的关心和支持，对本年鉴的内容和编辑工作提出了许多宝贵意见，同时得到区直有关部门和单位的大力支持，对此我们深表感谢。限于我们的水平，欢迎读者继续对年鉴的不足之处给予批评和指正，帮助我们进一步改进年鉴的编辑工作，以便我们更好地为广大读者服务。

EDITOR'S NOTE

Ⅰ.*Tibet Statistical Yearbook 2015*contains comprehensive statistics of Tibetan social and economic development in 2014 and some selected major data series in historically important years after The Peaceful Liberation of Tibet. It is really an important and efficient reference yearbook for people of various circles in and outside China to know and understand Tibet.

Ⅱ.The book is composed of 18 parts. They include: 1.Division of Administrative Areas and Natural Resources;2.General Survey;3. Population , Employment and Wages; 4.Investment in Fixed Assets; 5.Government Finance; 6.Price; 7.People's Livelihood; 8.Agriculture; 9.Industry; 10.Construction; 11.Transportation, Postal and Telecommunications Services; 12.Domestic Trade;13.Foreign Trade and Tourism;14.Banking and Insurance; 15.Education, Science and Culture;16.Sport, Public Health and Environmental Protection;17.Statistics for Counties, Cities and Districts;18.Statistics for Provinces, Municipality and Autonomous Region. Interpretation of major statistical indicators attached is a useful tool for readers of this yearbook.

Ⅲ.The prices used in calculation in this publication are current prices of those years.Indices and growth rate of gross regional product of Tibet,value-added by three strata of industry,gross agricultural output value and gross industrial output value are calculated at constant prices.

Ⅳ.Statistical discrepancies in this yearbook due to rounding are not adjusted.

Ⅴ.Some of the published data are changed in this yearbook according to our checking, therefore, data in this yearbook are reliable whenever you find different data in other publications.

Ⅵ.Marks in this yearbook:"…"means not large enough to be rounded into the least unit; "#" indicates major item in a category. "blank space" not available.

Ⅶ.The international standard units of measurement are applied in this yearbook.

Ⅷ.This book is written in Chinese and English, and is equipped with electric CD.

Ⅸ.Previous editions of *Tibet Statistical Yearbook* have won wide acclaim among the readers. During the compilation of the yearbook, we have got the support from some government departments of Autonomous Region and other relative units. We express our thanks to all of them here. In order to excel, we welcome all candid comments and criticism from our readers.

目　录

CONTENTS

第一篇　行政区划和自然资源

CHAPTER 1　ADMINISTRATIVE DIVISION AND NATURAL RESOURCES

第二篇　综合

CHAPTER 2　GENERAL SURVEY

第三篇 人口、从业人员和职工工资
CHAPTER 3 POPULATION,EMPLOYMENT AND WAGES

第四篇　固定资产投资
CHAPTER 4　INVESTMENT IN FIXED ASSETS

第五篇 财政
CHAPTER 5 GOVERNMENT FINANCE

第六篇 物价指数
CHAPTER 6 PRICE INDICES

第七篇　人民生活
CHAPTER 7　PEOPLE'S LIVELIHOOD

第八篇　农业
CHAPTER 8　AGRICULTURE

第九篇　工业
CHAPTER 9　INDUSTRY

第十篇 建筑业
CHAPTER 10 CONSTRUCTION

第十一篇　运输和邮电业
CHAPTER 11　TRANSPORTATION，POSTAL AND TELECOMMUNICATIONS SERVICES

第十二篇　国内贸易
CHAPTER 12　DOMESTIC TRADE

第十三篇 对外经济贸易和旅游
CHAPTER 13 FOREIGN TRADE AND TOURISM

第十四篇 金融和保险
CHAPTER 14 BANKING AND INSURANCE

第十五篇　教育、科技和文化
CHAPTER 15　EDUCATION，SCIENCE AND CULTURE

第十六篇 体育、卫生、环保
CHAPTER 16 SPORTS，PUBLIC HEALTH AND ENVIRONMENTAL PROTECTION

第十七篇 各县(市、区)主要统计指标
CHAPTER 17 MAIN ECONOMIC INDICATORS BY COUNTIES (CITY AND REGIONS)

第十八篇　全国各省（区、市）统计资料

CHAPTER 18　STATISTICAL DATA OF PROVINCE ，MUNICIPALITY AND AUTONOMOUS REGION

附 录
APPENDIX

第一篇

行政区划和自然资源

Chapter 1

ADMINISTRATIVE DIVISION AND NATURAL RESOURCES

1-1 行政区划

ADMINISTRATIVE DIVISIONS

单位：个 (unit)

地区	Region	市辖区 Districts Under the Jurisdication of Cities	县级市 Cities at Country Level	县 Country	乡 Township	#民族乡 National Township	镇 Town	街道 Urban Sub-districts	居民委员会 Neighborhood Committee	村民委员会 Village Committee
总计	**Total**	**3**		**71**	**544**	**9**	**140**	**10**	**208**	**5257**
拉萨市	Lhasa	1		7	48		9	8	43	224
昌都市	Qamdo	1		10	110	1	28		23	1119
山南地区	Shannan			12	58	5	24		59	495
日喀则市	Xigazê	1		17	175		27	2	30	1643
那曲地区	Nagqu			11	89		25		37	1153
阿里地区	Ngari			7	30		7		7	134
林芝地区	Nyingchi			7	34	3	20		9	489

1-2 行政区划一览表

LIST OF ADMINISTRATIVE DIVISIONS

拉萨市	Lhasa	城关区 墨竹工卡县 达孜县 堆龙德庆县 曲水县 尼木县 当雄县 林周县 Lhasa Chengguanqu Maizhokunggar Dagzê Doilungdêqên Qüxü Nyêmo Damxung Lhünzhub
昌都市	Qamdo	左贡县 芒康县 洛隆县 边坝县 卡若区 江达县 贡觉县 类乌齐县 丁青县 察雅县 八宿县 Zogang Markam Lhorong Banbar Karub Qu Jomda Konjo Riwoqê Dêngqên Chagyab Baxoi
山南地区	Shannan	乃东县 扎囊县 贡嘎县 桑日县 琼结县 洛扎县 加查县 隆子县 曲松县 措美县 错那县 浪卡子县 Nêdong Chanang Konggar Sangri Qonggyai Lhozhag Gyaca Lhünzê Qusum Comai Cona Nagarzê
日喀则市	Xigazê	桑珠孜区 南木林县 江孜县 定日县 萨迦县 拉孜县 昂仁县 谢通门县 白朗县 仁布县 康马县 定结县 仲巴县 亚东县 吉隆县 聂拉木县 萨嘎县 岗巴县 Samzhubzê Qu Namling Gyangzê Tingri Sa'gya Lhazê Ngamring Xaitongmoin Bainang Rinbung Kangmar Dinggyê Zhongba Yadong Gyirong Nyalam Saga Kamba
那曲地区	Nagqu	申扎县 班戈县 那曲县 聂荣县 安多县 嘉黎县 巴青县 比如县 索县 尼玛县 双湖县 Xainza Bangoin Nagqu Nyainrong Amdo Lhari Baqên Biru Sog Nyima Shuanghu
阿里地区	Ngari	普兰县 札达县 噶尔县 日土县 革吉县 改则县 措勤县 Burang Zanda Gar Rutog Gê'gyai Gêrzê Coqên
林芝地区	Nyingchi	林芝县 米林县 朗县 工布江达县 波密县 察隅县 墨脱县 Nyingchi Mainling Nang Gongbo'gyamda Bomê Zayü Mêdog

1-3 县(市、区)分类

COUNTIES(CITIES AND REGION)BY TYPE

分类 Classify	个数 Number	县(市、区)名称 Name of County (city and region)
边境县 Counties of Border	21	墨脱县 米林县 察隅县 朗 县 洛扎县 隆子县 错那县 浪卡子县 定日县 康马县 定结县 仲巴县 亚东县 吉隆县 聂拉木县 萨嘎县 岗巴县 普兰县 札达县 噶尔县 日土县 Mêdog Mainling Zayü Nang Lhozhag Lhünzê Cona Nagarzê Tingri Kangmar Dinggyê Zhongba Yadong Gyirong Nyalam Saga Kamba Burang Zanda Gar Rutog
农业县 Counties of Agriculture	35	城关区 墨竹工卡县 达孜县 堆龙德庆县 曲水县 尼木县 墨脱县 米林县 林芝县 波密县 察隅县 朗 县 芒康县 左贡县 洛隆县 边坝县 乃东县 扎囊县 贡嘎县 桑日县 琼结县 洛扎县 加查县 隆子县 桑珠孜区 南木林县 江孜县 定日县 萨迦县 拉孜县 白朗县 仁布县 定结县 吉隆县 聂拉木县 Lhasa Chengguanqu Maizhokunggar Dagzê Doilungdêqên Qüxü Nyêmo Mêdog Mainling Nyingchi Bomê Zayü Nang Markam Zogang Lhorong Banbar Nêdong Chanang Konggar Sangri Qonggyai Lhozhag Gyaca Lhünzê Samzhubzê Qu Namling Gyangzê Tingri Sa'gya Lhazê Bainang Rinbung Dinggyê Gyirong Nyalam
牧业县 Counties of Animal	14	当雄县 仲巴县 萨嘎县 那曲县 嘉黎县 聂荣县 安多县 申扎县 班戈县 巴青县 尼玛县 双湖县 革吉县 改则县 措勤县 Damxung Zhongba Saga Nagqu Lhari Nyainrong Amdo Xainza Bangoin Baqên Nyima Shuanghu Gê'gyai Gêrzê Coqên
半农半牧县 Counties of Agriculture and Animal	24	林周县 工布江达县 卡若区 江达县 贡觉县 类乌齐县 丁青县 察雅县 八宿县 曲松县 措美县 错那县 浪卡子县 昂仁县 谢通门县 康马县 亚东县 岗巴县 比如县 索 县 普兰县 札达县 噶尔县 日土县 Lhünzhub Gongbo'gyamda Karub Qu Jomda Konjo Riwoqê Dêngqên Chagyab Baxoi Qusum Comai Cona Nagarzê Ngamring Xaitongmoin Kangmar Yadong Kamba Biru Sog Burang Zanda Gar Rutog
"一江两河"开发县 One River and Two River Exploiture	18	城关区 墨竹工卡县 达孜县 堆龙德庆县 曲水县 尼木县 林周县 乃东县 扎囊县 贡嘎县 桑日县 琼结县 桑珠孜区 南木林县 江孜县 白朗县 拉孜县 谢通门县 Lhasa Chengguanqu Maizhokunggar Dagzê Doilungdêqên Qüxü Nyêmo Lhünzhub Nêdong Chanang Konggar Sangri Qonggyai Samzhubzê Qu Namling Gyangzê Bainang Lhazê Xaitongmoin
粮食基地县 Counties of Grain Base	11	堆龙德庆县 林周县 波密县 芒康县 乃东县 扎囊县 贡嘎县 江孜县 白朗县 桑珠孜区 拉孜县 Doilungdêqên Lhünzhub Bomê Markam Nêdong Chanang Konggar Gyangzê Bainang Samzhubzê Qu Lhazê

1-4 西藏各水系流域面积

DRAINAGE AREA OF TIBET WATER SYSTEM

单位：平方公里、%　　　　　　　　　　　　　　　　　　　　　　　　　(sq. km, %)

区域 Area	水系 Water System	流域 Drainage Area		面积 Area	比重 Proportion
外流区 Water System of Outer Area	太平洋水系 Pacific Ocean Water System	金沙江	Jingsajiang	22933	1.9
		澜沧江	Lantsang	38908	3.2
		小计	Subtotal	61841	5.1
	印度洋水系 Indian Ocean Water System	怒江	Nujiang	102691	8.5
		吉太曲	Jitaicu	2350	0.2
		察隅曲	Chayucu	17881	1.5
		丹马曲(达兰河)	Danbacu(Dalan River)	12114	1.0
		雅鲁藏布江	Brahmaputra	242004	20.1
		西巴霞曲	Xibaxiacu	25775	2.1
		鲍罗里河(卡门河)	Baoluoli River(Kameng River)	10790	0.9
		达旺-娘江曲	Dawang-niangjiangcu	6330	0.5
		洛扎怒曲	Luozhashucu	6312	0.5
		康布曲	Kangbucu	2176	0.2
		汇入布拉马普特拉河的其他河流	Other	8882	0.7
		朋曲	Pengcu	24272	2.0
		绒辖藏布	Rongxiacangbu	1400	0.1
		波曲(麻章藏布)	Pocu(Mazhangcangbu)	1987	0.2
		吉隆藏布	Jilongcangbu	2950	0.2
		马甲藏布(孔雀河)	Majiacangbu (Peacock River)	3063	0.3
		甲扎岗噶曲	Jiazhagangcu	1483	0.1
		乌热曲-乌扎拉曲	Wurecu-wuzhalacu	816	0.1
		汇入恒河的其他河流	Ganges from Others River	1443	0.1
		朗钦藏布(象泉河)	Langqincangbu(xiangquan River)	23070	1.9
		如许藏布	Ruxucangbu	2630	0.2
		森格藏布(狮泉河)	Senggecangbu	27170	2.3
		羌臣摩河(奇普恰普河)	Qiangchengmo River(Qipuqiapu River)	1397	0.1
		小计	Subtotal	528986	44.0
	合计		Total	590827	49.1
内流区 Water System of Inner Area	藏南内流水系 Water System Inner of South Tibet	羊卓雍错-普莫雍错-哲古错	Yangzhuoyongcuo-pumoyongcuo-zhegucuo	10091	0.8
		多庆错-嘎拉错	Duoqingcuo-galacuo	3111	0.3
		错姆折林-共左错	Cuomuzhelin-Gongzuocuo	1380	0.1
		佩枯错-错戳龙	Peikucuo-cuochuolong	3290	0.3
		小计	Subtotal	17872	1.5
	藏北内流水系 Water System Inner of North Tibet	纳木错-己木错-兹格塘错	Namucuo-Jimucuo-Zigetangcuo	33449	2.8
		色林错-格林错	Selincuo-Gelincuo	51405	4.3
		扎日南木错-当惹雍错湖区	Zharinanmucuo-Dangreyongcuo	60962	5.1
		玛旁雍错-昂拉仁错-塔若错	Mapangyongcuo-Anglangrencuo-Taruocuo	52460	4.4
		班公错-泽错	Bangongcuo-Zecuo	28436	2.4
		藏北其他湖区	Other	366959	30.5
		小计	Subtotal	593671	49.4
	合计		Total	611543	50.9

1-5 西藏境内面积大于200平方公里的湖泊

STATISTICS LAKE AREA OVER 200 SQURE KILOMETER OF TIBET

湖泊名称	Lake name	湖面海拔(米) Lake Sea Level (m)	湖面面积(平方公里) Lake Area (sq.km)	湖泊类型 Lake Type
纳木错	Namtso Lake	4718	1920	咸 Salty
色林错	Selin Lake	4530	1640	咸 Salty
扎日南木错	Zharinanmu Lake	4613	1023	咸 Salty
当惹雍错	Dangreyong Lake	4535	835	咸 Salty
羊卓雍错	Yamdok Tso Lake	4441	638	咸 Salty
昂拉仁错	Anglaren Lake	4689	560	咸 Salty
塔若错	Tarou Lake	4545	520	咸 Salty
格仁错	Geren Lake	4650	466	咸 Salty
班公错	Bangong Lake	4241	413	东淡西咸 Salty or tasteless
玛旁雍错	Mapangyong Lake	4588	412	淡 Tasteless
昂孜错	Angzi Lake	4638	406	咸 Salty
多格仁错	Dougeren Lake	4814	394	咸 Salty
吴如错	Wuru Lake	4552	351	淡 Tasteless
多尔索洞错	Douershoudong Lake	4749	350	咸 Salty
鲁玛江冬错	Lumajiangdong Lake	4810	322	咸 Salty
佩枯错	Peiku Lake	4591	300	咸 Salty
普莫雍错	Pumoyong Lake	5009	284	淡 Tasteless
拉昂错	Laang Lake	4573	269	淡 Tasteless
错鄂	Coue Lake	4562	244	咸 Salty
郭扎错	Gouzha Lake	5080	244	北淡南咸 Salty or tasteless
达则错	Dazhe Lake	4461	243	咸 Salty
许如错	Xuru Lake	4714	208	咸 Salty
扎布耶茶卡	Zabuyeca Lake	4400	235	咸 Salty
仁青休布错	Renqingxiubu Lake	4760	200	咸 Salty

1-6 西藏境内海拔5000米以上的湖泊

STATISTICS OF LAKE HEIGHT ABOVE SEA LEVEL OVER 5000 METER FOR TIBET

湖泊名称 Lake name		湖面海拔(米) Lake Sea Level (m)	湖面面积(平方公里) Lake Area (sq.km)	湖泊类型 Lake Type
普莫雍错	Mopuyong Lake	5009	284	咸 Salty
郭扎错	Gouzha Lake	5080	244	北淡南咸 Salty or tasteless
杰萨错	Jiesa Lake	5202	150	淡 Tasteless
打加错	Dajia Lake	5170	145	-
帕龙错	Palong Lake	5116	140	咸 Salty
龙木错	Longmu Lake	5002	97	咸 Salty
黑石北错	Heishibei Lake	5048	93	咸 Salty
令戈错	Lingge Lake	5051	89	-
窝尔巴错	Woerba Lake	5177	89	咸 Salty
布岩错	Buyan Lake	5158	85	-
森里错	Shengli Lake	5386	78	淡 Tasteless
独立石湖	Dulishi Lake	5031	76	咸 Salty
美日切错	Meiriqie Lake	5354	64	咸 Salty
骆驼错	Luotuo Lake	5103	62	咸 Salty
清澈错	Qingche Lake	5104	57	咸 Salty
阿果错	Arguo Lake	5000	55	咸 Salty
错纳错	Cuonacuo Lake	5145	50	咸 Salty

第二篇

综　　合

Chapter 2

GENERAL SURVEY

2-1 各部门机构数

GRASSROOTS UNITS IN VARIOUS SECTORS

部　　门		Sector		2010	2011	2012	2013	2014
农村基层组织	**(个)**	**Rural Grassroots Units**	**(unit)**					
乡政府		Township Governments		542	542	544	544	544
镇政府		Town Governments		140	140	140	140	140
村民委员会		Village Committees		5261	5254	5255	5255	5257
乡村户数	(万户)	Numbers of Rural Huosehold	(10000 households)	47.75	50.34	52.36	53.98	55.28
工业企业	**(个)**	**Industrial Enterprises**	**(unit)**	**479**	**497**	**473**	**547**	**763**
#国有企业		State-owned		138	136	129	120	143
集体企业		Collective-owned		66	74	73	84	102
建筑业企业	**(个)**	**Construction Enterprises and Units**	**(unit)**	**174**	**200**	**175**	**164**	**172**
#国有企业		Construction Enterprises		30	35	26	30	25
邮电局所	**(个)**	**Post and Telecommunications Offices**	**(unit)**	**196**	**203**	**207**	**207**	**281**
卫生事业	**(个)**	**Health Care**	**(unit)**	**1352**	**1380**	**1403**	**1413**	**1430**
#医院及卫生院		Urban and Township Hospital		773	783	777	783	790
门诊部、所		Clinics		430	444	473	480	489
卫生防疫站		Sanitation and Antiepidemic Stations		81	82	82	82	82
教育事业		**Education**						
普通高等学校	(所)	Regular Institutions of Higher Education	(unit)	6	6	6	6	6
中等学校	(所)	Secondary Schools	(unit)	128	129	128	130	134
#普通中学	(所)	Regular Secondary Schools	(unit)	122	122	122	124	124
小学	(所)	Primary Schools	(unit)	872	860	857	841	829
幼儿园	(所)	Kindergartens	(unit)	119	198	480	613	722
文化事业	**(个)**	**Cultural Institutions**	**(unit)**	**377**	**393**	**408**	**787**	**951**
艺术事业		Art Institutions		50	67	82	92	99
群众文化事业		Mass Cultural Establishments		321	320	320	615	772
图书馆事业		Libraries		4	4	4	78	78
文物事业	**(个)**	**Cultural Relie Establishments**	**(unit)**	**79**	**81**	**81**	**88**	**88**
出版发行事业	**(个)**	**Publishing and Distribution Establishments**	**(unit)**	**90**	**90**	**56**	**58**	**90**
广播电视	**(座)**	**Broadcasting and Television Stations**	**(unit)**	**85**	**85**	**85**	**85**	**85**
广播电台		Radio Stations		1	1	1	1	1
电视台		Television Stations		5	5	2	2	2
广播电视台		Broadcast-Television Stations		3	3	6	6	6
县级以上有线电视转播发射台		TV Transmission Stations and Relaying Station in Counties and City		76	76	76	76	76

2-2 国民经济和社会发展总量与速度指标

指　标	Item	总量指标		
		1965	1978	1993
人　口 (万人)	**Population (10000 persons)**			
年末常住人口数	Year-end Population	137.12	178.82	232.22
#市镇人口	Urban		20.21	38.39
乡村人口	Rural		158.61	193.83
#男性人口	Male	66.91	87.26	114.82
女性人口	Female	70.21	91.56	117.40
从业人数 (万人)	**Employment (10000 persons)**			
#职工人数	Staff and Workers	6.25	13.52	16.90
地区生产总值 (亿元)	**Gross Domestic Product (100 million yuan)**	**3.27**	**6.65**	**37.42**
第一产业	Primary Industry	2.32	3.37	18.30
第二产业	Secondary Industry	0.22	1.84	5.49
第三产业	Tertiary Industry	0.73	1.44	13.63
固定资产投资 (亿元)	**Investment in Fixed Assets (100 million yuan)**			
固定资产投资总额	Total Investment in Fixed Assets		1.85	18.15
财　政 (亿元)	**Public Finance (100 million yuan)**			
地方财政收入	Total Revenue of Lpcal Governments	0.22	-0.16	1.56
财政支出	Total Expenditures	1.13	4.57	21.60
物价指数(上年=100)	**Price Indices (preceding year=100)**			
商品零售价格总指数	General Retail Price Index			111.9
居民消费价格总指数	General Consumer Price Index			113.4
人民生活	**People's Livelihood**			
城镇居民人均可支配收入 (元)	Annual Per Capita Disposable Income of Urban Households (yuan)		575	2392
农村居民人均可支配收入 (元)	Annual Per Capita Disposable Income of Rural Households (yuan)		174	703
储蓄存款余额 (亿元)	Outstanding Amount of Saving Deposits in Urban & Rural Areas (100million yuan)	0.25	0.33	9.05
职工工资	**Wages of Staff and Workers**			
职工工资总额 (亿元)	Total Wages of Staff and Workers (100 million yuan)	0.59	1.11	6.79
职工平均工资 (元)	Average Wage of Staff and Workers (yuan)	938	850	4085
农　业 (亿元)	**Agriculture (100 million yuan)**			
农林牧渔业总产值	Gross Output Value of Farming Forestry, Animal Household and Fishery	2.64	3.92	22.99

注：根据第三次经济普查数据2013年生产总值进行了调整，以下各表相同。

PRINCIPAL AGGREGATE INDICATORS ON NATIONAL ECONOMIC AND SOCIAL DEVELOPMENT AND THEIR RELATED INDICES AND GROWTH RATES

Aggregate Data				速度指标 (%) Indices and Growth Rates								
				指数 Index (2014年比以下各年) (2014as percentage of the following years)					年平均增长速度 Average Annual Growth Rate			
2000	2005	2013	2014	1965	1978	1993	2000	2013	1966-2014	1979-2014	1994-2014	2001-2014
259.83	280.31	312.04	317.55	231.6	177.6	136.7	122.2	101.8	1.7	1.6	1.5	1.6
50.22	58.45	73.99	81.77		404.6	213.0	162.8	110.5		4.0	3.7	3.8
209.61	221.86	238.05	235.78		148.7	121.6	112.5	99.0		1.1	0.9	0.9
131.47	142.90	158.83	160.99	240.6	184.5	140.2	122.5	101.4	1.8	1.7	1.6	1.6
128.36	137.41	153.21	156.56	223.0	171.0	133.4	122.0	102.2	1.7	1.5	1.4	1.5
16.24	16.28	26.48	27.70	443.2	204.9	163.9	170.6	104.6	3.1	2.0	2.4	4.2
117.80	**248.80**	**815.67**	**920.83**	**6949.2**	**3664.2**	**1207.0**	**503.1**	**110.8**	**9.0**	**10.5**	**12.6**	**12.2**
36.39	48.04	84.68	91.64	691.4	504.1	222.7	173.7	104.2	4.0	4.6	3.9	4.0
27.05	63.52	292.92	336.84	38092.4	5334.9	3339.7	881.8	114.6	12.9	11.7	18.2	16.8
54.37	137.24	438.07	492.35	24630.8	12608.7	1734.9	526.5	109.5	11.9	14.4	14.6	12.6
66.50	196.19	918.48	1119.73		60525.9	6169.3	1683.8	121.9		19.5	21.7	24.3
6.33	14.33	110.42	164.75	74886.4		10560.9	2602.7	149.2	14.5		24.8	28.5
61.61	189.16	1049.06	1240.27	109758.4	27139.4	5742.0	2013.1	118.2	15.4	16.8	21.3	26.0
99.2	100.8	103.0	102.2			91.3	103.0	99.2			-0.4	0.2
99.9	101.5	103.6	102.9			90.7	103.0	99.3			-0.5	0.2
6448	8411	20023	22016		3828.9	920.4	335.3	108.0		10.7	11.1	9.8
1331	2078	6578	7359		4229.3	1046.8	555.0	112.3		11.0	11.8	14.1
40.48	123.10	496.03	559.28	223712.0	169478.8	6179.9	1381.6	112.8	17.0	22.9	21.7	22.4
23.20	46.26	168.73	186.56	31620.3	16807.2	2747.6	804.1	110.6	12.5	15.3	17.1	17.4
14976	28950	64409	68059	7255.8	8006.9	1666.1	454.5	105.7	9.1	12.9	14.3	12.4
51.21	67.74	128.00	138.72	637.3	429.1	229.0	176.1	104.2	8.4	10.4	8.9	7.4

Note: Figures on Gross Output Value in 2013 have been adjusted in accordance with the results of the Third Economic Census. The same applies to the tables following.

2-2 续表1

指　　标		Item		总量指标 1965	1978	1993
#农业产值		Gross Output Value of Animal Husbandry		0.85	1.47	10.05
牧业产值		Gross Output Value of Farming		1.79	2.44	12.37
主要产品产量		**Output of Major Farm Products**				
粮食	(万吨)	Grain	(10000 tons)	29.07	51.34	67.22
油菜籽	(吨)	Oil-bearing Crops	(ton)	5264	7914	26040
猪牛羊肉	(万吨)	Pork,Beef and Mutton	(10000 tons)		4.71	10.25
年末牲畜存栏		**Number of Livestock in Year-end**				
大牲畜	(万头)	Large Animal	(10000 heads)	459	509	588
猪	(万头)	Hog	(10000 heads)	13	25	20
羊	(万头)	Sheep and Goats	(10000 heads)	1229	1815	1713
工 业		**Industry**				
工业总产值	(亿元)	Gross Industrial Output Value	(100 million yuan)	0.23	1.49	5.99
主要产品产量		Output of Major Industrial Products				
铬矿石	(万吨)	Chromium Ore	(10000 tons)		1.25	7.13
发电量	(亿千瓦时)	Electricity	(100 million kwh)	0.28	1.34	3.93
水泥	(万吨)	Cement	(10000 tons)	1.06	6.20	13.09
全部规模以上工业企业主要指标		Main Indicators of all Industrial Enterprises above Designated Size				
资产总计	(亿元)	Total Assets	(100 million yuan)			
利润总额	(亿元)	Total Profits	(100 million yuan)			
运输、邮电		**Transportation , Postal and Telecommunications Services**				
货运总量	(万吨)	Freight Traffic	(10000 tons)	29.60	49.0	153.62
#公路		Highways		29.60	49.0	144.68
铁路						
客运总量	(万人次)	Passenger Traffic	(10000 persons-times)	9.30	6.0	218.70
#公路		Highways		9.30	6.0	207.42
铁路						
旅客周转量	(万人公里)	Passenger-kilometers	(10000 passenger-km)	5694	5036	41077
#公路		Highways		5694	5036	25884
货物周转量	(万吨公里)	Freight Ton-kilometers	(10000 ton-km)	17874	38333	73244
#公路		Highways		17874	38333	63550
邮电业务量	(万元)	Total Business Revenue	(10000 yuan)	284	214	3273
函件	(万件)	Number of Letters Delivered	(10000 pieces)	478	557	1168

continued

Aggregate Data				速度指标 (%) Indices and Growth Rates								
				指数 Index (2014年比以下各年) (2014as percentage of the following years)					年平均增长速度 Average Annual Growth Rate			
2000	2005	2013	2014	1965	1978	1993	2000	2013	1966-2014	1979-2014	1994-2014	2001-2014
26.36	29.89	57.92	63.26	622.5	370.7	235.5	159.6	105.0	3.8	3.7	4.2	3.7
23.53	30.05	64.16	69.34	372.6	269.6	182.1	151.7	103.9	2.7	2.8	2.9	3.3
96.22	93.39	96.15	97.97	337.0	190.8	145.7	101.8	101.9	2.5	1.8	1.8	0.1
39610	61164	63367	63433	1205.0	801.5	243.6	160.1	100.1	5.2	6.0	4.3	3.7
14.93	21.46	29.21	28.62		607.6	279.2	191.7	98.0		5.1	5.0	5.1
579	686	640	634	138.1	124.6	107.8	109.5	99.1	0.7	0.6	0.4	0.7
23	30	36	38	292.3	152.0	190.0	165.2	105.6	2.2	1.2	3.1	3.9
1664	1698	1272	1190	96.8	65.6	69.5	71.5	93.6	-0.1	-1.2	-1.7	-2.5
18.30	33.65	125.83	151.67	14064.0	2488.8	1367.9	632.4	120.8	10.6	9.3	13.3	15.2
19.66	11.67	13.29	9.11		728.8	127.8	46.3	68.5		5.7	1.2	-5.7
6.61	13.34	29.14	32.23	11510.7	2405.2	820.1	487.6	110.6	10.2	9.2	10.5	13.0
49.32	137.28	296.00	342.25	32287.7	5520.2	2614.6	693.9	115.6	12.5	11.8	16.8	16.1
75.24	112.43	554.56	668.52				888.5	120.5				18.3
2.68	4.47	7.34	12.56				468.7	171.1				12.6
209.30	369.61	1328.07	2397.54	8099.8	4892.9	1560.7	1145.5	180.5	9.4	11.4	14.0	20.6
196.00	356.00	1240.00	1871.00	6320.9	3818.4	1293.2	954.6	150.9	8.8	10.6	13.0	19.0
		70.92	508.71					717.3				
310.08	479.47	1810.45	1826.52	19640.0	30442.0	835.2	589.0	100.9	11.4	17.2	10.6	14.6
257.00	385.00	1325.80	1408.00	15139.8	23466.7	678.8	547.9	106.2	10.8	16.4	9.5	14.0
		208.76	211.41					101.3				
62016	228266	577963	626936	11010.5	12449.1	1526.2	1010.9	108.5	10.1	14.3	13.9	19.5
32125	184209	310102	327809	5757.1	6509.3	1266.5	1020.4	105.7	8.6	12.3	12.9	19.6
91981	41315	1063158	1121801	6276.2	2926.5	1531.6	1219.6	105.5	8.8	9.8	13.9	21.2
80912	407134	814613	859580	4809.1	2242.4	1352.6	1062.4	105.5	8.2	9.0	13.2	19.9
38431	164833	405937	470765	165762.3	219983.6	14383.3	1225.0	116.0	16.3	23.8	26.7	21.3
1349	343	368	391	81.8	70.2	33.5	29.0	106.3	-0.4	-1.0	-5.1	-9.1

2-2 续表2

指 标		Item		总量指标 1965	1978	1993
报刊期发数	(万份)	Number of Newspapers and Magazines Distributed (10000 copies)		4	19	26
国内贸易		**Domestic Trade**				
社会消费品零售总额	(亿元)	Total Retail Sales of Consumer Goods	(100 million yuan)		2.45	18.16
对外贸易		**Foreign Trade**				
进出口总额	(万美元)	Total Exports and Imports	(10000 USD)	243	1664	10265
出口		Exports		39	158	1503
进口		Imports		204	1506	8762
旅 游		**Tourism**				
接待国际旅游人数	(万人次)	Number of International Tourists Received	(10000 persons)			5.44
旅游外汇收入	(万美元)	Foreign Exchange Earnings from Tourism	(10000 USD)			675
金 融		**Finance**				
金融机构各项存款	(亿元)	Deposits of National Banking System	(100 million yuan)	2.30	7.06	32.68
金融机构各项贷款	(亿元)	Loans of National Bamking System	(100 million yuan)	0.91	1.61	33.01
教 育		**Education**				
在校学生数		Students Enrollment				
高等学校	(人)	Institutions of Higher Education	(person)	2251	2081	2813
中等专业学校	(人)	Specialized Secondary Schools	(person)	455	4640	4948
普通中学	(人)	Regular Secondary Schools	(person)	1059	17679	25693
小学	(万人)	Primary Schools	(10000 persons)	6.68	26.26	21.19
文 化		**Culture**				
出版数量		Publications				
报纸	(千印张)	Number of Newspapers Issue	(1000 sheets)	3258	26669	15377
杂志	(千册)	Number of Magazines Issue	(1000 copies)		74	297
图书	(千册)	Number of Books Published	(1000 copies)	500	3060	4164
卫 生		**Health Care**				
医院、卫生院	(个)	Number Hospitals	(unit)	86	519	293
医院、卫生院床位数	(张)	Number of Hospital Beds	(unit)	1570	4198	4515
卫生技术人员	(人)	Medical Technical Personnel	(person)	2424	5780	7540

continued

Aggregate Data				速度指标 (%) Indices and Growth Rates								
				指数 Index (2014年比以下各年) (2014as percentage of the following years)					年平均增长速度 Average Annual Growth Rate			
2000	2005	2013	2014	1965	1978	1993	2000	2012	1966-2014	1979-2014	1994-2014	2001-2014
40	27	50	48	1200.0	252.6	184.6	120.0	96.0	5.2	2.6	3.0	1.4
42.52	73.23	322.21	364.51		14890.7	2007.6	857.2	113.1		14.9	15.4	16.6
13029	20539	331939	225494	92795.9	13551.3	2196.7	1730.7	69.9	15.0	14.6	15.8	22.6
11333	16532	326905	210086	838682.1	132965.8	13977.8	1853.8	64.3	19.2	22.1	26.5	23.2
1696	4007	5034	15048	7552.9	1023.1	175.9	908.5	306.1	9.2	6.7	2.7	17.1
14.94	12.13	22.32				449.2	163.5	109.5			7.4	3.6
5226	4443	12786				2143.6	276.9	113.2			15.7	7.5
144.98	455.11	2499.08	3082.38	134016.5	43659.8	9432.0	2126.1	123.3	15.8	18.4	24.2	26.5
80.62	178.85	1076.69	1618.72	177881.3	100541.6	4903.7	2007.8	150.3	16.5	21.2	20.4	26.0
5475	18979	33562	34902	1550.5	1677.2	1240.7	637.5	104.0	5.8	8.1	12.7	15.3
6585	7027	17491	16719	3674.5	360.3	337.9	253.9	95.6	7.6	3.6	6.0	7.4
55232	15048	179209	179964	16993.8	1018.0	700.4	325.8	100.4	11.0	6.7	9.7	9.5
31.38	32.75	29.48	29.51	441.8	112.4	139.3	94.0	100.1	3.1	0.3	1.6	-0.5
28712	53511	206508	198276	6085.8	743.5	1289.4	690.6	96.0	8.7	5.7	12.9	16.0
580	767	1855	2301		3109.5	774.7	396.7	124.0		10.0	10.2	11.2
5240	8540	12000	13020	2604.0	425.5	312.7	248.5	108.5	6.9	4.1	5.6	7.3
810	763	783	790	918.6	152.2	269.6	97.5	100.9	4.6	1.2	4.8	-0.2
6156	6412	11036	12024	765.9	286.4	266.3	195.3	109.0	4.2	3.0	4.8	5.3
8948	8914	11716	12946	534.1	224.0	171.7	144.7	110.5	3.5	2.3	2.6	2.9

2-3 国民经济和社会发展结构指标

STRUCTURAL INDICATORS ON NATIONAL ECONOMIC AND SOCIAL DEVELOPMENT

单位：% (%)

指 标	Item	1978	1994	2000	2010	2013	2014
常住人口	**Population**						
城乡结构	Urban and Rural Structure						
城镇	Urban	11.3	16.6	18.9	22.67	23.71	25.75
乡村	Rural	88.7	83.4	81.1	77.33	76.29	74.25
性别结构	Sexual Structure						
男	Male	48.8	49.4	50.6	51.38	50.90	50.70
女	Female	51.2	50.6	49.4	48.62	49.10	49.30
地区生产总值	**Gross Domestic Product**						
第一产业	Primary Industry	50.7	46.0	30.9	13.5	10.4	9.9
第二产业	Secondary Industry	27.7	17.1	23.2	32.3	35.9	36.6
第三产业	Tertiary Industry	21.6	36.9	45.9	54.2	53.7	53.5
就业产业结构	**Industrial Structure of Employment**						
第一产业	Primary Industry	82.0	77.1	72.9	53.6	45.2	43.7
第二产业	Secondary Industry	5.9	3.7	5.9	10.9	14.1	14.7
第三产业	Tertiary Industry	12.1	19.2	21.2	35.5	40.8	41.6
投 资	**Investment**						
全社会固定资产投资	Total Investment in Fixed Assets						
第一产业	Primary Industry		4.6	4.6	5.1	5.7	5.1
第二产业	Secondary Industry		30.5	25.3	29.0	28.2	32.0
第三产业	Tertiary Industry		64.9	70.1	65.9	66.1	62.9
资金来源结构	Structure of Funded Sources						
国家预算内资金	State Budgetary Appropriation		49.1	53.0	62.1	80.7	65.3
国内贷款	Domestic Loans		4.4	3.8	1.9	2.0	0.5
自筹和其他投资	Fundraising		46.5	40.1	36.0	17.3	34.2
农 业	**Agriculture**						
农林牧渔业产值结构	Structure of Gross Output Value						
#农业	Farming	39.6	49.0	51.5	45.9	45.3	45.6
林业	Forestry	0.4	2.4	2.6	2.4	2.1	1.9
牧业	Animal Husbandry	59.9	48.6	45.9	48.5	50.1	50.0
渔业	Fishery	…		…	0.2	0.1	0.1
工业企业结构	**Industry**						
轻工业	Light Industry	38.1	47.2	37.6	34.9	38.2	43.8
重工业	Heavy Industry	61.9	52.8	62.4	65.1	61.8	56.2

2-4　平均每天主要社会经济活动

SELECTED IEDICATORS ON AVERAGE DAILY SOCIAL AND ECONOMIC ACTIVITIES

指　标	Item	1978	1994	2000	2010	2013	2014
每天创造的财富	**Daily Production**						
地区生产总值　(万元)	Gross Domestic Product　(10000 yuan)	182	1260	3218	13903	22347	25228
第一产业	Primary Industry	92	579	995	1883	2320	2510
第二产业	Secondary Industry	50	216	745	4491	8025	9229
工业	Industry	17	94	278	1088	1676	1813
建筑业	Construction	34	122	468	3402	6350	7416
第三产业	Tertiary Industry	40	465	1478	7529	12002	13489
农业总产值　(万元)	Gross Output Value of Agriculture　(10000 yuan)	107	735	1403	2761	3507	3801
工业总产值　(万元)	Gross Industrial Output Value　(10000 yuan)	41	209	501	2072	3447	4155
地方财政收入　(万元)	Local Government Revenue　(10000 yuan)		39	147	1164	3025	32866
财政支出　(万元)	Government Expenditures　(10000 yuan)	125	830	1643	15413	28742	33980
粮食　(吨)	Grain　(ton)	1407	1820	2636	2499	2634	2684
油菜籽　(吨)	Oil-bearing Crops　(ton)	22	80	108	159	174	174
发电量　(万千瓦时)	Electricity　(10000 kwh)	37	122	181	662	798	883
水泥　(吨)	Cement　(ton)	170	411	1351	6003	8110	9377
铬矿石　(吨)	Chromium Ore　(ton)	34	203	539	551	364	249
每天消费量	**Daily Consumption**						
最终消费　(万元)	Final Consumption Expenditure　(10000 yuan)		897	1813	8945	14207	16307
居民消费	Resident Consumption		703	1287	3649	5365	6268
政府消费	Government Consumption			526	5296	8842	10039
社会消费品零售总额　(万元)	Total Retail Sales of Consumer Goods　(10000 yuan)	67	568	1174	5077	8828	9987
每天其他活动	**Other Daily Activities**						
邮电业务总量　(万元)	Business Volume of Postal and telecommunications Services　(10000 yuan)	1	11	105	638	1112	1290
海外旅游人数　(人次)	Number of Tourists　(person-times)		181	409	626	612	670
居民储蓄额　(万元)	Outstanding Amount of Saving Deposit　(10000 yuan)	9	306	1109	7319	13590	84449
出版报纸　(千印张)	Number of Newspapers Published　(1000 copies)	73	74	79	384	566	543
出版图书　(千册)	Number of Books Published　(1000 copies)	8	8	14	39	33	36

2-5 人均主要经济指标

PER CAPITA MAIN INDICATORS ON ECONOMIC BENEFIT

年份 Year	地区生产总值（元） Gross Domestic Product (yuan)	农业总产值（元） Gross Output Value of Agriculture (yuan)	工业总产值（元） Gross Industrial Output Value (yuan)	粮食产量（公斤） Yield of Grain (kg)	社会消费品零售总额（元） Total Retail Sales of Consumer Goods (yuan)	储蓄存款余额（元） Outstanding Amount of Saving Deposit (yuan)	农村居民人均可支配收入（元） Per Capita Net Income of Rural Residents (yuan)	全部职工人均工资（元） Average Wage of All Staff and Workers (yuan)
1965	241	194	17	214				940
1978	375	221	84	290	105		174	850
1980	471	289	81	274	123		273	1025
1985	894	550	107	268	406	80	533	1963
1986	842	494	101	226	389	99	490	2375
1987	863	506	105	228	422	111	517	2499
1988	964	616	126	242	454	134	571	2710
1989	1021	640	156	257	551	155	553	2881
1990	1276	899	171	256	551	180	580	3181
1991	1358	941	198	289	593	227	615	3355
1992	1468	990	219	290	651	260	651	3448
1993	1624	998	260	292	788	334	703	4085
1994	1964	1146	325	284	885	472	814	7115
1995	2358	1508	382	302	1021	807	875	7382
1996	2688	1594	429	321	1083	1098	971	11087
1997	3144	1688	479	322	1315	1230	1081	10098
1998	3666	1698	578	341	1391	1330	1154	10987
1999	4180	1902	655	364	1484	1441	1253	12904
2000	4572	1988	710	373	1650	1558	1326	14976
2001	5318	2027	764	376	1861	1908	1399	19144
2002	6094	2108	816	371	1998	2637	1515	24766
2003	6850	2184	892	360	2153	3401	1685	26931
2004	8034	2307	1045	353	2323	3927	1854	29292
2005	8939	2460	1222	339	2660	4444	2070	28950
2006	10285	2526	1440	331	3226	4975	2426	31518
2007	11898	2825	1785	332	3985	5615	2777	46098
2008	13588	3097	2091	333	4551	6440	3164	47280
2009	15008	3236	2279	314	5426	7805	3519	48750
2010	17027	3455	2593	313	6354	9159	4123	54397
2011	20077	3624	3151	311	7257	10566	4885	55845
2012	22936	3847	3443	308	8278	13130	5697	58347
2013	26326	4131	4061	310	10326	16010	6553	64409
2014	29252	4407	4818	311	11479	97917	7359	68059

2-6 地区生产总值

GROSS DOMESTIC PRODUCT

单位：亿元　　　　(100 million yuan)

年份 Year	地区生产总值 Gross Domestic Product	第一产业 Primary Industry	第二产业 Secondary Industry	工业 Industry	建筑业 Construction	第三产业 Tertiary Industry	人均地区生产总值(元) Per Capita GDP (yuan)
1951	1.29	1.26	0.001		0.001	0.03	114
1959	1.74	1.28	0.22	0.15	0.07	0.24	142
1965	3.27	2.32	0.22	0.09	0.13	0.73	241
1978	6.65	3.37	1.84	0.61	1.23	1.44	375
1980	8.67	4.64	2.18	0.8	1.38	1.85	471
1985	17.76	8.87	3.08	1.23	1.85	5.81	894
1986	16.93	7.95	2.18	1.01	1.17	6.82	842
1987	17.71	8.07	2.13	1.09	1.04	7.51	863
1988	20.25	9.65	2.41	1.28	1.12	8.19	964
1989	21.86	10.04	2.84	1.58	1.26	8.98	1021
1990	27.70	14.10	3.57	1.92	1.65	10.03	1276
1991	30.53	15.50	4.17	2.27	1.90	10.86	1358
1992	33.29	16.59	4.46	2.56	1.90	12.24	1468
1993	37.42	18.30	5.49	2.70	2.79	13.63	1624
1994	45.99	21.14	7.88	3.43	4.44	16.97	1964
1995	56.11	23.48	13.24	4.10	9.13	19.39	2358
1996	64.98	27.20	11.32	4.40	6.93	26.46	2688
1997	77.24	29.23	16.88	8.16	8.72	31.13	3144
1998	91.50	31.37	20.14	9.05	11.09	39.99	3666
1999	105.98	34.25	23.86	9.50	14.36	47.86	4180
2000	117.80	36.39	27.05	10.17	16.88	54.37	4572
2001	139.16	37.54	31.97	10.88	21.09	69.65	5318
2002	162.04	39.75	32.72	11.65	21.07	89.56	6094
2003	185.09	40.70	47.64	13.82	33.82	96.76	6850
2004	220.34	44.30	52.74	16.10	36.64	123.30	8034
2005	248.80	48.04	63.52	17.48	46.04	137.24	8939
2006	290.76	50.90	80.10	21.71	58.39	159.76	10285
2007	341.43	54.89	98.48	27.62	70.86	188.06	11898
2008	394.85	60.62	115.56	29.48	86.08	218.67	13588
2009	441.36	63.88	136.63	33.11	103.52	240.85	15008
2010	507.46	68.72	163.92	39.73	124.19	274.82	17027
2011	605.83	74.47	208.79	48.18	160.61	322.57	20077
2012	701.03	80.38	242.85	55.35	187.50	377.80	22936
2013	815.67	84.68	292.92	61.16	231.76	438.07	26326
2014	920.83	91.64	336.84	66.16	270.68	492.35	29252

注：本表按当年价格计算。依据第二次经济普查资料，对2005-2008年地区生产总值进行了修订。

Note: Data in this table are calculated at current prices.From 2005 to 2008,figures on gross domestic product have been adjusted in accordance with the results of the Second Economic Census.

2-7 地区生产总值构成

COMPOSITION OF GROSS DOMESTIC PRODUCT

单位：% (%)

年份 Year	地区生产总值 Gross Domestic Product	第一产业 Primary Industry	第二产业 Secondary Industry			第三产业 Tertiary Industry
				工业 Industry	建筑业 Construction	
1951	100.0	97.7	…		…	2.3
1959	100.0	73.6	12.6	8.6	4.0	13.8
1965	100.0	70.9	6.8	2.8	4.0	22.3
1978	100.0	50.7	27.7	9.2	18.5	21.6
1980	100.0	53.5	25.2	9.2	15.9	21.3
1985	100.0	49.9	17.4	6.9	10.4	32.7
1986	100.0	47.0	12.8	6.0	6.9	40.2
1987	100.0	45.6	12.0	6.2	5.9	42.4
1988	100.0	47.7	11.9	6.3	5.5	40.4
1989	100.0	45.9	13.0	7.2	5.8	41.1
1990	100.0	50.9	12.9	6.9	5.8	36.2
1991	100.0	50.8	13.7	7.4	6.2	35.5
1992	100.0	49.8	13.4	7.7	5.7	36.8
1993	100.0	48.9	14.7	7.2	7.5	36.4
1994	100.0	46.0	17.1	7.5	9.7	36.9
1995	100.0	41.8	23.6	7.3	16.3	34.6
1996	100.0	41.9	17.4	6.8	10.7	40.7
1997	100.0	37.8	21.9	10.6	11.3	40.3
1998	100.0	34.3	22.0	9.9	12.1	43.7
1999	100.0	32.3	22.5	9.0	13.5	45.2
2000	100.0	30.9	23.0	8.6	14.3	46.2
2001	100.0	27.0	23.0	7.8	15.2	50.1
2002	100.0	24.5	20.2	7.2	13.0	55.3
2003	100.0	22.0	25.7	7.5	18.3	52.3
2004	100.0	20.1	23.9	7.3	16.6	56.0
2005	100.0	19.3	25.5	7.0	18.5	55.2
2006	100.0	17.5	27.6	7.5	20.1	54.9
2007	100.0	16.1	28.8	8.1	20.7	55.1
2008	100.0	15.3	29.3	7.5	21.8	55.4
2009	100.0	14.5	30.9	7.5	23.4	54.6
2010	100.0	13.5	32.3	7.8	24.5	54.2
2011	100.0	12.3	34.5	8.0	26.5	53.2
2012	100.0	11.5	34.6	7.9	26.7	53.9
2013	100.0	10.4	35.9	7.5	28.4	53.7
2014	100.0	9.9	36.6	7.2	29.4	53.5

注：本表按当年价格计算。

Note: The indices in this table are caculated at current prices.

2-8 地区生产总值指数

INDICES OF GROSS DOMESTIC PRODUCT

上年=100　　(preceding year=100)

年份 Year	地区生产总值 Gross Domestic Product	第一产业 Primary Industry	第二产业 Secondary Industry	工业 Industry	建筑业 Construction	第三产业 Tertiary Industry	人均地区生产总值 Per Capita GDP
1959	101.2	91.1	128.6	96.5	422.7	166.9	100.7
1960	145.8	115.9	292.6	270.0	339.9	167.8	141.7
1965	116.1	110.1	176.2	190.9	167.0	124.8	114.2
1978	107.2	102.9	115.3	107.4	120.1	108.5	105.1
1980	122.4	139.7	100.3	107.6	96.5	100.4	120.2
1985	115.4	113.6	107.9	102.3	111.1	111.0	109.8
1986	90.8	91.2	67.1	96.3	52.3	100.3	89.4
1987	100.1	101.5	104.2	106.2	102.2	97.6	98.0
1988	104.2	106.3	100.0	110.9	89.2	103.3	101.8
1989	108.4	104.1	117.9	116.3	118.5	110.0	106.3
1990	108.9	106.5	114.4	113.5	116.3	109.5	107.8
1991	100.4	96.3	108.6	107.9	109.4	103.6	98.4
1992	107.1	103.5	105.7	103.2	101.6	112.6	106.1
1993	115.5	106.6	119.7	108.6	132.9	127.4	113.7
1994	115.7	104.0	128.8	108.6	148.4	125.5	113.8
1995	117.9	104.0	167.5	109.1	208.8	113.2	116.0
1996	113.2	104.2	90.8	106.9	84.8	134.9	111.5
1997	111.8	104.0	114.4	108.9	117.0	116.7	110.0
1998	112.1	101.7	121.1	107.8	126.9	115.6	110.3
1999	112.3	105.3	120.2	106.1	125.4	113.2	110.5
2000	110.4	102.1	116.1	106.7	119.0	112.6	108.6
2001	112.7	103.1	117.8	106.7	124.1	116.0	111.9
2002	112.9	104.4	120.5	105.7	128.1	113.9	111.1
2003	112.0	103.4	113.4	110.5	114.7	115.2	110.2
2004	112.1	105.5	111.4	116.4	109.3	115.1	110.4
2005	112.1	105.5	123.6	110.1	129.6	109.7	110.5
2006	113.3	103.1	123.0	117.2	125.2	112.4	111.5
2007	114.0	104.2	116.0	117.7	115.4	116.0	112.3
2008	110.1	106.2	107.9	108.7	107.6	112.4	108.7
2009	112.4	103.0	121.7	112.9	124.9	110.4	111.1
2010	112.3	103.2	114.1	113.3	114.4	113.7	110.8
2011	112.7	103.4	118.3	118.1	118.4	111.6	111.3
2012	111.8	103.4	114.4	114.6	114.4	112.0	110.4
2013	112.1	103.8	120.0	112.2	122.5	108.8	110.5
2014	110.8	104.2	114.6	109.3	116.1	109.5	109.1

注：本表按可比价格计算。

Note: The indices in this table are caculated at comparable prices.

2-9 地区生产总值指数

INDICES OF GROSS DOMESTIC PRODUCT

1951年=100 (year of 1951=100)

年份 Year	地区生产总值 Gross Domestic Product	第一产业 Primary Industry	第二产业 Secondary Industry	工业 Industry	建筑业 Construction	第三产业 Tertiary Industry	人均地区生产总值 Per Capita GDP
1959	135.4	101.8	32104.6	3102.4	10398.0	777.1	126.5
1965	254.1	184.4	32192.3	1913.9	18850.1	2826.3	212.6
1978	481.9	252.9	229859.4	11509.6	149850.9	5521.1	308.6
1980	635.9	367.1	251528.9	13907.6	156897.6	6541.0	391.7
1985	1053.5	493.8	283368.1	14676.1	183651.5	22166.3	583.4
1986	956.6	450.3	190140.0	14133.1	96049.5	22232.8	521.6
1987	957.6	457.1	198125.9	15009.4	98162.6	21699.2	511.2
1988	997.8	485.9	198125.9	16645.4	87561.0	22415.3	520.4
1989	1081.6	505.8	233590.4	19358.6	103759.8	24656.8	553.2
1990	1177.9	538.7	267227.4	21972.0	120672.6	26999.2	596.3
1991	1182.6	518.9	290209.0	23707.8	132015.8	27971.2	586.8
1992	1266.6	537.1	306750.9	24466.4	134128.1	31495.6	622.6
1993	1462.9	572.5	367180.8	26570.5	178256.2	40125.4	707.9
1994	1692.6	595.5	472928.9	28855.6	264532.3	50357.4	805.6
1995	1995.6	619.3	792155.9	31481.4	552343.4	57004.5	934.5
1996	2259.0	645.3	719277.6	33653.7	468387.2	76899.1	1041.9
1997	2525.6	671.1	822853.5	36648.8	548013.0	89741.3	1146.1
1998	2831.1	682.5	996475.6	39507.4	695428.5	103740.9	1264.2
1999	3179.4	718.7	1197763.7	41917.4	872067.3	117434.7	1396.9
2000	3510.0	733.8	1390603.7	44725.9	1037760.1	132231.5	1517.1
2001	3955.8	756.5	1638131.1	47722.5	1287860.3	153388.5	1697.6
2002	4466.1	789.8	1973948.0	50442.7	1649749.1	174709.5	1886.0
2003	5002.0	816.6	2238457.1	55739.1	1892262.2	201265.4	2078.4
2004	5607.3	861.6	2493641.2	64880.4	2068242.6	231656.5	2294.6
2005	6285.8	909.0	3082140.5	71433.3	2680442.4	254127.2	2535.5
2006	7121.8	937.2	3791032.8	83719.8	3355913.9	285639.0	2827.1
2007	8118.9	976.6	4397598.0	98538.2	3872724.6	331341.2	3174.8
2008	8938.9	1037.1	4745008.2	107111.0	4167051.7	372427.5	3451.0
2009	10047.3	1068.2	5774675.0	120928.3	5204647.6	411160.0	3834.1
2010	11283.1	1102.4	6588904.2	137011.8	5954116.9	467488.9	4248.2
2011	12716.1	1139.9	7794673.7	161810.9	7049674.4	521717.6	4728.2
2012	14216.6	1178.7	8917106.7	185435.3	8064827.5	584323.7	5220.0
2013	15936.8	1223.5	10700528.0	208058.4	9879413.7	635744.2	5768.1
2014	17658.0	1274.9	12262805.1	227407.8	11469999.3	696139.9	6293.0

注：本表按可比价格计算。

Note: The indices in this table are caculated at constant prices.

2-10 分地区生产总值

GROSS DOMESTIC PRODUCT BY REGION

单位：亿元　　(100 million yuan)

地区	Region	2013 地区生产总值 Gross Domestic Product	2013 第一产业 Primary Industry	2013 第二产业 Secondary Industry	2013 第三产业 Tertiary Industry	2014 地区生产总值 Gross Domestic Product	2014 第一产业 Primary Industry	2014 第二产业 Secondary Industry	2014 第三产业 Tertiary Industry
拉萨市	Lhasa	304.87	11.73	107.56	185.58	347.45	12.94	127.75	206.76
昌都市	Qamdo	104.50	19.00	44.12	41.38	117.11	20.53	47.85	48.73
山南地区	Shannan	86.61	5.12	44.92	36.57	101.13	5.55	51.84	43.74
日喀则市	Xigazê	128.58	26.24	40.53	61.81	146.40	28.09	48.20	70.11
那曲地区	Nagqu	72.88	12.41	18.05	42.42	83.39	13.39	19.95	50.05
阿里地区	Ngari	28.90	4.69	8.50	15.71	32.92	5.06	10.29	17.57
林芝地区	Nyingchi	81.83	7.64	29.19	45.00	92.86	8.18	33.94	50.74

注：本表按当年价格计算。

Note: Data in value terms in the table are caculated at current prices.

2-11 分地区生产总值增长速度

INCREASE RATE OF GROSS DOMESTIC PRODUCT BY REGION

单位：%　　(%)

地区	Region	2013 地区生产总值 Gross Domestic Product	2013 第一产业 Primary Industry	2013 第二产业 Secondary Industry	2013 第三产业 Tertiary Industry	2014 地区生产总值 Gross Domestic Product	2014 第一产业 Primary Industry	2014 第二产业 Secondary Industry	2014 第三产业 Tertiary Industry
拉萨市	Lhasa	12.4	4.1	17.5	10.0	10.9	6.4	14.8	8.9
昌都市	Qamdo	12.3	3.7	29.0	1.9	10.9	4.0	12.5	12.3
山南地区	Shannan	12.4	3.8	17.4	8.4	10.8	4.3	15.8	5.6
日喀则市	Xigazê	11.4	3.6	18.1	10.8	10.6	3.2	16.7	9.7
那曲地区	Nagqu	11.1	3.7	17.4	10.4	10.2	4.0	9.7	12.1
阿里地区	Ngari	11.4	4.1	19.5	9.6	10.8	4.0	17.3	9.1
林芝地区	Nyingchi	12.3	4.2	16.6	11.0	10.8	3.2	16.2	8.7

注：本表按可比价格计算。

Note: The indices in this table are caculated at constant prices.

第三篇

人口 从业人员和职工工资

Chapter 3

POPULATION,EMPLOYMENT AND WAGES

3-1 人口数及构成

POPULATION AND ITS COMPOSITION

单位：万人 (10000 persons)

年份	总人口(年末) Total Population	按性别分 By Sex 男 Male 人口数 Population	比重(%) Proportion	女 Female 人口数 Population	比重(%) Proportion	按城乡分 By Residence 城镇 Urban 人口数 Population	比重(%) Proportion	乡村 Rural 人口数 Population	比重(%) Proportion
1990	221.47	109.85	49.6	111.62	50.4	36.32	16.4	185.15	83.6
1995	239.84	118.51	49.4	121.33	50.6	40.05	16.7	199.79	83.3
1996	243.70	121.10	49.7	122.60	50.3	43.64	17.9	200.06	82.1
1997	247.60	123.32	49.8	124.28	50.2	45.14	18.2	202.46	81.8
1998	251.54	124.51	49.5	127.03	50.5	46.69	18.6	204.85	81.4
1999	255.51	126.99	49.7	128.52	50.3	48.29	18.9	207.22	81.1
2000	259.83	131.47	50.6	128.36	49.4	50.22	19.3	209.61	80.7
2001	263.55	133.52	50.66	130.03	49.34	51.77	19.64	211.78	80.36
2002	268.24	136.10	50.74	132.14	49.26	53.36	19.89	214.88	80.11
2003	272.16	138.25	50.80	133.91	49.20	55.00	20.21	217.16	79.79
2004	276.35	140.56	50.86	135.79	49.14	56.70	20.52	219.65	79.48
2005	280.31	142.90	50.98	137.41	49.02	58.45	20.85	221.86	79.15
2006	285.08	145.25	50.95	139.83	49.05	60.25	21.13	224.83	78.87
2007	288.83	147.04	50.91	141.79	49.09	62.10	21.50	226.73	78.50
2008	292.33	149.40	51.11	142.93	48.89	64.01	21.90	228.32	78.10
2009	295.84	151.80	51.31	144.04	48.69	65.99	22.30	229.85	77.70
2010	300.22	154.26	51.38	145.96	48.62	68.06	22.67	232.16	77.33
2011	303.30	155.29	51.20	148.01	48.80	68.88	22.71	234.42	77.29
2012	307.62	156.89	51.00	150.73	49.00	69.98	22.75	237.64	77.25
2013	312.04	158.83	50.90	153.21	49.10	73.99	23.71	238.05	76.29
2014	317.55	160.99	50.70	156.56	49.30	81.77	25.75	235.78	74.25

注：本表数据为常住人口数。是根据人口普查、每年的人口变动抽样调查推算数。2010年为人口普查数据，时点为2010年11月1日零时。
Note: Data in bracket were resident population , it adjusted on the basis of the national population censuses and the sample surveyon population changes every year.

3-2 人口出生率、死亡率和自然增长率

BIRTH RATE，DEATH RATE AND NATURAL GROWTH RATE OF POPULATION

单位：‰ (‰)

年份 Year	出生率 Birth Rate	死亡率 Death Rate	自然增长率 Natural Growth Rate	年份 Year	出生率 Birth Rate	死亡率 Death Rate	自然增长率 Natural Growth Rate
1990	26.00	8.90	17.10	2005	17.90	7.20	10.80
1995	24.90	8.80	16.10	2006	17.40	5.70	11.70
1996	24.70	8.50	16.20	2007	16.40	5.10	11.30
1997	23.90	7.90	16.00	2008	15.50	5.20	10.30
1998	23.70	7.80	15.90	2009	15.30	5.10	10.20
1999	23.20	7.40	15.80	2010	15.23	5.30	9.93
2000	19.50	6.60	12.90	2011	15.39	5.13	10.26
2001	18.60	6.50	12.10	2012	15.48	5.21	10.27
2002	18.80	6.10	12.70	2013	15.77	5.39	10.38
2003	17.40	6.30	11.10	2014	15.76	5.21	10.55
2004	17.40	6.20	11.20				

3-3 按三次产业分的从业人员

NUMBER OF EMPLOYED PERSONS BY TYPE OF INDUSTRY

年份 Year	合计(万人) Total (10000 persons)				构成(%) Proportion		
		第一产业 Primary Industry	第二产业 Secondary Industry	第三产业 Tertiary Industry	第一产业 Primary Industry	第二产业 Secondary Industry	第三产业 Tertiary Industry
1978	93.09	76.34	5.53	11.22	82.0	5.9	12.1
1985	105.72	85.58	4.88	15.26	81.0	4.6	14.4
1986	107.37	85.75	5.37	16.25	79.9	5.0	15.1
1987	107.77	85.79	5.30	16.68	79.6	4.9	15.5
1988	107.24	85.38	4.90	16.96	79.6	4.6	15.8
1989	107.56	86.79	4.30	16.47	80.7	4.0	15.3
1990	107.88	87.08	4.13	16.67	80.7	3.8	15.5
1991	109.73	87.13	4.32	18.28	79.4	3.9	16.7
1992	110.92	86.78	4.67	19.47	78.2	4.2	17.6
1993	112.35	88.14	5.41	18.80	78.5	4.8	16.7
1994	114.34	88.21	4.21	21.92	77.1	3.7	19.2
1995	115.09	89.51	5.62	19.96	77.8	4.9	17.3
1996	117.70	89.72	5.84	22.14	76.2	5.0	18.8
1997	120.47	91.01	6.38	23.08	75.5	5.3	19.2
1998	120.22	89.27	6.87	24.08	74.3	5.7	20.0
1999	123.91	92.19	6.46	25.26	74.4	5.2	20.4
2000	124.18	90.98	7.35	25.85	73.3	5.9	20.8
2001	126.33	89.65	8.16	28.52	71.0	6.5	22.5
2002	130.20	89.63	8.11	32.46	68.8	6.2	25.0
2003	132.81	85.14	12.36	35.31	64.1	9.3	26.6
2004	137.32	86.00	13.17	38.15	62.6	9.6	27.8
2005	143.60	86.39	13.60	43.61	60.1	9.5	30.4
2006	148.20	87.32	14.28	46.60	58.9	9.6	31.4
2007	158.15	88.63	17.07	52.45	56.0	10.8	33.2
2008	163.50	89.41	17.09	57.00	54.6	10.5	34.9
2009	169.07	92.17	18.18	58.72	54.5	10.8	34.7
2010	173.39	92.96	18.85	61.58	53.6	10.9	35.5
2011	185.55	93.41	22.57	69.57	50.3	12.2	37.5
2012	202.06	93.60	27.10	81.36	46.3	13.4	40.3
2013	205.54	92.82	28.92	83.80	45.1	14.1	40.8
2014	213.68	93.38	31.44	88.86	43.7	14.7	41.6

3-4 国民经济各行业从业人员数（2014年）

NUMBER OF EMPLOYED PERSONS BY OWNERSHIP(2014)

单位：人 (person)

行　业	Sector	合计 Total	国有经济单位 State-owned Units	集体经济单位 Collective-owned Units	其他经济单位 Others Units	城镇私营和个体 Urban Private Enterprises	乡村从业人数 Rural Employed
总计	**Total**	**2136776**	**269083**	**3433**	**52923**	**473636**	**1337701**
农、林、牧、渔业	Farming,Forestry,Animal Hus–bandry and Fishery	933766	10513	24		5589	917640
采矿业	Mining and Quarrying	35199	1185	169	4193	4253	25399
制造业	Manufacturing	34135	967	1384	8570	23214	
电力、燃气及水的生产供应业	Electricity,Gas Water Production and Supply	11658	5883		4021	1754	
建筑业	Construction	233371	3322	1661	14304	60840	153244
交通运输、仓储及邮政业	Transport,Storage,and Post	69016	7717	14	1241	8354	51690
信息传输、计算机服务和软件业	Information Transmission,Computer Servecis and Software	13446	3114		1970	8060	302
批发和零售业	Wholesale and Retail Trade	245188	3528	44	6821	189669	45126
住宿和餐饮业	Stay Place and Catering	102234	3326	89	1821	72020	24978
金融业	Finance and Insurance	10171	8029		1404	738	
房地产业	Real Estate Trade	4981	59		1435	3487	
租赁和商务服务业	Tenancy and Commerce Servecis	37027	422	4	4264	32337	
科学研究、技术服务和地质勘查业	Science Studies,Technical Servecis and Geological Prospecting	11155	11155				
水利、环境和公共设施管理业	Water Environment and Municipal Engineering Conservancy	6068	2182			3886	
居民服务和其他服务业	Resideng Services and Other Services	2369	120	20	1678	551	
		37636				37636	
教育	Education	47122	46628			494	
卫生、社会保障和社会福利业	Health Care,Social Security and Social Welfare	19873	17576		795	1502	
		12972				12972	
文化、体育和娱乐业	Culture and Arts,Sports and Re–creation	6895	6465	24	406		
公共管理和社会组织	Public Management and Social Organization	136892	136892				
其他	Others	125602				6280	119322

3-5 全区职工人数及构成

NUMBER OF STAFF AND WORKERS AND ITS PROPORTION

年份 Year	合计 (人) Total (person)	国有经济单位 State-owned Units	城镇集体经济单位 Urban Collective-owned	其他经济单位 Units of Other Type of Ownership	构成 (总计=100) Proportion (Total=100) 国有经济单位 State-owned Units	城镇集体经济单位 Urban Collective-owned	其他经济单位 Units of Other Type of Ownership
1978	135217	126663	8554		93.7	6.3	
1980	193288	178433	14855		92.3	7.7	
1981	174227	162637	11590		93.3	6.7	
1982	182821	168301	14520		92.1	7.9	
1983	174964	160191	14773		91.6	8.4	
1984	176282	161695	14587		91.7	8.3	
1985	166772	152566	14018	188	91.5	8.4	0.1
1986	158985	146216	12202	567	92.0	7.7	0.3
1987	156826	146168	10189	469	93.2	6.5	0.3
1988	160038	148718	10746	574	92.9	6.7	0.4
1989	161385	150657	10125	603	93.4	6.3	0.3
1990	157841	149144	8557	140	94.5	5.4	0.1
1991	163863	152573	10522	768	93.1	6.4	0.5
1992	167790	155940	11043	807	92.9	6.7	0.4
1993	169018	157263	11194	561	93.1	6.6	0.3
1994	160143	151134	8318	691	94.4	5.2	0.4
1995	162896	151971	10021	904	93.3	6.1	0.6
1996	167496	155488	10818	1190	92.8	6.5	0.7
1997	166960	154262	11348	1350	92.4	6.8	0.8
1998	163342	149057	11752	2533	91.3	7.2	1.5
1999	161451	147146	10076	4229	91.1	6.2	2.6
2000	162438	149690	8187	4561	92.2	5.0	2.8
2001	159691	144592	8512	6587	90.6	5.3	4.1
2002	148025	137940	5580	4505	93.2	3.8	3.0
2003	144777	136646	3688	4443	94.4	2.5	3.1
2004	144924	136732	2940	5252	94.4	2.0	3.6
2005	162831	154473	3226	5132	94.9	2.0	3.1
2006	170141	160669	4709	4763	94.4	2.8	2.8
2007	177690	167465	4873	5352	94.3	2.7	3.0
2008	180700	170748	4983	4969	94.5	2.8	2.7
2009	188881	178593	4648	5640	94.8	2.3	2.9
2010	194553	184151	4754	5648	94.7	2.4	2.9
2011	198029	187335	3788	6906	94.6	1.9	3.5
2012	215020	207167	2780	5073	96.3	1.3	2.4
2013	264807	228325	3582	32900	86.2	1.4	12.4
2014	277015	229119	2973	44923	82.7	1.1	16.2

注：1998年以后为在岗职工人数。

Note: Data of 1998 and after year refer to fully employed staff and workers.

3-6 单位女性从业人员数

NUMBER OF FEMALE STAFF AND WORKERS IN UNITS

年份 Year	合计 (人) Total (person)	国有经济单位 State-owned Units	城镇集体经济单位 Urban Collective-owned	其他经济单位 Units of Other Type of Ownership	占单位从业人员比重(%) Proportion 合计 Total	国有经济单位 State-owned Units	城镇集体经济单位 Urban Collective-owned	其他经济单位 Units of Other Type of Ownership
1980	66085	58936	7149		34.2	33.0	48.1	
1985	57614	50945	6637	32	34.6	33.4	47.4	17.0
1986	52229	46739	5270	220	32.9	32.0	43.2	38.8
1987	52579	47177	5181	221	33.5	32.4	50.9	47.1
1988	52944	47410	5277	257	33.1	31.9	49.1	44.8
1989	52856	48185	4403	268	32.8	32.0	43.5	44.4
1990	50428	46673	3677	78	32.0	31.3	43.0	55.7
1991	53347	48555	4489	303	32.6	31.8	42.7	39.5
1992	54336	49294	4720	322	32.4	31.6	42.7	39.9
1993	55299	49668	5336	295	32.7	31.6	47.7	52.6
1994	54437	50512	3582	343	34.0	33.4	43.1	49.6
1995	54539	49989	4050	500	33.5	32.9	40.4	55.3
1996	57700	53222	3869	609	34.4	34.2	35.8	51.2
1997	58254	53364	4395	495	34.9	34.6	38.7	36.7
1998	59971	54195	5234	542	36.7	36.4	44.5	21.4
1999	59472	53428	4656	1388	33.5	33.0	43.6	29.4
2000	59623	54604	3522	1497	33.3	33.3	40.3	29.3
2001	59572	54082	3220	2270	34.3	34.3	35.9	34.0
2002	55840	52301	1639	1900	33.2	33.2	28.5	29.5
2003	57827	54350	1604	1873	33.8	33.8	30.4	25.1
2004	61467	58247	1280	1940	35.6	35.6	27.6	29.6
2005	63870	60125	1490	2255	35.1	35.5	28.7	30.1
2006	62495	59142	1278	2075	33.0	33.4	24.6	29.9
2007	69165	64718	1782	2665	35.2	35.4	33.4	31.0
2008	70899	66586	1845	2468	34.9	35.1	36.6	30.5
2009	80727	76360	1697	2670	37.8	38.8	37.1	27.3
2010	79573	74243	2345	2985	35.8	35.8	49.0	29.7
2011	82362	76540	2283	3539	35.3	34.5	58.6	33.5
2012	90488	87298	1379	1811	35.9	36.1	31.9	32.9
2013	109575	95468	1501	12606	35.3	35.8	27.7	33.4
2014	115890	96585	1313	17992	35.6	35.9	38.2	34.0

3-7 各行业分经济类型、分地区职工人数（2014年）

单位：人

行　业	Sector	合计 Total	国有经济单位 State-owned Units	集体经济单位 Collective-owned Units	其他经济单位 Others Units
总计	**Total**	**277015**	**229119**	**2973**	**44923**
农、林、牧、渔业	Farming,Forestry,Animal Husbandry and Fishery	2490	2466	24	
采掘业	Mining and Quarrying	5161	1015	169	3977
制造业	Manufacturing	10146	886	1295	7965
电力、燃气及水生产供应业	Electricity,Gas Water Production and Supply	9734	5724		4010
建筑业	Construction	11544	1896	1290	8358
交通运输、仓储及邮政业	Transport,Storage,and Post	7235	6267	14	954
信息传输、计算机服务和软件业	Information Transmission,Computer Servecis and Software	4998	3103		1895
批发和零售业	Wholesale and Retail Trade	9615	3158	44	6413
住宿和餐饮业	Stay Place and Catering	4734	2850	89	1795
金融业	Finance and Insurance	9397	8011		1386
房地产业	Real Estate Trade	1238	51		1187
租赁和商务服务业	Tenancy and Commerce Servecis	4534	368	4	4162
科学研究、技术服务和地质勘查业	Science Studies,Technical Servecis and Geological Prospecting	8502	8502		
水利、环境和公共设施管理业	Water Environment and Municipal Engineering Conservancy	1838	1838		
居民服务和其他服务业	Resideng Services and Other Services	1760	89	20	1651
教育	Education	44428	44428		
卫生、社会保障和社会福利业	Health Care,Social Security and Social Welfare	16137	15373		764
文化、体育和娱乐业	Culture and Arts,Sports and Recreation	6172	5742	24	406
公共管理和社会组织	Public Management and Social Organization	117352	117352		

注：分地区中的其它为区直单位(下同)。

NUMBER OF STAFF AND WORKERS BY REGION,OWNERSHIP AND SECTOR(2014)

(person)

拉萨市 Lhasa	昌都市 Qamdo	山南地区 Shannan	日喀则市 Xigazê	那曲地区 Nagqu	阿里地区 Ngari	林芝地区 Nyingchi	其　它 Others
65327	**34359**	**27519**	**38259**	**29018**	**11254**	**19368**	**51911**
151	328	58	124	1467	5	332	25
2442	691	474	539	25	10		980
6381	653	768	916	105		460	863
3992	857	326	469	328	152	345	3265
5858	665	1063	1591	71	491	161	1644
2188	622	1061	712	623	309	921	799
2346	348	421	511	289	290	338	455
5915	336	464	1029	830	250	315	476
2240	112	530	531	168	80	479	594
124				12			9261
978	131	12	84			27	6
2805	20		62	189		35	1423
402	621	502	1063	1176	293	101	4344
633	43	12	509	17	23	505	96
1658		20		25		35	22
7993	6634	5487	8824	5805	1447	3400	4838
2332	2255	1810	2644	2295	599	1090	3112
820	358	574	636	782	186	298	2518
16069	19685	13937	18015	14811	7119	10526	17190

Note: Others included minority nationality autonomous uints.(The next table is the same).

3-8 各地区国有经济单位分行业女性从业人员数（2014年）

NUMBER OF FEMALE STAFF AND WORKERS OF STATE-OWNED UNITS BY REGION AND SECTOR(2014)

单位：人 (person)

行　业	Sector	合计 Total	拉萨市 Lhasa	昌都市 Qamdo	山南地区 Shan-nan	日喀则市 Xigazê	那曲地区 Nagqu	阿里地区 Ngari	林芝地区 Nying-chi	其它 Others
总计	**Total**	**96585**	**15383**	**12290**	**9657**	**15784**	**10418**	**3542**	**8992**	**20519**
农、林、牧、渔业	Farming,Forestry,Animal Hus–bandry and Fishery	937	60	79	10	60	10	3	704	11
采掘业	Mining and Quarrying	367						2		365
制造业	Manufacturing	417	230	48	32	64	16			27
电力、燃气及水生产供应业	Electricity,Gas Water Production and Supply	1819	155	169	50	176	105	8	148	1008
建筑业	Construction	905	103		480	16	4	8		294
交通运输、仓储及邮政业	Transport,Storage,and Post	2624	1132	144	411	225	156	90	290	176
信息传输、计算机服务和软件业	Information Transmission,Com-puter Servecis and Software	1240	495	177	84	102	44	21	143	174
批发和零售业	Wholesale and Retail Trade	1484	360	59	95	392	248	57	116	157
住宿和餐饮业	Stay Place and Catering	1962	940	43	232	189	165	49		344
金融业	Finance and Insurance	3441					5			3436
房地产业	Real Estate Trade	16	11							5
租赁和商务服务业	Tenancy and Commerce Servecis	158	35			17				106
科学研究、技术服务和地质勘查业	Science Studies,Technical Serve-cis and Geological Prospecting	3347	148	205	178	469	512	81	48	1706
水利、环境和公共设施管理业	Water Environment and Munici-pal Engineering Conservancy	1203	465	25	6	387	3	12	277	28
居民服务和其他服务业	Resideng Services and Other Services	51	5				21		15	10
教育	Education	22619	4818	3314	2449	4079	3049	580	1817	2513
卫生、社会保障和社会福利业	Health Care,Social Security and Social Welfare	9140	951	955	998	1891	994	318	632	2401
文化、体育和娱乐业	Culture and Arts,Sports and Recreation	2686	216	122	224	255	417	79	139	1234
公共管理和社会组织	Public Management and Social Organization	42169	5259	6950	4408	7462	4669	2234	4663	6524

3-9 各地市国有经济单位分行业职工人数（2014年）

NUMBER OF STAFF AND WORKERS IN STATE-OWNED UNITS BY SECTOR AND REGION (2014)

单位：人　　　　(person)

行　业	Sector	合计 Total	拉萨市 Lhasa	昌都市 Qamdo	山南地区 Shan-nan	日喀则市 Xigazê	那曲地区 Nagqu	阿里地区 Ngari	林芝地区 Nying-chi	其它 Others
总计	**Total**	**229119**	**34225**	**31606**	**24735**	**34583**	**28200**	**10397**	**17810**	**47563**
农、林、牧、渔业	Farming,Forestry,Animal Husbandry and Fishery	2466	151	328	58	123	1467	5	309	25
采掘业	Mining and Quarrying	1015					25	10		980
制造业	Manufacturing	886	422	128	80	116	61			79
电力、燃气及水生产供应业	Electricity,Gas Water Production and Supply	5724	343	612	326	469	328	36	345	3265
建筑业	Construction	1896	776		122	79	50	18		851
交通运输、仓储及邮政业	Transport,Storage,and Post	6267	2016	419	1061	678	517	309	681	586
信息传输、计算机服务和软件业	Information Transmission,Computer Servecis and Software	3103	1256	324	198	303	140	118	309	455
批发和零售业	Wholesale and Retail Trade	3158	690	144	206	860	521	154	211	372
住宿和餐饮业	Stay Place and Catering	2850	1289	55	362	302	168	80		594
金融业	Finance and Insurance	8011					12			7999
房地产业	Real Estate Trade	51	45							6
租赁和商务服务业	Tenancy and Commerce Servecis	368	103			34				231
科学研究、技术服务和地质勘查业	Science Studies,Technical Servecis and Geological Prospecting	8502	402	621	502	1063	1176	293	101	4344
水利、环境和公共设施管理业	Water Environment and Municipal Engineering Conservancy	1838	633	43	12	509	17	23	505	96
居民服务和其他服务业	Resideng Services and Other Services	89	7				25		35	22
教育	Education	44428	7993	6634	5487	8824	5805	1447	3400	4838
卫生、社会保障和社会福利业	Health Care,Social Security and Social Welfare	15373	1568	2255	1810	2644	2295	599	1090	3112
文化、体育和娱乐业	Culture and Arts,Sports and Recreation	5742	462	358	574	564	782	186	298	2518
公共管理和社会组织	Public Management and Social Organization	117352	16069	19685	13937	18015	14811	7119	10526	17190

3-10 各地市城镇集体经济单位分行业职工人数（2014年）

NUMBER OF STAFF AND WORKERS IN URBAN COLLECTIVE-OWNED UNITS BY SECTOR AND REGION(2014)

单位：人 (person)

行业	Sector	合计 Total	拉萨市 Lhasa	昌都市 Qamdo	山南地区 Shannan	日喀则市 Xigazê	那曲地区 Nagqu	阿里地区 Ngari	林芝地区 Nyingchi	其它 Others
总计	**Total**	**2973**	**873**	**150**	**694**	**1161**	**50**		**45**	
农、林、牧、渔业	Farming,Forestry,Animal Husbandry and Fishery	24				1			23	
采掘业	Mining and Quarrying	169			8	161				
制造业	Manufacturing	1295	461		265	525	44			
电力、燃气及水生产供应业	Electricity,Gas Water Production and Supply									
建筑业	Construction	1290	412	150	401	327				
交通运输、仓储及邮政业	Transport,Storage,and Post	14				14				
信息传输、计算机服务和软件业	Information Transmission,Computer Servecis and Software									
批发和零售业	Wholesale and Retail Trade	44				16	6		22	
住宿和餐饮业	Stay Place and Catering	89				89				
金融业	Finance and Insurance									
房地产业	Real Estate Trade									
租赁和商务服务业	Tenancy and Commerce Servecis	4				4				
科学研究、技术服务和地质勘查业	Science Studies,Technical Servecis and Geological Prospecting									
水利、环境和公共设施管理业	Water Environment and Municipal Engineering Conservancy									
居民服务和其他服务业	Resideng Services and Other Services	20			20					
教育	Education									
卫生、社会保障和社会福利业	Health Care,Social Security and Social Welfare									
文化、体育和娱乐业	Culture and Arts,Sports and Recreation	24				24				
公共管理和社会组织	Public Management and Social Organization									

3-11 单位从业人员劳动报酬情况（2014年）

WORKING PAY OF EMPLOYED PERSONS IN UNITS(2014)

单位：万元 (10000 yuan)

行　业	Sector	单位从业人员劳动报酬 Total Wages	在岗职工工资总额 Staff and Workers at their Posts	其他从业人员劳动报酬 Others
总计	**Total**	**1983864**	**1865641**	**118223**
按经济类型分	**Grouped by Ownership**			
国有经济单位	State-owned Units	1647974	1581317	66657
城镇集体经济单位	Urban Collective Owned Units	10789	8249	2540
其他经济单位	Units of Other Types of Ownership	325102	276075	49026
按行业分	**Grouped by Sector**			
农、林、牧、渔业	Farming,Forestry,Animal Hus bandry and Fishery	14698	7974	6724
采掘业	Mining and Quarrying	38393	36161	2232
制造业	Manufacturing	52620	50246	2375
电力、燃气及水生产供应业	Electricity,Gas Water Production and Supply	55830	55441	390
建筑业	Construction	103397	55618	47778
交通运输、仓储及邮政业	Transport,Storage,and Post	48095	41920	6175
信息传输、计算机服务和 软件业	Information Transmission,Com puter Servecis and Software	40699	40320	379
批发和零售业	Wholesale and Retail Trade	68844	65257	3587
住宿和餐饮业	Stay Place and Catering	21882	20054	1828
金融业	Finance and Insurance	126579	126290	289
房地产业	Real Estate Trade	8231	7472	759
租赁和商务服务业	Tenancy and Commerce Servecis	22923	22020	904
科学研究、技术服务和地质勘查业	Science Studies,Technical Servecis and Geological Prospecting	71770	65069	6700
水利、环境和公共设施管理业	Water Environment and Municipal Engineering Conservancy	7517	6944	572
居民服务和其他服务业	Resideng Services and Other Services	7921	7651	270
教育	Education	303351	299296	4055
卫生、社会保障和社会福利业	Health Care,Social Security and Social Welfare	101340	97209	4131
文化、体育和娱乐业	Culture and Arts,Sports and Recreation	47015	45612	1403
公共管理和社会组织	Public Management and Social Organization Organization	842760	815087	27673

3-12 职工工资总额及构成

TOTAL WAGES OF STAFF AND WORKERS AND ITS COMPOSITION

年份 地区 Year Region		绝对数(万元) Value (10000 yuan)				构成(总计=100)Composition(Total=100)		
		合 计 Total	国有经济单位 State-Owned Units	城镇集体经济单位 Urban Collection-Owned Uints	其他经济单位 Units of Others Types of Ownership	国有经济单位 State-Owned Units	城镇集体经济单位 Urban Collection-Owned Uints	其他经济单位 Units of Others Types of Ownership
1965		5861	5861			100.0		
1978		11125	10658	467		95.8	4.2	
1980		19548	18574	974		95.0	5.0	
1985		32856	30636	2181	39	93.2	6.6	0.2
1990		49071	47118	1896	57	96.0	3.9	0.1
1991		54513	51567	2312	274	95.2	4.3	0.5
1992		56851	53946	2610	295	94.9	4.6	0.5
1993		67869	64520	3032	317	95.1	4.5	0.4
1994		111934	108501	2478	955	96.9	2.2	0.9
1995		120652	115668	4007	977	95.9	3.3	0.8
1996		185405	179463	4482	1460	96.8	2.4	0.8
1997		170366	164175	5223	968	96.3	3.1	0.6
1998		179427	171185	6321	1921	95.4	3.5	1.1
1999		205336	195535	5389	4412	95.2	2.6	2.2
2000		232007	222425	4648	4934	95.9	2.0	2.1
2001		295197	283439	5123	6635	96.0	1.7	2.3
2002		364066	351545	5437	7084	96.6	1.5	2.0
2003		388303	375822	3402	9079	96.8	0.9	2.3
2004		422299	410205	2814	9280	97.1	0.7	2.2
2005		462580	448477	3935	10168	97.0	0.9	2.1
2006		528980	512456	5184	11340	96.9	1.0	2.1
2007		805584	785865	5776	13943	97.6	0.7	1.7
2008		848391	829494	6699	12198	97.8	0.8	1.4
2009		920798	897831	5685	17282	97.5	0.6	1.9
2010		1058308	1023536	7819	26953	96.7	0.7	2.6
2011		1105895	1068081	5750	32064	96.6	0.5	2.9
2012		1238223	1205450	7499	25274	97.3	0.7	2.0
2013		1687309	1511242	8810	167257	89.6	0.5	10.0
2014		1865641	1581317	8249	276075	84.8	0.4	14.8
拉萨市	Lhasa	393122	208124	2972	182026	52.9	0.8	46.3
昌都市	Qamdo	226661	209149	150	17362	92.3	0.1	7.7
山南地区	Shannan	163964	148226	2247	13492	90.4	1.4	8.2
日喀则市	Xigazê	238310	225928	2508	9875	94.8	1.1	4.1
那曲地区	Nagqu	199521	195705	231	3585	98.1	0.1	1.8
阿里地区	Ngari	80457	72447		8010	90.0		10
林芝地区	Nyingchi	116098	107346	141	8611	92.5	0.1	7.4
其他	Others	447507	414392		33115	92.6		7.4

注：1998年后为在岗职工工资(下同)。

Note: the data on total wages after 1998 refer to wagws of fully employed staff and workers. (Similarlly in the following tables).

3-13 职工工资总额指数

INDEX WAGES OF STAFF AND WORKERS

年份 Year	指数(1978=100) Indices (1978=100)				指数(上年=100) Indices (Preceding year=100)			
	合计 Total	国有经济单位 State-Owned Units	城镇集体经济单位 Urban Collection-Owned Uints	其他经济单位 Units of Others Types of Ownership	合计 Total	国有经济单位 State-Owned Units	城镇集体经济单位 Urban Collection-Owned Uints	其他经济单位 Units of Others Types of Ownership
1978	100.0	100.0	100.0			107.0		
1980	175.7	174.3	208.6		125.2	124.2	148.5	
1981	174.3	173.0	205.3		99.2	99.3	98.4	
1982	210.8	205.1	340.5		102.9	118.6	165.9	
1983	219.1	210.0	425.4		103.9	102.4	125.0	
1984	265.0	257.1	446.5		121.0	122.4	105.0	
1985	295.3	287.5	466.9	100.0	111.4	111.8	104.6	
1986	337.6	331.2	452.0	387.2	114.3	115.2	96.8	387.2
1987	347.3	343.3	427.7	261.5	102.9	103.5	94.6	67.5
1988	383.5	376.0	426.4	341.0	110.4	109.7	123.1	130.4
1989	418.7	416.5	433.4	425.6	109.2	110.8	82.3	124.8
1990	441.1	442.9	406.0	146.2	105.4	106.3	93.7	34.4
1991	490	483.8	495.1	702.6	111.1	109.2	121.9	480.6
1992	511.0	506.2	558.9	756.4	104.3	104.6	112.9	107.7
1993	610.1	605.4	649.3	812.8	119.4	119.6	116.2	107.5
1994	1006.2	1018.1	530.6	2448.7	164.9	168.2	81.7	301.3
1995	1084.5	1085.3	858	2505.1	107.8	106.6	161.7	102.3
1996	1666.6	1683.8	959.7	3743.6	153.7	155.2	111.9	149.4
1997	1531.4	1540.4	1118.4	2481.5	91.9	91.5	116.5	66.3
1998	1612.8	1606.2	1353.5	4925.6	105.3	104.3	121.0	198.5
1999	1845.7	1834.6	1154.0	11312.8	114.4	114.2	85.3	229.7
2000	2085.6	2087.8	995.9	12647.7	113.0	113.8	86.3	111.8
2001	2653.5	2659.4	1096.8	17010.3	127.2	127.4	110.2	134.5
2002	3272.5	3298.4	1164.2	18164.1	123.3	124.0	106.1	106.8
2003	3490.4	3526.2	728.5	23279.5	106.7	106.9	62.6	128.2
2004	3797.6	3847.1	602.5	23791.6	108.8	109.1	82.7	102.2
2005	4158.0	4207.9	842.6	26071.8	109.5	109.3	139.8	109.6
2006	4754.9	4808.2	1110.1	29076.9	114.4	114.3	131.7	115.5
2007	7241.2	7373.5	1236.8	35753.9	152.3	153.4	111.4	123.0
2008	7625.9	7792.8	1434.4	31276.9	105.3	105.6	116	87.5
2009	8276.8	8424.0	1217.3	44312.8	108.5	108	84.9	141.7
2010	9512.8	9603.4	1674.3	69110.3	114.9	114.0	137.5	155.9
2011	9940.6	10021.4	1231.3	82241.3	104.5	104.4	73.5	119
2012	11130.1	11310.3	1605.8	64805.1	119.7	112.9	130.4	78.8
2013	15166.8	14179.4	1886.5	428864.1	136.3	125.4	117.5	661.8
2014	16769.8	14836.9	1766.4	707884.6	110.6	104.6	93.6	165.1

3-14 各行业分经济类型、分地区职工工资总额（2014年）

单位：万元

行　业	Sector	合计 Total	国有经济单位 State-owned Units	集体经济单位 Collective-owned Units	其他经济单位 Others Units
总计	**Total**	**1865641**	**1581317**	**8249**	**276075**
农、林、牧、渔业	Farming,Forestry,Animal Hus–bandry and Fishery	7974	7896	79	
采掘业	Mining and Quarrying	36161	4888	323	30950
制造业	Manufacturing	50246	3413	2918	43915
电力、燃气及水生产供应业	Electricity,Gas Water Production and Supply	55441	29510		25930
建筑业	Construction	55618	8290	4544	42784
交通运输、仓储及邮政业	Transport,Storage,and Post	41920	36587	21	5313
信息传输、计算机服务和软件业	Information Transmission,Computer Servecis and Software	40320	24261		16059
批发和零售业	Wholesale and Retail Trade	65257	19291	103	45864
住宿和餐饮业	Stay Place and Catering	20054	11444	199	8411
金融业	Finance and Insurance	126290	111031		15259
房地产业	Real Estate Trade	7472	311		7161
租赁和商务服务业	Tenancy and Commerce Servecis	22020	1770	14	20237
科学研究、技术服务和地质勘查业	Science Studies,Technical Servecis and Geological Prospecting	65069	65069		
水利、环境和公共设施管理业	Water Environment and Municipal Engineering Conservancy	6944	6944		
居民服务和其他服务业	Resideng Services and Other Services	7651	612	24	7015
教育	Education	299296	299296		
卫生、社会保障和社会福利业	Health Care,Social Security and Social Welfare	97209	91756		5453
文化、体育和娱乐业	Culture and Arts,Sports and Recreation	45612	43862	24	1726
公共管理和社会组织	Public Management and Social Organization	815087	815087		

TOTAL WAGES OF STAFF AND WORKERS BY REGION,OWNERSHIP AND SECTOR (2014)

(10000 yuan)

拉萨市 Lhasa	昌都市 Qamdo	山南地区 Shannan	日喀则市 Xigazê	那曲地区 Nagqu	阿里地区 Ngari	林芝地区 Nyingchi	其　它 Others
393122	**226661**	**163964**	**238310**	**199521**	**80457**	**116098**	**447507**
813	1220	222	576	3794	9	1153	187
19590	7793	2126	1763	82	86		4720
31177	3589	4942	3185	389		2343	4621
25098	3653	1293	1746	1408	1544	1394	19307
29934	1170	5888	4688	351	4898	518	8172
12279	4549	5215	3775	3468	1866	5518	5251
21356	2157	2569	2810	2642	1941	3316	3530
43335	2245	3414	5005	4088	2574	2073	2523
9484	338	2609	1362	597	402	2193	3068
1121				83			125086
5930	729	100	412			250	52
10902	97		327	327		150	10218
1704	4009	2606	5751	8208	2626	980	39187
3271	103	89	1259	124	132	1207	761
7049		24		133		253	193
49827	43108	35667	61909	44088	9642	21887	33168
14010	10672	9499	17373	15480	4126	6289	19760
4380	2387	3615	4499	5572	1401	1791	21968
101864	138843	84090	121871	108687	49211	64783	145738

3-15 各行业分经济类型、分地区职工平均工资（2014年）

单位：元

行业	Sector	合计 Total	国有经济单位 State-owned Units	集体经济单位 Collective-owned Units	其他经济单位 Others Units
总计	**Total**	**68059**	**69754**	**28066**	**62063**
农、林、牧、渔业	Farming,Forestry,Animal Hus–bandry and Fishery	32013	32008	32542	
采掘业	Mining and Quarrying	70407	47924	19112	78413
制造业	Manufacturing	51492	38518	23534	57540
电力、燃气及水生产供应业	Electricity,Gas Water Production and Supply	56313	51358		63260
建筑业	Construction	47770	44235	34664	50584
交通运输、仓储及邮政业	Transport,Storage,and Post	58279	58848	15214	55226
信息传输、计算机服务和软件业	Information Transmission,Computer Servecis and Software	80818	78086		85328
批发和零售业	Wholesale and Retail Trade	69194	61573	23341	73335
住宿和餐饮业	Stay Place and Catering	43126	42183	22360	45512
金融业	Finance and Insurance	137931	142037		113960
房地产业	Real Estate Trade	63108	61000		63203
租赁和商务服务业	Tenancy and Commerce Servecis	49173	48881	34250	49214
科学研究、技术服务和地质勘查业	Science Studies,Technical Servecis and Geological Prospecting	76453	76453		
水利、环境和公共设施管理业	Water Environment and Municipal Engineering Conservancy	37844	37844		
居民服务和其他服务业	Resideng Services and Other Services	42960	68764	12100	41955
教育	Education	68164	68164		
卫生、社会保障和社会福利业	Health Care,Social Security and Social Welfare	60703	60164		71471
文化、体育和娱乐业	Culture and Arts,Sports and Recreation	73544	75676	9958	45188
公共管理和社会组织	Public Management and Social Organization	70316	70316		

AVERAGE WAGES OF STAFF AND WORKERS BY REGION,OWNERSHIP AND SECTOR (2014)

(yuan)

拉萨市 Lhasa	昌都市 Qamdo	山南地区 Shannan	日喀则市 Xigazê	那曲地区 Nagqu	阿里地区 Ngari	林芝地区 Nyingchi	其　它 Others
61413	**67942**	**59356**	**63985**	**68313**	**69575**	**60686**	**86097**
57225	37192	38207	46112	25846	17800	33924	74960
81590	111334	44670	32712	32880	86300		47916
51954	54623	63274	36317	37738		50935	52573
61559	42978	39653	36985	36945	99600	40985	59515
52543	18571	54615	32064	34733	53591	36507	50474
56508	78570	46854	54866	56392	60388	60565	65225
91655	60254	60590	55646	91422	66914	98104	77582
75182	67222	76549	48969	49613	102976	67312	52228
43866	30179	50562	26237	38295	48434	43177	51657
89672				69167			88697
63964	56092	82917	50207			92593	86833
42552	48600		54467	13064		37500	66090
42393	71329	51492	54984	69382		97010	88697
52008	23860	74000	24680	72882	89608	23895	79229
41980		12100		53200	57304	72229	87545
63693	65924	64241	72366	75910		65005	68798
60859	48662	52887	66820	67778	66817	59221	62062
55306	67237	62108	70078	71165	69577	60290	85644
63566	73187	60383	69478	73027	70201	62593	84677

3-16 各地市国有经济单位分行业职工工资总额（2014年）

TOTAL WAGES OF STAFF AND WORKERS IN STATE-OWNED UNITS BY SECTOR AND REGION (2014)

单位：万元 (10000 yuan)

行业	Sector	合计 Total	拉萨市 Lhasa	昌都市 Qamdo	山南地区 Shan-nan	日喀则市 Xigazê	那曲地区 Nagqu	阿里地区 Ngari	林芝地区 Nying-chi	其它 Others
总计	**Total**	**1581317**	**208124**	**209149**	**148226**	**225928**	**195705**	**72447**	**107346**	**414392**
农、林、牧、渔业	Farming,Forestry,Animal Hus–bandry and Fishery	7896	813	1220	222	576	3794	9	1077	187
采掘业	Mining and Quarrying	4888					82	86		4720
制造业	Manufacturing	3413	1593	434	452	362	161			411
电力、燃气及水生产供应业	Electricity,Gas Water Production and Supply	29510	1922	2216	1293	1746	1408	226	1394	19307
建筑业	Construction	8290	3098		697	206	129	65		4095
交通运输仓储及邮政业	Transport,Storage,and Post	36587	11346	3576	5215	3723	2903	1866	3755	4202
信息传输、计算机服务和软件业	Information Transmission,Computer Servecis and Software	24261	10369	1856	813	1722	2021	1039	2911	3530
批发和零售业	Wholesale and Retail Trade	19291	5821	544	2031	4233	2234	1617	1020	1790
住宿和餐饮业	Stay Place and Catering	11444	4465	182	1939	791	597	402		3068
金融业	Finance and Insurance	111031					83			110948
房地产业	Real Estate Trade	311	259							52
租赁和商务服务业	Tenancy and Commerce Servecis	1770	281			180				1308
科学研究、技术服务和地质勘查业	Science Studies,Technical Servecis and Geological Prospecting	65069	1704	4009	2606	5751	8208	2626	980	39187
水利、环境和公共设施管理业	Water Environment and Municipal Engineering Conservancy	6944	3271	103	89	1259	124	132	1207	761
居民服务和其他服务业	Resideng Services and Other Services	612	34				133		253	193
教育	Education	299296	49827	43108	35667	61909	44088	9642	21887	33168
卫生、社会保障和社会福利业	Health Care,Social Security and Social Welfare	91756	8557	10672	9499	17373	15480	4126	6289	19760
文化、体育和娱乐业	Culture and Arts,Sports and Recreation	43862	2901	2387	3615	4228	5572	1401	1791	21968
公共管理和社会组织	Public Management and Social Organization	815087	101864	138843	84090	121871	108687	49211	64783	145738

3-17 各地市国有经济单位分行业职工平均工资（2014年）

AVERAGE WAGES OF STAFF AND WORKERS IN STATE-OWNED UNITS BY SECTOR AND REGION (2014)

单位：元　　　　(yuan)

行业	Sector	合计 Total	拉萨市 Lhasa	昌都市 Qamdo	山南地区 Shan-nan	日喀则市 Xigazê	那曲地区 Nagqu	阿里地区 Ngari	林芝地区 Nying-chi	其它 Others
总计	**Total**	**69754**	**61532**	**68303**	**59703**	**66946**	**69151**	**70446**	**61138**	**87173**
农、林、牧、渔业	Farming,Forestry,Animal Hus–bandry and Fishery	32008	57225	37192	38207	46363	25846	17800	33968	74960
采掘业	Mining and Quarrying	47924					32880	86300		47916
制造业	Manufacturing	38518	37482	34189	56475	31181	27220			52076
电力、燃气及水生产供应业	Electricity,Gas Water Production and Supply	51358	56690	36635	39653	36985	36945	57974	40985	59515
建筑业	Construction	44235	39919		57164	24464	25760	36111		49699
交通运输、仓储及邮政业	Transport,Storage,and Post	58848	56701	97981	46854	56922	57037	60388	55961	70625
信息传输、计算机服务和软件业	Information Transmission,Computer Servecis and Software	78086	82757	55569	40428	57973	144386	88076	94204	77582
批发和零售业	Wholesale and Retail Trade	61573	84853	37792	105802	49282	43135	104968	50020	47601
住宿和餐饮业	Stay Place and Catering	42183	38031	33036	53723	27259	38295	48434		51657
金融业	Finance and Insurance	142037					69167			142149
房地产业	Real Estate Trade	61000	57556							86833
租赁和商务服务业	Tenancy and Commerce Servecis	48881	28694			56250				56392
科学研究、技术服务和地质勘查业	Science Studies,Technical Servecis and Geological Prospecting	76453	42393	71329	51492	54984	69382	89608	97010	88697
水利、环境和公共设施管理业	Water Environment and Municipal Engineering Conservancy	37844	52008	23860	74000	24680	72882	57304	23895	79229
居民服务和其他服务业	Resideng Services and Other Services	68764	48000				53200		72229	87545
教育	Education	68164	63693	65924	64241	72366	75910	66817	65005	68798
卫生、社会保障和社会福利业	Health Care,Social Security and Social Welfare	60164	55598	48662	52887	66820	67778	69577	59221	62062
文化、体育和娱乐业	Culture and Arts,Sports and Recreation	75676	63065	67237	62108	74438	71165	75306	60290	85644
公共管理和社会组织	Public Management and Social Organization	70316	63566	73187	60383	69478	73027	70201	62593	84677

3-18 各地市城镇集体经济单位分行业职工工资总额（2014年）

TOTAL WAGES OF STAFF AND WORKERS IN URBAN COLLECTIVE-OWNED UNITS BY SECTOR AND REGION (2014)

单位：万元 (10000 yuan)

行业	Sector	合计 Total	拉萨市 Lhasa	昌都市 Qamdo	山南地区 Shan-nan	日喀则市 Xigazê	那曲地区 Nagqu	阿里地区 Ngari	林芝地区 Nying-chi	其它 Others
总计	**Total**	**8249**	**2972**	**150**	**2247**	**2508**	**231**		**141**	
农、林、牧、渔业	Farming,Forestry,Animal Husbandry and Fishery	79				2			77	
采掘业	Mining and Quarrying	323			18	305				
制造业	Manufacturing	2918	1377		226	1087	228			
电力、燃气及水生产供应业	Electricity,Gas Water Production and Supply									
建筑业	Construction	4544	1594	150	1979	821				
交通运输、仓储及邮政业	Transport,Storage,and Post	21				21				
信息传输、计算机服务和软件业	Information Transmission,Computer Servecis and Software									
批发和零售业	Wholesale and Retail Trade	103				35	3		65	
住宿和餐饮业	Stay Place and Catering	199				199				
金融业	Finance and Insurance									
房地产业	Real Estate Trade									
租赁和商务服务业	Tenancy and Commerce Servecis	14				14				
科学研究、技术服务和地质勘查业	Science Studies,Technical Servecis and Geological Prospecting									
水利、环境和公共设施管理业	Water Environment and Municipal Engineering Conservancy									
居民服务和其他服务业	Resideng Services and Other Services	24			24					
教育	Education									
卫生、社会保障和社会福利业	Health Care,Social Security and Social Welfare									
文化、体育和娱乐业	Culture and Arts,Sports and Recreation	24				24				
公共管理和社会组织	Public Management and Social Organization									

3-19 各地市城镇集体经济单位分行业职工平均工资（2014年）

AVERAGE WAGES OF STAFF AND WORKERS IN URBAN COLLECTIVE-OWNED UNITS BY SECTOR AND REGION (2014)

单位：元　　　　(yuan)

行　业	Sector	合计 Total	拉萨市 Lhasa	昌都市 Qamdo	山南地区 Shan-nan	日喀则市 Xigazê	那曲地区 Nagqu	阿里地区 Ngari	林芝地区 Nying-chi	其它 Others
总计	**Total**	**28066**	**35249**	**10714**	**31211**	**21976**	**46260**		**31356**	
农、林、牧、渔业	Farming,Forestry,Animal Hus–bandry and Fishery	32542				15000			33304	
采掘业	Mining and Quarrying	19112			22000	18969				
制造业	Manufacturing	23534	31956		8532	21734	51841			
电力、燃气及水生产供应业	Electricity,Gas Water Production and Supply									
建筑业	Construction	34664	38694	10714	46354	24729				
交通运输、仓储及邮政业	Transport,Storage,and Post	15214				15214				
信息传输、计算机服务和软件业	Information Transmission,Computer Servecis and Software									
批发和零售业	Wholesale and Retail Trade	23341				21875	5333		29318	
住宿和餐饮业	Stay Place and Catering	22360				22360				
金融业	Finance and Insurance									
房地产业	Real Estate Trade									
租赁和商务服务业	Tenancy and Commerce Servecis	34250				34250				
科学研究、技术服务和地质勘查业	Science Studies,Technical Servecis and Geological Prospecting									
水利、环境和公共设施管理业	Water Environment and Municipal Engineering Conservancy									
居民服务和其他服务业	Resideng Services and Other Services	12100			12100					
教育	Education									
卫生、社会保障和社会福利业	Health Care,Social Security and Social Welfare									
文化、体育和娱乐业	Culture and Arts,Sports and Recreation	9958				9958				
公共管理和社会组织	Public Management and Social Organization									

3-20 职工平均工资及指数

AVERAGE WAGE OF STAFF AND WORKERS AND RELATED INDICES

年份 地区 Year Region		平均工资(元) Average (yuan)				指数(上年=100) Indices (preceding year=100)			
		合计 Total	国有经济单位 State-owned Units	城镇集体经济单位 Urban Collective Owned Units	其他经济单位 Units of Others Types of Ownership	合计 Total	国有经济单位 State-owned Units	城镇集体经济单位 Urban Collective Owned Units	其他经济单位 Units of Others Types of Ownership
1978			854						
1985		1963	1995	1609	2087	117.0	115.3	113.3	
1990		3181	3224	2384	3419	110.4	109.6	119.3	124.8
1991		3355	3416	2507	3568	105.5	106.0	105.2	104.3
1992		3448	3495	2689	3656	108.4	108.4	112.8	106.9
1993		4085	4178	2720	5566	118.5	120.0	101.1	152.3
1994		7115	7304	3067	13815	174.8	174.8	112.8	248.2
1995		7382	7572	4090	10821	103.8	103.7	133.4	78.3
1996		11087	11519	4370	12411	150.2	152.1	106.8	114.7
1997		10098	10524	4588	7233	91.1	91.4	105.0	58.3
1998		10987	11462	5382	8709	108.8	108.9	117.3	120.4
1999		12904	13490	5364	10692	117.4	117.7	99.7	122.8
2000		14976	15566	5835	12135	116.1	115.4	108.8	113.5
2001		19144	20112	6236	13125	127.8	129.2	106.9	108.2
2002		24766	25675	9761	15693	129.4	127.7	156.5	119.6
2003		26931	27611	9348	20475	108.7	107.5	95.8	130.5
2004		29292	30163	9600	17704	108.8	109.2	102.7	86.5
2005		28950	29644	12336	19154	98.8	98.3	128.5	108.2
2006		31518	32355	11125	23680	108.9	109.2	90.2	123.6
2007		46098	47757	11770	26334	146.3	147.6	105.8	111.2
2008		47280	48975	13023	24778	102.6	102.6	110.6	94.1
2009		48750	50272	12231	30641	103.1	102.6	93.9	123.6
2010		54397	55581	16447	47722	111.5	110.5	134.4	155.7
2011		55845	57014	15181	46429	102.7	102.6	92.3	97.3
2012		58347	58982	11160	50527	104.5	103.5	73.5	108.8
2013		64409	67186	23856	50164	110.4	113.9	213.8	99.3
2014		68059	69754	28066	62063	105.7	103.8	117.6	123.7
拉萨市	Lhasa	61413	61532	35249	62028	112.8	105.3	152.2	125.6
昌都市	Qamdo	67942	68303	10714	66778	116.9	117.2	54.0	117.3
山南地区	Shannan	59356	59703	31211	64957	99.4	97.7	99.6	123.1
日喀则市	Xigazê	63985	66946	21976	41915	106.3	105.9	114.3	118.9
那曲地区	Nagqu	68313	69151	46260	41877	110.6	107.0	142.7	155.8
阿里地区	Ngari	69575	70446		62578	103.5	102.1		136.9
林芝地区	Nyingchi	60686	61138	31356	56325	107.6	106.6	128.2	143.5
其 它	Others	86097	87173		74583	97.6	97.5		102.2

3-21 各行业分经济类型从业人员平均工资（2014年）
AVERAGE WAGES OF EMPLOYED PERSONS BY OWNERSHIP AND SECTOR (2014)

单位：元 (yuan)

行　业	Sector	合计 Total	国有经济单位 State-owned Units	集体经济单位 Collective-owned Units	其他经济单位 Others Units
总计	**Total**	**61235**	**61886**	**29574**	**60161**
农、林、牧、渔业	Farming,Forestry,Animal Husbandry and Fishery	13948	13905	32542	
采掘业	Mining and Quarrying	66378	44303	19112	74120
制造业	Manufacturing	48619	37313	23098	53805
电力、燃气及水生产供应业	Electricity,Gas Water Production and Supply	55707	50494		63185
建筑业	Construction	49899	39334	35818	54108
交通运输、仓储及邮政业	Transport,Storage,and Post	53900	55228	15214	46190
信息传输、计算机服务和软件业	Information Transmission,Computer Servecis and Software	80195	77948		83775
批发和零售业	Wholesale and Retail Trade	67336	59851	23341	71544
住宿和餐饮业	Stay Place and Catering	41975	40596	22360	45295
金融业	Finance and Insurance	1337736	141805		114163
房地产业	Real Estate Trade	55726	55763		55724
租赁和商务服务业	Tenancy and Commerce Servecis	49308	45252	34250	49726
科学研究、技术服务和地质勘查业	Science Studies,Technical Servecis and Geological Prospecting	64000	64000		
水利、环境和公共设施管理业	Water Environment and Municipal Engineering Conservancy	34622	34622		
居民服务和其他服务业	Resideng Services and Other Services	42887	58608	12100	42142
教育	Education	66038	66038		
卫生、社会保障和社会福利业	Health Care,Social Security and Social Welfare	55825	55064		72461
文化、体育和娱乐业	Culture and Arts,Sports and Recreation	67735	69339	9958	45179
公共管理和社会组织	Public Management and Social Organization	62391	62391		

3-22 各行业分经济类型从业人员工资总额（2014年）
TOTAL WAGES OF EMPLOYED PERSONS BY OWNERSHIP AND SECTOR(2014)

单位：万元 (10000 yuan)

行业	Sector	合计 Total	国有经济单位 State-owned Units	集体经济单位 Collective-owned Units	其他经济单位 Others Units
总计	**Total**	**1983864**	**1647974**	**10789**	**325102**
农、林、牧、渔业	Farming,Forestry,Animal Husbandry and Fishery	14698	14620	78	
采掘业	Mining and Quarrying	38393	5272	323	32798
制造业	Manufacturing	52620	3556	3040	46025
电力、燃气及水生产供应业	Electricity,Gas Water Production and Supply	55830	29817		26013
建筑业	Construction	103397	13751	6963	82683
交通运输、仓储及邮政业	Transport,Storage,and Post	48095	42305	21	5769
信息传输、计算机服务和软件业	Information Transmission,Computer Servecis and Software	40699	24304		16395
批发和零售业	Wholesale and Retail Trade	68844	20936	103	47806
住宿和餐饮业	Stay Place and Catering	21882	13190	199	8493
金融业	Finance and Insurance	126579	111133		15446
房地产业	Real Estate Trade	8231	329		7902
租赁和商务服务业	Tenancy and Commerce Servecis	22923	1901	14	21009
科学研究、技术服务和地质勘查业	Science Studies,Technical Servecis and Geological Prospecting	71770	71770		
水利、环境和公共设施管理业	Water Environment and Municipal Engineering Conservancy	7517	7517		
居民服务和其他服务业	Resideng Services and Other Services	7921	703	24	7194
教育	Education	303351	303351		
卫生、社会保障和社会福利业	Health Care,Social Security and Social Welfare	101340	95586		5753
文化、体育和娱乐业	Culture and Arts,Sports and Recreation	47015	45175	24	1816
公共管理和社会组织	Public Management and Social Organization	842760	842760		

第四篇

固定资产投资

Chapter 4

INVESTMENT IN FIXED ASSETS

4-1 全社会固定资产投资

TOTAL INVESTMENT IN FIXED ASSETS

指　标	Item	2000	2007	2010	2013	2014
投资总额　(万元)	**Total Investment (10000 yuan)**	**665044**	**2711811**	**4632585**	**9184830**	**11197345**
按经济类型分	**Grouped by Ownership**					
国有经济	State-Owned Units	630208	1699162	3337026	6708235	7704548
集体经济	Collective-Owned Units	7723	45619	30332	81891	44826
个体经济	Individuals	12436	367200	209378	320228	383793
联营经济	Joint-Owned Economic Units	2330	9154	580	29787	59547
股份制经济	Share Holding Economic Units	8846	317174	458886	761743	1342335
外商投资经济	Foreign Funded Units	156	1790	8339	8415	357
港澳台投资经济	Economic Units with Funs From Hong Kong, Macao and Taiwan	1814		18000	13318	9420
其他经济	Others	1531	267912	570044	1261213	1652519
按资金来源分	**Grouped by Source of Funds**					
国家预算内资金	State Budgetary Appropriation	374105	2045636	3220359	6112260	8493107
国内贷款	Domestic Loans	29975	46165	98774	161191	58011
利用外资	Foreign Investment	25091	2097	14403	18519	14000
自筹资金	Fundraising	189713	840902	1588139	3655416	3812030
其他资金	Others	126255	514020	261798	661359	635955
房地产开发	# Real Estate Development	9771	116767	89634	96777	529087
按构成分	**Grouped by Use of Funds**					
建筑安装工程	Construction and Installation	597335	2519242	3979621	8035290	9982658
设备、工器具购置	Purchase of Equipment and Instruments	46695	168678	534928	821643	807425
其他费用	Others	21014	23891	118036	327897	407262
按建设性质分	**Grouped by Type of Construction**					
#新建	# New Construction	418036	1616955	3081541	7584999	9170021
扩建	Expansion	37308	283097	498751	430469	421726
改建	Reconstrction	155880	325130	255785	356564	819994
房屋建筑面积 (万平方米)	**Floor Space of Buildings (10000 sq.m)**					
施工面积	Floor Space Under Construction	285.97	1454.59	1298.72	710.72	1003.32
竣工面积	Floor Space Completed	231.96	1143.87	518.74	258.92	357.13
#住宅	# Residential Buildings	133.71	781.28	408.12	198.81	296.39

注：按资金来源分组数据为财务拨款数，各项相加不等于投资总额。(以下各表相同)

Note: Total investment grouped by sources of finance refers to financial appropriation, and the broken-down figures do not add up to the total. (The same as in the following tables).

4-2 各地区全社会固定资产投资（2014年）

项　目	Item	合计 Total	拉萨 Lhasa
投资总额　　(万元)	**Total Investment　　(10000 yuan)**	**11197345**	**4553866**
按经济类型分	**Grouped by Ownership**		
国有经济	State-Owned Units	7704548	2152638
集体经济	Collective-Owned Units	44826	40663
个体经济	Individuals	383793	118530
联营经济	Joint Ownership Economic Units	59547	43251
股份制经济	Share Holding Economic Units	1342335	1083442
外商投资经济	Foreign Funded Economic Units	357	
港澳台投资经济	Economic Units with Funds From Hong Kong, Macao and Taiwan	9420	
其他经济	Others	1652519	1115342
按资金来源分	**Grouped by Source of Funds**		
国家预算内资金	State Budgetary Appropriation	8493107	1453368
国内贷款	Domestic Loans	58011	53509
利用外资	Foreign Investment	14000	
自筹投资	Fundraising	3812030	2661742
其他投资	Others	635955	250762
房地产开发	Real Estate Development	529087	507019
按构成分	**Grouped by Use of Funds**		
建筑安装工程	Construction and Installation	9982658	3728178
设备、工器具购置	Purchase of Equipment and Instruments	807425	526277
其他费用	Others	407262	299411
按建设性质分	**Grouped by Type of Construction**		
#新建	# New Construction	8640934	3382684
扩建	Expansion	421726	124926
改建	Reconstrction	819994	277098
房屋建筑面积　　(万平方米)	**Floor Space of Buildings　　(10000 sq.m)**		
施工面积	Floor Space Under Constrction	1003.32	448.29
竣工面积	Floor Space Completed	357.13	51.86
#住宅	# Residential Buildings	296.39	28.83

TOTAL INVESTMENT IN FIXED ASSETS BY REGION (2014)

昌都 Qamdo	山南 Shannan	日喀则 Xigazê	那曲 Nagqu	阿里 Ngari	林芝 Nyingchi
1525817	**1373619**	**1158626**	**875173**	**403304**	**1306940**
1367589	1193107	806635	875173	403304	906102
	3720				443
	13489	214399			37375
	110				16186
156638	60785	23430			18040
	57				300
		1250			8170
1590	102351	112912			320324
2513604	1034945	724160	1198306	446039	1122685
		4502			
	14000				
184048	181527	372391	38000	20837	353485
11195	158416	61119		10165	144298
	8131				13937
1308141	1126248	794985	856336	99867	1120767
138390	15311	130672		3548	6950
79286	1363	111141		288372	141386
1260047	1126248	794985	856336	99867	1120767
140319	15311	130672		3548	6950
634	1363	111141		288372	141386
110.14	51.65	321.79	41.55	9.45	20.45
14.36	11.34	266.68	7.04	5.72	0.14
12.79	3.24	248.71	2.76	0.05	

4-3 全社会固定资产投资

TOTAL INVESTMENT IN FIXED ASSETS

单位：万元 (10000 yuan)

年份 Year	合计 Total	国有经济 State-owned Units	集体经济 Collective-owned Units	个体经济 Individuals	其他经济 Other Types of Ownership
1978	18534	18534			
1980	18128	18128			
1981	12172	12172			
1982	15558	15558			
1983	19875	19875			
1984	47879	47188	691		
1985	74940	63749	258	10933	
1986	53492	44375	717	8400	
1987	53000	39613		13387	
1988	58087	47085		11002	
1989	66942	57680		9262	
1990	76105	67666		8439	
1991	105665	87425	7120	11120	
1992	133297	120582	6380	6335	
1993	181458	166460	6844	5795	2359
1994	211718	200955	5667	4081	1015
1995	369492	360572	15		8905
1996	303605	281686	716	9118	12085
1997	345495	316286	4124	8864	16221
1998	427457	394888	4708	12870	14991
1999	566030	524029	17992	15867	8142
2000	665044	629928	7723	12724	14669
2001	857725	803541	11160	24080	18944
2002	1089868	1036629	12562	30610	10067
2003	1386165	1273193	27505	29838	55629
2004	1684361	1370848	11994	77534	223985
2005	1961916	1499411	67369	143964	251172
2006	2323503	1578334	54761	342300	348108
2007	2711811	1699162	45619	367200	599830
2008	3099304	2101022	12627	322166	663489
2009	3794158	2683407	44389	380137	686225
2010	4632585	3337026	30332	209378	1055849
2011	5492690	4093907	47256	215678	1135849
2012	7099822	4730059	147424	320375	1901964
2013	9184830	6708235	81891	320228	2074476
2014	11197345	7704548	44826	383793	3064178

注：其他经济类型包括联营经济、股份制经济、外商投资经济、港澳台投资经济等国有、集体和个体经济以外的经济成份。
Note:Other types of ownership refer to the types of ownership other than state-owned units, collective-owned units and individuals, including joint-owned economic units, share holding economic units, foreign-funded economic units, economic units funded by the enterpreneurs from Hong Kong,Macao and Taiwan, etc.

4-4 城镇投资完成情况

INVESTMENT IN URBAN

单位：万元 (10000 yuan)

年份 Year	本年完成投资 Total Investment Completed This Year	按资金来源分 Grouped by Source of Finance		本年新增固定资产 Newly Increased Fixed Assets This Year	固定资产交付使用率 (%) Rate of Fixed Assets Put into Use (%)
		#国家预算内资金 State Budgetary Appropriation	#自筹资金 Fundraising		
1959	2906	2906			
1965	5356	5297	58		
1978	17548	14992	1578	11777	67.1
1980	17116	15051	2065	14070	82.2
1981	10360	8604	1756	7773	75.0
1982	14220	10356	3864	8831	62.1
1983	16115	12017	4098	11304	76.2
1984	43320	14831	27961	17799	41.1
1985	58408	20473	33924	67069	114.8
1986	40971	18408	15912	40532	98.9
1987	37371	18687	14181	30001	80.3
1988	44530	20505	22729	35256	79.2
1989	51698	24219	20698	33407	64.6
1990	65209	40358	21085	51032	78.3
1991	86326	43324	39308	87107	100.9
1992	118981	57662	57782	112710	94.7
1993	163540	65365	65651	109694	67.1
1994	183331	91681	75284	114691	62.6
1995	329023	227418	63932	225972	68.7
1996	266874	69732	121965	177677	66.6
1997	303246	79317	133902	183684	60.6
1998	366071	176582	124299	213176	58.2
1999	474663	248485	170417	384314	81.0
2000	558743	340073	136766	570192	102.0
2001	727814	375416	173231	615641	84.6
2002	869549	693267	89830	492572	56.6
2003	1195111	804659	279586	801591	67.1
2004	1647838	1017026	363941	1330081	80.7
2005	1901593	1145425	348367	1763662	92.7
2006	2018401	1036258	574500	1566023	77.6
2007	2316460	1982466	626982	1804258	77.9
2008	2714534	2231102	773635	1325001	48.8
2009	3286622	2335631	1129189	2227362	67.8
2010	4054318	2955611	1317425	2547827	62.8
2011	4808381	3730318	1361541	3903328	81.2
2012	6069290	3614028	1642635	3165589	52.2
2013	7555444	4624504	3143479	5430226	71.9
2014	11197345	8493107	3812030	7776844	69.5

注：从2014年起，城镇固定资产投资数据发布口径改为全社会固定资产投资（不含农户）（以下有关各表相同）

Note: Since 2014, statistical coverage for Urban Investment in Fixed Assets has been changed to Total Investment in Fixed Assets (not including Agricultural Households）. The same applies to the tables following.

4-5 按各种分组的城镇投资

INVESTMENT IN URBAN BY MANY GROUP

单位：万元 (10000 yuan)

指 标	Item	2013	2014
投资总额	**Total Investment**	**7555444**	**11197345**
按经济类型分	**Grouped by Ownership**		
国有经济	State-Owned Units	5525821	7704548
集体经济	Collective-Owned Units	43712	44826
其他经济类型	Others	1985911	3447971
联营经济	Joint-Owned Economic Units	29357	59547
股份制经济	Share Holding Economic Units	730428	1342335
其他经济	Others	1093977	1652519
按隶属关系分	**Grouped by Administrative Relationship**		
中 央	Central Government Projects	2304532	3113469
地 方	Local Projects	5250912	8083876
按构成分	**Grouped by Use of Funds**		
建筑工程	Construction	6089180	9278285
安装工程	Installation	456437	704373
设备工器具购置	Purchase of Equipment and Instruments	734891	807425
其他费用	Others	274936	407262
按建设性质分	**Grouped by Type of Construction**		
新 建	New Construction	6230760	9170021
扩 建	Expansion	407451	421726
改 建	Reconstruction	352470	819994
单纯建造生活设施	Living Installation	176481	262727
迁 建	Movement	433	21283
恢 复	Recovery	198959	167445
单纯购置	Purchase of Equipment	188889	334149
按建设阶段分	**Grouped by Phase of Construction**		
#本年正式施工	# Started This Year		
本年收尾	Projects Completed		
单纯购置	Purchase of Equipment		
按国民经济行业分	**Grouped by Economic Sector**		
农林牧渔业	Farming,Forestry,Animal Husbandry and Fishery	306192	576176
采矿业	Mining Industry	556308	606197
制造业	Manufacturing	413200	638273

4-5 续表 continued

单位：万元 (10000 yuan)

指　　标	Item	2013	2014
电力、热力、燃气及水生产和供应业	Production and Supply of Electricity	1522115	2330649
建筑业	Construction		
交通运输、仓储及邮政业	Transportation, Storage and Post Industries	1286835	2137406
信息传输、软件和信息技术服务业	Information Transmission, Computer services and Software Industries	41398	68853
批发和零售业	Retail and Wholesale	155142	96188
住宿和餐饮业	Hotels and Easteries	253252	289645
金融业	Financial Industry	92717	133964
房地产业	Real Estate Industry	592420	1381488
租赁和商务服务业	Tenancy and Commerce Servecis	90073	107900
科学研究和技术服务业	Scientific Research,Technology Services and Geological Prospecting	93327	118518
水利、环境和公共设施管理业	Water Conservancy,Environment and Public Facility Management	750353	794175
居民服务、修理和其他服务业	Resident Services and Other Services	43737	182768
教育	Education	284302	321342
卫生和社会工作	Health, Social Security and Welfare	74391	156395
文化、体育和娱乐业	Culture, Sports and Entertainment	217243	139324
公共管理、社会保障和社会组织	Public Administration and Social Organizations	782439	1118084
按资金来源分	**Grouped by Source of Funds**		
国家预算内资金	State Budgetary Appropriation	4624504	8493107
国内贷款	Domestic Loans	145520	58011
利用外资	Foreign Investment	18519	14000
自筹资金	Fundraising	3143479	3812030
其他资金来源	Others	593458	635955
本年新增固定资产	**Newly Increased Fixed Assets**	**5430226**	**7776844**
本年施工房屋面积 (万平方米)	**Floor Space of Buildings Under Construction (10000 sq.m)**	**479.4**	**1003.32**
其中:住宅	# Residential Buildings	150.15	587.42
本年竣工房屋面积 (万平方米)	**Floor Space of Buildings Completed (10000 sq.m)**	**83.2**	**357.13**
其中:住宅	# Residential Buildings	23.39	296.36
本年竣工房屋价值	**Value of Buildings Completed**	**243811**	**571494**
其中:住宅	# Residential Buildings	61622	380677
施工项目个数	**Number of Projects Under Construction (unit)**	**4052**	**5322**
其中:本年新开工	# Started This Year	2917	3904
本年投产项目个数	**Number of Projects Completed and Put into Use (unit)**	**3003**	**3733**

4-6 国民经济分行业固定资产投资(不含农户)施工、投产项目个数（2014年）

NUMBER OF URBAN PROJECTS UNDER CONSTRUCTION(2014)

行　业	Sector	施工项目(个) Number of Projects under Construction (unit)	全部建成投产项目(个) Number of Projects Completed and Put into Use (unit)	项目建成投产率(%) Rate of Projects Completed and Put into Use (%)
总计	**Total**	**5322**	**3733**	**70.1**
农、林、牧、渔业	Farming,Forestry,Animal Husbandry and Fishery	643	523	81.3
采矿业	Mining Industry	68	61	89.7
#有色金属矿采选业	Mining and Dressing of Nonferrous Metals	3	3	100.0
制造业	Manufacturing	251	164	65.3
#农副食品加工业	Farm and Sideline Products Processing	39	27	69.2
食品制造业	Food Production	21	14	66.7
酒、饮料和精制茶制造业	Beverages	29	19	65.5
医药制造业	Medical and Pharmaceutical Products	20	9	45.0
非金属矿物制品业	Nonmetal Mineral Products	34	26	76.5
电力、热力、燃气及水生产和供应业	Production and Supply of Electric Power, Gas and Water	142	91	64.1
#电力、热力生产和供应业	Electric Power	90	53	58.9
建筑业	Construction			
交通运输、仓储及邮政业	Transportation, Storage, Postal and Telecommu–nications	448	283	63.2
#城市公共交通业	Public Traffic			
仓储业	Storage	32	22	68.8
邮政业	Postal	5	4	80.0
信息传输、软件和信息技术服务业	Information Transmission, Computer Services and Software Industries	56	43	76.8

4-6 续表 continued

行　业	Sector	施工项目(个) Number of Projects under Constr-uction (unit)	全部建成投产项目(个) Number of Projects Completed and Put into Use (unit)	项目建成投产率(%) Rate of Projects Completed and Put into Use (%)
#电信、广播电视和卫星传输服务	Telecommunication and Other Information Transmission	48	39	81.3
批发和零售业	Wholesale and Retail	69	48	69.6
住宿和餐饮业	Hotel and Catering	92	58	63.0
住宿业	Hotel	78	46	59.0
餐饮业	Catering	14	12	85.7
金融业	Financeial Industry	58	26	44.8
房地产业	Real Estate Industry	259	150	57.9
租赁和商务服务业	Leasing and Business Services	51	33	64.7
商务服务业	Business Services	51	33	64.7
科学研究和技术服务业	Scientific Research, Technology Services and Geological Prospecting	59	39	66.1
水利、环境和公共设施管理业	Water Conservaney,Environment and Public Facility Management	480	335	69.8
水利管理业	Water Conservaney Management	173	135	78.0
生态保护和环境治理业	Environment Management	34	20	58.8
公共设施管理业	Public facility Management	273	180	65.9
居民服务、修理和其他服务业	Resident Services and Other Services	66	49	74.2
教育	Education	291	219	75.3
卫生和社会工作	Health Care, Social Security and Welfare	121	77	63.6
文化、体育和娱乐业	Cultrre, sport and Recreational	109	81	74.3
广播、电视、电影和影视录音制作业	Radio, Film and Television and Video	20	17	85.0
文化艺术业	Culture and Arts	56	37	66.1
体育	Sports	17	13	76.5
娱乐业	Recreational	14	12	85.7
公共管理、社会保障和社会组织	Public Administration and Social Organizations	826	569	68.9

4-7 国民经济分行业固定资产投资(不含农户)和新增固定资产（2014年）

INVESTMENT IN URBAN AND NEWLY INCREASED FIXED ASSETS BY SECTOR (2014)

行　业	Sector	投资额(万元) Invest-ment (10000 yuan)	新增固定资产(万元) Newly Increased Fixed Assets (100 million yuan)	固定资产交付使用率(%) Rate of Fixed Assets Put into Use (%)
总计	**Total**	**11197345**	**7776844**	**69.5**
农、林、牧、渔业	Farming,Forestry,Animal Husbandry and Fishery	576176	447707	77.7
采矿业	Mining Industry	606197	623872	102.9
#有色金属矿采选业	Mining and Dressing of Nonferrous Metals	579566	582286	100.5
制造业	Manufacturing	638273	535625	83.9
#农副食品加工业	Farm and Sideline Products Processing	38610	22230	57.6
食品制造业	Food Production	60232	40225	66.8
酒、饮料和精制茶制造业	Beverages	110785	79766	72.0
医药制造业	Medical and Pharmaceutical Products	45981	25824	56.2
非金属矿物制品业	Nonmetal Mineral Products	110317	130713	118.5
电力、热力、燃气及水的生产和供应业	Production and Supply of Electric Power, Gas and Water	2330649	1485096	63.7
#电力、热力生产和供应业	Electric Power	1789176	999090	55.8
建筑业	Construction			
交通运输、仓储及邮政业	Transportation, Storage, Postal and Telecommunications	2137406	849366	39.7
#城市公共交通业	Public Traffic			
仓储业	Storage	78325	35924	45.9
邮政业	Postal	9200	6651	72.3
信息传输、软件和信息技术服务业	Information Transmission, Computer Services and Software Industries	68853	56399	81.9

4-7 续表 continued

行　业	Sector	投资额(万元) Investment (10000 yuan)	新增固定资产(万元) Newly Increased Fixed Assets (100 million yuan)	固定资产交付使用率(%) Rate of Fixed Assets Put into Use (%)
#电信、广播电视和卫星传输服务	Telecommunication and Other Information Transmission	64224	53335	83.0
批发和零售业	Wholesale and Retail	96188	82458	85.7
住宿和餐饮业	Hotel and Catering	289645	428064	147.8
住宿业	Hotel	279048	424421	152.1
餐饮业	Catering	10597	3643	34.4
金融业	Financeial Industry	133964	55024	41.1
房地产业	Real Estate Industry	1381488	1049445	76.0
租赁和商务服务业	Leasing and Business Services	107900	151235	140.2
商务服务业	Business Services	107900	151235	140.2
科学研究和技术服务业	Scientific Research, Technology Services and Geological Prospecting	118518	56806	47.9
水利、环境和公共设施管理业	Water Conservaney,Environment and Public Facility Management	794175	502485	63.3
水利管理业	Water Conservaney Management	278358	134796	48.4
生态保护和环境治理业	Environment Management	71007	62373	87.8
公共设施管理业	Public facility Management	444810	305316	68.6
居民服务、修理和其他服务业	Resident Services and Other Services	182768	67860	37.1
教育	Education	321342	321801	100.1
卫生和社会工作	Health Care, Social Security and Welfare	156395	85372	54.6
文化、体育和娱乐业	Cultrre, sport and Recreational	139324	92493	66.4
广播、电视、电影和影视录音制作业	Radio, Film and Television and Video	26535	28991	109.3
文化艺术业	Culture and Arts	83279	38146	45.8
体育	Sports	21876	17931	82.0
娱乐业	Recreational	6968	6349	91.1
公共管理、社会保障和社会组织	Public Administration and Social Organizations	1118084	885736	79.2

4-8 各地区国有经济按各种分组的固定资产投资（2014年）

指 标		Item		合计 Total	拉萨 Lhasa
投资总额	**(万元)**	**Total Investment**	**(10000 yuan)**	**7704548**	**2152638**
按资金来源分		**Grouped by Source of Funds**			
国家预算内资金		State Budgetary Appropriation		7939898	1394127
国内贷款		Domestic Loans		45509	45509
利用外资		Foreign Investment		3000	
自筹投资		Fundraising		762998	328700
其他投资		Others		384622	106569
按构成分		**Grouped by Use of Funds**			
建筑安装工程		Construction and Installation		7072502	1803611
设备、工器具购置		Purchase of Equipment and Instruments		356104	180202
其他费用		Others		275942	168825
按建设性质分		**Grouped by Type of Construction**			
#新建		New Construction		6200723	1847385
扩建		Expansion		347524	55981
改建		Reconstrction		749010	234018
按产业分		**Grouped by Type of Industry**			
第一产业		Primary Industry		440528	201796
第二产业		Secondary Industry		2216443	655417
第三产业		Tertiary Industry		5047577	1295425
按国民经济主要行业分		**Grouped by Main Sector**			
农林牧渔业		Farming,Forestry,Animal Husbandry and Fishery		440528	201796
工 业		Industry		2216443	655417
#能源工业		# Energy		2041690	638428
交通运输、仓储和邮政业		Transportation, Storage, Postal and Telecommunications		2038928	358708
信息传输、计算机服务和软件业		Information Transmission, Computer Services and Software Industries		42513	3496
新增固定资产	**(万元)**	**Newly Increased Fixed Assets**	**(10000 yuan)**	**5335543**	**1683837**
固定资产交付使用率	**(%)**	**Rate of Fixed Assets Put into Use**	**(%)**	**69.3**	**78.2**
房屋建筑面积	**(万平方米)**	**Floor Space of Buildings**	**(10000 sq.m)**		
施工面积		Floor Space Under Constrction		346.52	91.67
竣工面积		Floor Space Completed		62.13	0.25
#住宅		# Residential Buildings		30.25	0.25

INVESTMENT IN FIXED ASSETS IN STATE-OWNED ECONOMY BY REGION (2014)

昌都 Qamdo	山南 Shannan	日喀则 Xigazê	那曲 Nagqu	阿里 Ngari	林芝 Nyingchi
1367589	**1193107**	**806635**	**875173**	**403304**	**906102**
2126637	1007489	691131	1198306	446039	1076169
	3000				
184048	95962	76449	38000	20837	19002
11195	137338	42601		10165	76754
1220847	1149980	769239	858265	366878	903682
68190	40452	25231	16908	22701	2420
78552	2675	12165		13725	
1101819	989243	569310	856336	99867	736763
140319	13601	129972		3548	4103
634	703	83947		288372	141336
15736	96361	78668	3076	10167	34724
687879	348424	128776	187642	96002	112303
663974	748322	599191	684455	297135	759075
15736	96361	78668	3076	10167	34724
687879	348424	128776	187642	96002	112303
619768	313473	81275	184842	94467	109437
316558	179071	253738	315721	195844	419288
	33145	628		396	4848
1318304	**627517**	**515488**	**602760**	**120239**	**467398**
96.4	**52.6**	**63.9**	**68.9**	**29.8**	**51.6**
110.14	45.12	40.67	41.55	9.45	7.91
14.36	9.55	25.08	7.04	5.72	0.14
12.79	2.35	12.04	2.76	0.05	

4-9 国有经济按各种分组的固定资产投资

INVESTMENT IN FIXED ASSETS OF STATE-OWNED UNITS

指　标		Item		2000	2010	2013	2014
投资总额	**(万元)**	**Total Investment**	**(10000 yuan)**	**629928**	**3337026**	**6708235**	**7704548**
按资金来源分		**Grouped by Source of Funds**					
国家预算内资金		State Budgetary Appropriation		369006	3100827	5904408	7939898
国内贷款		Domestic Loans		25402	42326	145520	45509
利用外资		Foreign Investment		172	9009	3000	3000
自筹投资		Fundraising		159935	472095	841490	762998
其他投资		Others		72048	167372	427152	384622
按构成分		**Grouped by Use of Funds**					
建筑安装工程		Construction and Installation		569836	2943835	6048491	7072502
设备、工器具购置		Purchase of Equipment and Instruments		41151	336967	423688	356104
其他费用		Others		18941	56224	236056	275942
按建设性质分		**Grouped by Type of Construction**					
#新建		New Construction		393676	2340898	5541424	6200723
扩建		Expansion		34162	388910	382802	347524
改建		Reconstruction		152264	142686	326308	749010
按产业分		**Grouped by Type of Industry**					
第一产业		Primary Industry		26354	210956	381013	440528
第二产业		Secondary Industry		151435	817055	1894758	2216443
第三产业		Tertiary Industry		452139	2309015	4432464	5047577
按国民经济主要行业分		**Grouped by Main Sector**					
农林牧渔业		Farming,Forestry,Animal Husbandry and Fishery		13181	210956	381013	440528
工　业		Industry		151435	641506	1894758	2216443
#能源工业		# Energy		102491	469537	1497369	2041690
交通运输、仓储和邮政业		Transportation, Storage and Post Industries		172925	1128472	1604389	2038928
信息传输、计算机服务和软件业		Information Transmission, Computer Services and Software		60530	7147	20369	42513
新增固定资产	**(万元)**	**Newly Increased Fixed Assets**	**(10000 yuan)**	**631768**	**2319313**	**4665764**	**5335543**
固定资产交付使用率	**(%)**	**Rate of Fixed Assets Put into Use**	**(%)**	**100.3**	**69.5**	**69.6**	**69.3**
房屋建筑面积	**(万平方米)**	**Floor Space of Buildings**	**(10000 sq.m)**				
施工面积		Floor Space Under Construction		210.50	477.26	379.74	346.52
竣工面积		Floor Space Completed		138.80	152.10	68.53	62.13
#住宅		# Residential Buildings		46.70	52.42	16.79	30.25

4-10 分地区固定资产投资(不含农户)(2014年)

INVESTMENT IN URBAN BY REGION(2014)

单位:万元 (10000 yuan)

地区 Region		建筑工程 Construction	安装工程 Installation	设备工器具购置 Purchase of Equipment	其他费用 Others
全　区	**All**	**9278285**	**704373**	**807425**	**407262**
拉萨市	Lhasa	3195329	532849	526277	299411
昌都市	Qamdo	1206511	101630	138390	79286
山南地区	Shannan	1292703	3043	75198	2675
日喀则市	Xigazê	1108870	12360	25231	12165
那曲地区	Nagqu	841715	16550	16908	
阿里地区	Ngari	339107	27771	22701	13725
林芝地区	Nyingchi	1294050	10170	2720	

4-11 农村危房改造工程完成投资

INVESTMENT IN RURAL HOUSING PROJECT

单位：亿元 (100 million yuan)

年份 Year	完成投资 Total Invsetment Completed	受益人口(万人) Beneficiary (10000 persons)
总　计	**277.40**	**229.17**
2006	33.98	28.85
2007	36.23	29.82
2008	39.65	29.30
2009	37.88	30.41
2010	23.15	21.89
2011	34.01	34.00
2012	42.08	32.76
2013	30.42	22.14
2014	10.83	29.32

注:2014年以前为农牧民安居工程完成投资额。

Note: Before 2014, data of total invsetment completed refer to that of housing project for farmers and herdsmen .

4-12 房地产开发主要指标

MAIN INDICATORS OF REAL ESTATE DEVELOPMENT

指　　标	Item	2001	2002
土地开发及购置　(万平方米)	**land Development and Purchase　(10000 sq.m)**		
本年土地开发面积	Land Space Developed This Year	10.53	12.58
本年土地购置面积	Land Space Purchased This Year	17.53	15.00
按资金来源分　(万元)	**Grouped by Source of Funds　(10000 yuan)**	**12892**	**26907**
国家预算内资金	State Budgetary Appropriation		
国内贷款	Domestic Loans	3740	9300
利用外资	Foreign Investment		
自筹资金	Fundraising	4100	7632
其他资金	Others	5052	9811
房屋建筑面积　(万平方米)	**Floor Space of Buildings　(10000 sq.m)**		
施工面积	Floor Space under Construction	15.09	
竣工面积	Floor Space Competed	11.05	16.16
本年新开工面积	Floor Space Started This Year	11.05	19.05
#住宅	# Residential Buildings	9.91	15.70
商品房屋销售额　(万元)	**Sales Value of Buildings　(10000 yuan)**	**14383**	**25348**
#住宅	# Residential Buildings	11475	22600
商品房屋销售面积　(万平方米)	**Sales Value of Buildings　(10000sq.m)**	**8.59**	**16.16**
#住宅	# Residential Buildings	7.83	14.66
商品房屋销售价格　(元/平方米)	**Selling Price of House　(yuan/sq.m)**	**1674**	**1568**
#住宅	# Residential Buildings	1466	
本年完成投资额　(万元)	**Invetment Complete This Year　(10000yuan)**	**14993**	**27692**
#住宅	# Residential Buildings	9763	19065

4-12 续表 continued

2003	2004	2005	2006	2007	2008	2009	2010	2011	2012	2013	2014
7.22	4.24	36.48	61.21	21.87	71.74	16.96	20.4	11.75			
8.00		44.66	52.92	5.20	20.46	5.23	4.55	5.77	1.34		58.10
45946	**60166**	**69783**	**115081**	**119154**	**133641**	**310418**	**150211**	**136383**	**107702**		**479030**
9000	4100	9626	16062	14060	19391	18600	783	24000			8000
27159	6552	24567	40029	30865	43514	118125	107545	28843	21319	51017	350322
9787	49514	35590	57274	74229	70736	173693	41883	44497	60001	74539	120708
17.37	38.43	43.36	107.82	114.71	144.89	140.62		48.73	47.33	57.7	273.17
12.56	9.19	26.49	32.94	41.27	54.85	45.98	12.18	21.69	9.23	18.09	52.47
17.37	30.05	38.81	60.37	56.42	122.53	37.35	16.92	4.53	22.68	27.76	191.49
14.66	30.05	33.43	51.96	48.49	53.26	31.84	15.3	19.28	17.07	22.37	118.43
18088	**26279**	**44032**	**112855**	**164348**	**213056**	**155127**	**56143**	**66890**	**73545**	**106023**	**342528**
17794	26279	36421	71317	158663	192808	146889	52105	60733	61578	88458	285541
10.32	**9.56**	**25.90**	**57.10**	**60.78**	**66.68**	**63.26**	**19.37**	**19.36**	**22.50**	**25.40**	**59.33**
10.20	9.56	24.18	42.28	59.60	62.26	61.42	18.85	18.40	20.65	22.78	53.64
1753	**2749**	**1700**	**1976**	**2704**	**3195**	**2452**	**2898**	**3455**	**3269**	**4174**	**5774**
1745	2749	1506	1687	2662	3097	2397		3299	2982	3883	5323
20005	**53934**	**60207**	**89022**	**116767**	**137888**	**157480**	**89634**	**51342**	**68719**	**96777**	**529087**
16461	52734	43348	69001	104008	120080	113798	69870	37363	42509	58669	294421

第五篇

财　　政

Chapter 5

GOVERNMENT FINANCE

5-1　历年财政收支总额及指数

TOTAL REVENUE AND TOTAL EXPENDITURES AND ITS INDICES OF LOCAL FINANCE OF THE YEARS

年 份 Year	总收入(万元) Total Revenue (10000 yuan)	地方财政收入 Local Government Revenue	公共财政预算收入 public Budgetary Financial Revenue	国家财政补助收入 Subsidies Revenue of Government	总支出(万元) Total Expenditures (10000 yuan)	公共财政预算支出 public Budgetary Financial Expenditures	指数(上年=100) Indices (preceding year=100) 总收入 Total Revenue	总支出 Total Expenditures
1959	13302	2190		11112	7010		351.1	259.5
1965	14044	2239		11805	11313		82.6	83.0
1970	16203	-2142		18345	10613		148.8	119.1
1978	47063	-1558		48620	45734		125.7	139.9
1980	54131	-5973		60104	46602		109.9	93.2
1985	99735	-6037		105772	102941		149.0	100.6
1986	94938	-741		95679	89749		95.2	87.2
1987	101707	-353		102060	91341		107.1	101.8
1988	103303	226		103077	104766		101.6	114.7
1989	125095	1380		123715	119231		121.1	113.8
1990	128470	1810		126660	129242		102.7	108.4
1991	139694	2325		137369	150018		108.7	116.1
1992	157270	10869		146401	166120		112.6	110.7
1993	189868	15601		174267	216012		120.7	130.0
1994	309781	14235		295546	302998		163.2	140.3
1995	334940	21500		313440	348749		108.1	115.1
1996	336502	24388	24141	312114	381195	368458	100.5	109.3
1997	386989	38254	29537	348735	390961	381952	115.0	102.6
1998	459820	44273	36393	415547	461966	453225	118.8	118.2
1999	627292	54581	45731	572711	544223	532544	136.4	117.8
2000	699222	63265	53848	635957	616108	599693	111.5	113.2
2001	1018566	73790	61108	944776	1062067	1045690	145.7	172.4
2002	1398795	87325	73082	1311470	1398904	1378433	137.3	131.7
2003	1387906	100342	81499	1287564	1481966	1459054	99.2	105.9
2004	1479554	119899	100188	1359655	1360690	1338335	106.6	91.8
2005	2058670	143330	120312	1915340	1891612	1854502	139.1	139.0
2006	2229029	172682	145607	2007860	2023024	2001969	108.3	106.9
2007	3101337	231437	201412	2804127	2793631	2753682	139.1	138.1
2008	3864431	285872	248823	3578559	3840173	3806589	124.6	137.5
2009	5018573	309108	300894	4709465	4711288	4701322	129.9	122.7
2010	5734659	424679	366473	5309980	5625834	5510362	114.2	119.4
2011	7787811	645270	547647	7142541	7756827	7581085	135.8	137.9
2012	8999260	956285	865827	8042975	9339713	9053384	115.6	120.4
2013	10129122	1104234	950237	9024888	10490647	10143128	112.6	112.0
2014	11996218	1647536	1242708	10348682	12402711	11855107	118.4	118.2

5-2 地方财政收入占地区生产总值的比重

LOCAL GOVERNMENTS REVENUE AS PERCENTAGE TO GROSS DOMESTIC PRODUCT

年份 Year	地方财政收入 (亿元) Local Government Revenue (100 million yuan)	地区生产总值 (亿元) Gross Domestic Products (100 million yuan)	地方财政收入占地区生产总值的比重(%) Percentage of Local Government Revenue to GDP(%)
1978	-0.16	6.65	
1980	-0.60	8.67	
1981	-0.57	10.40	
1982	-0.56	10.21	
1983	-0.48	10.29	
1984	-1.10	13.68	
1985	-0.60	17.76	
1986	-0.07	16.93	
1987	-0.04	17.71	
1988	-0.02	20.25	
1989	0.14	21.86	0.6
1990	0.18	27.70	0.6
1991	0.23	30.53	0.8
1992	1.09	33.29	3.3
1993	1.56	37.28	4.2
1994	1.42	45.84	3.1
1995	2.15	55.98	3.8
1996	2.44	64.76	3.8
1997	3.83	76.98	5.0
1998	4.43	91.18	4.9
1999	5.46	105.61	5.2
2000	6.33	117.46	5.4
2001	7.38	138.73	5.3
2002	8.73	161.42	5.4
2003	10.03	184.50	5.4
2004	11.99	211.54	5.7
2005	14.33	251.21	5.7
2006	17.27	291.01	5.9
2007	23.14	342.19	6.8
2008	28.59	395.91	7.2
2009	30.91	441.36	7.0
2010	42.47	507.46	8.4
2011	64.52	605.83	10.6
2012	95.63	701.03	13.6
2013	110.42	807.67	13.7
2014	164.75	920.83	17.9

5-3 地方财政收入基本情况

LOCAL GOVERNMENT FINANCIAL REVENUE IN CURRENT BUDGET

单位：万元 (10000 yuan)

项 目	Item	1998	1999	2000	2005	2010	2013	2014
地方财政收入	**Local Government Financial Revenue**	**44273**	**54581**	**63265**	**143330**	**424679**	**1104234**	**1647536**
公共财政预算收入	**Public Budgetary Financial Revenue**	**36393**	**45731**	**53848**	**120312**	**366473**	**950237**	**1242708**
各项税收	Taxes	35935	43073	50652	81458	252770	715366	858616
增值税	Value-added Tax	5962	6954	7892	11824	35005	107668	159054
营业税	Operation Tax	14870	16758	19390	48721	119554	281192	319832
企业所得税	Enterprises' Income Tax	9855	12623	16123	8879	45273	125059	181387
个人所得税	Individual Income Tax	2319	2697	3127	4475	19797	114834	94365
资源税	Resources Tax	1319	1534	1654	2399	6630	9731	6958
城市维护建设税	Building Tax on City Maintenance	1668	1912	2117	4114	18651	47239	57256
印花税	Stemp tax	191	151	168	654	3099	11211	16544
土地增值税	Land Value Added Tax	519	437	144	296	1302	6444	10585
其他税收	Other Taxes	-768	7	37	96	3459	11988	12635
国有资本经营收入	Operational Income of State-owned Assets	922	1014	837	1683	-4273	-2962	-1632
国有资源（资产）有偿使用收入	State-owned Resources(Assets) Compensation for the use of Revenue					30864	76318	162041
行政事业性收费收入	Revenue of from Administrative and Institutional Units	521	689	834	16289	15879	30023	32494
罚没收入	Penalty	1664	1530	2029	5841	8295	22336	25419
专项收入	Special Revenue	762	1153	1607	3469	11806	40790	37576
其他收入	Other Revenue	8384	8348	8045	20721	51132	68366	128194
基金收入	**Fund Budgetary Revenue**	**7880**	**8850**	**9417**	**23018**	**58206**	**153997**	**404828**

5-4 财政支出基本情况

FINANCIAL EXPENDITURE

单位：万元 (10000 yuan)

项　目	Item	2013	2014
财政支出	**Total Financial Expenditure**	**10490647**	**12402711**
公共财政预算支出	**Public Budgetary Financial Expenditures**	**10143128**	**11855107**
一般公共服务	General Public Services	1805314	1640899
教育	Education	1071776	1420833
科学技术	Science and Technology	41653	44214
文化体育与传媒	Culture Education and Summon Matchmaker	225070	341021
社会保障和就业	Social Security and Employed	729396	859790
医疗卫生	Medical and Health	402902	488634
节能环保	Environmental Protection	172143	292349
城乡社区事务	Urban and Rural Community Affairs	564765	671218
农林水事务	Agriculture Forestry Water Affairs	1487919	1692421
交通运输	Transports	931487	1731733
资源勘察电力信息等事物	Mining and Quarrying , Electricity and Information	754292	567296
粮油物资管理等事物	Management of Grain , Oil and Material Reserves	25576	26070
金融监管	Financial Regulation	11020	26246
国土资源气象等事务	Land resources and Meteorological Affairs	88621	94743
其他支出	Others	1831194	1957640
基金支出	**Fund Budgetary Expenditures**	**347519**	**547604**

5-5　各地市财政收支情况

FINANCIAL REVENUE AND EXPENDITURES BY REGION

单位：亿元　　(100 million yuan)

地　区 Region		2005		2013		2014	
		财政收入 Financial Revenue	财政支出 Financial Expenditures	财政收入 Financial Revenue	财政支出 Financial Expenditures	财政收入 Financial Revenue	财政支出 Financial Expenditures
拉萨市	Lhasa	3.22	14.27	50.16	131.92	64.79	169.48
昌都市	Qamdo	1.04	9.94	7.50	91.36	9.00	100.23
山南地区	Shannan	1.54	9.62	7.93	61.60	9.86	76.71
日喀则市	Xigazê	1.53	12.88	7.35	93.46	8.13	120.30
那曲地区	Nagqu	1.01	8.45	3.76	67.16	4.29	81.96
阿里地区	Ngari	0.61	4.73	1.96	31.97	2.45	40.80
林芝地区	Nyingchi	1.29	6.57	6.95	42.06	7.58	49.64

5-6　各地市财政收入占地区生产总值的比重

LOCAL GOVERNMENT REVENUE BY REGION AS PERCENTAGE TO GROSS DOMESTIC PRODUCE

地　区 Region		2013			2014		
		财政收入(亿元) Local Government Revenue (100 millin yuan)	地区生产总值(亿元) Gross Domestic Products (100 million yuan)	财政收入占地区生产总值比重(%) Percentage of Local Government Revenue to GDP (%)	财政收入(亿元) Local Government Revenue (100 millin yuan)	地区生产总值(亿元) Gross Domestic Products (100 million yuan)	财政收入占地区生产总值比重(%) Percentage of Local Government Revenue to GDP (%)
拉萨市	Lhasa	50.16	304.87	16.5	64.79	347.45	18.6
昌都市	Qamdo	7.50	104.50	7.2	9.00	117.11	7.7
山南地区	Shannan	7.93	86.61	9.2	9.86	101.13	9.7
日喀则市	Xigazê	7.35	128.57	5.7	8.13	146.40	5.6
那曲地区	Nagqu	3.76	72.88	5.2	4.29	83.39	5.1
阿里地区	Ngari	1.96	28.90	6.8	2.45	32.92	7.4
林芝地区	Nyingchi	6.95	81.83	8.5	7.58	92.86	8.2

第六篇

物价指数

Chapter 6

PRICE INDICES

6-1 全区物价指数

GENERAL PRICE INDICES

上年=100 (preceding year=100)

年份 Year	商品零售价格指数 General Retail	城镇 Urban Areas	农村 Rural Areas	居民消费价格指数 General Consumer Price Index	城镇 Urban Areas	农村 Rural Areas
1995	117.4	116.5	118.8	119.4	121.3	117.5
1996	107.2	106.4	108.5	107.8	109.5	106.1
1997	104.2	103.7	104.6	105.0	104.8	105.6
1998	98.8	99.0	98.9	100.7	99.8	101.5
1999	98.8	98.5	99.0	100.0	99.4	100.5
2000	99.2	99.1	99.5	99.9	100.4	99.8
2001	99.6	99.6	99.4	100.2	99.2	100.9
2002	99.5	99.4	99.6	100.4	101.0	99.9
2003	99.4	99.1	100.0	100.9	100.8	100.9
2004	100.7	100.5	101.2	102.7	102.0	103.4
2005	100.8	100.8	100.4	101.5	101.5	100.9
2006	100.2	99.9	100.8	102.0	101.9	102.4
2007	101.7	101.3	102.5	103.4	102.9	104.2
2008	103.9	104.1	103.5	105.7	105.7	105.7
2009	99.5	99.5	99.6	101.4	101.5	101.3
2010	101.0	101.0	101.0	102.2	102.2	102.2
2011	103.7	103.9	103.3	105.0	105.2	104.7
2012	102.9	103.1	102.5	103.5	103.6	103.4
2013	103.0	103.3	102.5	103.6	103.5	103.6
2014	102.2	102.4	101.9	102.9	103.3	102.5
1989年=100 **(1989=100)**						
1995	192.1	191.3	193.2	216.7	220.2	211.7
1996	205.9	203.5	209.6	233.6	241.1	224.6
1997	214.5	211.0	219.2	245.3	252.7	237.2
1998	211.9	208.9	216.8	247.0	252.2	240.8
1999	209.4	205.8	214.6	247.0	250.7	242.0
2000	207.7	203.9	213.5	246.8	251.8	241.5
2001	206.9	203.1	212.2	247.3	249.8	243.7
2002	205.9	201.9	211.4	248.3	252.3	243.5
2003	204.7	200.1	211.4	250.5	254.3	245.7
2004	206.1	201.1	213.9	257.3	259.4	254.1
2005	207.8	202.7	214.8	261.2	263.3	256.4
2006	208.2	202.5	216.5	266.4	268.3	262.6
2007	211.7	205.1	221.9	275.5	276.1	273.6
2008	220.0	213.5	229.7	291.2	291.8	289.2
2009	218.9	212.4	228.8	295.3	296.2	293.0
2010	221.1	214.5	231.1	301.8	302.8	299.5
2011	229.5	223.1	239.2	315.4	316.4	313.0
2012	236.0	229.8	244.7	328.0	330.0	324.3
2013	243.1	237.4	250.8	339.8	341.6	336.0
2014	248.4	243.1	255.6	249.7	352.9	344.4

6-2 居民消费价格分类指数

CONSUMER PRICE INDICES BY CATEGORY

上年=100 (preceding year=100)

项 目	Item	2000	2001	2007	2010	2013	2014
居民消费价格总指数	**General Consumer Price Index**	**99.9**	**100.2**	**103.4**	**102.2**	**103.6**	**102.9**
非食品价格指数	**Consumer Price Index Without Food**		**100.6**	**101.8**	**101.1**	**101.2**	**101.5**
服务项目价格指数	**Services Price Index**	**106.4**	**101.7**	**103.7**	**101.5**	**102.7**	**102.9**
消费品价格指数	**Consumer Goods Price Index**		**99.9**	**103.3**	**102.3**	**103.8**	**102.9**
食品类	**Food**	**98.9**	**99.4**	**106.6**	**104.5**	**107.7**	**105.3**
粮食	Grain	101.5	99.9	108.5	107.1	106.3	105.4
淀粉	Starches	102.4	98.0	99.6	103.4	103.1	106.8
干豆类及豆制品	Bean and Its Products	98.6	99.4	102.7	110.6	109.0	97.8
油脂类	Oil or Fat	98.8	97.2	108.5	100.9	103.5	102.5
肉禽及其制品	Meal, Poultry and Their Products	94.0	102.4	119.5	102.1	112.5	107.7
蛋类	Eggs	98.0	97.1	105.1	103.5	106.3	106.1
水产品	Aquatic Products	97.6	100.9	104.1	102.8	106.6	100.5
菜类	Vegetables	105.0	92.4	99.1	107.9	108.8	105.2
调味品	Flavoring	99.9	99.8	98.9	102.3	99.9	102.0
糖类	Carbohydrate	101.1	99.0	102.7	102.1	102.8	101.0
茶及饮料	Tea and Beverages		100.3	100.9	100.7	103.0	103.1
干鲜瓜果类	Dried and Fresh Melons and Fruits	97.8	101.5	109.4	108.9	106.4	105.2
糕点、饼干	Cakes and Biscuits	94.9	98.9	102.9	100.7	103.1	101.3
液体乳及乳制品	Liquid Milk and Its Products	108.3	100.1	102.3	105.1	106.4	104.9
在外用膳食品	Out-of-home Food		100.0	103.6	104.4	107.8	107.1
其他食品	Other Food	102.8	100.2	99.7	100.2	103.4	100.8
烟酒及用品	**Cigarettes,Liquors and Related Items**		**99.6**	**102.5**	**101.1**	**100.2**	**100.1**
烟草	Tobacco		99.1	103.1	100.5	99.8	100.1
酒	Liquors		100.4	101.9	102.1	100.8	100.1
吸烟饮酒用品	Cigarettes and Spirits Related Items		100.1	101.2	99.8		
衣着类	**Clothing**	**99.7**	**101.1**	**102.0**	**102.1**	**102.2**	**102.3**

6-2 续表 continued

上年=100 (preceding year=100)

项　　目	Item	2000	2001	2007	2010	2013	2014
服装	Garments	100.0	100.4	101.7	102.5	101.2	101.1
衣着材料	Clothing Material	94.1	102.1	100.1	101.8	101.1	101.2
鞋、袜、帽	Shoes,Socks and Hats	99.7	102.8	102.5	100.9	101.7	103.0
衣着加工服务费	Garment Processing Service	98.9	100.2	104.7	102.8	110.8	108.2
家庭设备用品及维修服务	**Home Appliances and Repair Service**	**101.5**	**99.4**	**100.0**	**100.6**	**100.5**	**101.3**
耐用消费品	Durable Consumer Goods	101.5	98.9	100.0	100.1	100.3	100.6
室内装饰品	Interior Decorations	101.3	99.8	100.1	100.3	100.7	100.3
床上用品	Bed Articles	100.3	99.9	100.1	102.2	101.1	101.9
家庭日用杂品	Daily Use Household Articles	103	99.5	99.4	100.7	100.1	101.3
家庭服务及加工维修服务	Household Service and Repair Service	100.0	101.7	102.3	100.5	101.4	104.2
医疗保健和个人用品	**Medicine,Medical Service and Personal Aricles**	**100.3**	**100.1**	**100.1**	**101.2**	**100.2**	**101.0**
医疗保健	Medical Appliances and Articles	99.6	100.1	99.2	100.3	100.3	101.7
个人用品及服务	Personal Articles and Service			100.9	102.1	100.2	100.1
交通和通信	**Transportation and Communication**	**98.4**	**103.6**	**100.6**	**99.8**	**100.4**	**100.6**
交通	Transportation	99.3	101.6	101.4	102.9	101.3	101.1
通信	Communication	92.7	106.2	99	94	99.1	99.8
娱乐教育文化用品及服务	**Recreation,Education ,Culture Articles and It's Service**	**97.4**	**98.7**	**100.2**	**99.7**	**101.4**	**101.7**
文娱用耐用消费品及服务	Durable Consumer Goods for Recreational Use	91.7	94.8	97.7	93.4	99.3	98.9
教育	Education	102.1	100.2	100.4	100.8	100.6	101.5
文化娱乐类	Cultural and Recreational Articles	108.9	103.6	101.6	101.1	100.8	100.3
旅游	Tourism			102.5	107.5	108.1	108.3
居　住	**Residence**	**103.5**	**101.3**	**107.1**	**102.8**	**102.5**	**102.4**
建房及装修材料	Construction and Decoration Materials	102.1	100.5	100.9	104.6	101.9	100.8
租房	Building Materials	103.2	100	102.5	105.2	100.4	102.2
自有住房	Self-owned House			124.5	100.2	104.1	103.6
水电燃料	Water, Electricity and Fuels	104	101.7	106.5	101.3	102.5	101.1

6-3 拉萨市居民消费价格分类指数

CONSUMER PRICE INDICES BY CATEGORY OF LHASA

上年=100 (preceding year=100)

项　目	Item	2008	2009	2010	2011	2013	2014
居民消费价格总指数	**General Consumer Price Index**	**106.4**	**101.7**	**102.2**	**105.0**	**103.4**	**103.0**
非食品价格指数	**Consumer Price Index Without Food**	**102.7**	**100.9**	**101.3**	**102.7**	**100.4**	**101.2**
服务项目价格指数	**Services Price Index**	**101.2**	**101.7**	**102.0**	**103.5**	**100.5**	**102.8**
消费品价格指数	**Consumer Goods Price Index**	**107.7**	**101.7**	**102.2**	**105.4**	**104.2**	**103.1**
食品类	**Food**	**115.1**	**103.8**	**104.3**	**110.0**	**109.3**	**106.4**
粮食	Grain	102.9	98.4	107.0	112.7	113.1	109.4
淀粉	Starches	106.0	99.0	104.5	105.9	105.3	110.4
干豆类及豆制品	Bean and Its Products	121.7	104.9	114.3	117.0	111.9	93.6
油脂类	Oil or Fat	128.1	94.7	101.0	101.4	100.2	100.8
肉禽及其制品	Meal, Poultry and Their Products	129.5	96.9	101.2	109.9	113.3	106.9
蛋类	Eggs	112.0	97.8	105.0	110.3	108.7	104.4
水产品	Aquatic Products	121.1	101.8	102.5	104.6	109.2	100.7
菜类	Vegetables	108.3	119.1	105.3	109.3	108.1	106.4
调味品	Flavoring	100.1	105.4	106.0	109.9	100.8	103.8
糖类	Carbohydrate	106.9	102.1	100.8	114.0	105.8	101.6
茶及饮料	Tea and Beverages	108.6	101.9	101.0	105.5	105.1	106.5
干鲜瓜果类	Dried and Fresh Melons and Fruits	116.2	118.9	107.4	119.1	109.1	109.0
糕点、饼干	Cakes and Biscuits	105.1	100.9	101.2	102.8	104.3	102.7
液体乳及乳制品	Liquid Milk and Its Products	119.0	108.3	111.9	104.2	108.7	105.8
在外用膳食品	Out-of-home Food	103.9	104.0	105.5	115.4	107.8	111.2
其他食品	Other Food	105.3	100.0	100.0	100.9	100.0	100.0
烟酒及用品	**Cigarettes,Liquors and Related Items**	**103.3**	**104.3**	**101.9**	**101.7**	**99.3**	**99.4**
烟草	Tobacco	101.5	107.5	102.9	100.0	100.0	100.0
酒	Liquors	106.5	101.7	101.2	107.0	97.3	97.7
吸烟饮酒用品	Cigarettes and Spirits Related Items	100.0	99.6	99.8			
衣着类	**Clothing**	**103.8**	**101.7**	**102.4**	**103.3**	**103.9**	**103.0**

6-3 续表 continued

上年=100 (preceding year=100)

项　目	Item	2008	2009	2010	2011	2013	2014
服装	Garments	105.6	102.0	102.6	104.0	102.4	101.9
衣着材料	Clothing Material	102.0	109.8	103.1	101.2	101.8	100.0
鞋、袜、帽	Shoes,Socks and Hats	101.8	94.1	101.2	102.6	102.2	103.8
衣着加工服务费	Garment Processing Service	100.0	113.7	104.1	102.8	118.9	109.4
家庭设备用品及维修服务	**Home Appliances and Repair Service**	**103.8**	**99.5**	**101.4**	**104.4**	**100.2**	**101.5**
耐用消费品	Durable Consumer Goods	103.8	94.6	101.0	104.7	100.2	101.2
室内装饰品	Interior Decorations	107.5	105.4	100.9	102.3	100.0	100.0
床上用品	Bed Articles	104.1	101.0	104.3	109.3	100.0	101.9
家庭日用杂品	Daily Use Household Articles	104.1	104.1	100.8	103.1	100.4	100.2
家庭服务及加工维修服务	Household Service and Repair Service	100.0	104.9	100.4	100.0	100.0	106.6
医疗保健和个人用品	**Medicine,Medical Service and Personal Aricles**	**102.2**	**102.1**	**101.0**	**101.7**	**99.4**	**100.2**
医疗保健	Medical Appliances and Articles	99.8	98.3	99.4	99.9	100.0	101.5
个人用品及服务	Personal Articles and Service	104.8	106.1	102.6	103.5	98.9	99.0
交通和通信	**Transportation and Communication**	**100.3**	**98.1**	**98.6**	**101.5**	**100.9**	**100.8**
交通	Transportation	103.1	100.9	102.3	103.8	101.6	101.5
通信	Communication	96.5	94.1	93.2	98.3	99.9	99.9
娱乐教育文化用品及服务	**Recreation,Education ,Culture Articles and It's Service**	**98.1**	**99.9**	**100.1**	**100.7**	**99.8**	**99.1**
文娱用耐用消费品及服务	Durable Consumer Goods for Recreational Use	98.7	96.3	89.7	96.8	98.9	97.2
教育	Education	99.7	99.4	100.7	100.7	100.5	101.5
文化娱乐类	Cultural and Recreational Articles	99.8	104.9	101.5	103.2	100.7	99.4
旅游	Tourism	92.1	101.1	114.4	104.3	98.7	96.7
居 住	**Residence**	**106.8**	**100.4**	**102.7**	**105.3**	**98.5**	**103.1**
建房及装修材料	Construction and Decoration Materials	105.7	103.8	106.2	109.0	102.0	102.9
租房	Building Materials	100.3	102.2	106.4	103.9	94.3	104.5
自有住房	Self-owned House	110.4	94.9	102.0	110.4	100.0	103.6
水电燃料	Water, Electricity and Fuels	107.7	99.5	98.5	99.3	101.0	100.7

6-4 昌都市居民消费价格分类指数

CONSUMER PRICE INDICES BY CATEGORY OF QAMDO

上年=100 (preceding year=100)

项　目	Item	2008	2009	2010	2011	2013	2014
居民消费价格总指数	**General Consumer Price Index**	**104.9**	**101.6**	**102.5**	**104.6**	**104.9**	**102.4**
非食品价格指数	**Consumer Price Index Without Food**	**101.8**	**100.3**	**101.1**	**102.9**	**102.9**	**101.4**
服务项目价格指数	**Services Price Index**	**103.7**	**101.7**	**104.7**	**105.0**	**107.1**	**102.5**
消费品价格指数	**Consumer Goods Price Index**	**105.1**	**101.6**	**102.2**	**104.5**	**104.4**	**102.4**
食品类	**Food**	**110.6**	**104.0**	**105.1**	**107.7**	**108.5**	**104.1**
粮食	Grain	102.8	102.4	109.0	114.7	105.6	103.4
淀粉	Starches	102.2	101.3	100.0	100.0	108.1	104.8
干豆类及豆制品	Bean and Its Products	102.9	101.8	102.5	112.0	114.2	98.6
油脂类	Oil or Fat	115.0	96.5	102.6	103.1	114.2	105.9
肉禽及其制品	Meal, Poultry and Their Products	129.3	101.1	101.0	110.2	115.9	109.6
蛋类	Eggs	102.5	99.2	102.8	105.8	101.1	103.2
水产品	Aquatic Products	102.3	98.6	104.2	108.5	101.7	101.9
菜类	Vegetables	110.0	114.0	113.8	102.5	111.5	101.1
调味品	Flavoring	103.6	88.8	81.8	138.6	94.5	103.4
糖类	Carbohydrate	103.8	98.2	103.8	106.7	106.1	99.3
茶及饮料	Tea and Beverages	102.4	101.8	102.4	101.3	102.4	103.1
干鲜瓜果类	Dried and Fresh Melons and Fruits	108.4	113.1	107.5	103.9	101.6	98.4
糕点、饼干	Cakes and Biscuits	102.4	100.2	100.0	101.6	102.7	100.8
液体乳及乳制品	Liquid Milk and Its Products	105.7	106.8	99.7	102.3	110.7	103.1
在外用膳食品	Out-of-home Food	113.7	101.1	104.5	108.4	113.2	111.1
其他食品	Other Food	112.2	100.0	100.3	100.8	101.6	106.4
烟酒及用品	**Cigarettes,Liquors and Related Items**	**101.0**	**101.3**	**97.0**	**102.6**	**102.9**	**100.5**
烟草	Tobacco	100.3	101.7	93.1	102.4	100.9	100.3
酒	Liquors	102.4	100.7	102.7	102.8	105.7	100.6
吸烟饮酒用品	Cigarettes and Spirits Related Items	100.0	100.4	100.4			
衣着类	**Clothing**	**104.9**	**102.4**	**102.3**	**103.0**	**102.4**	**101.4**

6-4 续表 continued

上年=100 (preceding year=100)

项　目	Item	2008	2009	2010	2011	2013	2014
服装	Garments	102.4	103.1	103.8	101.6	100.5	100.6
衣着材料	Clothing Material	109.7	101.2	98.7	107.6	100.9	100.8
鞋、袜、帽	Shoes,Socks and Hats	108.7	101.0	100.2	100.6	100.7	100.2
衣着加工服务费	Garment Processing Service	104.7	102.6	101.5	118.0	117.8	108.2
家庭设备用品及维修服务	**Home Appliances and Repair Service**	**102.4**	**99.7**	**100.6**	**101.3**	**100.5**	**100.9**
耐用消费品	Durable Consumer Goods	102.8	98.6	100.6	101.5	100.3	100.1
室内装饰品	Interior Decorations	102.2	100.4	100.0	100.5	100.6	100.1
床上用品	Bed Articles	100.3	101.3	100.1	100.2	100.5	101.5
家庭日用杂品	Daily Use Household Articles	100.0	99.8	100.3	100.2	100.7	102.5
家庭服务及加工维修服务	Household Service and Repair Service	112.6	105.7	104.7	108.2	100.5	101.3
医疗保健和个人用品	**Medicine,Medical Service and Personal Aricles**	**101.0**	**99.6**	**101.3**	**103.1**	**101.4**	**101.0**
医疗保健	Medical Appliances and Articles	100.7	100.5	100.8	100.0	102.7	100.8
个人用品及服务	Personal Articles and Service	101.4	98.8	101.8	106.5	100.1	101.2
交通和通信	**Transportation and Communication**	**100.2**	**98.5**	**102.7**	**103.4**	**100.2**	**99.9**
交通	Transportation	103.5	99.6	104.7	106.1	100.3	99.8
通信	Communication	96.0	96.9	100.1	100.0	100.0	100.0
娱乐教育文化用品及服务	**Recreation,Education ,Culture Articles and It's Service**	**97.7**	**99.2**	**103.3**	**100.7**	**102.2**	**102.8**
文娱用耐用消费品及服务	Durable Consumer Goods for Recreational Use	92.3	93.9	99.8	100.7	100.3	100.1
教育	Education	102.1	104.4	105.2	100.2	101.7	104.6
文化娱乐类	Cultural and Recreational Articles	98.9	99.2	100.5	100.1	102.0	101.2
旅游	Tourism	95.6	95.4	109.5	102.7	108.0	105.8
居　住	**Residence**	**104.2**	**100.4**	**100.0**	**105.7**	**109.8**	**103.2**
建房及装修材料	Construction and Decoration Materials	103.1	99.8	101.8	103.4	101.4	99.8
租房	Building Materials	101.0	103.0	107.3	109.2	113.6	103.1
自有住房	Self-owned House	121.5	103.3	106.0	103.9	110.8	104.3
水电燃料	Water, Electricity and Fuels	101.9	98.7	95.2	104.2	105.0	102.5

6-5 山南地区居民消费价格分类指数

CONSUMER PRICE INDICES BY CATEGORY OF SHANNAN

上年=100 (preceding year=100)

项目	Item	2008	2009	2010	2011	2013	2014
居民消费价格总指数	**General Consumer Price Index**	**104.0**	**101.3**	**102.3**	**104.0**	**102.7**	**102.5**
非食品价格指数	**Consumer Price Index Without Food**	**101.5**	**99.3**	**102.5**	**101.2**	**100.7**	**100.7**
服务项目价格指数	**Services Price Index**	**105.6**	**99.7**	**102.0**	**102.8**	**101.5**	**101.5**
消费品价格指数	**Consumer Goods Price Index**	**103.7**	**101.6**	**102.9**	**104.3**	**102.9**	**102.8**
食品类	**Food**	**108.3**	**105.0**	**103.1**	**109.1**	**106.0**	**105.5**
粮食	Grain	106.1	100.0	103.0	108.8	105.3	103.8
淀粉	Starches	100.0	100.0	100.0	100.0	101.2	100.0
干豆类及豆制品	Bean and Its Products	141.6	100.0	112.4	114.8	99.3	99.1
油脂类	Oil or Fat	118.2	98.9	104.7	107.6	100.7	99.0
肉禽及其制品	Meal, Poultry and Their Products	123.8	105.0	98.3	110.1	111.7	99.1
蛋类	Eggs	104.9	111.2	103.1	107.6	107.7	107.9
水产品	Aquatic Products	116.7	103.1	107.1	101.2	108.8	102.1
菜类	Vegetables	99.0	114.1	104.2	109.6	105.7	114.6
调味品	Flavoring	97.5	100.2	101.6	100.4	100.0	100.4
糖类	Carbohydrate	109.3	103.9	102.5	106.3	100.3	101.2
茶及饮料	Tea and Beverages	99.6	100.0	100.0	100.0	100.0	100.0
干鲜瓜果类	Dried and Fresh Melons and Fruits	109.5	114.9	107.0	115.2	100.0	113.5
糕点、饼干	Cakes and Biscuits	94.9	100.0	100.0	100.5	100.4	100.0
液体乳及乳制品	Liquid Milk and Its Products	116.1	99.8	101.3	109.7	113.0	101.5
在外用膳食品	Out-of-home Food	103.1	100.7	106.0	122.2	107.4	109.1
其他食品	Other Food	100.0	105.7	102.2	100.0	100.0	100.0
烟酒及用品	**Cigarettes,Liquors and Related Items**	**99.8**	**100.1**	**105.6**	**100.6**	**100.0**	**99.5**
烟草	Tobacco	99.6	98.9	99.6	100.0	100.0	101.0
酒	Liquors	99.9	101.9	114.7	101.3	100.0	98.0
吸烟饮酒用品	Cigarettes and Spirits Related Items	100.2	99.3	99.8			
衣着类	**Clothing**	**99.6**	**100.7**	**103.6**	**102.9**	**102.1**	**101.6**

6-5 续表 continued

上年=100 (preceding year=100)

项　目	Item	2008	2009	2010	2011	2013	2014
服装	Garments	99.4	101.5	104.0	100.5	101.1	101.3
衣着材料	Clothing Material	100.0	99.6	108.2	100.4	102.1	100.8
鞋、袜、帽	Shoes,Socks and Hats	99.6	99.5	101.0	102.4	102.7	100.7
衣着加工服务费	Garment Processing Service	100.0	100.0	105.5	116.0	104.9	104.0
家庭设备用品及维修服务	**Home Appliances and Repair Service**	**99.8**	**99.0**	**101.9**	**101.1**	**100.5**	**100.6**
耐用消费品	Durable Consumer Goods	99.6	98.1	101.1	98.0	99.0	100.3
室内装饰品	Interior Decorations	100.0	100.0	102.2	100.2	100.0	100.0
床上用品	Bed Articles	99.8	100.0	100.4	100.1	100.2	100.1
家庭日用杂品	Daily Use Household Articles	100.0	100.0	103.7	100.5	101.1	100.6
家庭服务及加工维修服务	Household Service and Repair Service	99.5	97.7	102.2	117.4	103.5	101.9
医疗保健和个人用品	**Medicine,Medical Service and Personal Aricles**	**101.5**	**99.0**	**102.1**	**100.9**	**100.4**	**101.1**
医疗保健	Medical Appliances and Articles	101.7	99.3	99.6	101.6	99.7	101.3
个人用品及服务	Personal Articles and Service	101.2	98.6	104.2	100.1	101.3	100.7
交通和通信	**Transportation and Communication**	**104.8**	**98.5**	**101.2**	**102.7**	**99.6**	**100.2**
交通	Transportation	110.7	104.9	104.8	105.1	99.8	100.3
通信	Communication	98.6	91.6	97.2	99.7	99.4	100.1
娱乐教育文化用品及服务	**Recreation,Education ,Culture Articles and It's Service**	**99.1**	**99.8**	**101.2**	**97.8**	**100.5**	**101.1**
文娱用耐用消费品及服务	Durable Consumer Goods for Recreational Use	100.0	94.7	98.4	93.9	98.4	99.6
教育	Education	100.0	102.4	103.1	100.2	101.3	100.8
文化娱乐类	Cultural and Recreational Articles	99.3	99.7	102.9	100.4	100.0	101.0
旅游	Tourism	96.5	100.7	99.1	93.8	103.9	105.9
居 住	**Residence**	**106.9**	**97.1**	**100.5**	**101.9**	**100.6**	**100.3**
建房及装修材料	Construction and Decoration Materials	101.0	100.3	104.1	101.1	100.0	100.0
租房	Building Materials	107.7	100.8	103.7	100.8	101.0	100.5
自有住房	Self-owned House	111.3	78.6	100.0	100.3	100.3	100.2
水电燃料	Water, Electricity and Fuels	107.7	101.2	94.8	106.0	100.8	100.4

6-6 日喀则市居民消费价格分类指数

CONSUMER PRICE INDICES BY CATEGORY OF XIGAZE

上年=100 (preceding year=100)

项 目	Item	2008	2009	2010	2011	2013	2014
居民消费价格总指数	**General Consumer Price Index**	**104.6**	**101.0**	**102.4**	**104.8**	**103.1**	**103.0**
非食品价格指数	**Consumer Price Index Without Food**	**100.9**	**99.5**	**101.1**	**102.8**	**101.3**	**102.2**
服务项目价格指数	**Services Price Index**	**102.3**	**99.3**	**99.0**	**102.6**	**104.1**	**104.6**
消费品价格指数	**Consumer Goods Price Index**	**105.0**	**103.8**	**103.0**	**105.4**	**102.9**	**102.6**
食品类	**Food**	**111.3**	**101.1**	**105.0**	**108.5**	**106.2**	**104.4**
粮食	Grain	103.9	104.6	109.2	111.0	103.9	104.7
淀粉	Starches	129.2	96.7	100.0	101.5	101.3	110.7
干豆类及豆制品	Bean and Its Products	105.3	115.2	109.4	101.6	109.3	102.4
油脂类	Oil or Fat	134.1	94.3	98.0	103.8	103.6	105.9
肉禽及其制品	Meal, Poultry and Their Products	120.6	103.4	102.5	110.9	112.1	108.9
蛋类	Eggs	111.4	98.5	100.9	109.9	105.9	108.6
水产品	Aquatic Products	109.4	100.7	101.9	105.1	106.1	102.4
菜类	Vegetables	101.4	116.3	112.9	110.9	107.1	103.8
调味品	Flavoring	105.7	100.1	100.6	100.5	101.8	100.4
糖类	Carbohydrate	102.0	106.1	102.0	109.9	102.4	101.8
茶及饮料	Tea and Beverages	100.0	100.0	100.0	101.4	102.1	100.0
干鲜瓜果类	Dried and Fresh Melons and Fruits	118.4	107.7	114.8	119.1	109.7	103.9
糕点、饼干	Cakes and Biscuits	101.2	103.1	100.0	102.1	105.4	101.0
液体乳及乳制品	Liquid Milk and Its Products	119.8	102.0	100.7	103.7	101.7	101.2
在外用膳食品	Out-of-home Food	113.9	102.4	102.5	103.6	104.9	102.9
其他食品	Other Food	102.1	100.0	100.0	100.0	103.7	100.0
烟酒及用品	**Cigarettes,Liquors and Related Items**	**99.9**	**100.0**	**100.3**	**105.3**	**100.2**	**101.1**
烟草	Tobacco	100.0	100.0	100.0	108.5	98.3	100.4
酒	Liquors	100.0	100.3	100.9	102.0	102.0	101.7
吸烟饮酒用品	Cigarettes and Spirits Related Items	99.2	99.1	100.0			
衣着类	**Clothing**	**99.8**	**101.3**	**102.0**	**102.4**	**100.0**	**102.0**

6-6 续表 continued

上年=100　(preceding year=100)

项　目	Item	2008	2009	2010	2011	2013	2014
服装	Garments	99.4	100.4	102.6	101.3	100.1	99.9
衣着材料	Clothing Material	100.0	100.8	100.0	101.2	100.0	105.0
鞋、袜、帽	Shoes,Socks and Hats	100.2	105.1	101.4	103.7	98.7	101.1
衣着加工服务费	Garment Processing Service	101.9	99.0	102.1	107.0	102.5	112.8
家庭设备用品及维修服务	**Home Appliances and Repair Service**	**100.0**	**99.7**	**99.6**	**100.5**	**99.8**	**102.0**
耐用消费品	Durable Consumer Goods	99.6	95.9	98.6	100.3	99.5	100.0
室内装饰品	Interior Decorations	100.0	101.7	100.0	100.0	100.0	100.0
床上用品	Bed Articles	99.2	100.0	100.0	102.2	100.9	103.8
家庭日用杂品	Daily Use Household Articles	99.8	102.9	100.2	100.3	98.6	103.3
家庭服务及加工维修服务	Household Service and Repair Service	102.6	100.0	100.0	100.0	101.3	105.9
医疗保健和个人用品	**Medicine,Medical Service and Personal Aricles**	**102.3**	**102.4**	**102.0**	**104.0**	**100.0**	**102.4**
医疗保健	Medical Appliances and Articles	103.1	104.6	101.1	104.9	100.1	103.6
个人用品及服务	Personal Articles and Service	101.7	100.7	102.8	102.8	99.8	100.9
交通和通信	**Transportation and Communication**	**99.7**	**92.4**	**98.9**	**102.2**	**100.3**	**100.6**
交通	Transportation	101.6	94.7	102.5	104.6	101.7	101.4
通信	Communication	95.6	87.7	91.0	99.1	98.2	99.5
娱乐教育文化用品及服务	**Recreation,Education ,Culture Articles and It's Service**	**100.1**	**97.4**	**97.8**	**100.6**	**102.4**	**103.8**
文娱用耐用消费品及服务	Durable Consumer Goods for Recreational Use	98.9	92.1	96.8	100.0	99.1	99.4
教育	Education	101.6	101.9	100.1	100.5	100.2	100.0
文化娱乐类	Cultural and Recreational Articles	101.3	100.1	100.0	100.0	101.4	101.2
旅游	Tourism	97.6	95.7	90.7	102.6	116.8	123.1
居 住	**Residence**	**104.2**	**101.3**	**106.1**	**104.8**	**105.7**	**102.9**
建房及装修材料	Construction and Decoration Materials	101.0	104.0	101.4	107.9	102.5	100.2
租房	Building Materials	99.8	103.7	101.8	100.0	100.0	101.5
自有住房	Self-owned House	108.0	91.8	91.7	100.0	112.4	105.0
水电燃料	Water, Electricity and Fuels	106.9	102.2	118.2	122.0	103.7	101.7

6-7 那曲地区居民消费价格分类指数

CONSUMER PRICE INDICES BY CATEGORY OF NAGQU

上年=100 (preceding year=100)

项　　目	Item	2008	2009	2010	2011	2013	2014
居民消费价格总指数	**General Consumer Price Index**	**109.0**	**101.3**	**101.5**	**104.1**	**102.2**	**102.1**
非食品价格指数	**Consumer Price Index Without Food**	**106.9**	**98.9**	**99.4**	**102.2**	**100.5**	**99.9**
服务项目价格指数	**Services Price Index**	**111.8**	**97.5**	**100.6**	**102.4**	**100.6**	**100.3**
消费品价格指数	**Consumer Goods Price Index**	**108.5**	**101.9**	**101.6**	**104.5**	**102.6**	**102.5**
食品类	**Food**	**112.0**	**105.0**	**104.8**	**107.3**	**104.9**	**105.3**
粮食	Grain	105.0	100.5	104.2	122.5	100.2	99.9
淀粉	Starches	112.2	93.7	108.9	104.0	100.0	100.0
干豆类及豆制品	Bean and Its Products	133.5	101.7	105.7	101.2	99.1	98.8
油脂类	Oil or Fat	161.9	106.1	102.7	102.8	100.7	100.0
肉禽及其制品	Meal, Poultry and Their Products	117.4	102.3	107.6	107.9	106.8	106.9
蛋类	Eggs	111.2	103.5	100.3	104.1	102.5	103.0
水产品	Aquatic Products	124.5	102.7	110.7	104.0	109.4	103.9
菜类	Vegetables	95.3	102.3	103.2	98.5	110.6	102.7
调味品	Flavoring	95.7	102.5	100.8	106.6	100.0	100.0
糖类	Carbohydrate	104.8	99.2	104.6	100.7	100.0	100.0
茶及饮料	Tea and Beverages	103.2	101.7	100.2	101.9	102.4	104.0
干鲜瓜果类	Dried and Fresh Melons and Fruits	98.0	107.7	107.2	110.0	101.4	108.7
糕点、饼干	Cakes and Biscuits	107.0	90.4	105.3	100.6	100.0	100.0
液体乳及乳制品	Liquid Milk and Its Products	113.4	123.5	103.2	101.5	109.9	117.8
在外用膳食品	Out-of-home Food	110.2	110.6	104.9	101.3	102.0	100.8
其他食品	Other Food	100.0	100.4	100.3	100.0	100.0	100.0
烟酒及用品	**Cigarettes,Liquors and Related Items**	**110.3**	**98.3**	**99.6**	**100.8**	**100.1**	**100.0**
烟草	Tobacco	106.8	100.4	99.7	100.1	100.1	100.0
酒	Liquors	116.4	96.3	99.7	101.6	100.1	100.0
吸烟饮酒用品	Cigarettes and Spirits Related Items	97.4	94.5	97.3			
衣着类	**Clothing**	**105.2**	**101.4**	**98.6**	**102.4**	**100.3**	**100.5**

6-7 续表 continued

上年=100 (preceding year=100)

项　目	Item	2008	2009	2010	2011	2013	2014
服装	Garments	103.2	104.8	99.3	102.5	100.2	100.5
衣着材料	Clothing Material	115.9	97.9	99.0	99.6	100.0	100.0
鞋、袜、帽	Shoes,Socks and Hats	104.9	92.7	97.0	103.3	100.6	100.4
衣着加工服务费	Garment Processing Service	110.1	109.5	98.5	101.9	100.0	100.5
家庭设备用品及维修服务	**Home Appliances and Repair Service**	**104.1**	**99.6**	**97.7**	**99.8**	**100.7**	**100.0**
耐用消费品	Durable Consumer Goods	99.6	98.6	96.1	99.5	100.3	100.2
室内装饰品	Interior Decorations	105.5	99.2	99.3	100.5	101.5	100.0
床上用品	Bed Articles	99.6	99.9	100.0	100.1	101.7	99.5
家庭日用杂品	Daily Use Household Articles	108.3	99.9	98.6	100.6	100.0	100.1
家庭服务及加工维修服务	Household Service and Repair Service	146.7	105.0	96.4	97.4	101.2	100.0
医疗保健和个人用品	**Medicine,Medical Service and Personal Aricles**	**109.1**	**99.3**	**101.6**	**103.0**	**100.3**	**98.4**
医疗保健	Medical Appliances and Articles	107.2	103.9	103.1	100.4	100.6	99.8
个人用品及服务	Personal Articles and Service	112.2	91.3	97.7	105.9	100.0	96.8
交通和通信	**Transportation and Communication**	**102.6**	**98.8**	**99.6**	**101.9**	**100.6**	**100.7**
交通	Transportation	105.0	103.5	101.7	103.4	100.9	101.1
通信	Communication	98.3	89.9	95.9	99.3	100.0	100.0
娱乐教育文化用品及服务	**Recreation,Education ,Culture Articles and It's Service**	**102.7**	**100.4**	**100.1**	**101.7**	**100.6**	**100.1**
文娱用耐用消费品及服务	Durable Consumer Goods for Recreational Use	96.3	91.4	93.7	98.9	100.0	100.0
教育	Education	104.5	103.4	99.8	100.7	101.6	100.1
文化娱乐类	Cultural and Recreational Articles	107.2	108.8	105.2	101.6	100.0	99.9
旅游	Tourism	103.8	96.5	107.9	113.5	100.0	100.7
居 住	**Residence**	**113.8**	**94.0**	**98.6**	**104.4**	**100.8**	**100.0**
建房及装修材料	Construction and Decoration Materials	101.0	107.0	101.2	101.2	100.0	100.0
租房	Building Materials	118.4	94.9	103.3	101.3	100.0	100.0
自有住房	Self-owned House	116.6	82.5	98.2	106.9	100.0	100.0
水电燃料	Water, Electricity and Fuels	113.7	94.4	97.3	107.6	102.4	100.0

6-8 阿里地区居民消费价格分类指数

CONSUMER PRICE INDICES BY CATEGORY OF NGARI

上年=100 (preceding year=100)

项　　目	Item	2008	2009	2010	2011	2013	2014
居民消费价格总指数	**General Consumer Price Index**	**106.4**	**101.5**	**101.5**	**105.0**	**104.1**	**105.1**
非食品价格指数	**Consumer Price Index Without Food**	**103.9**	**98.7**	**100.4**	**102.1**	**103.9**	**102.4**
服务项目价格指数	**Services Price Index**	**100.4**	**99.2**	**99.2**	**103.5**	**109.3**	**106.7**
消费品价格指数	**Consumer Goods Price Index**	**107.7**	**101.9**	**102.0**	**105.4**	**102.7**	**104.7**
食品类	**Food**	**111.0**	**106.9**	**103.8**	**110.9**	**104.4**	**110.0**
粮食	Grain	106.6	118.2	107.9	107.4	102.9	114.5
淀粉	Starches	99.8	107.4	109.7	108.4	97.0	98.4
干豆类及豆制品	Bean and Its Products	100.1	105.2	104.9	103.1	101.2	99.6
油脂类	Oil or Fat	118.1	99.3	109.3	107.5	101.0	100.0
肉禽及其制品	Meal, Poultry and Their Products	115.0	100.8	108.9	124.7	101.2	118.5
蛋类	Eggs	101.5	98.1	108.8	102.3	103.9	99.8
水产品	Aquatic Products	113.5	99.2	101.2	103.4	98.8	100.0
菜类	Vegetables	131.7	125.2	99.3	110.8	103.3	104.0
调味品	Flavoring	94.2	115.8	99.2	99.1	100.5	100.1
糖类	Carbohydrate	99.9	101.4	100.9	105.9	101.0	100.2
茶及饮料	Tea and Beverages	101.0	96.9	100.0	101.4	102.5	99.6
干鲜瓜果类	Dried and Fresh Melons and Fruits	114.8	114.0	91.9	114.8	106.6	101.9
糕点、饼干	Cakes and Biscuits	106.5	103.2	97.2	102.2	105.0	102.2
液体乳及乳制品	Liquid Milk and Its Products	102.1	100.8	99.4	100.4	107.9	101.7
在外用膳食品	Out-of-home Food	109.5	103.1	98.2	102.6	128.9	117.9
其他食品	Other Food	100.5	102.5	97.6	102.2	105.0	101.3
烟酒及用品	**Cigarettes,Liquors and Related Items**	**100.4**	**101.5**	**100.5**	**103.6**	**99.1**	**99.8**
烟草	Tobacco	100.0	100.3	99.3	100.3	100.0	100.0
酒	Liquors	100.9	103.2	102.1	107.7	98.2	99.6
吸烟饮酒用品	Cigarettes and Spirits Related Items	100.0	100.0	99.8			
衣着类	**Clothing**	**100.6**	**102.6**	**100.8**	**100.9**	**110.7**	**103.7**

6-8 续表 continued

上年=100 (preceding year=100)

项　目	Item	2008	2009	2010	2011	2013	2014
服装	Garments	102.1	103.2	101.7	100.4	104.5	101.9
衣着材料	Clothing Material	100.0	112.3	100.0	100.7	104.7	100.6
鞋、袜、帽	Shoes,Socks and Hats	97.9	99.3	99.2	100.4	108.9	101.2
衣着加工服务费	Garment Processing Service	100.0	100.0	100.0	108.4	169.6	119.9
家庭设备用品及维修服务	**Home Appliances and Repair Service**	**100.2**	**96.7**	**103.6**	**101.1**	**104.1**	**101.1**
耐用消费品	Durable Consumer Goods	98.7	95.2	102.6	102.2	104.4	101.5
室内装饰品	Interior Decorations	98.5	94.7	106.4	101.6	114.6	103.8
床上用品	Bed Articles	98.8	93.8	107.7	100.9	111.3	102.3
家庭日用杂品	Daily Use Household Articles	100.3	98.3	102.4	100.6	98.8	100.0
家庭服务及加工维修服务	Household Service and Repair Service	111.6	101.8	101.0	100.7	115.6	102.7
医疗保健和个人用品	**Medicine,Medical Service and Personal Aricles**	**100.5**	**100.1**	**100.1**	**102.6**	**103.8**	**104.0**
医疗保健	Medical Appliances and Articles	100.4	100.3	100.0	98.6	99.7	100.1
个人用品及服务	Personal Articles and Service	100.6	99.9	100.2	106.2	107.0	106.8
交通和通信	**Transportation and Communication**	**109.9**	**95.1**	**101.5**	**101.3**	**100.2**	**100.9**
交通	Transportation	102.5	105.6	102.5	103.7	100.5	102.1
通信	Communication	115.3	87.6	100.7	99.6	100.0	100.0
娱乐教育文化用品及服务	**Recreation,Education ,Culture Articles and It's Service**	**99.1**	**98.4**	**97.3**	**103.5**	**110.6**	**106.7**
文娱用耐用消费品及服务	Durable Consumer Goods for Recreational Use	97.8	89.5	100.0	101.0	100.3	100.8
教育	Education	102.5	105.5	98.2	98.7	105.4	110.2
文化娱乐类	Cultural and Recreational Articles	99.8	101.6	99.4	99.4	102.7	100.6
旅游	Tourism	91.3	89.1	84.9	127.2	147.8	112.3
居 住	**Residence**	**119.8**	**96.4**	**99.2**	**100.4**	**102.1**	**100.3**
建房及装修材料	Construction and Decoration Materials	102.9	93.1	104.0	104.8	107.3	104.6
租房	Building Materials	98.3	93.9	100.0	100.0	102.5	100.1
自有住房	Self-owned House	98.2	101.9	99.7	99.8	103.1	100.4
水电燃料	Water, Electricity and Fuels	131.9	97.6	97.7	100.7	100.2	100.0

6-9 林芝地区居民消费价格分类指数

CONSUMER PRICE INDICES BY CATEGORY OF NYINGCHI

上年=100 (preceding year=100)

项　目	Item	2008	2009	2010	2011	2013	2014
居民消费价格总指数	**General Consumer Price Index**	**103.9**	**101.1**	**102.2**	**104.7**	**103.8**	**101.7**
非食品价格指数	**Consumer Price Index Without Food**	**103.2**	**99.9**	**101.1**	**103.0**	**101.2**	**101.7**
服务项目价格指数	**Services Price Index**	**101.2**	**98.6**	**100.9**	**106.2**	**103.0**	**102.6**
消费品价格指数	**Consumer Goods Price Index**	**105.3**	**101.5**	**102.4**	**104.3**	**103.9**	**101.5**
食品类	**Food**	**102.5**	**103.3**	**104.6**	**108.2**	**108.5**	**101.7**
粮食	Grain	101.4	101.4	106.1	110.6	105.7	102.3
淀粉	Starches	103.3	99.2	103.7	101.5	104.4	104.0
干豆类及豆制品	Bean and Its Products	112.0	102.8	109.7	113.2	104.8	99.7
油脂类	Oil or Fat	115.4	97.0	98.1	104.0	107.6	101.0
肉禽及其制品	Meal, Poultry and Their Products	116.2	101.4	102.8	112.3	117.8	104.5
蛋类	Eggs	104.7	102.0	105.0	109.9	103.0	100.2
水产品	Aquatic Products	104.1	101.5	99.3	107.6	106.7	91.5
菜类	Vegetables	101.2	108.2	107.4	110.2	110.5	102.5
调味品	Flavoring	101.1	100.8	102.7	100.7	105.6	104.7
糖类	Carbohydrate	100.3	104.5	103.5	102.4	97.5	100.0
茶及饮料	Tea and Beverages	100.5	100.7	101.6	100.4	103.4	103.6
干鲜瓜果类	Dried and Fresh Melons and Fruits	104.4	109.4	109.1	108.9	103.8	95.9
糕点、饼干	Cakes and Biscuits	102.1	100.4	101.6	102.7	99.8	100.6
液体乳及乳制品	Liquid Milk and Its Products	106.3	101.5	103.5	102.6	101.7	101.8
在外用膳食品	Out-of-home Food	104.4	106.3	105.0	104.6	110.5	103.2
其他食品	Other Food	102.8	100.1	100.0	100.0	119.7	100.0
烟酒及用品	**Cigarettes,Liquors and Related Items**	**104.5**	**102.0**	**101.5**	**103.5**	**100.1**	**99.9**
烟草	Tobacco	100.2	99.8	100.7	99.9	100.8	99.9
酒	Liquors	107.7	104.4	102.2	106.7	99.5	100.0
吸烟饮酒用品	Cigarettes and Spirits Related Items	106.4	100.3	101.2			
衣着类	**Clothing**	**102.8**	**100.9**	**102.3**	**102.4**	**101.7**	**103.3**

6-9 续表 continued

上年=100 (preceding year=100)

项　　目	Item	2008	2009	2010	2011	2013	2014
服装	Garments	106.7	101.3	102.5	102.5	101.4	102.8
衣着材料	Clothing Material	100.0	100.7	100.6	101.5	103.2	101.3
鞋、袜、帽	Shoes,Socks and Hats	98.2	100.9	103.1	102.1	102.5	106.0
衣着加工服务费	Garment Processing Service	101.3	100.9	101.3	103.5	100.6	100.4
家庭设备用品及维修服务	**Home Appliances and Repair Service**	**100.5**	**99.1**	**98.9**	**101.3**	**101.3**	**100.9**
耐用消费品	Durable Consumer Goods	97.5	97.6	99.1	101.5	101.1	101.0
室内装饰品	Interior Decorations	109.4	98.8	97.9	101.5	101.3	101.2
床上用品	Bed Articles	102.8	98.6	96.1	101.2	100.4	100.0
家庭日用杂品	Daily Use Household Articles	103.5	101.9	99.3	100.5	101.8	101.1
家庭服务及加工维修服务	Household Service and Repair Service	100.0	102.2	102.6	103.7	102.2	100.5
医疗保健和个人用品	**Medicine,Medical Service and Personal Aricles**	**103.2**	**101.1**	**101.7**	**102.6**	**100.2**	**101.0**
医疗保健	Medical Appliances and Articles	100.1	100.2	101.7	101.8	98.1	100.5
个人用品及服务	Personal Articles and Service	105.4	101.8	101.7	103.3	101.8	101.4
交通和通信	**Transportation and Communication**	**102.2**	**97.4**	**99.6**	**101.5**	**100.4**	**101.0**
交通	Transportation	105.9	99.7	101.3	104.0	103.3	101.6
通信	Communication	96.7	93.8	96.9	97.9	95.7	100.0
娱乐教育文化用品及服务	**Recreation,Education ,Culture Articles and It's Service**	**98.5**	**98.3**	**99.8**	**101.3**	**100.3**	**103.4**
文娱用耐用消费品及服务	Durable Consumer Goods for Recreational Use	97.6	91.4	94.6	91.8	99.5	100.5
教育	Education	101.5	100.7	101.9	101.5	96.8	101.7
文化娱乐类	Cultural and Recreational Articles	102.0	101.7	100.7	101.8	100.1	100.3
旅游	Tourism	90.3	100.0	101.5	115.9	107.2	112.7
居 住	**Residence**	**108.2**	**99.6**	**101.9**	**108.0**	**103.8**	**101.8**
建房及装修材料	Construction and Decoration Materials	106.0	102.7	104.7	102.5	101.7	95.8
租房	Building Materials	97.6	99.5	101.3	103.0	108.2	102.5
自有住房	Self-owned House	107.3	84.2	101.0	116.5	101.1	101.6
水电燃料	Water, Electricity and Fuels	113.4	102.2	100.8	101.7	103.6	102.5

6-10 各月居民消费价格分类指数（2014年）

CONSUMER PRICE INDICES BY CATEGORY AND EACH MONTH(2014)

上年=100 (preceding year=100)

项　目	Item	1月Jan.	2月Feb.	3月Mar.	4月Apr.	5月May.	6月June.
总指数	**General Consumer Price Index**	**103.7**	**103.1**	**103.6**	**102.9**	**102.2**	**102.5**
食品类	Food	107.3	105.7	106.8	105.5	103.6	104.1
粮食	Grain	106.4	106.1	105.6	104.9	104.1	103.8
肉禽及其制品	Meal, Poultry and Their Products	111.2	108.1	108.4	108.5	107.6	105.1
蛋类	Eggs	105.3	101.4	100.1	101.2	102.9	105.6
水产品	Aquatic Products	105.5	102.3	101.5	102.2	100.4	97.5
菜类	Vegetables	107.4	106.4	113.0	106.8	100.6	104.7
茶和饮料	Tea and Beverages	103.9	104.0	103.9	103.3	102.7	103.3
干鲜瓜果类	Dried and Fresh Melons and Fruits	108.8	106.9	108.3	105.9	101.5	106.1
烟酒	Cigarettes,Liquors	100.3	100.3	100.1	100.0	100.0	100.0
衣着	Clothing	103.3	103.4	103.3	103.1	102.9	102.9
家庭设备用品及维修服务	Home Appliances and Repair Service	100.8	100.9	101.0	100.9	101.1	101.2
医疗保健和个人用品	Medicine,Medical Service and Personal Aricles	100.0	100.1	100.6	100.5	100.3	100.7
交通和通信	Transportation and Communication	100.5	100.3	100.3	100.6	101.5	101.7
娱乐教育文化用品及服务	Recreation, Education and Culture Articles	101.9	101.9	102.1	101.2	100.7	100.8
居住	Residence	103.2	102.9	103.0	102.4	102.4	102.2
服务项目	Services	103.3	103.1	103.2	102.4	102.5	102.5

6-10 续表 continued

项　目	Item	7月July	8月Aug.	9月Sep.	10月Oct.	11月Nov.	12月Dec.
总指数	**General Consumer Price Index**	**103.1**	**103.0**	**102.7**	**102.9**	**102.4**	**102.6**
食品类	Food	105.2	104.6	104.9	105.6	104.9	105.3
粮食	Grain	105.0	105.9	106.1	106.0	105.5	105.3
肉禽及其制品	Meal, Poultry and Their Products	107.4	107.2	107.4	108.2	107.3	106.6
蛋类	Eggs	107.8	110.3	111.1	110.0	108.9	108.0
水产品	Aquatic Products	96.5	97.9	97.9	99.0	102.5	103.7
菜类	Vegetables	105.4	100.7	101.7	105.6	103.6	106.6
茶和饮料	Tea and Beverages	103.3	103.0	102.5	102.5	102.3	102.3
干鲜瓜果类	Dried and Fresh Melons and Fruits	106.1	104.0	104.4	103.4	103.1	104.3
烟酒	Cigarettes,Liquors	99.9	99.9	99.9	100.1	100.1	100.3
衣着	Clothing	103.1	103.2	101.4	100.9	100.3	100.4
家庭设备用品及维修服务	Home Appliances and Repair Service	101.4	101.6	101.7	101.7	101.5	101.5
医疗保健和个人用品	Medicine,Medical Service and Personal Aricles	101.2	101.3	101.9	101.8	101.8	102.0
交通和通信	Transportation and Communication	101.4	101.1	100.4	100.2	99.7	99.2
娱乐教育文化用品及服务	Recreation, Education and Culture Articles	102.2	103.2	102.1	102.1	100.9	101.1
居住	Residence	102.2	102.4	102.1	102.1	102.1	102.2
服务项目	Services	103.2	103.8	103.1	103.1	102.5	102.7

6-11 商品零售价格分类指数（2014年）

RETAIL PRICE INDICES BY CATEGORY(2014)

上年=100　　(preceding year=100)

项　目	Item	全 区 Average	城 市 Urban Areas	农 村 Rural Areas
商品零售价格总指数	**General Retail Price Index**	**102.2**	**102.4**	**101.9**
食品类	**Food**	**105.7**	**106.0**	**104.9**
粮食	Grain	106.5	108.2	103.4
淀粉	Starches	108.2	110.5	101.8
干豆类及豆制品	Dry Bean and Bean Products	96.5	95.8	98.9
油脂	Oil or Fat	102.0	102.6	100.8
肉禽及其制品	Meat, Pourtry and It's Products	107.3	107.6	106.7
蛋	Eggs	105.7	106.3	104.5
水产品	Aquatic Products	100.6	101.3	98.8
菜	Vegetable	105.7	105.7	105.9
#鲜菜	Fresh Vegetables	105.8	106.8	103.9
调味品	Flavoring	102.5	102.6	102.1
糖	Sugar	101.3	101.7	100.3
干鲜瓜果	Dried and Fresh Fruits	106.9	107.5	105.4
糕点饼干面包	Cake, Biscuits and Bread	101.8	102.3	100.5
液体乳及乳制品	Liquid Milk and Its Products	104.2	103.6	105.5
在外用膳食品	Out-dining Food	108.4	108.9	107.4
其他食品	Other Food	100.2	100.0	100.9
饮料、烟酒类	**Beverages,Tobacco and Liquor**	**100.9**	**101.2**	**100.3**
茶及饮料	Tea and Beverages	104.5	105.3	102.3
烟草	Tobacco	100.1	100.1	100.2
酒	Liquor	99.1	98.9	99.4
服装、鞋帽类	**Garments,Shoes and Hats**	**101.6**	**101.7**	**101.2**
服装	Garments	101.2	101.2	101.1
鞋袜帽	Shoes and Hats	102.6	103.1	101.5
其他	Others	99.4	99.1	100.1
纺织品类	**Textiles**	**101.2**	**101.6**	**100.4**
衣着材料	Clothing Material	101.2	101.5	100.3
床上用品	Bed Articles	101.3	101.6	100.5
家用电器及音像器材类	**Household Appliances and Video Appliances**	**100.1**	**100.1**	**100.0**
家庭设备	Home Appliances	100.4	100.5	100.2
文娱耐用消费品	Culture and Recreat Durable Consumable	99.7	99.6	99.9
音像器材类	Video Appliances	99.8	100.1	93.4

6-11 续表 continued

上年=100 (preceding year=100)

项目	Item	全区 Average	城市 Urban Areas	农村 Rural Areas
文化办公用品类	**Culture and Office Articles**	**96.9**	**95.2**	**100.7**
日用品类	**Articles for Daily Use**	**101.2**	**101.4**	**100.9**
日用百货	Articles for Daily Use	100.7	100.8	100.5
日用杂品	Sundries for Daily Use	100.4	100.2	100.9
洗涤用品	Washing Articles	102.5	102.8	101.8
其他日用品	Others	101.2	101.5	100.5
体育娱乐用品类	**Sports and Recreation Goods**	**100.3**	**100.4**	**99.9**
体育用品	Sports Goods	100.3	100.4	100.1
娱乐用品	Recreationa Goods	100.2	100.4	99.5
交通通信用品类	**Transportation and Communication Goods**	**99.5**	**99.5**	**99.5**
交通运输机械	Transportation Machines	100.0	100.0	100.0
通讯器材类	Telecommunication Appliances	99.3	99.2	99.4
家具类	**Furniture**	**101.3**	**101.5**	**100.7**
化妆品类	**Cosmetics**	**99.9**	**98.8**	**102.6**
金银珠宝类	**Jewelry**	**97.8**	**97.8**	**97.9**
中西药及医疗保健品类	**Traditional Chinese and Western Medicine**	**102.4**	**103.3**	**100.7**
医疗器具及用品	Special Appliances of Medicines	100.3	100.3	100.3
中药材及中成药	Traditional Chinese Medicine	104.7	106.6	101.4
西药	Western Medicine	101.6	102.2	100.3
保健器具及用品	Healthcare Equipment	100.3	100.3	100.2
书报杂志及电子出版物类	**Newspapers, Magazines and Electronic Publications**	**100.7**	**100.0**	**102.1**
教材及参考书	Teaching Materials and Reference Books	101.3	100.0	103.8
书报杂志	Newspapers and Magazines	100.3	100.0	101.0
电子音像制品	Electronic Audio-video Products	100.2	100.0	100.5
燃料类	**Fuels**	**99.7**	**99.5**	**100.2**
煤炭及制品类	Coal and Their Products	101.8	101.8	102.0
石油及制品类	Petroleum and Their Products	99.0	98.7	99.5
建筑材料及五金电料类	**Building Materials and Hardwares**	**101.5**	**102.3**	**99.8**
建筑装潢材料	Building Decoration Materials	101.0	101.6	99.6
五金电料类	Hardwares	103.3	104.5	100.4

6-12 拉萨市商品零售价格分类指数

RETAIL PRICE INDICES BY CATEGORY OF LHASA

上年=100　　(preceding year=100)

项　目	Item	2008	2009	2010	2011	2013	2014
商品零售价格总指数	**General Retail Price Index**	**104.6**	**100.1**	**101.2**	**103.9**	**103.0**	**102.3**
食品类	**Food**	**114.1**	**104.8**	**105.0**	**110.1**	**108.4**	**106.3**
粮食	Grain	102.9	98.4	107.0	112.7	107.9	109.4
淀粉	Starches	106.0	99.0	104.5	105.9	103.8	110.4
干豆类及豆制品	Dry Bean and Bean Products	121.7	104.9	114.3	117.0	109.7	93.6
油脂	Oil or Fat	128.1	94.7	101.0	101.4	102.3	100.8
肉禽及其制品	Meat, Pourtry and It's Products	129.5	96.9	101.2	109.9	112.7	106.9
蛋	Eggs	112.0	97.8	105.0	110.3	107.2	104.4
水产品	Aquatic Products	121.1	102.0	101.2	104.6	107.4	100.7
菜	Vegetable	108.3	119.1	105.3	109.3	108.7	106.4
#鲜菜	Fresh Vegetables	105.8	122.1	103.9	109.5	107.6	107.3
调味品	Flavoring	100.1	105.4	106.0	109.9	100.8	103.8
糖	Sugar	106.9	102.1	100.8	114.0	103.4	101.6
干鲜瓜果	Dried and Fresh Fruits	115.7	115.3	109.8	119.1	107.1	109.0
糕点饼干面包	Cake, Biscuits and Bread	105.1	100.9	101.2	102.8	103.7	102.7
液体乳及乳制品	Liquid Milk and Its Products	119.0	108.3	111.9	104.2	106.7	105.8
在外用膳食品	Out-dining Food	103.9	104.0	105.5	115.4	107.6	111.2
其他食品	Other Food	105.3	100.0	100.0	100.9	102.2	100.0
饮料、烟酒类	**Beverages,Tobacco and Liquor**	**104.9**	**104.2**	**101.8**	**103.7**	**100.6**	**101.5**
茶及饮料	Tea and Beverages	108.2	102.2	101.0	105.5	103.8	106.5
烟草	Tobacco	101.5	107.5	102.9	100.0	99.7	100.0
酒	Liquor	106.5	101.7	101.2	107.0	99.3	97.7
服装、鞋帽	**Garments,Shoes and Hats**	**104.9**	**99.6**	**102.0**	**103.2**	**101.3**	**102.3**
服装	Garments	106.7	101.9	102.6	104.0	101.4	101.9
鞋袜帽	Shoes and Hats	102.4	94.5	101.2	102.6	101.4	103.8
其他	Others	100.0	102.1	100.2	100.0	97.9	100.0
纺织品类	**Textiles**	103.0	105.6	103.7	106.0	100.6	100.7
衣着材料	Clothing Material	102.0	109.8	103.1	101.2	101.0	100.0
床上用品	Bed Articles	104.1	101.0	104.3	109.8	100.3	101.1
家用电器及音像器材类	**Household Appliances and Video Appliances**	**98.8**	**91.6**	**94.1**	**98.8**	**99.5**	**100.1**
家庭设备	Home Appliances	100.6	87.5	98.0	102.3	99.7	100.5
文娱耐用消费品	Culture and Recreat Durable Consumable	97.0	96.7	90.6	97.3	99.3	99.5
音像器材类	Video Appliances	92.3	69.0	71.2	82.3	99.6	100.0

6-12 续表 continued

上年=100 (preceding year=100)

项　目	Item	2008	2009	2010	2011	2013	2014
文化办公用品类	**Culture and Office Articles**	**100.3**	**103.1**	**97.0**	**95.0**	**99.3**	**93.6**
日用品类	**Articles for Daily Use**	**100.6**	**99.4**	**100.0**	**101.7**	**100.3**	**100.0**
日用百货	Articles for Daily Use	98.3	94.4	100.8	102.4	100.6	100.0
日用杂品	Sundries for Daily Use	101.8	100.0	100.7	100.3	99.8	100.0
洗涤用品	Washing Articles	102.3	100.9	100.0	99.8	100.5	100.0
其他日用品	Others	100.5	103.2	98.5	104.2	100.0	100.0
体育娱乐用品类	**Sports and Recreation Goods**	**97.5**	**92.8**	**97.1**	**97.8**	**99.7**	**100.0**
体育用品	Sports Goods	98.0	95.6	100.3	97.1	99.6	100.0
娱乐用品	Recreationa Goods	97.0	90.2	94.0	98.4	99.9	100.0
交通通信用品类	**Transportation and Communication Goods**	**91.9**	**89.1**	**92.8**	**96.0**	**99.6**	**99.4**
交通运输机械	Transportation Machines	98.3	97.0	95.3	97.9	100.5	100.0
通讯器材类	Telecommunication Appliances	85.1	79.9	90.0	93.6	99.2	98.6
家具类	**Furniture**	**108.5**	**104.7**	**104.9**	**109.3**	**100.4**	**101.9**
化妆品类	**Cosmetics**	**101.2**	**101.1**	**100.0**	**101.3**	**100.9**	**98.6**
金银珠宝类	**Jewelry**	**116.5**	**101.9**	**106.7**	**102.6**	**99.7**	**99.6**
中西药及医疗保健品类	**Traditional Chinese and Western Medicine**	**100.0**	**97.1**	**99.5**	**99.9**	**100.0**	**102.0**
医疗器具及用品	Special Appliances of Medicines	100.0	100.0	96.3	89.1	99.0	99.3
中药材及中成药	Traditional Chinese Medicine	101.2	94.3	103.1	109.6	101.8	104.1
西药	Western Medicine	99.7	98.8	97.7	96.3	98.8	101.5
保健器具及用品	Healthcare Equipment	98.6	96.3	100.0	99.5	100.0	100.5
书报杂志及电子出版物类	**Newspapers, Magazines and Electronic Publications**	**95.1**	**97.5**	**100.4**	**103.3**	**100.2**	**100.0**
教材及参考书	Teaching Materials and Reference Books	98.0	96.9	100.0	100.0	99.7	100.0
书报杂志	Newspapers and Magazines	100.5	103.4	102.2	111.1	100.7	100.0
电子音像制品	Electronic Audio-video Products	86.5	90.1	98.5	98.1	100.6	100.0
燃料类	**Fuels**	**114.0**	**99.4**	**108.0**	**105.5**	**100.9**	**99.0**
煤炭及制品类	Coal and Their Products	106.2	99.9	100.7	100.0	103.1	100.0
石油及制品类	Petroleum and Their Products	116.2	99.3	110.2	107.2	100.1	98.7
建筑材料及五金电料类	**Building Materials and Hardwares**	**103.1**	**101.6**	**104.2**	**105.7**	**104.7**	**102.9**
建筑装潢材料	Building Decoration Materials	105.5	103.2	106.5	107.7	102.0	102.5
五金电料类	Hardwares	99.2	98.7	100.3	98.8	115.6	104.5

6-13 昌都市商品零售价格分类指数

RETAIL PRICE INDICES BY CATEGORY OF QAMDO

上年=100 (preceding year=100)

项　目	Item	2008	2009	2010	2011	2013	2014
商品零售价格总指数	**General Retail Price Index**	**103.5**	**100.4**	**101.5**	**103.4**	**103.3**	**101.8**
食品类	**Food**	**111.0**	**104.1**	**105.1**	**107.0**	**108.9**	**104.2**
粮食	Grain	103.5	102.6	109.7	112.5	105.8	104.1
淀粉	Starches	102.2	101.3	100.0	100.0	108.1	104.8
干豆类及豆制品	Dry Bean and Bean Products	102.9	101.8	102.5	112.0	114.3	98.6
油脂	Oil or Fat	114.8	96.4	102.6	103.1	113.6	106.1
肉禽及其制品	Meat, Pourtry and It's Products	129.1	101.2	101.1	110.4	116.2	110.1
蛋	Eggs	102.5	99.2	102.8	105.7	101.1	103.2
水产品	Aquatic Products	100.9	97.6	105.1	106.7	102.6	100.4
菜	Vegetable	112.7	113.0	113.8	102.6	111.6	101.1
#鲜菜	Fresh Vegetables	104.4	115.3	114.1	102.6	111.8	101.0
调味品	Flavoring	103.6	88.8	81.9	138.5	94.6	103.4
糖	Sugar	103.8	98.2	103.8	106.7	106.1	99.3
干鲜瓜果	Dried and Fresh Fruits	108.4	113.0	107.5	103.9	101.6	98.4
糕点饼干面包	Cake, Biscuits and Bread	102.4	100.2	100.0	101.6	102.7	100.8
液体乳及乳制品	Liquid Milk and Its Products	106.1	107.1	99.6	101.7	108.9	102.7
在外用膳食品	Out-dining Food	117.7	101.2	104.5	108.3	113.0	111.0
其他食品	Other Food	112.2	100.0	100.3	100.8	101.6	106.4
饮料、烟酒类	**Beverages,Tobacco and Liquor**	**101.2**	**102.2**	**97.9**	**102.9**	**102.7**	**101.1**
茶及饮料	Tea and Beverages	101.9	102.7	102.9	101.4	102.0	103.1
烟草	Tobacco	100.5	102.7	94.4	103.3	101.4	100.5
酒	Liquor	102.4	100.7	102.7	103.0	106.3	101.0
服装、鞋帽类	**Garments,Shoes and Hats**	**104.0**	**102.2**	**102.3**	**101.2**	**100.5**	**100.4**
服装	Garments	102.6	103.1	103.7	101.6	100.5	100.5
鞋袜帽	Shoes and Hats	108.8	101.0	100.2	100.6	100.7	100.2
其他	Others	95.3	100.0	100.0	100.0	100.2	101.0
纺织品类	**Textiles**	**103.3**	**101.2**	**99.3**	**102.0**	**100.7**	**101.3**
衣着材料	Clothing Material	107.8	101.1	98.2	105.0	100.8	100.8
床上用品	Bed Articles	100.2	101.2	100.1	100.0	100.6	101.7
家用电器及音像器材类	**Household Appliances and Video Appliances**	**95.4**	**94.1**	**99.7**	**101.2**	**100.0**	**100.0**
家庭设备	Home Appliances	100.0	96.5	100.7	102.1	100.1	100.1
文娱耐用消费品	Culture and Recreat Durable Consumable	88.2	90.1	99.1	100.3	100.0	100.1
音像器材类	Video Appliances	99.4	95.7	85.0	95.1	100.0	92.9

6-13 续表 continued

上年=100 (preceding year=100)

项目	Item	2008	2009	2010	2011	2013	2014
文化办公用品类	**Culture and Office Articles**	**93.8**	**92.5**	**96.7**	**100.2**	**102.2**	**100.9**
日用品类	**Articles for Daily Use**	**99.5**	**97.5**	**96.6**	**100.2**	**100.3**	**100.8**
日用百货	Articles for Daily Use	99.7	97.9	96.8	100.4	100.5	100.8
日用杂品	Sundries for Daily Use	99.6	98.8	100.0	100.0	100.4	101.8
洗涤用品	Washing Articles	99.6	97.4	93.5	99.8	100.1	100.4
其他日用品	Others	98.5	94.8	96.0	100.5	100.1	100.3
体育娱乐用品类	**Sports and Recreation Goods**	**97.3**	**96.6**	**101.3**	**101.1**	**100.3**	**100.7**
体育用品	Sports Goods	96.7	97.1	101.7	103.9	100.2	100.0
娱乐用品	Recreationa Goods	98.1	95.9	100.7	97.4	100.5	101.7
交通通信用品类	**Transportation and Communication Goods**	**95.6**	**97.3**	**100.0**	**100.0**	**99.9**	**100.0**
交通运输机械	Transportation Machines	98.7	100.1	100.1	99.6	43.1	100.0
通讯器材类	Telecommunication Appliances	93.3	95.1	100.0	100.0	100.0	100.0
家具类	**Furniture**	**105.1**	**100.3**	**100.5**	**100.7**	**100.6**	**100.1**
化妆品类	**Cosmetics**	**100.7**	**100.8**	**101.0**	**101.8**	**101.4**	**103.4**
金银珠宝类	**Jewelry**	**100.2**	**92.1**	**100.0**	**116.7**	**94.9**	**97.3**
中西药及医疗保健品类	**Traditional Chinese and Western Medicine**	**100.2**	**100.3**	**100.0**	**100.0**	**100.9**	**100.4**
医疗器具及用品	Special Appliances of Medicines	119.9	104.2	109.5	100.0	100.0	100.0
中药材及中成药	Traditional Chinese Medicine	98.1	100.5	102.0	101.7	102.4	101.0
西药	Western Medicine	99.2	99.3	97.2	98.9	100.0	100.0
保健器具及用品	Healthcare Equipment	99.9	100.8	99.8	99.4	100.1	100.3
书报杂志及电子出版物类	**Newspapers, Magazines and Electronic Publications**	**94.5**	**98.9**	**101.1**	**100.1**	**102.2**	**104.6**
教材及参考书	Teaching Materials and Reference Books	95.7	101.6	103.2	100.0	100.0	111.4
书报杂志	Newspapers and Magazines	100.0	100.0	100.0	100.0	101.3	100.9
电子音像制品	Electronic Audio-video Products	85.4	93.3	100.0	100.3	105.9	101.9
燃料类	**Fuels**	**111.2**	**97.8**	**105.5**	**106.4**	**101.1**	**100.2**
煤炭及制品类	Coal and Their Products	106.6	100.0	96.7	99.2	103.8	100.3
石油及制品类	Petroleum and Their Products	112.6	97.0	108.2	108.6	100.4	100.2
建筑材料及五金电料类	**Building Materials and Hardwares**	**101.3**	**99.3**	**99.3**	**102.2**	**100.9**	**99.8**
建筑装潢材料	Building Decoration Materials	101.9	99.7	99.8	102.8	101.2	99.8
五金电料类	Hardwares	99.2	97.8	97.6	100.0	100.0	100.0

6-14 山南地区商品零售价格分类指数

RETAIL PRICE INDICES BY CATEGORY OF SHANNAN

上年=100 (preceding year=100)

项 目	Item	2008	2009	2010	2011	2013	2014
商品零售价格总指数	**General Retail Price Index**	**102.2**	**99.3**	**101.6**	**102.8**	**101.8**	**101.6**
食品类	**Food**	**110.0**	**104.2**	**103.2**	**108.9**	**105.8**	**104.6**
粮食	Grain	106.1	100.8	103.0	108.5	106.0	103.7
淀粉	Starches	100.0	100.0	100.0	100.0	101.2	100.0
干豆类及豆制品	Dry Bean and Bean Products	141.6	100.0	112.4	114.7	99.3	99.1
油脂	Oil or Fat	118.2	98.9	104.7	107.3	100.8	99.0
肉禽及其制品	Meat, Pourtry and It's Products	123.8	105.0	98.3	109.2	111.8	99.1
蛋	Eggs	104.9	111.0	103.1	107.9	107.9	107.5
水产品	Aquatic Products	116.4	103.1	107.0	101.7	107.1	100.9
菜	Vegetable	99.0	114.2	104.3	110.1	106.9	115.1
#鲜菜	Fresh Vegetables	99.7	110.5	99.7	108.6	103.3	113.5
调味品	Flavoring	97.1	100.2	101.9	100.4	100.1	100.5
糖	Sugar	109.3	103.9	102.5	106.3	100.3	101.2
干鲜瓜果	Dried and Fresh Fruits	109.5	114.9	107.0	115.1	100.0	113.2
糕点饼干面包	Cake, Biscuits and Bread	94.9	100.0	100.0	100.5	100.4	100.0
液体乳及乳制品	Liquid Milk and Its Products	116.0	99.8	101.3	107.4	110.3	101.4
在外用膳食品	Out-dining Food	103.0	100.7	106.0	121.1	107.1	108.7
其他食品	Other Food	100.0	105.7	102.2	100.0	100.0	100.0
饮料、烟酒类	**Beverages,Tobacco and Liquor**	**99.8**	**100.0**	**104.3**	**100.4**	**100.0**	**99.8**
茶及饮料	Tea and Beverages	99.8	100.0	100.0	100.0	100.0	100.0
烟草	Tobacco	99.6	98.8	99.6	100.0	100.0	100.9
酒	Liquor	99.9	101.9	114.6	101.3	100.0	98.0
服装、鞋帽类	**Garments,Shoes and Hats**	**99.7**	**100.5**	**102.5**	**100.8**	**101.8**	**100.8**
服装	Garments	99.4	101.4	103.9	99.6	101.0	101.2
鞋袜帽	Shoes and Hats	99.5	99.4	100.9	102.5	103.3	100.5
其他	Others	102.4	100.0	100.0	100.0	100.0	100.0
纺织品类	**Textiles**	**99.9**	**99.8**	**102.1**	**100.1**	**100.3**	**100.1**
衣着材料	Clothing Material	100.0	99.7	104.0	100.2	100.8	100.3
床上用品	Bed Articles	99.8	100.0	100.4	100.1	100.0	100.0
家用电器及音像器材类	**Household Appliances and Video Appliances**	**99.7**	**96.2**	**98.0**	**97.0**	**98.0**	**99.6**
家庭设备	Home Appliances	99.7	98.5	98.7	99.5	98.2	99.7
文娱耐用消费品	Culture and Recreat Durable Consumable	100.0	93.6	97.4	93.9	97.7	99.4
音像器材类	Video Appliances	98.3	93.0	94.6	96.5	100.0	100.0

6-14 续表 continued

上年=100 (preceding year=100)

项 目	Item	2008	2009	2010	2011	2013	2014
文化办公用品类	**Culture and Office Articles**	**98.8**	**93.4**	**95.8**	**96.2**	**100.0**	**100.3**
日用品类	**Articles for Daily Use**	**94.9**	**93.8**	**98.0**	**100.3**	**100.9**	**101.2**
日用百货	Articles for Daily Use	92.6	90.1	97.6	103.4	100.9	100.4
日用杂品	Sundries for Daily Use	99.4	97.7	99.3	99.9	100.7	100.2
洗涤用品	Washing Articles	94.2	95.4	98.7	99.2	101.5	103.5
其他日用品	Others	94.0	92.9	94.8	96.6	100.0	100.3
体育娱乐用品类	**Sports and Recreation Goods**	**93.4**	**93.1**	**92.6**	**94.4**	**100.3**	**99.9**
体育用品	Sports Goods	94.7	96.7	93.5	94.3	100.4	99.8
娱乐用品	Recreationa Goods	91.0	85.7	90.7	94.6	100.1	100.0
交通通信用品类	**Transportation and Communication Goods**	**98.4**	**90.5**	**96.4**	**98.4**	**96.7**	**98.1**
交通运输机械	Transportation Machines	100.0	100.0	99.0	98.1	100.0	100.0
通讯器材类	Telecommunication Appliances	96.8	81.0	93.4	98.4	96.7	98.1
家具类	**Furniture**	**99.6**	**98.0**	**104.4**	**97.2**	**100.3**	**100.8**
化妆品类	**Cosmetics**	**96.2**	**98.9**	**103.5**	**97.5**	**103.1**	**102.6**
金银珠宝类	**Jewelry**	**97.8**	**94.3**	**109.3**	**109.6**	**98.7**	**95.9**
中西药及医疗保健品类	**Traditional Chinese and Western Medicine**	**99.4**	**98.4**	**99.6**	**102.3**	**99.5**	**101.5**
医疗器具及用品	Special Appliances of Medicines	108.9	102.7	100.0	100.0	101.2	100.0
中药材及中成药	Traditional Chinese Medicine	99.7	100.1	100.0	104.8	99.8	103.1
西药	Western Medicine	91.6	92.5	98.6	101.4	98.4	100.8
保健器具及用品	Healthcare Equipment	105.4	101.7	100.0	100.0	100.0	100.0
书报杂志及电子出版物类	**Newspapers, Magazines and Electronic Publications**	**98.6**	**99.4**	**101.7**	**99.7**	**100.2**	**100.6**
教材及参考书	Teaching Materials and Reference Books	100.0	105.0	105.3	100.4	100.7	99.4
书报杂志	Newspapers and Magazines	100.4	100.0	100.0	100.0	100.0	102.0
电子音像制品	Electronic Audio-video Products	94.3	91.4	99.6	98.5	100.0	100.0
燃料类	**Fuels**	**106.5**	**99.3**	**104.0**	**105.9**	**99.8**	**98.9**
煤炭及制品类	Coal and Their Products	98.6	94.8	86.9	94.8	100.0	100.0
石油及制品类	Petroleum and Their Products	109.0	101.0	109.7	109.7	99.7	98.5
建筑材料及五金电料类	**Building Materials and Hardwares**	**99.2**	**98.6**	**99.6**	**99.7**	**100.2**	**100.0**
建筑装潢材料	Building Decoration Materials	100.5	100.3	103.0	100.7	100.0	100.0
五金电料类	Hardwares	94.4	92.2	87.8	96.2	100.7	100.0

6-15 日喀则市商品零售价格分类指数

RETAIL PRICE INDICES BY CATEGORY OF XIGAZE

上年=100 (preceding year=100)

项 目	Item	2008	2009	2010	2011	2013	2014
商品零售价格总指数	**General Retail Price Index**	**103.3**	**99.1**	**100.9**	**103.6**	**102.1**	**102.2**
食品类	**Food**	**112.6**	**102.9**	**104.5**	**108.6**	**106.1**	**104.6**
粮食	Grain	103.2	100.2	108.4	111.1	104.0	105.4
淀粉	Starches	129.2	96.8	100.0	101.5	101.3	110.7
干豆类及豆制品	Dry Bean and Bean Products	106.6	111.0	113.9	101.6	109.3	102.4
油脂	Oil or Fat	131.4	92.8	95.6	103.8	103.6	105.9
肉禽及其制品	Meat, Pourtry and It's Products	120.9	103.6	103.1	110.9	112.1	108.9
蛋	Eggs	111.8	99.3	101.1	109.9	105.9	108.6
水产品	Aquatic Products	111.5	100.0	100.6	105.1	106.1	102.4
菜	Vegetable	101.0	115.0	110.6	110.9	107.1	103.8
#鲜菜	Fresh Vegetables	99.4	123.3	108.6	112.2	106.9	105.1
调味品	Flavoring	107.2	100.1	100.5	100.5	101.8	100.4
糖	Sugar	102.1	106.1	102.0	109.9	102.4	101.8
干鲜瓜果	Dried and Fresh Fruits	118.4	107.8	114.8	119.1	109.7	103.9
糕点饼干面包	Cake, Biscuits and Bread	101.5	102.9	100.0	102.3	104.3	101.0
液体乳及乳制品	Liquid Milk and Its Products	120.8	100.5	100.8	103.7	101.7	101.2
在外用膳食品	Out-dining Food	117.0	101.9	103.1	103.6	104.9	102.9
其他食品	Other Food	102.1	100.0	100.0	100.0	103.7	100.0
饮料、烟酒类	**Beverages,Tobacco and Liquor**	**100.0**	**100.1**	**100.5**	**104.8**	**100.3**	**100.7**
茶及饮料	Tea and Beverages	100.0	100.0	100.0	101.4	102.1	100.0
烟草	Tobacco	100.0	100.0	100.0	108.5	98.3	100.4
酒	Liquor	100.0	100.5	101.7	102.0	102.0	101.7
服装、鞋帽类	**Garments,Shoes and Hats**	**99.7**	**101.3**	**101.7**	**102.2**	**99.6**	**100.0**
服装	Garments	99.4	100.1	102.1	101.3	100.2	99.7
鞋袜帽	Shoes and Hats	100.1	104.2	101.2	103.7	98.7	101.1
其他	Others	100.0	100.0	100.0	100.0	99.4	93.2
纺织品类	**Textiles**	**99.5**	**100.6**	**100.0**	**100.6**	**100.2**	**103.4**
衣着材料	Clothing Material	100.0	101.3	100.0	101.2	100.0	105.0
床上用品	Bed Articles	99.2	100.0	100.0	100.1	100.3	102.0
家用电器及音像器材类	**Household Appliances and Video Appliances**	**99.1**	**92.3**	**95.6**	**100.0**	**99.2**	**99.8**
家庭设备	Home Appliances	99.2	90.8	96.9	100.0	98.4	100.0
文娱耐用消费品	Culture and Recreat Durable Consumable	99.1	92.4	96.5	100.0	99.8	99.5
音像器材类	Video Appliances	98.5	96.0	90.1	100.0	101.5	100.5

6-15 续表 continued

上年=100 (preceding year=100)

项　目	Item	2008	2009	2010	2011	2013	2014
文化办公用品类	**Culture and Office Articles**	**99.8**	**95.2**	**95.2**	**96.7**	**101.0**	**102.0**
日用品类	**Articles for Daily Use**	**99.7**	**99.7**	**100.0**	**100.1**	**99.8**	**104.9**
日用百货	Articles for Daily Use	100.7	97.5	100.2	100.7	100.0	102.5
日用杂品	Sundries for Daily Use	98.6	100.0	100.0	100.0	97.7	101.1
洗涤用品	Washing Articles	100.2	101.6	100.0	100.0	100.9	109.8
其他日用品	Others	98.9	100.0	100.0	99.6	100.1	105.8
体育娱乐用品类	**Sports and Recreation Goods**	**95.4**	**91.5**	**97.2**	**91.4**	**100.1**	**101.7**
体育用品	Sports Goods	99.7	100.0	100.0	100.0	100.0	101.4
娱乐用品	Recreationa Goods	89.8	79.5	93.0	80.4	100.2	102.4
交通通信用品类	**Transportation and Communication Goods**	**93.7**	**81.8**	**89.1**	**98.8**	**100.3**	**100.1**
交通运输机械	Transportation Machines	99.3	92.9	100.0	100.0	100.0	100.0
通讯器材类	Telecommunication Appliances	90.7	75.8	82.6	98.2	100.5	100.2
家具类	**Furniture**	**99.8**	**99.9**	**100.0**	**100.6**	**99.7**	**100.0**
化妆品类	**Cosmetics**	**99.7**	**98.5**	**99.2**	**96.4**	**100.3**	**100.0**
金银珠宝类	**Jewelry**	**112.7**	**96.9**	**105.1**	**105.9**	**96.9**	**93.6**
中西药及医疗保健品类	**Traditional Chinese and Western Medicine**	**100.1**	**99.2**	**100.6**	**100.6**	**100.3**	**105.3**
医疗器具及用品	Special Appliances of Medicines	100.0	100.0	100.0	101.2	100.0	102.6
中药材及中成药	Traditional Chinese Medicine	100.5	98.1	102.4	101.8	102.3	113.1
西药	Western Medicine	100.0	100.0	100.0	100.0	99.0	103.2
保健器具及用品	Healthcare Equipment	100.0	98.7	99.6	100.0	100.0	100.0
书报杂志及电子出版物类	**Newspapers, Magazines and Electronic Publications**	**98.3**	**98.7**	**100.0**	**100.0**	**100.4**	**100.0**
教材及参考书	Teaching Materials and Reference Books	100.0	100.0	100.0	100.0	100.0	100.0
书报杂志	Newspapers and Magazines	100.0	100.0	100.0	100.0	101.3	100.0
电子音像制品	Electronic Audio-video Products	94.7	95.8	100.0	100.0	100.0	100.0
燃料类	**Fuels**	**110.2**	**101.8**	**106.9**	**106.9**	**103.2**	**100.6**
煤炭及制品类	Coal and Their Products	100.0	100.0	100.0	102.2	111.2	104.3
石油及制品类	Petroleum and Their Products	113.8	102.5	109.4	108.7	99.9	98.8
建筑材料及五金电料类	**Building Materials and Hardwares**	**101.6**	**102.3**	**101.4**	**104.4**	**102.0**	**101.0**
建筑装潢材料	Building Decoration Materials	101.6	102.8	101.8	105.5	101.9	100.2
五金电料类	Hardwares	101.5	100.2	100.0	100.0	102.3	104.2

6-16 那曲地区商品零售价格分类指数

RETAIL PRICE INDICES BY CATEGORY OF NAGQU

上年=100　　　　(preceding year=100)

项　目	Item	2008	2009	2010	2011	2013	2014
商品零售价格总指数	**General Retail Price Index**	**105.2**	**98.8**	**98.6**	**102.6**	**102.1**	**102.2**
食品类	**Food**	**111.1**	**106.9**	**104.9**	**107.0**	**105.2**	**105.5**
粮食	Grain	104.1	100.4	103.9	123.2	100.2	99.9
淀粉	Starches	112.2	93.7	108.9	104.0	100.0	100.0
干豆类及豆制品	Dry Bean and Bean Products	134.0	101.6	105.6	101.2	99.1	98.8
油脂	Oil or Fat	162.2	105.9	102.5	102.7	100.7	100.0
肉禽及其制品	Meat, Pourtry and It's Products	116.8	102.1	108.5	107.3	108.3	108.8
蛋	Eggs	111.5	103.8	100.3	104.5	102.7	103.2
水产品	Aquatic Products	120.9	102.6	109.8	103.5	108.1	103.4
菜	Vegetable	95.3	102.3	103.2	98.5	110.6	102.7
#鲜菜	Fresh Vegetables	100.7	109.4	105.1	99.1	111.2	101.1
调味品	Flavoring	93.5	102.2	99.9	106.7	100.0	100.0
糖	Sugar	105.8	99.3	104.3	100.6	100.0	100.0
干鲜瓜果	Dried and Fresh Fruits	98.0	107.7	107.2	111.0	100.9	109.6
糕点饼干面包	Cake, Biscuits and Bread	107.2	90.3	105.3	100.6	100.0	100.0
液体乳及乳制品	Liquid Milk and Its Products	112.7	123.5	104.2	101.8	109.3	117.4
在外用膳食品	Out-dining Food	110.3	110.7	104.9	101.3	102.0	100.9
其他食品	Other Food	100.0	100.4	100.3	100.0	100.0	100.0
饮料、烟酒类	**Beverages,Tobacco and Liquor**	**109.9**	**98.8**	**100.0**	**101.1**	**100.8**	**101.1**
茶及饮料	Tea and Beverages	103.9	101.8	100.2	102.0	102.5	104.1
烟草	Tobacco	107.4	100.2	99.9	100.1	100.2	100.0
酒	Liquor	116.2	96.0	99.8	101.4	100.2	100.0
服装、鞋帽类	**Garments,Shoes and Hats**	**103.6**	**98.8**	**98.6**	**102.4**	**100.2**	**100.5**
服装	Garments	103.0	105.2	99.4	102.2	100.1	100.6
鞋袜帽	Shoes and Hats	105.2	92.0	97.1	103.4	100.5	100.4
其他	Others	104.5	61.0	94.1	99.5	100.0	100.0
纺织品类	**Textiles**	**108.0**	**98.7**	**99.6**	**99.9**	**100.2**	**100.0**
衣着材料	Clothing Material	117.7	97.8	99.0	99.7	100.0	100.0
床上用品	Bed Articles	98.9	99.9	100.2	100.0	100.4	100.0
家用电器及音像器材类	**Household Appliances and Video Appliances**	**92.6**	**90.2**	**95.4**	**98.7**	**100.2**	**100.0**
家庭设备	Home Appliances	91.6	89.5	99.3	99.6	100.5	100.0
文娱耐用消费品	Culture and Recreat Durable Consumable	93.3	91.4	95.0	98.1	100.0	100.0
音像器材类	Video Appliances	90.0	81.5	81.8	100.0	100.0	100.0

6-16 续表 continued

上年=100 (preceding year=100)

项　目	Item	2008	2009	2010	2011	2013	2014
文化办公用品类	**Culture and Office Articles**	**95.3**	**87.0**	**93.9**	**98.8**	**100.0**	**100.3**
日用品类	**Articles for Daily Use**	**105.7**	**88.6**	**88.6**	**98.8**	**99.9**	**100.2**
日用百货	Articles for Daily Use	102.8	92.1	89.9	97.7	100.0	100.4
日用杂品	Sundries for Daily Use	100.5	100.1	95.0	99.4	100.0	100.2
洗涤用品	Washing Articles	102.7	93.2	85.4	100.2	100.0	100.0
其他日用品	Others	117.3	72.1	89.0	97.3	99.6	100.0
体育娱乐用品类	**Sports and Recreation Goods**	**98.0**	**82.5**	**80.1**	**96.4**	**98.5**	**98.1**
体育用品	Sports Goods	101.9	80.4	80.0	97.4	99.7	99.6
娱乐用品	Recreationa Goods	93.1	85.1	80.1	95.2	96.9	96.0
交通通信用品类	**Transportation and Communication Goods**	**92.0**	**98.5**	**93.2**	**94.3**	**100.0**	**100.0**
交通运输机械	Transportation Machines	89.9	105.2	91.5	97.2	100.0	100.0
通讯器材类	Telecommunication Appliances	93.3	94.2	94.4	94.3	100.0	100.0
家具类	**Furniture**	**106.0**	**104.8**	**94.4**	**99.7**	**100.1**	**100.3**
化妆品类	**Cosmetics**	**91.7**	**83.6**	**88.3**	**99.8**	**103.5**	**99.1**
金银珠宝类	**Jewelry**	**133.3**	**89.3**	**97.2**	**114.1**	**110.9**	**102.8**
中西药及医疗保健品类	**Traditional Chinese and Western Medicine**	**99.8**	**103.2**	**102.1**	**99.9**	**100.9**	**99.7**
医疗器具及用品	Special Appliances of Medicines	98.2	91.8	96.9	100.0	100.0	100.0
中药材及中成药	Traditional Chinese Medicine	99.8	102.8	103.3	101.0	101.9	99.4
西药	Western Medicine	99.7	106.3	100.9	99.8	100.0	100.0
保健器具及用品	Healthcare Equipment	100.8	104.2	103.7	97.7	100.8	100.0
书报杂志及电子出版物类	**Newspapers, Magazines and Electronic Publications**	**98.6**	**107.6**	**98.6**	**100.6**	**100.0**	**100.0**
教材及参考书	Teaching Materials and Reference Books	99.9	103.3	96.8	100.0	100.0	100.1
书报杂志	Newspapers and Magazines	104.0	127.2	112.9	103.6	100.0	100.0
电子音像制品	Electronic Audio-video Products	90.5	82.7	78.2	98.1	100.0	100.0
燃料类	**Fuels**	**106.5**	**93.8**	**99.6**	**105.5**	**100.2**	**102.0**
煤炭及制品类	Coal and Their Products	100.9	89.7	93.7	102.0	100.8	103.8
石油及制品类	Petroleum and Their Products	113.6	99.9	107.3	109.8	99.6	99.9
建筑材料及五金电料类	**Building Materials and Hardwares**	**99.6**	**102.3**	**99.5**	**103.6**	**100.0**	**100.0**
建筑装潢材料	Building Decoration Materials	100.2	106.4	101.3	100.5	100.0	100.0
五金电料类	Hardwares	97.7	86.9	91.9	115.0	100.0	100.0

6-17 阿里地区商品零售价格分类指数

RETAIL PRICE INDICES BY CATEGORY OF NGARI

上年=100　　(preceding year=100)

项　目	Item	2008	2009	2010	2011	2013	2014
商品零售价格总指数	**General Retail Price Index**	**105.2**	**99.6**	**100.6**	**104.0**	**102.6**	**104.2**
食品类	**Food**	**112.1**	**107.8**	**104.2**	**112.2**	**104.3**	**111.3**
粮食	Grain	106.6	118.2	107.9	107.4	102.9	114.5
淀粉	Starches	99.8	107.4	109.7	108.4	97.0	98.4
干豆类及豆制品	Dry Bean and Bean Products	100.2	105.2	104.9	103.1	101.2	99.6
油脂	Oil or Fat	118.1	99.3	109.3	107.5	101.0	100.0
肉禽及其制品	Meat, Pourtry and It's Products	115.0	100.8	108.9	125.0	101.2	118.5
蛋	Eggs	101.5	98.1	108.8	102.2	103.9	99.8
水产品	Aquatic Products	113.5	99.2	101.2	103.4	98.8	100.0
菜	Vegetable	131.7	125.2	99.3	110.7	103.2	103.9
#鲜菜	Fresh Vegetables	134.5	117.0	106.1	117.1	105.4	106.4
调味品	Flavoring	92.3	117.7	99.7	97.7	100.4	100.0
糖	Sugar	99.9	101.4	100.9	105.8	101.0	100.2
干鲜瓜果	Dried and Fresh Fruits	114.8	114.0	91.9	114.6	106.6	101.9
糕点饼干面包	Cake, Biscuits and Bread	106.5	103.2	97.2	102.1	105.0	102.2
液体乳及乳制品	Liquid Milk and Its Products	102.1	100.8	99.4	100.4	107.8	101.7
在外用膳食品	Out-dining Food	109.5	103.1	98.2	102.5	129.5	118.3
其他食品	Other Food	100.5	102.5	97.6	102.2	105.0	101.3
饮料、烟酒类	**Beverages,Tobacco and Liquor**	**100.4**	**100.4**	**100.4**	**103.2**	**99.5**	**99.7**
茶及饮料	Tea and Beverages	100.3	95.9	100.0	102.1	100.8	99.2
烟草	Tobacco	100.0	100.3	99.3	100.3	100.0	100.0
酒	Liquor	100.9	103.2	102.1	107.6	98.2	99.6
服装、鞋帽类	**Garments,Shoes and Hats**	**100.6**	**101.8**	**100.9**	**100.4**	**105.5**	**101.5**
服装	Garments	102.1	103.2	101.9	100.5	104.3	101.8
鞋袜帽	Shoes and Hats	97.9	99.3	99.2	100.4	108.8	101.2
其他	Others	100.0	100.0	100.0	100.0	100.0	100.0
纺织品类	**Textiles**	**99.1**	**98.5**	**104.5**	**101.3**	**104.0**	**100.8**
衣着材料	Clothing Material	100.0	112.2	100.0	101.2	103.3	100.4
床上用品	Bed Articles	98.7	93.1	106.3	101.4	104.3	101.0
家用电器及音像器材类	**Household Appliances and Video Appliances**	**98.6**	**91.0**	**99.9**	**101.3**	**100.0**	**100.0**
家庭设备	Home Appliances	98.6	91.2	101.0	102.1	100.1	100.1
文娱耐用消费品	Culture and Recreat Durable Consumable	98.6	90.4	99.0	100.8	100.0	100.0
音像器材类	Video Appliances	100.0	98.8	97.4	93.7	100.0	100.0

6-17 续表 continued

上年=100 (preceding year=100)

项 目	Item	2008	2009	2010	2011	2013	2014
文化办公用品类	**Culture and Office Articles**	**98.7**	**97.2**	**90.0**	**92.9**	**102.1**	**101.3**
日用品类	**Articles for Daily Use**	**99.4**	**96.9**	**91.1**	**97.2**	**101.5**	**101.1**
日用百货	Articles for Daily Use	98.3	96.0	98.8	98.4	102.1	100.7
日用杂品	Sundries for Daily Use	99.8	96.5	99.0	100.7	99.9	100.8
洗涤用品	Washing Articles	99.6	97.2	77.4	92.3	103.0	102.5
其他日用品	Others	100.1	98.0	89.2	97.8	100.8	100.6
体育娱乐用品类	**Sports and Recreation Goods**	**99.0**	**94.9**	**96.7**	**95.4**	**100.6**	**101.1**
体育用品	Sports Goods	99.3	96.3	96.0	93.1	101.0	101.8
娱乐用品	Recreationa Goods	98.6	92.5	98.0	99.3	99.9	100.0
交通通信用品类	**Transportation and Communication Goods**	**122.3**	**82.9**	**101.8**	**98.5**	**99.9**	**100.0**
交通运输机械	Transportation Machines	99.3	94.6	104.9	100.0	100.0	100.0
通讯器材类	Telecommunication Appliances	139.1	75.1	99.4	97.5	99.8	100.0
家具类	**Furniture**	**98.8**	**97.7**	**103.8**	**102.5**	**107.3**	**102.4**
化妆品类	**Cosmetics**	**100.7**	**91.8**	**104.0**	**99.1**	**100.9**	**100.3**
金银珠宝类	**Jewelry**	**96.0**	**96.5**	**98.5**	**101.5**	**99.8**	**101.5**
中西药及医疗保健品类	**Traditional Chinese and Western Medicine**	**99.7**	**100.1**	**100.0**	**98.3**	**99.8**	**100.2**
医疗器具及用品	Special Appliances of Medicines	100.0	100.0	100.0	100.0	100.0	100.0
中药材及中成药	Traditional Chinese Medicine	99.4	100.0	100.0	98.2	100.8	101.6
西药	Western Medicine	99.2	100.0	100.0	97.4	99.2	99.4
保健器具及用品	Healthcare Equipment	101.5	100.5	100.0	100.0	99.5	99.7
书报杂志及电子出版物类	**Newspapers, Magazines and Electronic Publications**	**99.6**	**100.8**	**98.4**	**100.4**	**103.9**	**100.5**
教材及参考书	Teaching Materials and Reference Books	100.0	95.1	98.8	100.0	104.7	101.0
书报杂志	Newspapers and Magazines	99.7	106.8	98.4	101.6	104.7	100.3
电子音像制品	Electronic Audio-video Products	98.8	95.9	96.3	98.1	100.0	100.0
燃料类	**Fuels**	**107.5**	**99.8**	**101.7**	**104.9**	**100.4**	**99.8**
煤炭及制品类	Coal and Their Products	100.0	100.0	100.0	100.0	100.0	100.0
石油及制品类	Petroleum and Their Products	112.4	99.8	102.8	108.3	100.7	99.7
建筑材料及五金电料类	**Building Materials and Hardwares**	**99.3**	**92.6**	**98.0**	**99.6**	**108.7**	**105.3**
建筑装潢材料	Building Decoration Materials	99.3	92.8	102.0	103.4	110.5	105.8
五金电料类	Hardwares	99.4	91.9	83.4	86.0	100.5	103.0

6-18 林芝地区商品零售价格分类指数

RETAIL PRICE INDICES BY CATEGORY OF NYINGCHI

上年=100 (preceding year=100)

项　　目	Item	2008	2009	2010	2011	2013	2014
商品零售价格总指数	**General Retail Price Index**	**102.5**	**100.8**	**102.0**	**103.2**	**102.1**	**100.9**
食品类	**Food**	**106.0**	**103.6**	**104.7**	**107.4**	**107.6**	**101.4**
粮食	Grain	102.6	101.4	106.1	109.8	105.9	102.4
淀粉	Starches	103.3	99.2	103.7	101.5	104.4	104.0
干豆类及豆制品	Dry Bean and Bean Products	112.2	103.3	109.4	114.2	105.3	99.4
油脂	Oil or Fat	115.1	96.9	98.2	104.0	107.6	101.0
肉禽及其制品	Meat, Pourtry and It's Products	113.1	103.1	103.3	109.7	115.4	103.1
蛋	Eggs	105.5	102.1	105.4	110.6	103.0	100.1
水产品	Aquatic Products	105.3	101.3	98.8	108.8	106.9	92.9
菜	Vegetable	102.6	108.8	107.6	109.8	109.7	102.4
#鲜菜	Fresh Vegetables	104.0	109.0	109.0	111.3	106.2	100.0
调味品	Flavoring	101.0	100.6	102.7	100.6	105.3	104.7
糖	Sugar	100.4	104.7	104.0	102.4	97.6	100.0
干鲜瓜果	Dried and Fresh Fruits	104.4	108.9	108.9	108.1	104.1	96.9
糕点饼干面包	Cake, Biscuits and Bread	102.1	100.2	101.7	102.8	99.7	100.7
液体乳及乳制品	Liquid Milk and Its Products	108.1	101.7	103.3	102.4	101.7	101.8
在外用膳食品	Out-dining Food	104.1	105.5	105.0	104.8	109.5	103.2
其他食品	Other Food	102.8	100.1	100.0	100.0	119.7	100.0
饮料、烟酒类	**Beverages,Tobacco and Liquor**	**102.9**	**101.3**	**101.4**	**102.3**	**100.7**	**100.5**
茶及饮料	Tea and Beverages	100.5	100.8	101.8	100.5	103.0	103.3
烟草	Tobacco	100.1	99.8	100.9	99.9	100.8	99.8
酒	Liquor	107.8	103.8	101.9	106.4	99.5	100.0
服装、鞋帽类	**Garments,Shoes and Hats**	**103.8**	**100.9**	**102.6**	**102.4**	**101.4**	**103.2**
服装	Garments	106.7	101.2	102.4	102.5	100.8	102.1
鞋袜帽	Shoes and Hats	97.3	100.8	103.0	102.1	102.7	106.7
其他	Others	100.0	100.0	102.0	102.2	102.3	100.0
纺织品类	**Textiles**	**101.3**	**99.5**	**98.2**	**100.9**	**101.3**	**100.4**
衣着材料	Clothing Material	100.0	100.8	100.8	101.2	103.0	101.0
床上用品	Bed Articles	102.3	98.6	96.3	100.7	100.0	100.0
家用电器及音像器材类	**Household Appliances and Video Appliances**	**94.5**	**93.5**	**94.9**	**95.4**	**100.6**	**100.8**
家庭设备	Home Appliances	93.9	94.1	95.7	99.5	101.9	101.2
文娱耐用消费品	Culture and Recreat Durable Consumable	99.1	92.7	93.4	91.0	98.9	100.2
音像器材类	Video Appliances	67.9	92.9	100.0	100.0	100.0	100.0

6-18 续表 continued

上年=100 (preceding year=100)

项 目	Item	2008	2009	2010	2011	2013	2014
文化办公用品类	**Culture and Office Articles**	**92.7**	**96.1**	**101.5**	**101.9**	**97.2**	**101.3**
日用品类	**Articles for Daily Use**	**97.8**	**104.2**	**100.5**	**102.9**	**100.7**	**100.9**
日用百货	Articles for Daily Use	96.5	105.5	103.4	105.1	100.2	100.6
日用杂品	Sundries for Daily Use	98.8	98.8	99.2	99.9	101.9	100.5
洗涤用品	Washing Articles	99.9	112.1	102.2	105.9	100.9	101.1
其他日用品	Others	95.5	97.8	95.4	98.9	100.1	101.3
体育娱乐用品类	**Sports and Recreation Goods**	**96.6**	**99.5**	**97.5**	**96.6**	**98.5**	**100.7**
体育用品	Sports Goods	97.8	104.5	100.4	99.6	97.3	100.8
娱乐用品	Recreationa Goods	95.1	93.5	93.5	93.0	99.9	100.5
交通通信用品类	**Transportation and Communication Goods**	**94.7**	**91.8**	**93.8**	**95.7**	**95.1**	**100.0**
交通运输机械	Transportation Machines	100.0	97.9	96.1	96.9	100.5	100.0
通讯器材类	Telecommunication Appliances	91.4	87.7	91.8	95.7	95.1	100.0
家具类	**Furniture**	**101.9**	**100.8**	**102.4**	**105.2**	**99.6**	**100.8**
化妆品类	**Cosmetics**	**103.0**	**101.5**	**99.7**	**101.8**	**104.2**	**102.5**
金银珠宝类	**Jewelry**	**109.6**	**98.7**	**107.8**	**119.7**	**95.7**	**102.6**
中西药及医疗保健品类	**Traditional Chinese and Western Medicine**	**99.9**	**100.3**	**101.9**	**102.0**	**97.8**	**100.3**
医疗器具及用品	Special Appliances of Medicines	100.0	102.9	102.5	103.3	103.5	101.2
中药材及中成药	Traditional Chinese Medicine	99.8	100.0	100.0	100.6	96.8	100.1
西药	Western Medicine	100.4	100.0	103.5	103.7	95.8	100.0
保健器具及用品	Healthcare Equipment	98.6	100.2	101.9	100.0	100.6	100.8
书报杂志及电子出版物类	**Newspapers, Magazines and Electronic Publications**	**99.1**	**101.5**	**100.7**	**100.2**	**99.0**	**100.7**
教材及参考书	Teaching Materials and Reference Books	100.0	100.6	102.7	102.5	93.4	101.4
书报杂志	Newspapers and Magazines	100.4	104.7	102.2	101.2	104.0	100.6
电子音像制品	Electronic Audio-video Products	97.4	99.1	98.2	95.4	100.0	100.0
燃料类	**Fuels**	**110.9**	**100.0**	**107.4**	**105.8**	**98.6**	**98.7**
煤炭及制品类	Coal and Their Products	96.5	101.8	101.6	100.0	100.0	100.0
石油及制品类	Petroleum and Their Products	116.1	99.4	109.5	107.8	98.2	98.3
建筑材料及五金电料类	**Building Materials and Hardwares**	**104.0**	**101.9**	**103.0**	**100.8**	**101.5**	**96.7**
建筑装潢材料	Building Decoration Materials	105.7	101.9	103.7	102.2	102.6	95.6
五金电料类	Hardwares	98.0	101.9	100.6	96.1	96.6	101.3

6-19 各月商品零售价格分类指数（2014年）

RETAIL PRICE INDICES BY CATEGORY AND EACH MONTH(2014)

上年=100 (preceding year=100)

项 目	Item	1月 Jan.	2月 Feb.	3月 Mar.	4月 Apr.	5月 May.	6月 June.
总指数	**General Consumer Price Index**	**103.0**	**102.4**	**102.7**	**102.4**	**101.8**	**101.9**
食品类	Food	107.8	106.0	107.0	105.8	104.0	104.1
#粮食	Grain	108.3	107.7	106.7	105.9	105.0	104.0
鲜菜	Fresh Vegetables	107.3	105.7	113.6	104.9	98.7	106.6
饮料、烟酒类	Beverages,Tobacco and Liquor	100.9	100.9	100.9	100.8	100.7	101.0
服装、鞋帽类	Garments,Shoes and Hats	103.1	102.9	102.8	102.6	102.3	102.4
纺织品类	Textiles	100.6	101.0	100.9	100.8	101.6	101.6
家用电器及音像器材类	Household Appliances and Audio-vides Appliance	99.9	99.9	99.9	99.9	100.1	100.1
文化办公用品类	Cultural Office Article	97.4	97.4	97.3	97.1	95.7	95.7
日用品类	Articles for Daily Use	100.6	100.8	101.0	101.2	101.2	101.3
体育娱乐用品类	Sports and Recreation Goods	100.0	100.3	100.2	100.1	100.0	100.0
交通通信用品类	Transportation and Communication Goods	99.7	99.7	99.7	99.6	99.6	99.6
家具类	Furniture	101.2	101.1	101.1	100.9	100.6	100.5
化妆品类	Cosmetics	100.6	100.7	100.6	100.7	100.4	100.4
金银珠宝类	Jewelry	95.8	95.9	96.8	98.7	98.6	98.0
中西药及医疗保健品类	Traditional Chinese and Western Medicine	101.1	101.4	101.7	101.5	101.4	101.9
书报杂志及电子出版物类	Newspapers and Magazines	100.4	100.8	100.8	100.7	100.7	100.5
燃料类	Fuels	99.8	99.0	99.7	101.0	102.1	102.6
建筑材料及五金电料类	Building Materials and Hardwares	105.4	102.8	102.4	100.9	99.9	99.9

6-19 续表 continued

项 目	Item	7月 July.	8月 Aug.	9月 Sep.	10月 Oct.	11月 Nov.	12月 Dec.
总指数	**General Consumer Price Index**	**102.4**	**102.2**	**102.0**	**102.2**	**101.9**	**102.0**
食品类	Food	105.6	105.1	105.3	106.1	105.5	105.8
#粮食	Grain	105.8	107.0	107.3	107.2	106.8	106.8
鲜菜	Fresh Vegetables	108.3	101.3	103.9	107.8	104.5	107.5
饮料、烟酒类	Beverages,Tobacco and Liquor	101.0	100.9	100.9	101.0	100.9	101.3
服装、鞋帽类	Garments,Shoes and Hats	102.5	102.5	99.9	99.6	99.2	99.0
纺织品类	Textiles	101.2	101.3	101.5	101.7	101.4	101.4
家用电器及音像器材类	Household Appliances and Audio-vides Appliance	100.2	100.2	100.2	100.1	100.1	100.1
文化办公用品类	Cultural Office Article	94.9	95.6	96.6	96.4	98.3	100.1
日用品类	Articles for Daily Use	101.4	101.4	101.4	101.7	101.5	101.3
体育娱乐用品类	Sports and Recreation Goods	100.0	100.1	100.3	100.6	100.8	100.8
交通通信用品类	Transportation and Communication Goods	99.6	99.2	99.2	99.2	99.4	99.6
家具类	Furniture	101.8	101.9	101.6	101.5	101.5	101.4
化妆品类	Cosmetics	99.5	99.5	99.4	99.1	99.0	99.0
金银珠宝类	Jewelry	99.2	98.7	97.4	98.7	97.8	98.6
中西药及医疗保健品类	Traditional Chinese and Western Medicine	101.8	101.8	104.2	104.1	104.0	103.8
书报杂志及电子出版物类	Newspapers and Magazines	100.7	100.7	100.7	100.7	100.7	100.8
燃料类	Fuels	102.1	101.1	98.9	98.2	97.1	95.1
建筑材料及五金电料类	Building Materials and Hardwares	101.1	101.1	101.1	101.2	101.3	101.3

6-20 农业生产资料价格分类指数（2014年）

PRICE INDICES FOR MEANS OF AGRICULTURAL PRODUCTION BY CATEGORY(2014)

上年=100 (preceding year=100)

项 目	Item	全 年 The Year	1月 Jan.	2月 Feb.	3月 Mar.	4月 Apr.	5月 May.	6月 June
总指数	**General Consumer Price Index**	100.9	**102.3**	**102.1**	**102.1**	**101.5**	**100.9**	**100.7**
农用手工工具	Farm Hand Tools	100.1	100.3	100.3	100.3	100.0	100.0	100.0
饲料	Forage	100.7	102.1	102.1	102.1	102.0	100.0	100.0
幼禽家畜	Young Livestock and Fowls	101.2	102.9	102.9	102.9	101.3	101.1	100.8
半机械化农具	Semi-mechanized Farm Implements	100.3	100.9	100.9	100.9	100.5	100.1	100.1
机械化农具	Mechanized Farm Implements	100.1	100.2	100.2	100.2	100.1	100.0	100.0
化学肥料	Chemecal Fertilizer	101.0	101.9	101.7	101.7	101.5	101.2	101.2
氮肥	Nitrogenous Fertilizer	100.5	101.1	101.1	101.1	101.1	100.6	100.6
磷肥	Phosphate	100.6	101.8	101.8	101.8	101.0	100.2	100.2
钾肥	Kalium Fertilizer	100.2	101.2	100.1	100.1	100.1	100.1	100.1
复合肥料	Compound Fertilizer	101.9	103.0	102.6	102.6	102.6	102.6	102.6
农药及农药械	Pesticide and Its Appliances	100.0	100.0	100.0	100.0	100.0	100.0	100.0
化学农药	Chemecal Pesticide	100.0	100.0	100.0	100.0	100.0	100.0	100.0
农药器械	Chemecal Pesticide Appliances	100.0	100.0	100.0	100.0	100.0	100.0	100.0
农用机油	Oil for Farm Machinery	99.4	101.3	100.1	100.3	101.9	102.4	101.7
其他农业生产资料	Others	102.8	105.7	105.7	105.6	103.9	101.9	101.9
农业生产服务	Service for Agricultural Production	102.0	102.4	102.4	102.3	100.1	100.0	100.0

6-20 续表 continued

项 目	Item	7月 July.	8月 Aug.	9月 Sep.	10月Oct.	11月Nov.	12月Dec.
总指数	**General Consumer Price Index**	**100.6**	**100.5**	**100.3**	**100.1**	**99.9**	**99.7**
农用手工工具	Farm Hand Tools	100.0	100.0	100.0	100.1	100.1	100.1
饲料	Forage	100.0	100.0	100.0	100.0	100.0	100.0
幼禽家畜	Young Livestock and Fowls	100.7	100.7	100.7	100.3	100.0	100.0
半机械化农具	Semi-mechanized Farm Implements	100.1	100.1	100.1	100.1	100.0	100.0
机械化农具	Mechanized Farm Implements	100.0	100.0	100.0	100.0	100.0	100.0
化学肥料	Chemecal Fertilizer	100.6	100.6	100.6	100.6	100.2	100.0
氮肥	Nitrogenous Fertilizer	100.1	100.1	100.1	100.1	100.0	100.0
磷肥	Phosphate	100.2	100.2	100.2	100.0	99.8	99.8
钾肥	Kalium Fertilizer	100.1	100.1	100.1	100.1	100.0	100.0
复合肥料	Compound Fertilizer	101.5	101.5	101.5	101.5	100.5	100.0
农药及农药械	Pesticide and Its Appliances	100.0	100.0	100.0	100.0	100.0	100.0
化学农药	Chemecal Pesticide	100.0	100.0	100.0	100.0	100.0	100.0
农药器械	Chemecal Pesticide Appliances	100.0	100.0	100.0	100.0	100.0	100.0
农用机油	Oil for Farm Machinery	101.7	100.0	98.1	95.5	96.2	94.4
其他 农业生产资料	Others	101.9	102.2	102.1	101.2	100.6	100.6
农业生产服务	Service for Agricultural Production	100.0	100.0	100.0	105.4	105.4	105.4

6-21 昌都市农业生产资料价格分类指数
PRICE INDICES FOR MEANS OF AGRICULTURAL PRODUCTION BY CATEGORY OF QAMDO

上年=100 (preceding year=100)

项　　目	Item	2007	2008	2009	2010	2011	2013	2014
总指数	**General Consumer Price Index**	**101.1**	**101.8**	**99.8**	**99.9**	**106.1**	**101.3**	**101.3**
农用手工工具	Farm Hand Tools	101.7	99.9	99.9	99.1	100.0	101.7	100.0
饲料	Forage	103.8	107.4	98.2	100.7	100.0	100.0	100.0
幼禽家畜	Young Livestock and Fowls	104.7	107.8	101.7	99.6	102.7	103.4	101.9
半机械化农具	Semi-mechanized Farm Implements	97.6	99.3	97.9	100.0	100.0	100.0	100.2
机械化农具	Mechanized Farm Implements	99.9	100.7	100.1	100.0	100.0	100.0	100.0
化学肥料	Chemecal Fertilizer	100.0	100.0	100.0	100.0	100.0	100.3	101.8
氮肥	Nitrogenous Fertilizer	100.0	100.0	100.0	100.0	100.0	100.1	100.4
磷肥	Phosphate	100.0	100.0	100.0	100.0	100.0	100.1	100.4
钾肥	Kalium Fertilizer	100.0	100.0	100.0	100.0	100.0	100.1	100.4
复合肥料	Compound Fertilizer	100.0	100.0	100.0	100.0	100.0	100.7	103.7
农药及农药械	Pesticide and Its Appliances	99.8	99.9	100.0	100.0	100.0	100.0	100.0
化学农药	Chemecal Pesticide	100.0	100.0	100.0	100.0	100.0	100.0	100.0
农药器械	Chemecal Pesticide Appliances	99.1	99.3	100.0	100.0	100.0	100.0	100.0
农用机油	Oil for Farm Machinery	101.4	104.6	100.3	100.3	152.8	101.3	100.1
其他农业生产资料	Others	100.3	101.1	100.0	100.6	106.1	102.2	104.8
农业生产服务	Service for Agricultural Production	100.0	100.0	100.0	100.0	101.9	101.2	104.7

6-22 山南地区农业生产资料价格分类指数
PRICE INDICES FOR MEANS OF AGRICULTURAL PRODUCTION BY CATEGORY OF SHANNAN

上年=100 (preceding year=100)

项　　目	Item	2007	2008	2009	2010	2011	2013	2014
总指数	**General Consumer Price Index**	**100.2**	**101.7**	**97.2**	**101.7**	**101.6**	**100.4**	**99.9**
农用手工工具	Farm Hand Tools	100.0	100.0	97.8	100.1	100.8	100.4	100.0
饲料	Forage	103.6	108.3	90.0	99.7	98.4	100.4	100.0
幼禽家畜	Young Livestock and Fowls	100.7	100.5	100.0	100.0	100.1	100.0	100.0
半机械化农具	Semi-mechanized Farm Implements	100.0	100.0	100.0	100.0	100.0	101.9	100.0
机械化农具	Mechanized Farm Implements	100.0	103.4	101.5	100.0	104.7	102.8	100.0
化学肥料	Chemecal Fertilizer	100.0	102.4	96.5	104.0	101.7	101.2	100.1
氮肥	Nitrogenous Fertilizer	100.0	97.4	89.0	110.1	105.4	101.6	100.0
磷肥	Phosphate	100.0	100.0	96.1	99.6	100.0	100.0	100.0
钾肥	Kalium Fertilizer	100.0	100.0	99.4	102.1	101.7	102.9	100.3
复合肥料	Compound Fertilizer	100.0	106.2	100.3	101.4	100.0	100.8	100.1
农药及农药械	Pesticide and Its Appliances	100.0	100.3	100.3	100.3	100.4	100.0	100.0
化学农药	Chemecal Pesticide	100.0	100.0	100.0	100.4	100.4	100.0	100.0
农药器械	Chemecal Pesticide Appliances	100.0	101.0	101.4	100.0	100.0	100.0	100.0
农用机油	Oil for Farm Machinery	100.0	118.8	106.4	107.2	106.8	99.7	97.9
农业生产资料	Others	100.0	102.1	94.6	103.3	102.7	99.5	100.6
农业生产服务	Service for Agricultural Production	100.0	100.0	100.1	100.9	100.0	100.0	100.0

6-23 那曲地区农业生产资料价格分类指数
PRICE INDICES FOR MEANS OF AGRICULTURAL PRODUCTION BY CATEGORY OF NAGQU

上年=100 (preceding year=100)

项目	Item	2007	2008	2009	2010	2011	2013	2014
总指数	**General Consumer Price Index**	**101.0**	**104.4**	**100.0**	**100.6**	**100.1**	**101.1**	**100.0**
农用手工工具	Farm Hand Tools	97.9	110.3	98.4	100.6	102.8	100.0	100.4
饲料	Forage	100.0	105.3	101.2	100.1	99.9	100.0	100.0
幼禽家畜	Young Livestock and Fowls	101.0	105.4	98.5	101.1	100.0	101.9	100.0
半机械化农具	Semi-mechanized Farm Implements	100.0	102.7	103.1	99.5	100.0	100.2	100.0
机械化农具	Mechanized Farm Implements	100.0	100.5	99.2	100.0	100.0	100.9	100.0
化学肥料	Chemecal Fertilizer	100.0	100.0	102.2	100.0	100.0	100.0	99.9
氮肥	Nitrogenous Fertilizer	100.0	100.0	102.8	100.0	100.0	100.0	100.0
磷肥	Phosphate	100.0	100.0	101.1	99.9	100.0	100.0	99.8
钾肥	Kalium Fertilizer	100.0	100.0	102.5	100.0	100.0	100.0	100.0
复合肥料	Compound Fertilizer	100.0	100.0	102.5	100.0	100.0	100.0	100.0
农药及农药械	Pesticide and Its Appliances	99.2	99.9	100.4	99.6	100.0	100.0	100.0
化学农药	Chemecal Pesticide	100.0	100.4	103.6	100.0	100.0	100.0	100.0
农药器械	Chemecal Pesticide Appliances	98.1	99.2	96.0	99.0	100.0	100.0	100.0
农用机油	Oil for Farm Machinery	100.0	100.0	95.5	100.0	100.0	100.0	100.0
其他农业生产资料	Others	120.2	108.5	96.3	99.1	100.0	100.8	100.0
农业生产服务	Service for Agricultural Production	100.0	100.0	100.0	100.0	100.0	100.0	100.0

6-24 阿里地区农业生产资料价格分类指数
PRICE INDICES FOR MEANS OF AGRICULTURAL PRODUCTION BY CATEGORY OF NGARI

上年=100 (preceding year=100)

项目	Item	2007	2008	2009	2010	2011	2013	2014
总指数	**General Consumer Price Index**	**100.0**	**100.0**	**99.9**	**100.2**	**100.0**	**104.3**	**101.8**
农用手工工具	Farm Hand Tools	100.0	100.0	96.9	103.2	100.0	100.0	100.0
饲料	Forage	100.0	100.0	100.0	100.0	100.0	100.0	100.0
幼禽家畜	Young Livestock and Fowls	100.0	100.0	100.0	100.0	100.0	102.0	101.1
半机械化农具	Semi-mechanized Farm Implements	100.0	100.0	100.0	100.0	100.0	100.0	100.0
机械化农具	Mechanized Farm Implements	100.0	100.0	100.0	100.0	100.0	99.5	100.0
化学肥料	Chemecal Fertilizer	100.0	100.0	100.0	100.0	99.6	158.9	115.1
氮肥	Nitrogenous Fertilizer	100.0	100.0	100.0	100.0	99.4	126.8	110.2
磷肥	Phosphate	100.0	100.0	100.0	100.0	100.0	136.7	114.3
钾肥	Kalium Fertilizer	100.0	100.0	100.0	100.0	100.0	100.0	100.0
复合肥料	Compound Fertilizer	100.0	100.0	100.0	100.0	100.0	213.7	120.0
农药及农药械	Pesticide and Its Appliances	100.0	100.0	98.4	101.6	100.0	100.0	100.0
化学农药	Chemecal Pesticide	100.0	100.0	98.4	101.6	100.0	100.0	100.0
农药器械	Chemecal Pesticide Appliances	100.0	100.0	97.3	102.8	100.0	100.0	100.0
农用机油	Oil for Farm Machinery	100.0	100.0	100.0	100.0	100.0	100.9	100.1
农业生产资料	Others	100.0	100.0	100.0	100.0	100.0	102.2	100.0
农业生产服务	Service for Agricultural Production	100.0	100.0	100.0	100.0	102.6	104.5	101.4

6-25 林芝地区农业生产资料价格分类指数

PRICE INDICES FOR MEANS OF AGRICULTURAL PRODUCTION BY CATEGORY OF NYINGCHI

上年=100 (preceding year=100)

项　目	Item	2007	2008	2009	2010	2011	2012	2013	2014
总指数	**General Consumer Price Index**	**102.0**	**103.9**	**100.1**	**100.8**	**102.3**	**98.8**	**104.3**	**99.8**
农用手工工具	Farm Hand Tools	105.0	100.0	99.9	99.2	100.5	99.5	101.0	100.0
饲料	Forage	109.7	110.4	100.5	100.4	100.7	92.6	103.6	100.0
幼禽家畜	Young Livestock and Fowls	100.4	100.1	99.4	99.8	102.5	100.0	118.0	100.0
半机械化农具	Semi-mechanized Farm Implements	93.2	90.1	99.0	99.3	102.5	106.4	101.3	100.0
机械化农具	Mechanized Farm Implements	99.2	98.2	99.4	99.6	104.0	113.0	103.0	100.0
化学肥料	Chemecal Fertilizer	100.6	105.6	100.5	100.4	100.7	100.6	100.8	100.0
氮肥	Nitrogenous Fertilizer	101.0	105.6	100.5	100.2	100.4	100.1	100.0	100.0
磷肥	Phosphate	100.5	105.9	101.4	100.5	101.3	99.5	102.5	100.0
钾肥	Kalium Fertilizer	100.5	104.9	100.0	101.0	102.2	102.2	100.2	100.0
复合肥料	Compound Fertilizer	100.5	105.7	100.3	100.2	100.2	101.2	100.6	100.0
农药及农药械	Pesticide and Its Appliances	99.7	100.0	100.0	102.2	100.1	99.8	100.0	100.0
化学农药	Chemecal Pesticide	100.0	100.0	100.0	100.0	100.0	100.0	100.0	100.0
农药器械	Chemecal Pesticide Appliances	99.1	100.0	100.0	106.9	101.3	97.4	100.0	100.0
农用机油	Oil for Farm Machinery	102.1	114.3	101.1	105.0	109.4	103.2	99.6	97.1
其他农业生产资料	Others	102.5	99.8	99.2	100.2	103.0	91.2	105.3	100.0
农业生产服务	Service for Agricultural Production	100.0	100.0	100.0	100.0	100.0	100.0	116.0	100.0

6-26 工业生产者出厂价格主要分组指数

PRODUCER PRICE INDICES FOR MANUFACTURED GOODS BY MAIN GROUP

上年=100 (preceding year=100)

项目名称	Item	2011	2012	2013	2014
总指数	**Total Index**	**104.3**	**99.7**	**99.8**	**99.0**
核心指数	Core Index	106.6	98.7	99.3	99.5
高技术	High-tech	103.9	101.4	100.1	92.7
能源	Energy	100.1	100.1	100.1	100.1
按轻重工业分	Grouped by Light and Heavy Industries				
轻工业	Light Industry	103.1	101.6	100.6	100.6
以农产品为原料	Using Farm Products as Raw Materials	103.2	101.3	100.5	100.6
以非农产品为原料	Using Non-farm Products as Raw Materials	102.6	103.0	101.2	100.7
重工业	Heavy Industry	104.7	99.0	99.5	98.4
采掘	Mining and Quarrying	113.5	90.4	95.5	100.4
原料	Raw Materials	100.3	102.7	98.5	99.4
加工	Processing	101.4	103.2	102.2	96.6
按生产生活资料分	Grouped by Means of Production and Consumer Goods				
生产资料	Means of Production	105.1	98.8	99.4	99.5
采掘	Mining and Quarrying	113.5	90.4	95.5	100.4
原料	Raw Materials	100.3	102.7	98.6	99.5
加工	Processing	101.2	103.8	103.0	98.6
生活资料	Consumer Goods	102.8	101.5	100.4	98.2
食品	Foods	102.6	101.2	100.4	97.8
衣着	Clothes	105.9	99.6	97.4	102.1
一般日用品	Articles for Daily Use	105.7	105.3	101.8	103.4
耐用消费品	Durable Consumer Goods	92.6	96.0	127.2	122.4
按初级中间最终产品分	Grouped by Primary, Intermediate and Final Products				
初级产品	Primary Products	113.5	90.4	95.5	100.4
矿产品	Mineral Products	113.5	90.4	95.5	100.4
废料	Wastes				
中间产品	Intermediate Products	102.3	102.9	101.3	98.3
最终产品	Final Products	102.4	101.2	100.6	98.8
最终投资品	Final Investment Products	106.5	102.8	103.8	99.5
最终消费品	Final Consumer Products	102.0	101.1	100.3	98.8
按工业部门分	Grouped by Industrial Sectors				
冶金工业	Metallurgical Industry	113.3	90.0	95.3	100.4
电力工业	Power Industry	100.1	100.0	100.0	100.0
煤炭及炼焦工业	Coal and Coking Industry	100.0	108.3	109.1	107.7
石油工业	Petroleum Industry				

6-26 续表 continued

上年=100 (preceding year=100)

项目名称	Item	2011	2012	2013	2014
化学工业	Chemical Industry	103.9	101.3	100.1	93.8
机械工业	Machine Manufacturing Industry	99.2	100.1	100.0	100.0
建筑材料工业	Building Materials Industry	100.5	104.4	103.4	98.4
森林工业	Timber Industry	101.6	124.6	88.0	93.9
食品工业	Food Industry	102.3	101.3	100.5	100.6
纺织工业	Textile Industry	124.6	103.4	100.0	100.0
缝纫工业	Tailoring Industry	106.7	99.1	93.9	102.0
皮革工业	Leather Industry	103.7	100.8	106.0	101.9
造纸工业	Paper Making Industry	100.0	99.8	101.7	100.3
文教艺术用品工业	Industry for Cultural, Educational & Art Articles	102.6	100.0	100.0	100.0
其它工业	Others	103.0	103.9	101.5	100.5
按工业行业大类分	Grouped by Industrial Categories				
黑色金属矿采选业	Mining and Dressing of Ferrous Metal Ores	113.9	85.7	101.9	102.2
有色金属矿采选业	Mining and Dressing of Nonferrous Metal Ores	113.0	92.1	92.1	99.2
非金属矿采选业	Mining and Dressing of Nonmetallic Ores	122.5	105.0	100.9	100.9
农副食品加工业	Processing of Food from Agricultural Products	115.2	103.4	103.2	101.5
食品制造业	Manufacture of Food	102.0	105.1	111.3	106.1
饮料制造业	Manufacture of Beverage	99.5	100.3	98.9	99.9
纺织业	Textile Industry	124.6	103.4	100.0	100.0
纺织服装、鞋、帽制造业	Manufacture of Textile Garments, Footwear and Headgear	106.7	99.1	93.9	102.0
皮革、毛皮、羽毛(绒)及其制品业	Leather, Fur, Feather, Down and Related Products	103.7	100.8	106.0	101.9
木材加工及木、竹、藤、棕、草制品业	Timber Processing, Bamboo, Cane, Palm Fiber & Straw Products	101.6	124.7	87.7	93.7
家具制造业	Manufacture of Furniture	92.6	96.0	127.2	122.4
造纸及纸制品业	Manufacture of Paper and Paper Products	100.0	99.8	101.7	100.3
印刷业和记录媒介的复制	Printing and Reproduction of Record Medium	102.6	100.0	100.0	100.0
化学原料及化学制品制造业	Manufacture of Raw Chemical Materials and Chemical Products	102.3	101.1	100.0	100.8
医药制造业	Manufacture of Medicines	103.9	101.4	100.1	92.7
非金属矿物制品业	Nonmetallic Mineral Products	100.1	104.3	103.4	98.4
交通运输设备制造业	Manufacture of Transport Equipment	99.2	100.1	100.0	100.0
工艺品及其他制造业	Handicraft and Other Manufactures	112.5	116.9	107.5	102.9
电力、热力的生产和供应业	Production and Supply of Electric Power and Heat Power	100.1	100.0	100.0	100.0
水的生产和供应业	Production and Supply of Water	100.0	100.0	100.0	100.0

第七篇

人民生活

Chapter 7

PEOPLE’S LIVELIHOOD

7-1 人民物质文化生活提高情况

IMPROVEMENT IN PEOPLE'S MATRERIAL AND CULTURAL LIFE

指　标	Item	1995	2000	2010	2013	2014
就 业	**Employment**					
每一农村劳动力负担人数 (人)	Number of Dependents per Rural Laborer (person)	1.63	1.74	1.59	1.69	1.73
每一城镇就业者负担人数 (人)	Number of Dependents per Urban Employee (person)	1.96	1.89	2.25	1.96	1.96
收 入	**Income of Rural and Urban Residents**					
农村居民人均可支配收入 (元)	Annual Per Capita Disposable Income of Rural Residents (yuan)	878	1331	4139	6578	7359
城镇居民家庭人均可支配收入 (元)	Annual Per Capita Disposable Income of Urban Residents (yuan)	4000	6448	14980	20023	22016
职工年平均工资 (元)	Annual Average Wages of Staff and Workers (yuan)	7382	14976	54397	64409	68059
消费水平	**Annual Per Capita Consumption**					
全区居民消费水平 (元)	Per Capita Consumption of All Residents (yuan)	1202	1823	4326	6275	7205
农村居民 (元)	Urban Residents (yuan)	762	1144	2381	3874	4498
城镇居民 (元)	Rural Residents (yuan)	3981	4737	11028	14001	15009
储 蓄	**Savings**					
城乡居民年末储蓄存款余额 (亿元)	Balance of Savings Deposit of Rural and Urban Residents (year-end) (100 million yuan)	19.70	40.48	267.13	496.03	559.28
平均每人年末储蓄存款余额 (元)	Per Capita Balance of Saving Deposit (yuan)	807	1558	9159	15896	17766
住 房 (平方米)	**Per Capita Floor Space of Residential Buildings** (sq.m)					
农村平均每人自有住房面积	Per Capita Floor Space of Residential Building in Rural Areas	20.00	23.16	24.03	30.51	33.77
城市平均每人自有住房面积	Per Capita Floor Space of Residential Building in Urban Areas	14.02	19.86	34.72	42.81	28.93
文化、教育	**Culture and Education**					
城市每百户拥有彩色电视机 (台)	Number of Color TV Sets Per 100 Households in Urban (unit)	102	120	129	128	127
农村每百户拥有电视机 (台)	Number of TV Sets Per 100 Households in Rural (unit)	1.3	13.7	75.5	97.3	102.1
学龄儿童入学率 (%)	Enrollment Ratio of School-Age Children (%)	70.4	85.8	99.2	99.6	99.6
每万人口中在校学生数 (人)	Number of Students Per 10000 Persons (person)	1287	1467	1775	1683	1659
卫 生	**Public Health**					
每千人拥有床位数 (张)	Every Thousand People Has Berths to Count (unit)	2.62	2.52	3.02	3.54	3.81
每千人拥有卫生技术人员数 (人)	Number of Medical Technical Personnel Per 1000 Persons (person)	3.53	3.44	3.44	3.74	4.11

注：2014年居民收入及消费数据均来源于城乡一体化住户收支与生活状况抽样调查新口径数据。（以下各表相同）

Note: Income of urban and rural residents and household consumption in 2014 refer to urban and rural household survey.The same applies to all tables following.

7-2 城乡居民家庭人均可支配收入及指数

PER CAPITA ANNUAL INCOME OF URBAN AND RURAL HOUSEHOLDS

单位：元、% (yuan,%)

年份 Year	全体居民人均可支配收入		农村居民人均可支配收入 Per Capita Net Income of Rural Residents		城镇居民人均可支配收入 Per Capita Annual Disposable Income of Rural Areas	
	绝对数 Value	指数(上年=100) Indeces (Preceding year=100)	绝对数 Value	指数(上年=100) Indeces (Preceding year=100)	绝对数 Value	指数(上年=100) Indeces (Preceding year=100)
1965	141		108		456	
1978	219	109.2	174	109.0	575	108.2
1979	281	128.0	232	133.3	636	110.6
1980	327	116.7	273	117.6	696	109.3
1981	338	103.1	295	108.0	728	104.7
1982	366	108.5	323	109.5	782	107.4
1983	369	100.8	317	98.1	856	109.4
1984	494	133.8	444	140.3	932	108.9
1985	581	117.7	533	120.0	1002	107.5
1986	547	94.0	490	92.0	1045	104.3
1987	610	111.6	517	105.5	1252	119.8
1988	680	111.4	571	110.4	1401	112.0
1989	712	104.7	553	96.9	1504	107.3
1990	754	105.9	580	104.9	1643	109.2
1991	845	112.0	615	106.0	2032	123.7
1992	887	105.0	651	105.8	2122	104.4
1993	982	110.7	703	108.1	2392	112.7
1994	1242	126.4	814	115.7	3392	141.8
1995	1409	113.5	875	107.5	4074	120.1
1996	1715	121.7	971	111.0	5123	125.8
1997	1837	107.1	1081	111.3	5230	102.1
1998	1968	107.1	1154	106.7	5540	105.9
1999	2171	110.3	1253	108.6	6109	110.3
2000	2339	107.7	1326	105.8	6567	107.5
2001	2548	108.9	1399	105.5	7251	110.4
2002	2786	109.3	1515	108.3	7906	109.0
2003	3003	107.8	1685	111.2	8207	103.8
2004	3187	106.1	1854	110.1	8352	101.8
2005	3425	107.5	2070	111.7	8567	102.6
2006	3838	112.1	2426	117.2	9107	106.3
2007	4618	120.3	2777	114.5	11337	124.5
2008	5255	113.8	3164	113.9	12713	112.1
2009	5811	110.6	3519	111.2	13795	108.5
2010	6647	114.4	4123	117.2	15258	110.6
2011	7522	113.2	4885	118.5	16496	108.1
2012	8578	114.0	5697	116.6	18362	111.3
2013	9740	113.5	6553	115.0	20394	111.1
2014	10730	110.2	7359	112.3	22016	107.9

注：历史数据均已推算为可支配收入。
Note: Historical data have been adjusted accordingly.

7-3 各地区农牧民人均纯收入

PER CAPITA ANNUAL NET INCOME OF RURAL HOUSEHOLDS BY REGION

单位：元、%　　(yuan,%)

年份 Year　地区 Region	拉萨市 Lhasa	昌都市 Qamdo	山南地区 Shannan	日喀则市 Xigazê	那曲地区 Nagqu	阿里地区 Ngari	林芝地区 Nyingchi
绝对数　Value							
2000	1427	1258	1298	1195	1335	1169	1656
2005	2402	1844	2159	1896	2123	1801	2723
2008	3732	2830	3305	2881	3219	2695	4095
2009	4149	3144	3676	3203	3577	2987	4562
2010	5003	3662	4330	3750	4081	3451	5411
2011	6019	4332	5183	4473	4860	4183	6433
2012	7082	4962	6056	5165	5586	5452	7498
2013	8265	5900	7099	6027	6398	6391	8612
2014(人均可支配收入)	9258	6616	8006	6717	7134	7107	9582
增长速度　Increase rate							
2001	9.3	7.9	3.2	11.8	6.1	9.4	9.1
2005	9.3	9.8	14.1	9.0	9.7	11.2	13.8
2008	14.8	13.7	14.2	13.7	13.2	12.8	13.9
2009	11.2	11.1	11.2	11.2	11.1	10.9	11.4
2010	20.6	16.5	17.8	17.1	14.1	15.5	18.6
2011	20.3	18.3	19.7	19.3	19.1	21.2	18.9
2012	17.7	14.5	16.9	15.5	14.9	30.4	16.6
2013	16.7	18.9	17.2	16.7	14.5	17.2	14.9
2014	12.3	12.7	13.2	11.9	12.0	11.6	11.7

7-4 各地区农村居民人均可支配收入和生活消费支出（2014年）

PER CAPITA ANNUAL NET INCOME AND CONSUMPTION EXPENDITURE OF RURAL HOUSEHOLDS BY REGION (2014)

单位：元　　(yuan)

指标 Item	地区 Region	拉萨市 Lhasa	昌都市 Qamdo	山南地区 Shannan	日喀则市 Xigazê	那曲地区 Nagqu	阿里地区 Ngari	林芝地区 Nyingchi
人均可支配收入	**Annual Per Capita Net Income of Rural Residents**	**9258**	**6616**	**8006**	**6717**	**7134**	**7107**	**9582**
工资性收入	Income of Wages and Salaries	2370	1549	1500	2056.1	179	570	1130
家庭经营性净收入	Income from Household Business Operation	5664	3947	4019	3211.8	6330	5045	6578
转移性和财产性净收入	Transfer Income and Property Income	1224	1121	2487	1449.1	625	1492	1873
生活消费支出	**Living Expenditure**	**6239**	**4357**	**5307**	**4313.0**	**4748**	**5488**	**5917**
食品	Food	2748	1485	1843	2041.4	3584	3139	2224
衣着	Clothing	599	369	753	449.6	204	739	451
居住	Residence	1091	959	858	658.2	254	155	1194
家庭设备用品及服务	Household Facilities, Articles and Services	254	710	185	344.8	137	347	253
交通通讯	Transportation and Communications	1025	308	1126	404.5	456	476	668

7-5 各地区城镇居民人均可支配收入和消费支出

单位：元

年份 地区 Year Region		全区 Total		拉萨市 Lhasa		昌都市 Qamdo	
		2013	2014	2013	2014	2013	2014
可支配收入	**Disposable Income**	**20023**	**22016**	**21427**	**23057**	**17370**	**19256**
总收入	**Total Income**	**22561**	**22773**	**23777**	**23527**	**19312**	**19795**
工资性收入	Wage Income	19604	17405	21156	17298	16030	14680
经营性收入	Management Income	713	669	387	404	548	833
财产收入	Income from Properties	424	1544	700	2238	257	578
转移性收入	Income from Transfers	1820	3156	1534	3587	2477	3705
消费性支出	**Total Living Expenditurs**	**12232**	**15669**	**15203**	**16410**	**9502**	**13705**
食品	Food	5889	7218	6481	6712	5030	5589
衣着	Clothing	1528	1656	2110	1416	835	929
居住	Residence	964	3398	979	4419	819	3857
家庭设备用品及服务	Household Facitities,Articles and Services	541	891	976	662	247	496
医疗保健	Medicine and Medical Services	501	553	694	382	335	407
交通和通讯	Transportation and Communications	1551	1730	2054	1450	966	1124
教育文化娱乐服务	Education,Recreation and Cultural Services	618	727	937	860	549	731
其它商品和服务	Others Commodities and Services	639	548	972	509	721	573

PER CAPITA ANNUAL DISPOSABLE INCOME AND CONSUMPTION EXPENDITURE OF URBAN HOUSEHOLDS BY REGION

(yuan)

山南地区 Shannan		日喀则市 Xigazê		那曲地区 Nagqu		阿里地区 Ngari		林芝地区 Nyingchi	
2013	2014	2013	2014	2013	2014	2013	2014	2013	2014
19106	**20797**	**19997**	**21694**	**20466**	**22314**	**24723**	**23406**	**17847**	**19526**
22674	**22905**	**22200**	**22376**	**22857**	**23008**	**27753**	**23895**	**20979**	**21086**
20496	20438	18078	17681	20100	20113	26237	21651	17284	16607
532	632	1270	1284	838	397		263	1497	1780
493	876	288	550	462	927	176	274	54	442
1153	958	2564	2861	1457	1571	1340	1706	2144	2257
12073	**14802**	**12389**	**15440**	**11284**	**11475.23**	**11281**	16658	**9131**	**13897**
4856	5572	6613	8291	6637	6447.21	5816	8578	4673	4784
1924	2070	1475	1544	1143	1089.25	1295	3068	1049	898
864	2234	1093	2316	1030	1609.06	930	1176	991	3599
707	1133	304	510	296	287.65	269	301	283	402
329	411	651	587	383	368.25	401	454	355	542
2380	2167	1372	1544	1086	1043.62	1268	1543	976	2947
581	733	514	463	248	225.13	723	904	387	491
432	482	367	185	462	405.03	579	633	417	237

7-6 全区居民消费水平

ANNUAL PER CAPITA CONSUMPTION OF ALL RESIDENTS

年份 Year	居民消费水平 Annual Per Capita Consumption of All Residents			指数(上年=100) Indeces (Preceding year=100)		
	全区居民 (元/人) All Residents (yuan/person)	农村居民 Rural Residents	城镇居民 Urban Residents	全区居民 (%) All Residents (%)	农村居民 Rural Residents	城镇居民 Urban Residents
1979	218	147	620			
1980	276	210	635	126.6	142.9	102.4
1981	301	198	878	109.1	94.3	138.3
1982	319	209	968	106.0	105.6	110.3
1983	293	215	814	91.3	102.9	84.1
1984	359	268	971	122.5	124.7	119.3
1985	422	309	1182	117.5	115.3	121.7
1986	438	296	1387	103.8	95.8	117.3
1987	499	374	1478	113.9	126.4	106.6
1988	543	382	1519	108.8	102.1	102.8
1989	647	412	2078	119.2	107.9	136.8
1990	735	484	2329	113.6	117.5	112.1
1991	839	554	2721	114.1	114.5	116.8
1992	903	594	2825	107.6	107.2	104.8
1993	931	591	3083	102.9	99.5	109.1
1994	1110	694	3700	119.2	117.4	120.0
1995	1202	762	3981	108.2	109.8	107.6
1996	1312	873	4023	109.2	114.6	101.1
1997	1471	939	4744	112.1	107.6	117.9
1998	1551	981	4169	105.3	100.6	107.8
1999	1669	1030	4579	107.6	105.0	109.8
2000	1823	1144	4737	109.2	111.0	103.4
2001	1939	1223	4992	106.4	106.9	105.4
2002	2725	1365	8278	119.3	109.2	237.4
2003	2825	1272	9112	103.7	93.2	110.1
2004	2950	1483	8895	112.1	111.8	112.2
2005	3019	1532	9040	102.3	103.3	101.6
2006	2990	1874	7515	112.1	111.8	112.2
2007	3215	1950	7888	107.5	104.1	105.0
2008	3504	2149	8324	105.5	106.1	102.6
2009	4027	2397	9421	112.3	109.7	110.0
2010	4326	2381	11028	107.5	107.7	105.2
2011	4730	2755	11393	103.4	109.7	98.1
2012	5340	3098	12958	109.0	107.2	110.2
2013	6275	3874	14001	116.7	122.4	108.7
2014	7205	4498	15009	111.3	112.8	103.6

7-7 城镇居民家庭基本情况

BASIC CONDITIONS OF URBAN HOUSEHOLDS

项 目	Item	1990	1995	2000	2010	2013	2014
调查户数 (户)	**Number of Households Surveyed (household)**	**100**	**100**	**100**	**800**	**800**	**800**
平均每户家庭人口数 (人)	**Average Household Size (person)**	**3.95**	**3.53**	**3.41**	**3.48**	**2.95**	**2.93**
平均每户就业人口数 (人)	**Average Number of Enployed Persons Per Household (person)**	**1.97**	**1.80**	**1.80**	**1.55**	**1.47**	**1.50**
平均每户就业面 (%)	**Percentage of Employment per Household (%)**	**49.9**	**51.0**	**52.8**	**44.5**	**49.8**	**51.2**
平均每一就业者负担人数 (人)	**Number of Persons Supported by Each Employee Including the Employee Himself (person)**	**2.01**	**1.96**	**1.89**	**2.25**	**1.96**	**1.96**
平均每人每年可支配收入 (元)	**Per Capita Annual Disposable Income (yuan)**	**1685**	**5071**	**7426**	**14980**	**20023**	**22016**
平均每人每年总收入 (元)	**Per Capita Annual Income (yuan)**	**2120**	**5360**	**11772**	**16539**	**22561**	**22773**
工资性收入	Wage Income				14707	19604	17405
经营净收入	Management Income				396	713	669
财产净收入	Property Income	2	26	5	233	424	1544
转移净收入	Transfering Income	204	323	356	1203	1820	3156
出售财物收入	**Selling Asset Income**				**2**		**6**
借贷收入	**Debit and Credit Income**		**276**	**4295**	**583**	**415**	**153**
平均每人消费性支出 (元)	**Per Capita Annual Living Expenditures for Consumption (yuan)**	**1340**	**3912**	**5554**	**9686**	**12232**	**15669**
食品	Food	888	2255	2570	4848	5889	7218
衣着	Clothing	208	774	876	1159	1528	1656
居住	Residence	27	151	340	727	964	3398
家庭设备用品及服务	Household Facilities,Articles and Service	122	134	275	376	541	891
医疗保健	Health Care and Medical Services	10	109	265	386	501	553
交通和通讯	Transport and Communications	12	102	443	1231	1551	1730
教育文化娱乐服务	Education,Cultural and Recreation Service	48	156	419	478	618	727
其它商品和服务	Others Commodities and Services	24	231	367	482	639	548

注：本表至8-12表城镇居民家庭收支抽样调查资料,2005年以前数据为拉萨市城镇居民家庭调查数据,2006年以后为全区城镇居民家庭调查数据。

Note:Date from the tables to 8-12 are obtained from the sample survey on income and expenditures of urban households.

The data before 2005 are obtained from the sample survey on income and expenditures of Lhasa urban households.

Since 2006, the data obtained from the sample survey on income and expenditures of Tibet urban households.

7-8 城镇居民家庭平均每百户年底耐用消费品拥有量

NUMBER OF MAJOR DURABLE CONSUMER GOODS OWNED PER 100 URBAN HOUSEHOLDS AT YEAR-END

项　目	Item		1990	1995	2000	2005	2007	2010	2013	2014
助力车	(辆) Auto-bicycle	(unit)					…	5	13	12
家用汽车	(辆) Automobile	(unit)				3	7	16	25	26
家用电脑	(台) Household Computer	(unit)			1	19	18	39	48	51
组合音响	(台) Hi-Fi Stereo Component System	(unit)		13	24	32	38	39	21	19
微波炉	(台) Microwave Oven	(unit)			3	34	15	27	38	38
洗衣机	(台) Washing Machine	(unit)	42	78	100	95	82	84	84	84
电冰箱	(台) Refrigerator	(unit)	24	50	74	88	73	81	87	86
摩托车	(辆) Motorcycle	(unit)	1	9	5	7	14	12	15	16
彩色电视机	(台) Color TV Set	(unit)	88	98	120	135	112	129	128	127
淋浴热水器	(台) Shower	(unit)		1	12	25	16	26	41	41
照相机	(架) Camera	(unit)	26	46	54	56	37	37	38	39
中高档乐器	(件) Other Medium and High Grade Musical Instrument	(unit)	8	2	2	2	2	1	2	3
摄像机	(台) Cold Wind Machine	(unit)				6	5	6	6	7
空调器	(台) Air Conditioner	(unit)		2	3	5	3	6	9	8
消毒碗柜	(台) Dish-sterilization Boxes	(unit)				8	3	5	6	6
洗碗机	(台) Dish-washer	(unit)				2	1	1	3	2
健身器材	(套) Healthy Equipment	(sets)				1	1	2	2	3
固定电话	(部) Fixed Telephones	(unit)				89	85	79	46	50
移动电话	(部) Mobile Telephone	(unit)			30	112	119	156	186	189

7-9 城镇居民家庭平均每人全年购买主要商品数量

PER CAPITA ANNUAL PURCHASES OF MAJOR COMMODITIES IN URBAN HOUSEHOLDS

指　标	Item	1990	1995	2000	2005	2007	2010	2013	2014
粮食　(千克)	Grain (kg)	149.7	117.9	91.4	99.7	107.1	100.8	108.6	113.6
油脂类　(千克)	Oil and Fats (kg)	7.2	6.5	7.6	14.4	11.1	10.3	16.0	17.5
猪肉　(千克)	Pork (kg)	10.4	16.5	14.4	12.8	9.2	9.8	10.1	11.7
牛肉　(千克)	Beef (kg)	5.4	13.5	13.8	15.4	21.4	17.1	16.8	13.8
羊肉　(千克)	Mutton (kg)	5.4	2.0	1.7	2.6	5.6	3.0	4.5	4.3
家禽　(千克)	Poultry (kg)	1.4	2.6	4.9	9.1	3.7	4.0	3.7	4.1
鲜蛋　(千克)	Eggs (kg)	3.8	9.5	4.9	5.9	5.8	6.7	4.9	6.0
水产品类　(千克)	Aquatic Products (kg)	2.7		5.7	6.0	1.9	2.1	2.4	2.5
鲜菜　(千克)	Fresh Vegetables (kg)	52.4	68.9	84.7	105.7	82.2	71.5	76.2	68.9
白酒　(千克)	Liquor (kg)	1.5	0.9	0.7	0.4	0.2	0.3	0.2	0.3
啤酒　(千克)	Beer (kg)	9.3	12.9	6.4	10.0	11.5	22.2	12.8	13.7
茶叶　(千克)	Tea (kg)	1.0	1.6	1.4	0.6	0.7	2.7	2.2	1.8
干鲜瓜果　(千克)	Dried and Fresh Melons and Fruits (kg)	15.6	26.9	35.7	42.8	24.9	22.8	…	16.3
糕点　(千克)	Cake (kg)	1.2	1.5	1.9	2.5	1.9	1.9	2.6	1.9

7-10 按收入等级分的城镇居民家庭平均每百户年底耐用消费品拥有量（2014年）

项 目		Item		总平均 Average	最低收入户 Lowest Incme Households	#贫困户 Difficult Households
助力车	(辆)	Auto-bicycle	(unit)	12	13	8
家用汽车	(辆)	Automobile	(unit)	26	5	5
家用电脑	(台)	Household Computer	(unit)	51	13	13
组合音响	(台)	Hi-Fi Stereo Component System	(unit)	19	3	23
微波炉	(台)	Microwave Oven	(unit)	38	36	8
洗衣机	(台)	Washing Machine	(unit)	84	67	72
电冰箱	(台)	Refrigerator	(unit)	86	64	62
摩托车	(辆)	Motorcycle	(unit)	16	38	41
彩色电视机	(台)	Color TV Set	(unit)	127	113	110
淋浴热水器	(台)	Shower	(unit)	41	10	10
照相机	(架)	Camera	(unit)	39	15	8
中高档乐器	(件)	Other Medium and High Grade Musical Instrument	(unit)	3	8	
摄像机	(台)	Cold Wind Machine	(unit)	7		
空调器	(台)	Air Conditioner	(unit)	8		
消毒碗柜	(台)	Dish-sterilization Boxes	(unit)	6		
洗碗机	(台)	Dish-washer	(unit)	2		
健身器材	(套)	Healthy Equipment	(sets)	3	5	
固定电话	(部)	Fixed Telephones	(unit)	50	41	36
移动电话	(部)	Mobile Telephone	(unit)	192	162	187

NUMBER OF MAJOR DURABLE CONSUMER GOODS OWNED PER 100 URBAN HOUSEHOLDS AT YEAR-END BY LEVEL OF INCOME（2014）

低收入户 Low Income Households	中等偏下户 Lower Middle Income Huoseholds	中等收入户 Middle Income Households	中等偏上户 Upper Middle Income Households	高收入户 High Income Households	最高收入户 Highest Income Households
14	12	12	12	10	12
13	28	31	35	32	28
12	44	61	67	76	72
14	19	17	18	28	26
26	39	42	49	37	40
	87	92	90	87	81
76	86	91	94	101	81
27	17	15	10	10	4
112	127	136	140	131	106
12	38	51	56	51	45
17	35	46	51	46	55
	1	3	3	5	4
	8	9	8	13	6
	10	9	13	8	10
	10	9	9	5	
	1	3	3	6	4
	2	5	2	3	4
40	50	54	51	55	54
190	194	211	84	191	160

7-11 城镇居民家庭平均每人全年消费性支出

ANNUAL PER CAPITAL LIVING EXPENDITURES OF URBAN HOUSEHOLDS

单位：元 (yuan)

项　目	Item	1990	1995	2000	2007	2010	2013	2014
消费性支出	**Total Living Expenditurs**	**1340**	**3912**	**5554**	**7532**	**9686**	**12232**	**15669**
食　品	**Food**	**888**	**2255**	**2570**	**3837**	**4848**	**5889**	**7218**
粮食	Grain	83	343	280	425	432	589	560
淀粉及薯类	Starches and tubers		37	35	33	34	42	65
豆类	Btarches and Tubers	9	12	11	10	5	9	10
油脂类	Oil and Fats	17	62	72	129	163	221	305
肉类	Meat	156	415	426	884	996	1369	1412
禽类	Poultry	40	104	106	72	89	89	100
蛋类	Eggs	21	57	50	49	54	68	85
水产品类	Aquatic Products	14	44	97	47	51	60	58
蔬菜和食用菌	Fresh Vegetables	86	234	280	431	533	737	755
糖果糕点类	Sugar	18	47	69	79	59	70	124
烟草类	Tobacco	123	243	275	421	408	545	532
酒类	Liquor and Beverages	54	81	107	167	184	210	215
饮料	Beverages	26	38	50	75	114	175	184
干鲜瓜果类	Fresh Fruits	40	120	163	162	206	139	223
奶及奶制品	Milk and Dairy Products	21	251	283	285	311	323	303
其他食品	Other Food	121	13	36	78	82	54	81
食品加工服务费	Food Processig Service Fees		2	13	2	1	11	5
在外饮食	Dining Out	26	75	103	356	964	1528	1150

7-11　续表　continued

单位：元 (yuan)

项　目	Item	1990	1995	2000	2007	2010	2013	2014
衣　着	**Clothing**	**208**	**774**	**876**	**880**	**1159**	**1528**	**1656**
衣类	Garments	77	565	657	616	842	1054	1238
鞋类	Shoes				240	288	439	418
居　住	**Residence**	**27**	**151**	**340**	**628**	**727**	**964**	**3398**
水电燃料其他	Water , Electricity , Fuels and Others	25	111	240	537	560	659	682
家庭设备用品及服务	**Household Facilities , Articles and Services**	**122**	**134**	**275**	**271**	**376**	**541**	**891**
耐用消费品	Durable Consumer Goods	50	42	151	42	76	115	92
室内装饰品	Room Decorations	1	10	17	18	20	30	68
床上用品	Bed Articles		27	28	74	87	70	84
家庭日用杂品	Household Articles for Daily Use	6	51	73	124	179	306	321
家庭服务	Household Services		4	6	8	11	9	8
医疗保健	**Medicine and Medical Services**	**10**	**109**	**265**	**273**	**386**	**501**	**553**
交通和通讯	**Transportation and Communications**	**12**	**102**	**443**	**866**	**1231**	**1551**	**1730**
交通	Transportation	5	93	134	286	569	622	755
通讯	Communications	7	9	309	581	662	929	955
教育文化娱乐服务	**Education, Recreation and Cultural Services**	**48**	**156**	**419**	**441**	**478**	**618**	**727**
文化娱乐用品	Culture and Recreation Articles	3	36	105	89	145	135	165
教育	Education	25	104	256	264	198	339	351
文化娱乐服务	Cultrre and Recreation Service	20	16	58	89	135	144	211
其它商品和服务	**Others Commodities and Services**	**24**	**231**	**367**	**336**	**482**	**639**	**547**
其它商品服务	Others Commodities and Services	24	231	367	336	482	639	547

7-12 按收入等级分组城镇居民家庭人均消费支出情况（2014年）

单位：元

项　　目	Item	总平均 Average	最低收入户 Lowest-Income Households	#贫困户 Difficult Households
消费性支出	**Total Living Expenditurs**	**15669**	**7842**	**5863**
食　品	**Food**	**7218**	**3587**	**2676**
粮油类	Grain and Oil	864	479	527
肉禽蛋水产品类	Meat,Poultry,Eggs and Aquatic Products	1656	1033	849
蔬菜类	Vegetables	755	593	451
糖、糕点烟酒饮料类	Suger,Cigarette and Liquor	1054	487	326
干鲜瓜果类	Dried and Fresh Melons and Fruits	223	101	94
奶及奶制品	Cake,Milk and Dairy Products	303	236	201
其他食品	Other Food	81	45	48
饮食服务	Dining Service	1155	555	141
衣　着	**Clothing**	**1656**	**599**	**335**
衣类	Garments	1238	450	289
鞋类	Shoes	418	149	45
居　住	**Residence**	**3398**	**1765**	**1642**
水电燃料及其他	Water, Electricity, Fuels and Others	682	450	372

PER CAPITAL ANNUAL LIVING EXPENDITURE OF URBAN HOUSHOLDS

（GROUPED BY LEVEL OF INCOME）(2014)

(yuan)

低收入户 Low Income Households	中等偏下户 Lower Middle Income Households	中等收入户 Middle Income Households	中等偏上户 Upper Middle Income Households	高收入户 High Income Households	最高收入户 Highest Income Households
9130	**12407**	**15374**	**21436**	**27363**	**36982**
3935	**5206**	**5889**	**7830**	**10623**	**13983**
619	779	861	1086	1433	1341
1221	1456	1521	2023	2629	3775
697	699	687	818	1127	1397
346	804	972	1506	1966	3331
120	179	210	300	391	593
245	213	277	372	519	678
75	68	81	95	129	129
548	963	1212	1547	2315	2598
651	**1266**	**1571**	**2183**	**3649**	**5094**
469	953	1136	1666	2772	3744
182	313	435	516	878	1349
2341	**2452**	**3329**	**5357**	**4917**	**6979**
551	551	665	828	949	1584

7-12 续表

单位：元

项　　目	Item	总计 Total	最低收入户 Lowest Income Households	#贫困户 Difficult Households
家庭设备用品及服务	**Household Facilities , Articles and Services**	**891**	**280**	**166**
家具及室内装饰品	Room Decorations	68	3	2
床上用品(家用纺织品)	Bed Articles	84	17	16
家庭日用杂品	Household Articles for Daily Use	321	114	77
家具材料(个人用品)	Furniture Materials	318	26	70
家庭服务	Household Services	8	7	
医疗保健	**Medicine and Medical Services**	**553**	**169**	**174**
医疗器具及药品	Medical Treatment Apparatus	403	135	170
保健器具(医疗服务)	Medical Services Apparatus	149	33	4
交通和通讯	**Transportation and Communications**	**1730**	**547**	**423**
交通	Transportation	775	232	109
通讯	Communications	955	315	313
教育文化娱乐服务	**Education, Recreation and Cultural Services**	**727**	**236**	**250**
文化娱乐用品	Recreational Articles	165	38	28
文化娱乐服务	Recreational Services	211	43	115
教育	Education	351	155	106
其它商品和服务	**Others Commodities and Services**	**548**	**183**	**136**
其它商品	Others Commodities	230	66	23
服务	Services	318	117	113

continued

(yuan)

低收入户 Low Income Households	中等偏下户 Lower Middle Income Households	中等收入户 Middle Income Households	中等偏上户 Upper Middle Income Households	高收入户 High Income Households	最高收入户 Highest Income Households
256	**560**	**640**	**1077**	**1488**	**1610**
17	58	58	63	200	102
30	51	74	117	120	174
116	181	218	385	549	352
78	236	220	429	510	715
5	5	6	11	20	18
288	**370**	**426**	**731**	**866**	**1195**
225	253	298	531	666	956
62	117	128	200	199	239
754	**1234**	**1548**	**2266**	**2780**	**3512**
324	556	691	996	1160	1355
430	679	857	1270	1621	2157
190	**488**	**819**	**924**	**1129**	**1301**
44	95	170	238	398	455
146	127	231	344	514	584
84	266	418	341	218	261
175	**330**	**442**	**646**	**950**	**1753**
27	83	197	255	461	1025
148	247	244	391	488	727

7-13 城镇居民家庭平均每人全年现金收支情况（2014年）

单位：元

项　目	Item	总平均 Average	最低收入户 Lowest Incme Households	#贫困户 Difficult Households
现金可支配收入	**Cash Disposable Income**	**20853**	**6463**	**3743**
现金工资性收入	Cash Wage Income	17396	4539	2715
现金经营净收入	Cash Management Income	650	859	145
现金财产性净收入	Cash Property Income	418	289	341
现金转移性净收入	Cash Transfering Income	2389	777	542
现金支出	**Cash Expenditurs**	**14674**	**7056**	**4941**
现金消费支出	Cash Consumption Expenditure	13293	6759	4803
食品烟酒	Food and Tobacco	6158	3585	2674
衣着	Clothing	1656	599	335
居住	Clothing	1083	683	583
生活用品及服务	Articles for Daily Use and Services	891	267	179
交通通信	Transport and Communications	1730	821	404
交通	Transport	775	341	96
通信	Communications	955	480	309
教育文化娱乐	**Education,Cultural and Recreation**	**727**	**308**	**294**
教育	Education	351	126	168
文化娱乐	Cultural and Recreational Articles	376	182	126
医疗保健	Health Care and Medical Services	499	228	164
医疗器具及用品	Medical Apparatus and Articles	403	175	161
医疗服务（不含报销医	Medical Services	96	53	3
其他用品及服务	Others Commodities and Services	548	267	169
其他用品	Others Commodities	230	114	67
其他服务	Other Services	318	153	102

URBAN HOUSEHOLD ANNUAL PER CAPITAL CASH INCOME (2014)

(yuan)

低收入户 Low Income Households	中等偏下户 Lower Middle Income Huoseholds	中等收入户 Middle Income Households	中等偏上户 Upper Middle Income Households	高收入户 High Income Households	最高收入户 Highest Income Households
9310	**14252**	**21546**	**31158**	**41438**	**56927**
6863	11268	18075	27251	32912	51763
1116	726	635	542	658	26
267	371	237	555	485	1522
1064	1887	2599	2810	7382	3615
7960	**11819**	**14822**	**19509**	**26381**	**35275**
7621	10693	13183	17187	24339	32219
3934	5203	5857	7829	10615	13983
651	1266	1571	2183	3650	5094
835	774	1100	1275	1972	2434
390	673	849	1251	1999	2428
810	1382	1729	2467	3120	4283
273	621	773	1196	1365	2023
537	761	957	1270	1755	2260
401	**567**	**1052**	**843**	**995**	**1258**
215	316	663	322	222	319
186	251	389	522	772	939
333	387	509	586	945	1329
239	312	341	566	749	1129
94	75	168	19	196	199
267	441	516	753	1043	1410
80	145	210	342	479	744
187	295	306	411	564	666

7-14 按收入等级分的城镇居民家庭平均每人全年购买主要商品数量（2014年）

单位：公斤

指　标	Item	总平均 Average	最低收入户 Lowest Income Households	#贫困户 Difficult Households
粮 食	Grain	113.6	70.1	75.2
油脂类	Oil and Fats	17.5	7.3	7.5
猪 肉	Pork	11.7	5.5	4.6
牛 肉	Beef	13.8	9.1	9.0
羊 肉	Mutton	4.3	3.4	2.5
家 禽	Poultry	4.1	2.0	0.7
鲜 蛋	Eggs	5.7	3.4	2.1
水产品类	Aquatic Products	2.5	1.0	0.5
鲜 菜	Fresh Vegetables	68.9	58.7	40.9
白 酒	Liquor	13.7	9.4	5.8
啤 酒	Beer	0.3	0.0	0.0
茶 叶	Tea	1.8	1.4	2.0
干鲜瓜果	Dried and Fresh Melons and Fruits	16.3	7.1	6.9
糕 点	Cake	1.9	0.4	0.2

PER CAPITA ANNUAL PURCHASES OF MAJOR COMMODITIES OF URBAN HOUSEHOLDS BY LEVEL OF INCOME（2014）

(kg)

低收入户 Low Income Households	中等偏下户 Lower Middle Income Households	中等收入户 Middle Income Households	中等偏上户 Upper Middle Income Households	高收入户 High Income Households	最高收入户 Highest Income Households
83.5	104.4	106.4	145.2	178.6	177.8
11.2	17.2	19.2	20.3	32.8	24.1
7.6	10.1	12.1	16.4	17.3	21.4
9.7	12.3	11.9	16.5	22.9	30.1
4.4	3.5	2.9	4.3	7.6	12.5
2.4	4.0	3.8	5.2	7.1	10.1
3.5	4.9	5.5	6.4	10.5	15.5
1.1	2.2	2.9	3.0	3.1	8.5
65.7	66.0	64.3	73.6	95.7	112.4
4	9.4	12.9	22.1	21.5	37.4
0.2	0.3	0.4	0.4	0.7	0.5
1.1	1.2	1.7	1.6	3.1	5.6
8.5	13.9	15.9	20.9	26.4	45.3
0.9	1.3	2.1	2.6	4.8	4.2

7-15 农村居民家庭基本情况

BASIC CONDITIONS OF RURAL HOUSEHOLDS

项　目	Item	1990	1995	2000	2007	2010	2013	2014
调查户数　(户)	**Number of Households Surveyed (unit)**	**480**	**480**	**480**	**1480**	**1480**	**1485**	**1485**
调查户人口　(人)	**Number of Residents Surveyed (person)**							
常住人口	Number of Permanent Residents in the House–holds Surveyed	2787	3145	3255	9256	9271	8186	8070
平均每户常住人口	Average Number of Permanent Residents Per Household	5.81	6.55	6.78	6.25	6.26	5.51	5.4
平均每户整半劳力	Average Number of Able-bodied and Semi-able-bodied Laborers per Household	3.43	4.03	3.91	3.67	3.93	3.26	3.13
平均每个劳动力负担人口(含本人)	Average Number of Persons Supported by a La–borer(including the laborer himself or herself)	1.44	1.63	1.74	1.70	1.59	1.69	1.73
平均每人年收入　(元)	**Per Capita Annual Income (yuan)**							
总收入	Total Revenue	623	1501	1727	3598	5027	7971	9131
人均可支配收入	Per Capita Annual Disposable Income	447	1200	1331	2788	4139	6578	7359
平均每人年支出　(元)	**Per Capita Annual Expenditure (yuan)**							
总支出	Total Expenditure	485	1211	1477	2912	3311	4332	5879
家庭经营费用支出	Expenditure for Household Business	110	180	227	508	530	577	695
生活消费支出	Expenditure for Consumption	341	873	1117	2167	2503	3574	4822
其他非生产性支出	Other Nonproductive Expenditure	35	157	133	237			
现金支出	Cash Expenditure	262	704	719	2107	2533	3305	3846
生产费用	Productive Costs	63	223	228	438	509	583	576
生活消费支出	Expenditure for Consumption	173	413	477	1640	1969	2661	2908

7-16 农村居民家庭平均每人总收入

PER CAPITA ANNUAL GROSS INCOME OF RURAL HOUSEHOLDS

单位：元　　(yuan)

项　　目	Item	1990	1995	2000	2007	2010	2013	2014
总收入	**Gross Income**	**623**	**1501**	**1727**	**3598**	**5027**	**7971**	**9131**
基本收入	Basic Income	582	1392	1547	3150	4388	6996	7705
工资性收入	Income of Wages and Salaries	1	79	232	612	891	1475	1571
经营收入	Income from Operations	580	1313	1316	2538	3497	5520	6085
转移性和财产性收入	Transfer Income and Property Income	42	109	179	448	639	975	1475
按收入来源分	**Grouped by Sourse**							
基本收入	Basic Income	582	1392	1547	3150	4388	6996	7705
工资性收入	Income of Wages and Salaries	1	79	232	612	891	1475	1571
经营收入	Income from Operations	580	1313	1316	2538	3497	5520	6085
农业收入	Farming	288	586	517	1139	1625	2328	1325
林业收入	Forestry	15	45	9	119	160	155	1216
牧业收入	Animal Husbandry	130	307	271	843	1075	1873	2189
渔业收入	Fishery	…	…	…	…	1	…	
工业收入	Industry	1	10	34	16	25	9	13
建筑业收入	Construction	9	20	143	62	75	156	157
运输业收入	Transportion	22	85	161	195	321	602	587
批发和零售贸易餐饮业收入	Wholesale and Retail Trades and Catering Trades	11	57	47	96	131	303	260
服务业收入	Service Trade	1	13	15	33	44	68	114
其他收入	Others	39	148	115	35	40	27	66
转移性和财产性收入	Transfer Income and Property Income	42	109	179	448	639	975	1475
按收入性质分	**Grouped by Type of Income**							
生产性收入	Productive Income	580	1392	1547	3150	4388	6996	7705
第一产业收入	Primary Industry	505	1127	913	2101	2860	4669	5239
第二产业收入	Secondary Industry	18	50	177	620	992	1580	1680
第三产业收入	Teriary Industry	57	215	458	429	536	747	786
非生产性收入	Nonproductive Income	42	109	179	448	639	975	1426

7-17 农村居民家庭平均每人纯收入

PER CAPITA ANNUAL NET INCOME OF RURAL HOUSEHOLDS

单位：元 (yuan)

项　目	Item	1990	1995	2000	2007	2010	2013	2014
可支配收入	**Disposable Income**	**447**	**1200**	**1331**	**2788**	**4139**	**6578**	**7359**
基本收入	Basic Income	417	1101	1221	2348	3504	5632	5933
工资性收入	Income of Wages	1	79	232	611	891	1475	1571
经营性净收入	Income from Household Business Operation	416	1022	989	1735	2613	4157	4362
转移性和财产性净收入	Transfer Income and Property Income	30	99	110	442	635	946	1386
按收入来源分	**Grouped by Sourse**							
基本收入	Basic Income	417	1101	1221	2348	3504	5632	5933
工资性收入	Income of Wages	1	79	232	611	891	1475	1571
经营性净收入	Income from Household Business Operation	416	1022	989	1735	2613	4157	4362
农业收入	Farming	206	457	314	811	1239	1801	740
林业收入	Forestry	11	35	9	117	158	154	1214
牧业收入	Animal Husbandry	93	239	218	508	731	1397	1514
渔业收入	Fishery	…	…	…	…	1		
工业收入	Industry	1	8	31	14	24	8	10
建筑业收入	Construction	7	16	143	52	71	113	98
运输业收入	Transportion	16	66	112	92	198	363	299
批发和零售贸易餐饮业收入	Wholesale and Retail Trades and Catering Trades	8	45	46	81	113	228	199
服务业收入	Service Trade	1	10	14	32	43	67	98
其他收入	Others	28	115	102	29	35	26	57
转移性和财产性净收入	Transfer Income and Property Income	30	99	110	442	635	946	1386
按收入性质分	**Grouped by Type of Income**							
生产性收入	Productive Income	417	1101	1221	2348	3504	5632	5933
第一产业收入	Primary Industry	356	877	752	1435	2129	3555	3738
第二产业收入	Secondary Industry	8	44	174	570	924	1273	1246
第三产业收入	Teriary Industry	54	181	295	343	451	804	949
非生产性收入	Nonproductive Income	30	99	110	448	635	946	1386

7-18 农村居民家庭平均每人生活消费支出

PER CAPITA LIVING EXPENDITURE OF RURAL HOUSEHOLDS

单位：元　　(yuan)

项　目	Item	1990	1995	2000	2007	2010	2013	2014
生活消费支出	**Living Expenditure**	**341**	**873**	**1117**	**2167**	**2502**	**3574**	**4822**
按消费类别分	**By Category of Consumption**							
食品	Food	253	644	886	1082	1287	1939	2535
衣着	Clothing	43	93	87	234	317	371	458
居住	Residence	20	45	47	371	308	190	688
家庭设备用品及服务	Household Facilities , Articles and Services	19	62	40	134	174	272	253
医疗保健	Medicines and Medical Services	…	6	16	61	75	71	92
交通通讯	Transportation and Communications	…	8	15	161	219	523	517
文教娱乐用品及服务	Cultural , Educational and Recreational Articles and Services	2	6	11	64	51	64	129
其他商品及服务	Other Commodities and Services	5	9	14	60	71	144	150
按消费性质分	**By Source of Consumption**							
货币性消费	Consumption Paid in Money	173	413	477	1639	1969	2661	3846
食品	Food	87	204	257	592	771	1037	1176
衣着	Clothing	43	92	87	222	304	369	457
居住	Residence	18	26	36	350	304	181	178
家庭设备用品及服务	Household Facilities , Articles and Services	19	61	40	130	174	272	251
医疗保健	Medicines and Medical Services	…	6	16	61	75	71	52
交通通讯	Transportation and Communications	…	8	15	160	219	523	517
文教娱乐用品及服务	Cultural , Educational and Recreational Articles and Services	2	6	11	64	51	64	129
其他商品及服务	Other Commodities and Services	5	9	14	60	71	144	150
实物性消费	Consumption in kind	168	460	640	528	533	913	976
食品	Food	165	440	629	490	516	902	1359
衣着	Clothing		1	…	12	13	2	1
居住	Residence	3	19	11	21	4	9	510

7-19 农村居民家庭主要实物消费量

MAIN CONSUMPTIONS IN KIND OF RURAL HOUSEHOLDS

项　目		Item		1990	1995	2000	2007	2010	2013	2014
粮食(原粮)	(公斤/人)	Grain (Unprocessed)	(kg/person)	183.63	264.56	280.18	290.60	277.89	262.6	279.3
细粮		Wheat and Rice		155.64	89.08	134.73	174.73	161.27	157.48	167.64
稻谷		Rice		4.12	13.04	40.06	74.06	64.84	65.96	65.45
小麦		Wheat		55.45	76.04	94.67	100.67	96.43	91.52	102.19
粗粮		Non-Wheat and Rice		27.99	175.48	145.45	115.87	116.62	105.12	111.66
蔬菜	(公斤/人)	Vegetables	(kg/person)	22.83	23.31	23.58	24.00	16.16	11.94	10.98
食用油	(公斤/人)	Edible oil	(kg/person)	3.56	4.59	6.17	7.07	7.23	12.06	20.33
植物油		Vegetable Oil		2.18	3.55	5.00	6.07	6.16	7.84	14.00
动物油		Animal Oil		1.38	1.04	1.17	1.00	1.07	4.22	6.33
肉类	(公斤/人)	Meat	(kg/person)	14.69	12.17	11.83	17.83	15.95	26.84	49.03
#猪肉		Pork		1.48	1.06	1.90	2.46	2.43	4.55	4.37
牛羊奶	(公斤/人)	Cow and Sheep Milk	(kg/person)	50.02	14.06	12.25	38.29	78.27	25.65	42.91
家禽	(公斤/人)	Poultry	(kg/person)	0.01	0.01	0.01	0.04	0.04	0.03	0.04
蛋类	(公斤/人)	Eggs	(kg/person)	0.51	1.05	0.64	0.64	0.87	0.56	1.09
水产品	(公斤/人)	Fish and Shrimp	(kg/person)		0.01	0.01	0.01	0.01	0.01	0.01
食糖	(公斤/人)	Sugar	(kg/person)	1.06	2.43	2.62	2.64	3.1	2.72	2.93
酒	(公斤/人)	Liquor	(kg/person)	96.37	0.53	0.89	2.71	3.35		29.17
茶叶	(公斤/人)	Tea	(kg/person)	3.97	2.35	1.77	8.11	6.64	5.1	5.63
化肥	(公斤/人)	Chemical Fertilizers	(kg/person)	70.85	73.25	14.5	22.52	21.11	22.81	21.7
农药	(公斤/人)	Pesticides	(kg/person)		0.47	1.32	1.32	1.00	0.23	0.24
生产用燃料	(公斤/人)	Fuels for Prodution	(kg/person)	13.26	15.03	13.17	7.19	21.23	26.8	10.43

7-20 农村居民家庭平均每百户主要耐用物品拥有量

NUMBER OF DURABLE CONSUMER GOODS OWNED PER 100 RURAL HOUSEHOLDS AT THE YEAR-END

项　目		Item		1990	1995	2000	2007	2009	2010	2013	2014
自行车	(辆)	Bicycle	(unit)	6.80	11.73	79.38	32.09	32.02	32.64	3.84	3.42
洗衣机	(台)	Washing Machine	(unit)		0.13	2.29	8.58	9.70	10.41	32.93	35.30
摩托车	(辆)	Motorcycle	(unit)		0.03	0.20	33.37	42.56	46.69	77.1	79.1
彩色电视机	(台)	Colour TV Set	(unit)	0.04	0.57	8.96	53.91	68.44	73.45	97.3	102.1
照相机	(台)	Camera	(unit)	0.04	0.03	0.83	0.68	1.08	0.95	0.81	0.81
电冰箱	(台)	Refrigerator	(unit)			0.41	10.13	11.82	14.73	37.1	38.1
电话机	(部)	Telephone	(unit)			0.20	44.66	77.97	98.04	176.97	189.4
影碟机	(台)	VCD Player	(unit)			0.41	29.59	45.06	45.27	41.2	42.6
助力车	(辆)	Auto-bicycle	(unit)				0.08	0.87	0.95		4.7

7-21 农村居民家庭主要农产品生产量、出售量

PRODUCTS AND SALES OF MAJOR AGRICULTURE OF RURAL HOUSEHOLDS

项　目		Item		1990	1995	2000	2007	2009	2010	2013	2014
生产量		**Products**									
粮食	(公斤/人)	Grain	(kg/person)	496.66	528.95	628.89	382.88	340.61	371.90	453.61	497. 94
油料	(公斤/人)	Oil-bearing Crops	(kg/person)	16.97	20.90	20.66	18.78	21.83	25.97	21.28	15. 45
出售量		**Sales**									
粮食	(公斤/人)	Grain	(kg/person)	10.71	56.54	47.34	42.00	49.68	50.23	36.53	34.91
油料	(公斤/人)	Oil-bearing Crops	(kg/person)	22.57	4.34	3.21	5.71	4.88	3.46	2.03	4.53
蔬菜	(公斤/人)	Vegetables	(kg/person)	5.10	4.28	6.47	6.48	7.04	7.27	0.29	0.72
水果	(公斤/人)	Fruits	(kg/person)	20.40	0.69	0.82	0.67	0.96	1.14	2.51	3.66
猪肉	(公斤/人)	Pork	(kg/person)	14.05	0.32	0.96	1.40	1.46	1.17	0.74	1.17
羊肉	(公斤/人)	Mutton	(kg/person)	17.27	1.05	0.18	3.49	4.98	3.63	3.17	4.39
牛羊奶	(公斤/人)	Cow and Goat Milk	(kg/person)	0.35	3.14	1.89	1.17	0.78	1.01	1.79	1.74
家禽	(只/人)	Poultry	(head/person)	2.82	0.26	0.23	1.19	0.02	0.06	0.02	0.02
禽蛋	(公斤/人)	Poultry Eggs	(kg/person)	15.27	0.62	0.69	0.35	0.33	0.24	0.18	0.58
羊毛	(公斤/户)	Wool	(kg/household)	18.11	0.56	7.64	10.47	17.52	16.01	4.12	0.69

第八篇

农　业

Chapter 8

AGRICULTURE

8-1 农村和农业基本情况

BASIC CONDITIONS OF RURAL AND AGRICULTURE

项　目	Item		2000	2013	2014
乡村户数　(万户)	Number of Rural Households	(10000 units)	37.83	53.98	55.28
乡村从业人员　(万人)	Number of Rural Laborers	(10000 persons)	100.83	129.98	133.77
男	Male		50.80	68.61	70.14
女	Female		50.03	61.37	63.63
按行业分乡村劳动力　(万人)	Number of Rural Laborers by Sector	(10000 persons)	100.83	129.98	133.77
农业林牧渔业	Farming,Forestry,Animal Husbandry & Fishery		90.12	91.48	91.76
工业	Industry		1.57	3.12	2.54
建筑业	Construction		2.33	13.29	15.32
交通运输业、仓储及邮电通信业	Transport,Storage,Post and Telecommunications		1.89	4.57	5.17
批发零售贸易业餐饮业	Wholesale and Retail Trade & Catering Services		1.99	4.31	4.51
其他非农业行业	Other Non-agricultural Trades		2.93	13.21	14.47
年末实有耕地面积　(千公顷)	Cultivated Areas (Year-end)	(1000 hectares)	230.85	233.05	233.43
水田	Paddy Fields		1.09	1.24	1.22
旱地	Dry Fields		229.76	231.81	232.21
当年减少耕地面积　(千公顷)	Decrease in Cultivated Area by Cause	(1000 hectares)	0.94	0.72	0.97
农村机械总动力　(千瓦)	Total Agricultural Machinery Power	(kw)	1145276	5783259	6605589
农用大中型拖拉机　(台)	Number of Large & Medium Tractors	(unit)	2025	43068	51619
农用大中型拖拉机　(千瓦)	Capacity of Large & Medium Tractors	(kw)	126960	942540	1240757
小型拖拉机　(台)	Number of Mini-tractors	(unit)	30999	156020	167277
小型拖拉机　(千瓦)	Capacity of Mini-tractors	(kw)	332177	2140591	2286737
化肥施用量　(吨)	Consumption of Chemical Fertilizers	(ton)	24955	56875	58208
农林牧渔业总产值　(万元)	Gross Output of Farming, Forestry, Animal Husbandry and Fishery	(10000 yuan)	512185	1279967	1387236
#农业	Farming		263649	579235	632559
牧业	Animal Husbandry		235282	641557	693386
农作物总播种面积　(千公顷)	Total Sown Area	(1000 hectares)	231.05	248.57	250.87
#粮食	Grain Crops		201.44	175.87	176.41
油料	Oil-bearing Crops		16.11	24.55	24.48
蔬菜	Vegetables			23.85	23.77
粮食总产量　(万吨)	Yield of Grain Crops	(10000 tons)	96.22	96.15	97.97
#小麦	Wheat		30.73	24.07	23.73
年末牲畜总头数　(万头)	Number of Animals (Year-end)	(10000 heads)	2266.31	1948.31	1861.44
猪牛羊肉产量　(万吨)	Output of Pork,Beef and Mutton	(10000 tons)	14.93	29.21	28.62

8-2 农村基本情况

BASIC CONDITIONS OF RURAL

年份 地区 Year Region		乡村户数 (万户) Number of Households (10000 households)	乡村从业人员 (万人) Number of Rural Employed Persons (10000 persons)	男 Male	女 Female
1965		23.14	67.94		
1978		30.84	80.86		
1980		31.31	81.82	38.69	43.13
1985		31.81	87.83	43.69	44.14
1990		33.49	90.85	45.00	45.85
1991		33.89	91.19	45.35	45.84
1992		34.21	91.55	46.03	45.52
1993		35.04	92.81	46.20	46.61
1994		35.79	94.35	47.21	47.33
1995		35.44	94.71	47.57	47.14
1996		34.87	95.34	47.71	47.63
1997		36.28	97.77	49.03	48.72
1998		36.75	97.52	50.14	47.38
1999		37.11	100.91	51.05	49.86
2000		37.83	100.83	50.80	50.03
2001		38.34	100.67	51.08	49.60
2002		38.87	103.50	52.64	50.86
2003		39.02	103.61	52.66	50.95
2004		39.26	105.69	53.52	52.17
2005		40.35	108.83	55.31	53.52
2006		40.75	109.92	55.86	54.06
2007		42.78	112.42	57.72	54.70
2008		44.09	115.07	59.40	55.67
2009		46.03	119.36	61.77	57.59
2010		47.78	121.94	63.78	58.16
2011		50.34	126.08	65.43	60.65
2012		52.36	127.92	66.84	61.07
2013		53.98	129.98	68.61	61.37
2014		55.28	133.77	70.14	63.63
拉萨市	Lhasa	7.00	16.64	8.67	7.97
昌都市	Qamdo	11.16	33.70	17.99	15.71
山南地区	Shannan	8.41	15.25	7.80	7.45
日喀则市	Xigazê	13.41	36.27	18.92	17.35
那曲地区	Nagqu	10.07	20.49	10.68	9.81
阿里地区	Ngari	2.17	4.64	2.42	2.22
林芝地区	Nyingchi	3.06	6.78	3.66	3.12

8-3　乡村从业人员

RURAL EMPLOYED PERSONS BY SECTOR

单位：万人　　　　(10000 persons)

年份 Year	地区 Region	合计 Total	农林牧渔业 Farming Forestry, Animal Husbandry and Fishery	工　业 Industry	建筑业 Construction	交通运输、仓储和邮政业 Transportation, Storage and Post	批发和零售业 Wholesale and Retail Trade	其它非农行　业 Other Non-agricultural Trades
1978		80.86	79.65	0.30				0.91
1985		87.83	85.02	0.37	0.21	0.41	0.80	1.02
1990		90.85	86.01	0.40	0.48	0.79	0.67	2.50
1991		91.19	86.05	0.52	0.41	0.91	0.73	2.57
1992		91.55	85.86	0.63	0.47	0.92	0.76	2.91
1993		92.81	87.15	1.07	0.69	0.95	0.84	2.11
1994		94.35	88.92	1.02	0.87	1.01	0.93	1.60
1995		94.72	88.48	1.23	0.79	1.17	1.12	1.93
1996		95.34	88.68	1.29	1.03	1.42	1.18	1.74
1997		97.77	90.34	1.40	1.32	1.37	1.23	2.11
1998		97.52	88.79	1.56	1.63	1.63	1.39	2.52
1999		100.91	91.75	1.33	1.56	1.68	1.43	3.16
2000		100.83	90.12	1.57	2.33	1.89	1.99	2.93
2001		100.68	88.84	1.86	2.72	2.04	1.74	3.48
2002		103.50	88.80	1.66	2.97	2.39	2.11	5.57
2003		103.61	84.39	1.95	5.75	2.28	2.21	7.03
2004		105.69	85.19	2.03	5.96	2.52	2.57	7.42
2005		108.83	85.53	2.62	5.63	2.98	2.81	9.26
2006		109.92	86.38	2.65	5.68	3.01	2.84	9.36
2007		112.42	87.67	2.34	7.71	3.59	2.64	8.47
2008		115.07	88.28	2.39	7.59	3.50	2.94	10.37
2009		119.36	91.19	2.44	8.41	3.45	2.80	11.07
2010		121.94	91.55	2.97	8.77	3.69	3.19	11.77
2011		126.08	91.88	2.75	11.62	3.89	3.34	12.60
2012		127.92	92.07	3.14	12.33	4.25	3.77	12.36
2013		129.98	91.48	3.12	13.29	4.57	4.31	13.21
2014		133.77	91.76	2.54	15.33	5.17	4.51	14.46
拉萨市	Lhasa	16.64	8.95	0.52	1.41	1.23	0.84	3.69
昌都市	Qamdo	33.70	25.36	0.10	2.16	0.93	1.19	3.96
山南地区	Shannan	15.25	6.00	0.63	6.14	0.75	0.64	1.08
日喀则市	Xigazê	36.27	25.75	1.08	4.13	0.94	0.88	3.49
那曲地区	Nagqu	20.49	16.35	0.15	0.66	0.88	0.68	1.78
阿里地区	Ngari	4.64	3.87	0.02	0.36	0.14	0.10	0.15
林芝地区	Nyingchi	6.78	5.47	0.04	0.47	0.31	0.19	0.31

注：2002年以前交通运输、仓储和邮政业为交通运输、仓储和邮电通讯业资料,批发和零售业为批发零售贸易餐饮业资料。

Note:The Data of Transportation,Storage and Post Included Telecommunacations Before 2002.

The Data of Wholesale and Retail Sale Included Catering at 2002.

8-4 农林牧渔业总产值

GROSS OUTPUT VALUE OF FARMING, FORESTRY, ANIMAL HUSBANDRY AND FISHERY

单位：万元 (10000 yuan)

年份 地区 Year Region		农林牧渔业总产值 Gross Output Value	农 业 Farming	林 业 Forestry	牧 业 Animal Husbandry	渔 业 Fishery	农林牧渔服务业 FFAF Services
1959		14417	4704		9713		
1965		26420	8522	20	17878	2	
1970		28028	8671	12	19340	5	
1978		39228	14657	167	24386	18	
1980		53215	24846	765	27597	7	
1985		108875	50999	2274	55562	40	
1990		195023	98138	3250	93573	62	
1991		210063	95755	2949	111278	81	
1992		224530	101092	3485	119863	90	
1993		229860	100452	5659	123661	89	
1994		268249	131327	6487	130335	100	
1995		358961	177927	7151	173782	101	
1996		385282	192157	8773	184083	269	
1997		414546	218195	8577	187624	150	
1998		423770	224346	8821	190350	253	
1999		482155	260666	9224	212062	202	
2000		512185	263649	13130	235282	124	
2001		527791	276113	12849	238695	134	
2002		558874	290759	12221	255772	122	
2003		586339	252779	53084	270867	78	9531
2004		627373	265638	57186	291197	87	13265
2005		677408	298887	56997	300498	136	20890
2006		704765	304974	60191	316975	1762	20863
2007		798309	359382	63078	349108	1073	25668
2008		884518	396962	67971	389629	2804	27152
2009		933807	390575	71155	442880	2049	27147
2010		1007685	462822	24602	488612	2268	29381
2011		1093675	496152	23929	541123	2181	30290
2012		1183267	533863	25577	590193	2220	31415
2013		1279967	579235	26534	641557	1762	30879
2014		1387236	632559	26371	693386	1676	33244
拉萨市	Lhasa	212650	93933	3467	114219	149	883
昌都市	Qamdo	323770	128794	13609	174385	39	6943
山南地区	Shannan	97258	45411	1533	45061	380	4873
日喀则市	Xigazê	383739	218122	4966	149420	900	10330
那曲地区	Nagqu	188942	85962	13	97695	24	5248
阿里地区	Ngari	66845	3425	122	62174		1124
林芝地区	Nyingchi	114031	56912	2660	50431	184	3844
其它	Others						

注：①本表按当年价格计算。②2002年以前农林牧渔业总产值不含农林牧渔服务业产值。

Note:The data in terms of value in this table are calculated at current prices.

The data of gross output of FFAF Didn't Include FFAF Services before 2002.

8-5 农林牧渔业总产值指数

INDICES OF GROSS OUTPUT VALUE OF FARMING，FORESTRY，ANIMALS HUSBANDRY AND FISHERY

上年=100　　　　(preceding year=100)

年份 Year	农林牧渔业总产值 Gross Output Value	农　业 Farming	林　业 Forestry	牧　业 Animal	渔　业 Fishery	农林牧渔服务业 FFAF Services
1959	92.1	109.8		85.0		
1965	111.3	107.3	105.0	113.6		
1970	100.1	101.4	100.7	99.3	135.7	
1978	103.9	103.2	130.7	103.9	293.7	
1980	111.0	130.0	89.4	102.0	80.2	
1985	112.3	106.6	119.4	111.4	79.9	
1986	104.8	85.7	77.1	107.4	76.3	
1987	104.4	104.4	103.8	105.6	105.4	
1988	102.6	107.9	112.5	96.7	103.9	
1989	101.4	102.2	86.3	99.0	131.4	
1990	106.4	116.2	132.6	98.8	64.5	
1991	104.5	91.1	89.5	103.1	106.6	
1992	103.4	100.4	96.0	104.4	119.1	
1993	100.3	123.4	111.7	98.7	89.0	
1994	104.5	102.3	119.8	104.8	109.3	
1995	104.4	108.9	119.4	100.7	102.1	
1996	103.4	107.4	107.3	100.2	153.1	
1997	103.4	104.2	85.4	104.5	94.6	
1998	102.4	104.5	103.1	100.9	135.4	
1999	107.5	110.8	97.5	105.9	100.0	
2000	101.9	102.2	104.0	101.6	45.2	
2001	105.4	108.5	84.7	104.5	91.8	
2002	103.8	103.0	119.8	103.6	70.3	
2003	103.2	84.9	218.7	102.2	41.9	
2004	104.1	102.0	102.7	104.2	156.4	152.0
2005	105.1	109.6	97.0	92.5	152.2	155.2
2006	100.8	98.8	102.3	102.8	1254.7	97.9
2007	107.9	112.8	100.3	104.3	58.3	119.0
2008	106.5	106.1	103.5	100.2	251.1	100.0
2009	102.3	96.6	102.8	104.8	71.8	98.6
2010	103.5	112.3	32.8	107.1	104.9	105.9
2011	103.5	104.0	94.4	103.9	93.3	98.0
2012	103.6	103.0	102.4	104.5	97.5	99.3
2013	104.0	104.3	99.7	104.5	76.3	94.5
2014	104.2	105.0	95.6	103.9	91.5	103.5

注：本表按可比价格计算。

Note:The indices in this table are calculated at comparable prices.

8-6 农林牧渔业总产值指数

INDICES OF GROSS OUTPUT VALUE OF FARMING, FORESTRY, ANIMALS HUSBANDRY AND FISHERY

1951年=100 (year of 1951=100)

年份 Year	农林牧渔业总产值 Gross Output Value	农业 Farming	林业 Forestry	牧业 Animal	渔业 Fishery	农林牧渔服务业 FFAF Services
1959	102.1	113.2		108.2		
1965	187.1	205.1	145.3	190.3	100.0	
1970	198.6	209.3	84.5	198.0	330.6	
1978	277.9	344.4	1239.8	263.0	1010.9	
1980	320.8	390.0	2653.5	282.2	671.3	
1985	396.5	419.0	8122.4	341.7	1317.8	
1986	415.5	359.1	6262.4	367.0	1005.5	
1987	433.8	374.9	6500.4	387.6	1059.8	
1988	445.1	404.5	7313.0	374.8	1101.1	
1989	451.3	413.4	6311.1	371.1	1446.8	
1990	480.2	480.4	8368.5	366.6	933.2	
1991	501.9	437.6	7489.8	378.0	994.8	
1992	519.0	439.4	7190.2	394.6	1184.8	
1993	520.6	542.2	8031.5	389.5	1054.5	
1994	544.0	554.7	9621.7	408.2	1152.6	
1995	565.8	604.1	11488.3	411.1	1176.8	
1996	583.9	648.8	12326.9	411.9	1801.7	
1997	603.8	676.0	10527.2	430.4	1704.4	
1998	618.3	706.4	10853.5	434.3	2307.8	
1999	664.7	782.7	10582.2	459.9	2307.8	
2000	677.3	799.9	11005.5	467.3	1043.1	
2001	713.9	867.9	9321.7	488.3	957.6	
2002	741.0	893.9	11167.3	505.9	673.2	
2003	764.7	758.9	24423.0	517.0	282.1	100.0
2004	796.1	774.1	25082.4	538.8	441.1	152.0
2005	836.7	848.4	24329.9	498.9	671.4	236.5
2006	843.4	838.2	24889.5	512.9	8424.6	231.5
2007	910.0	945.5	24964.2	534.9	4911.5	275.5
2008	969.2	1003.2	25838.0	535.9	12332.8	275.5
2009	991.5	969.1	26561.5	561.6	8855.0	271.6
2010	1026.2	1088.3	8712.2	601.5	9288.8	287.6
2011	1062.1	1131.8	8224.3	625.0	8666.5	281.9
2012	1100.3	1165.8	8421.7	653.1	8449.8	279.9
2013	1143.8	1215.6	8395.6	682.2	6444.7	264.4
2014	1192.2	1276.7	8024.5	709.1	5893.8	273.7

注：本表按可比价格计算。

Note:The indices in this table are calculated at comparable prices.

8-7 各地市农林牧渔业总产值

GROSS OUTPUT VALUE OF FARMING, FORESTRY, ANIMAL HUSBANDRY AND FISHERY BY REGION

单位：万元 (10000 yuan)

年份 Year	合计 Total	拉萨 Lhasa	昌都 Qamdo	山南 Shannan	日喀则 Xigazê	那曲 Nagqu	阿里 Ngari	林芝 Nyingchi	其它 Others
1998	423770	62134	105601	47863	122013	39022	13863	28534	4740
2000	512185	85059	124269	53416	132220	56272	22473	34151	4325
2001	527791	73916	126207	53969	146264	67220	21003	36017	3195
2002	558874	84212	131970	54160	148314	75969	23832	40417	
2003	586339	86548	149635	50852	144143	79603	26760	46273	2525
2004	627373	93403	150532	56521	161838	80070	30619	53159	1231
2005	677408	100255	163423	55463	179421	89761	30463	57975	647
2006	704765	105644	168553	55887	187627	95261	31208	59966	619
2007	798309	116473	186534	59992	222011	109835	37155	66002	307
2008	884518	128401	207577	65884	246360	122109	41074	72417	696
2009	933807	135551	219636	69105	259657	128430	44188	76738	502
2010	1007685	149944	236928	72238	280526	138153	48091	81806	
2011	1093675	163173	256777	78298	304989	149627	52030	88781	
2012	1183267	177096	277329	84261	329968	161468	56693	96452	
2013	1279967	192488	299782	90466	356154	174509	61666	104903	
2014	1387236	212650	323770	97258	383739	188942	66845	114031	

注：本表按当年价格计算。

Note: The indices in this table are caculated at current prices.

8-8 各地市农林牧渔业总产值指数

INDEX OF GROSS OUTPUT VALUE OF FARMING, FORESTRY, ANIMAL HUSBANDRY AND FISHERY BY REGION

上年=100 (preceding year=100)

年份 Year	合计 Total	拉萨 Lhasa	昌都 Qamdo	山南 Shannan	日喀则 Xigazê	那曲 Nagqu	阿里 Ngari	林芝 Nyingchi	其它 Others
1998	102.4	101.6	103.1	105.1	106.3	97.7	89.0	98.6	151.4
2000	101.9	105.7	106.3	100.5	101.0	97.4	100.7	99.8	90.1
2001	105.4	101.0	98.2	99.7	114.2	111.5	107.9	99.7	
2002	103.8	111.3	103.3	102.1	101.2	104.4	101.9	102.9	
2003	103.2	100.4	111.3	89.9	94.6	100.4	108.2	115.5	
2004	104.1	103.6	101.5	103.7	105.2	106.6	108.9	101.3	82.0
2005	105.1	104.5	105.7	95.5	107.9	109.2	96.9	106.2	51.2
2006	100.8	102.0	99.9	97.6	101.3	102.8	99.2	100.2	92.7
2007	107.9	105.7	106.1	102.9	113.5	110.6	114.2	105.6	47.6
2008	106.5	106.0	107.0	105.6	106.7	106.9	106.3	105.5	217.9
2009	102.3	102.3	102.5	101.6	102.1	101.9	104.2	102.7	69.9
2010	103.5	106.2	103.5	100.3	103.7	103.2	104.4	102.3	
2011	103.5	103.8	103.4	103.4	103.7	103.3	103.2	103.5	
2012	103.6	103.9	103.4	103.1	103.6	103.3	104.3	104.0	
2013	104.0	104.5	103.9	103.2	103.7	103.9	104.5	104.5	
2014	104.2	106.3	103.9	103.4	103.6	104.1	104.2	104.5	

注：本表按可比价格计算。

Note:The indices in this table are caculated at comparable prices .

8-9 农林牧渔业分项产值

GROSS OUTPUT VALUE OF FARMING, FORESTRY, ANIMAL HUSBANDRY AND FISHERY BY BRANCH

指标	Item	绝对数(万元) Value (10000 yuan)						2014年为2013年% 2014/2013 Rate
		2000	2003	2007	2010	2013	2014	
农林牧渔业总产值	**Gross Output Value**	**512185**	**586339**	**798309**	**1007685**	**1279967**	**1387236**	**4.2**
农业产值	**Farming**	**263649**	**252779**	**359382**	**462910**	**579235**	**632559**	**5.0**
谷物及其它作物	Corn and Other Crops	190664	183092	210819	223833	275044	298912	4.5
#粮食作物	#Grain Grops	178246	168417	182447	195058	238326	259336	4.7
# 谷物	#Corn	172777	162398	175515	188369	231274	252217	4.9
#小麦	#Wheat		38157	43464	43494	51924	53153	-1.6
玉米	Maize		2253	3066	5979	5554	5640	-2.3
薯类	Potato		417	978	973	1568	1363	-16.4
油料	Oil Plants		13810	20988	23624	28493	30578	3.2
#油菜籽	#Rapeseed		12252	20907	23484	28256	30376	3.4
林业产值	**Forestry**	**13130**	**53085**	**63078**	**24602**	**26534**	**26371**	**-4.4**
林木培育和种植	Tree Breeding and Planting	2668	6591	8201	10438	11320	11292	-4.1
林产品	Forest Products	4898	30909	38368	2177	238	62	-74.9
村及村以下竹木采伐	Lumbering in Village and Below	5564	9584	8445	11987	12999	12229	-9.5
牧业产值	**Animal Husbandry**	**235282**	**270867**	**349108**	**488612**	**641557**	**693386**	**3.9**
牲　畜	Domestic Animals	152357	258429	330978	456985	607492	658979	4.3
牛	Cattles	78157	97436	130343	240656	355561	387320	4.8
猪	Hogs	10614	6606	14212	26416	23762	25621	3.7
羊	Sheep and Goats	63586	65259	84677	110595	123619	137092	6.7
家禽饲养	Poultry Raising	1161	2749	3858	5403	9521	8699.15	-12.1
捕　猎	Hunting	136	634	6	…			
渔业产值	**Fishery**	**124**	**78**	**1073**	**2268**	**1762**	**1676**	**-8.5**
农林牧渔服务业产值	**FFAF Services**		**9531**	**25667**	**29381**	**30879**	**33244**	**3.5**

注：本表绝对数按当年价计算,指数按可比价计算。

Note:Data in terms of value in this table are calculated at current prices,while the related indices are caleulated at comparable prices.

8-10 农林牧渔业分项产值构成

COMPOSITION OF GROSS OUTPUT VALUE OF FARMING，FORESTRY，ANIMAL HUSBANDRY AND FISHERY BY BRANCH

指 标	Item	构成 Composition (%)					
		2000	2003	2007	2010	2013	2014
农林牧渔业	**Gross Output Value**	**100.0**	**100.0**	**100.0**	**100.0**	**100.0**	**100.0**
农 业	**Farming**	**51.5**	**43.1**	**45.0**	**45.9**	**45.3**	**45.6**
谷物及其它作物	Corn and Other Crops	37.2	31.2	26.4	22.2	21.5	21.5
#粮食作物	#Grain Grops	34.8	28.7	22.9	19.3	18.6	18.7
#谷物	#Corn	33.7	27.7	21.9	18.7	18.1	18.2
#小麦	#Wheat		6.5	5.4	4.3	4.1	3.8
玉米	Maize		0.4	0.4	0.6	0.4	0.4
薯类	Potato		0.1	0.1	0.1	0.1	0.1
油料	Oil Plants		2.4	2.6	2.3	2.2	2.2
#油菜籽	#Rapeseed		2.1	2.6	2.3	2.2	2.2
林 业	**Forestry**	**2.6**	**9.1**	**7.9**	**2.4**	**2.1**	**1.9**
林木培育和种植	Tree Breeding and Planting	0.5	1.1	0.8	1.0	0.9	0.8
林产品	Forest Products	1.0	5.3	4.8	0.2	0.0	0.0
村及村以下竹木采伐	Lumbering in Village and Below	1.1	1.6	1.1	1.2	1.0	0.9
牧 业	**Animal Husbandry**	**45.9**	**46.2**	**43.7**	**48.5**	**50.1**	**50.0**
牲 畜	Domestic Animals	29.7	44.1	41.5	45.3	47.5	47.5
牛	Cattles	15.3	16.6	16.3	23.9	27.8	27.9
猪	Hogs	2.1	1.1	1.8	2.6	1.9	1.8
羊	Sheep and Goats	12.4	11.1	10.6	11.0	9.7	9.9
家禽饲养	Poultry Raising	0.2	0.5	0.4	0.5	0.7	0.6
捕 猎	Hunting	…	0.1	…	…		
渔 业	**Fishery**	**…**	**…**	**0.2**	**0.2**	**0.1**	**0.1**
农林牧渔服务业	**FFAF Services**	**…**	**1.6**	**3.2**	**2.9**	**2.4**	**2.4**

注：本表构成按当年价计算。

Note:The data in terms of composition in this table are calculated at current prices.

8-11 全区农村社会总产值

RURAL SOCIAL GROSS OUTPUT VALUE

单位：万元 (10000 yuan)

年份 地区 Year Region		农村社会总产值 Rural Social Gross Output Value	农林牧渔业总产值 Gross Output Value	农村工业总产值 Rural Industry Gross Output Value	农村建筑业总产值 Rural Constration Gross Output Value	农村运输业总产值 Rural Transportation Gross Output Value	农村商业总产值 Rural Commerce Gross Output Value
1985		177142	106316	1233	3410	3106	3077
1990		182283	170347	2055	2712	3433	3736
1991		221175	208923	1551	2550	4458	3693
1992		236362	223249	1942	2910	5009	3252
1993		242776	229860	2381	2336	4632	3567
1994		282293	268113	2628	2532	5206	2314
1995		389605	358961	5857	5447	8957	10383
1996		416824	382553	6711	5279	10992	11289
1997		455711	414546	8901	8459	13454	10350
1998		470337	423770	14076	8888	11820	11783
1999		536358	482155	14588	10624	14570	14421
2000		570808	512185	13307	14546	17086	13684
2001		577709	527791	14244	12407	13274	9993
2002		618802	558874	11707	14788	20832	12601
2003		675593	586339	20033	23995	26120	19106
2004		757243	627373	26536	40567	41556	21211
2005		823658	677408	27207	43925	45077	30041
2006		877722	704765	27802	64743	47445	32967
2007		1021216	798309	29411	103807	53065	36624
2008		1150468	884519	30385	126476	59854	49234
2009		1236703	933807	28520	150398	67243	56733
2010		1351837	1007685	35194	154366	82109	72483
2011		1469501	1093675	40599	151534	95565	88128
2012		1650604	1183267	58446	185357	113415	110119
2013		1790707	1279967	61561	208761	130753	109666
2014		1954588	1387236	63863	252978	139092	111420
拉萨市	Lhasa	298334	212650	15511	19798	37856	12518
昌都市	Qamdo	444473	323770	7769	78190	9053	25690
山南地区	Shannan	259964	97258	21068	72718	44418	24502
日喀则市	Xigazê	499275	383739	17483	46602	29182	22269
那曲地区	Nagqu	218080	188942	366	11081	5942	11749
阿里地区	Ngari	80858	66845	200	5121	2364	6328
林芝地区	Nyingchi	153604	114031	1466	19468	10277	8363

注：本表按当年价计算，全区农林牧渔业总产值中含有区直产值。

Note:The data in value terms in this table are calculated at current prices. Straight output value of containing area in the gross output value of the agriculture, forestry, animal husbandry and fishery.

8-12 农村社会总产值构成

RURAL SOCIAL GROSS OUTPUT PERCENTAGE

单位：% (%)

年份 Year	地区 Region	农村社会总产值 Rural Social Gross Output Value	农林牧渔业总产值 Gross Output Value	农村工业总产值 Rural Industry Gross Output Value	农村建筑业总产值 Rural Constration Gross Output Value	农村运输业总产值 Rural Transportation Gross Output Value	农村商业总产值 Rural Commerce Gross Output Value
1985		100.0	90.8	1.0	2.9	2.7	2.6
1990		100.0	93.4	1.1	1.5	1.9	2.1
1991		100.0	94.4	0.7	1.2	2.0	1.7
1992		100.0	94.5	0.8	1.2	2.1	1.4
1993		100.0	94.6	1.0	1.0	1.9	1.5
1994		100.0	95.0	0.9	0.9	1.8	1.4
1995		100.0	92.1	1.5	1.4	2.3	2.7
1996		100.0	91.8	1.6	1.3	2.6	2.7
1997		100.0	91.0	2.0	1.9	3.0	2.3
1998		100.0	90.1	3.0	1.9	2.5	2.5
1999		100.0	89.9	2.7	2.0	2.7	2.7
2000		100.0	89.7	2.4	2.5	3.0	2.4
2001		100.0	91.4	2.5	2.1	2.3	1.7
2002		100.0	90.3	1.9	2.4	3.4	2.0
2003		100.0	86.7	3.0	3.6	3.9	2.8
2004		100.0	82.8	3.5	5.4	5.5	2.8
2005		100.0	82.2	3.3	5.4	5.5	3.6
2006		100.0	80.3	3.2	7.4	5.4	3.7
2007		100.0	78.2	2.9	10.1	5.2	3.6
2008		100.0	76.9	2.6	11.0	5.2	4.3
2009		100.0	75.5	2.3	12.2	5.4	4.6
2010		100.0	74.5	2.6	11.4	6.1	5.4
2011		100.0	74.4	2.8	10.3	6.5	6.0
2012		100.0	71.7	3.5	11.2	6.9	6.7
2013		100.0	71.5	3.4	11.7	7.3	6.1
2014		100.0	71.0	3.3	12.9	7.1	5.7
拉萨市	Lhasa	100.0	71.3	5.2	6.6	12.7	4.2
昌都市	Qamdo	100.0	72.8	1.7	17.6	2.0	5.8
山南地区	Shannan	100.0	37.4	8.1	28.0	17.1	9.4
日喀则市	Xigazê	100.0	76.9	3.5	9.3	5.8	4.5
那曲地区	Nagqu	100.0	86.6	0.2	5.1	2.7	5.4
阿里地区	Ngari	100.0	82.7	0.2	6.3	2.9	7.8
林芝地区	Nyingchi	100.0	74.2	1.0	12.7	6.7	5.4

注：本表按当年价格计算。

Note:The data in value terms in this table are calculated at current prices.

8-13 农业商品产值

GROSS OUTPUT VALUE OF AGRICULTURE

单位：万元 (10000 yuan)

年份 Year	地区 Region	合计 Total	农业 Farming	林业 Forestry	牧业 Animal Husbandry	渔业 Fishery
1990		39571	10512	1218	19648	13
1991		45911	14059	1187	22861	15
1992		52423	13619	1024	27893	24
1993		55278	21169	1003	33086	20
1994		75214	32384	2163	40640	27
1995		108615	40283	5084	63215	33
1996		111774	47668	3984	60032	90
1997		122948	53337	4170	65398	43
1998		123332	48887	3242	71055	148
1999		153485	71350	3500	78485	150
2000		166980	73846	4220	88829	85
2001		184887	84725	4955	95084	122
2002		204237	95700	5235	103194	108
2003		235559	104097	9192	122177	93
2004		300929	136705	8126	156000	98
2005		327154	153080	8494	165477	103
2006		379614	177401	10307	191800	106
2007		425378	199780	9488	215995	115
2008		485152	228141	11441	245455	115
2009		560052	292188	11873	254372	1619
2010		596053	288973	11521	293962	1595
2011		617494	285682	11204	318851	1758
2012		668265	287462	14517	364476	1811
2013		708638	331240	14645	361599	1155
2014		744880	357112	15662	370786	1320
拉萨市	Lhasa	81751	44630	266	36735	119
昌都市	Qamdo	211357	105766	6321	99271	
山南地区	Shannan	30187	20876	365	8566	380
日喀则市	Xigazê	151496	62270	3328	85179	720
那曲地区	Nagqu	162073	90709	5	71303	57
阿里地区	Ngari	44815	202		44613	
林芝地区	Nyingchi	63201	32659	5378	25120	44

注：本表按当年价格计算。

Note:The data in value terms in this table are calculated at current prices.

8-14 耕地面积

AREAS UNDER CULTIVATION

年份 Year	地区 Region	年末实有耕地面积(千公顷) Cultivated Area (1000 hectares)	旱地 Dry Fields	水田 Paddy Fields	当年减少(千公顷) Decrease in This Year (1000 hectares)	#国家基建占地 Capital Construction	当年增加(千公顷) Increase in This Year (1000 hectares)
1959		167.63					
1965		202.77					
1978		227.60					
1980		228.67					
1985		223.55	223.14	0.41	4.76	0.13	2.97
1986		222.33	221.74	0.59	1.99	0.06	0.34
1987		221.40	220.84	0.56	1.97	1.60	1.04
1988		221.50	220.85	0.65	0.96	0.06	2.61
1989		222.35	221.47	0.88	0.45	0.21	1.35
1990		222.50	221.86	0.64	1.31	0.10	1.20
1991		222.90	222.30	0.60	1.33	0.04	1.73
1992		223.79	222.97	0.83	0.73	0.02	1.60
1993		222.62	221.83	0.79	0.52	0.07	0.75
1994		222.84	222.07	0.77	0.35	0.09	0.57
1995		224.47	221.68	0.79	0.31	0.08	2.17
1996		224.80	223.99	0.81	3.37	0.34	3.72
1997		228.76	227.91	0.85	0.61	0.20	3.94
1998		230.32	229.44	0.88	0.98	0.17	2.31
1999		231.16	230.23	0.93	1.33	0.09	2.15
2000		230.83	229.76	1.07	0.39	…	0.06
2001		230.20	229.15	1.05	1.40	0.25	0.77
2002		229.89	228.90	1.00	2.45	0.66	2.15
2003		225.34	224.38	0.96	6.22	0.79	2.77
2004		222.74	221.77	0.97	4.03	0.35	1.46
2005		223.01	222.03	0.98	1.55	0.37	1.83
2006		223.01	222.03	0.98	1.55	0.37	1.83
2007		228.23	227.26	0.97	1.27	0.68	1.95
2008		225.92	224.95	0.97	0.44	0.09	1.58
2009		229.57	228.49	1.08	0.83	0.04	5.06
2010		229.53	228.43	1.10	1.53	0.09	1.49
2011		231.57	230.44	1.13	0.71	0.14	2.04
2012		232.57	231.34	1.23	0.75	0.19	1.74
2013		233.05	231.81	1.24	0.72	0.43	1.21
2014		233.43	232.21	1.22	0.97	0.67	1.34
拉萨市	Lhasa	34.81	34.81		0.33	0.24	0.22
昌都市	Qamdo	48.62	48.62				
山南地区	Shannan	31.50	31.50		0.15	0.12	0.02
日喀则市	Xigazê	91.21	91.21		0.24	0.17	0.88
那曲地区	Nagqu	5.01	5.01				0.01
阿里地区	Ngari	2.78	2.78				
林芝地区	Nyingchi	19.50	18.28	1.22	0.25	0.14	0.21

8-15 主要农业机械年末拥有量

(年底数) (year-end)

指 标		Item		2000	2001	2002	2003
农业机械总动力	**(千瓦)**	**Total Power of Agricultural Machinery**	**(kw)**	**1145276**	**1232123**	**1458024**	**1812121**
耕作机械		**Cultivation Machinery**					
农用大中型拖拉机	(台)	Large and Medium Agricultural Tractors	(unit)	2025	2538	3205	5302
	(千瓦)		(kw)	126960	112967	106499	158915
小型拖拉机及手扶拖拉机	(台)	Mini and Walking Tractors	(unit)	30999	38318	50598	60524
	(千瓦)		(kw)	332177	409866	513355	662170
大中型拖拉机配套农具	(部)	Farm Tools for Large and Medium Tractor	(unit)	1033	2136	2558	2507
小型拖拉机配套农具	(部)	Farm Tools for Mini Tractor	(unit)	11450	10424	11684	15252
农用排灌动力机械		Irrigating Machinery					
柴油机	(台)	Diesel Engines	(unit)	2608	2853	3596	4675
	(千瓦)		(kw)	24469	27168	36276	43134
电动机	(台)	Electromotors	(unit)	1476	1075	1487	2420
	(千瓦)		(kw)	14610	11697	15997	17091
农用水泵	(台)	Pumps	(unit)	627	446	754	786
收获机械		**Harvest Machinery**					
联合收割机	(台)	Combine Harvesters	(unit)	129	1694	625	2176
	(千瓦)		(kw)	2354	2602	5614	35938
机动脱粒机	(台)	Thresher Threshing Machines	(unit)	6859	8201	13721	13032
运输机械		**Transport Machinery**					
农用运输车	(辆)	Transport Vehicles for Agricultureal Use	(unit)	3665	3462	8781	11044
	(千瓦)		(kw)	139727	168407	607526	777161

MAIN AGRICULTURL MACHINERY YEAR-END POSSESSED

2007	2010	2011	2012	2013	2014	拉萨 Lhasa	昌都 Qamdo	山南 Shannan	日喀则 Xigazê	阿里 Ngari	林芝 Nyingchi
3294227	**4119871**	**4450898**	**4994835**	**5783259**	**6605589**	**1249032**	**799658**	**885501**	**2312075**	**229308**	**732996**
9973	22946	26761	36074	43068	51619	7114	1727	11811	24705	609	4450
307370	531847	747127	782093	942540	1240757	201075.2	36499	217285.6	542057	23697	159402
88321	119621	133805	141512	156020	167277	28152	13932	31465	65496	9789	12640
1457540	1547424	1826992	1952234	2140591	2286737	394938	234705	331800	968047	137953	174773
3486	8484	25493	9233	11033	12018	1151	863	2524	5422	39	2019
21294	37260	48768	52221	79702	97866	24715	4843	11558	44077	1133	11540
2529	4313	4055	4168	4259	3983	49	1194	2093	13		634
21929	47257	49275	51980	53794	49501	624	10242	19101	1082		18452
1036	2908	1632	1861	1421	1462	436	168	239	88		531
13625	36940	30666	28719	27187	28410	2336	953	3175	9234		12713
1015	395	528	508	436	482	158		209	81		34
2261	4138	3917	3536	4012	5109	884	82	1280	2481		352
39053	74164	91516	72640	90965	123600	40906	2030	21251	36967		19799
21574	27968	35032	40310	45696	54820	9043	4890	18356	17152	6	5362
15382	20496	22110	24938	33670	37918	8007	6871	3545	8419	2670	4554
1001836	1453403	1677221	1879611	2242338	2495216	507567.1	480582.5	275143.8	548917	67658	335123.6

8-16 农业电气化、化学化及水利情况

指　标		Item		2000	2001
农村电气化情况		**Electrization in Rural Areas**			
农村小型水电站个数	(个)	Number of Small Hydropower Station in Rural Areas	(unit)	231	235
农村用电量	(万千瓦时)	Electricity Consumed in Rural Area	(10000 kwh)	3392	3117
发电量	(万千瓦时)	Generate Electricity	(10000 kwh)	2127	1540
农业化学化情况		**Chemistry in Rural Areas**			
农用化肥施用折纯量	(吨)	Consumption of Chemical Fertilizers	(ton)	24955	30164
氮肥		Nitrogenous Fertilizer		11610	15730
磷肥		Phosphate Fertilizer		5359	4719
钾肥		Potash Fertilizer		1721	1312
复合肥		Compound Fertilizer		6266	8404
每公顷耕地平均化肥施用量	(公斤)	Chemical Fertilizer Per Hectare	(kg)	108	131
农用塑料薄膜使用量	(吨)	Plastic Film for Agricultural Use	(ton)	128	294
农药使用量	(吨)	Consumption of Chemical Fertilizers	(ton)	651	583
每公顷播种面积用农药	(公斤)	Chemical Fertilizer Per Hectare	(kg)	3	3
农业水利化情况		**Irrigation Works in Rural Areas**			
农田有效灌溉面积	(千公顷)	Effective Irrigated Areas	(1000 hectares)	157.03	154.37
#机电灌溉面积	(千公顷)	Irrigated Areas by Power	(1000 hectares)	8.05	5.81
有效灌溉面积占耕地面积比重	(%)	Effective Irrigated Areas as Proportion of Cultivated Areas	(%)	68.00	67.10
有效灌溉面积占播种面积比重	(%)	Effective Irrigated Areas Proportion of Areas	(%)	68.00	66.90
机电灌溉面积占有效灌溉面积比重	(%)	Irrigated Areas by Power as Proportion of Irrigated Land	(%)	5.10	3.80
旱涝保收面积	(千公顷)	Dried and Flooded Area Under Control and Ensuring Stable Yields	(1000 hectares)	87.58	82.99
旱涝保收面积占播种面积比重	(%)	Rate of Dried and Flooded Area Under Control and Ensuring Stable Yields	(%)	37.90	36.00
草场灌溉面积	(千公顷)	Irrigated Area of Grass	(1000 hectares)	722.10	16.41

ELECTRIFICATION, CHEMICAL AND WATER CONSERVANCY OF AGRICULTURE

2002	2003	2007	2010	2012	2013	2014	拉萨 Lhasa	昌都 Qamdo	山南 Shannan	那曲 Nagqu	阿里 Ngari	林芝 Nyingchi
237	239	283	296	280	277	266	1	110	32	10	15	48
3586	4305	5553	7623	10149	10894	11829	1542	2666	2113	174	301	1615
5173	4941	11779	8576	10739	9968	10476	359	4034	1317	84	426	1818
30361	31837	45837	47351	49876	56959	58208	18401	9378	7021	93	400	5283
14081	16957	18705	19185	16931	19699	20386	2008	2993	3402		105	1691
6165	5694	10560	10677	10210	12323	11102	3120	946	1637	47	11	665
1597	1572	1865	4423	5524	5601	5620	3530	496	284	47	3	491
8518	7614	14707	13066	17211	19335	21100	9743	4944	1698		280	2437
132	141	200	206	214	244							
521	579	484	734	1153	1336	1724	303	132	716		320	77
1611	596	953	1036	923	1031	1012	162	42	114		4	145
7	3	4	9	4	4							
159.73	154.95	156.37	167.04	178.32	173.56	175.74	31.94	20.85	29.62	0.19	1.96	16.22
6.82	8.99	8.04	9.55	10.78	8.45	9.71	0.83		5.07			0.39
69.48	68.76	68.51	72.77	76.70	74.47	75.28	91.74	42.87	94.05	3.81	70.26	83.23
68.58	66.31	67.13	69.59	73.10	69.82	70.05	82.41	37.76	90.60	3.40	21.81	70.75
4.26	5.80	5.14	5.71	6.34	4.87	5.53	2.61		17.12			2.40
94.20	90.36	82.63	78.83	82.22	74.03	91.30	17.60	7.35	12.64		0.64	4.18
40.44	38.67	35.47	32.84	33.70	30.11	36.39	45.43	13.31	38.65		7.09	18.22
208.44	514.54	1314.44	550.56	574.39	473.79	552.99	29.39	3.64	1.13		8.24	

8-17 主要农作物播种面积

单位：千公顷

年份 Year 地区 Region		总计 Total	粮食作物 Grain Crops	青稞 Qingke	小麦 Wheat	冬小麦 Winter Wheat	豆类 Soybeans
1951		134.15	128.74				
1959		140.23	133.47				
1965		184.68	176.87				
1978		219.83	205.00	106.68	65.65	47.90	21.43
1980		220.67	198.67	106.00	58.67	41.51	8.670
1985		209.97	194.03	121.78	38.71	23.15	25.79
1990		213.71	191.95	120.17	41.80	27.43	21.83
1991		215.72	191.91	121.36	43.31	29.51	19.58
1992		214.99	192.29	122.26	43.57	31.12	18.53
1993		215.57	192.55	120.32	46.75	35.82	18.54
1994		216.46	187.28	116.67	48.12	34.06	17.31
1995		220.17	189.14	109.38	52.04	33.75	16.71
1996		225.02	191.86	119.90	52.51	35.37	14.52
1997		229.15	197.94	123.09	53.91	38.81	13.92
1998		229.40	200.41	126.31	55.04	38.86	12.47
1999		230.44	200.76	127.10	54.73	39.71	11.78
2000		231.04	201.44	131.56	51.91	38.41	10.53
2001		230.86	199.12	134.62	46.99	33.70	10.60
2002		232.90	195.01	129.60	44.77	28.72	11.08
2003		234.35	186.12	125.71	42.38	28.13	9.93
2004		231.23	179.79	120.11	40.64	25.03	9.00
2005		234.95	177.68	120.27	42.00	27.95	8.97
2006		233.02	171.66	116.28	41.49	29.98	8.05
2007		232.94	171.78	117.99	40.29	28.66	7.79
2008		235.29	170.63	117.85	37.34	28.41	7.08
2009		235.07	169.43	117.83	36.77	26.85	6.66
2010		240.02	170.15	117.83	37.06	28.04	6.62
2011		241.43	170.15	118.42	37.60	27.91	6.46
2012		243.95	170.86	118.26	37.73	28.28	6.31
2013		248.57	175.87	123.85	37.81	28.04	5.84
2014		250.87	176.41	125.19	36.92	27.52	5.71
拉萨市	Lhasa	38.75	26.62	17.26	8.74	6.64	0.55
昌都市	Qamdo	55.20	45.49	35.79	5.83	3.32	0.92
山南地区	Shannan	32.70	22.99	12.66	8.97	8.77	1.04
日喀则市	Xigazê	86.69	57.15	48.85	5.20	1.79	2.73
那曲地区	Nagqu	5.63	4.50	4.24	0.10	0.10	0.06
阿里地区	Ngari	8.97	1.66	1.49	0.01	0.01	0.11
林芝地区	Nyingchi	22.93	18.00	4.90	8.07	6.89	0.29

TOTAL SOWN AREAS OF MAJOR FARM CROPS

(1000 hectares)

薯类 Tubers	油料 Oil-bearing Crops	油菜籽 Rapeseeds	花生 Peanuts	其他 Others	蔬菜 Vegetables	青饲料 Fresh
	4.73	4.73		0.68		
	5.03	5.03		1.73		
	5.87	5.87		1.95		
	10.54	10.54		4.29		
0.11	12.00	11.33	0.02	10.00	8.00	2.00
1.72	10.38	9.99	0.39	5.56	3.38	2.01
1.23	10.74	10.73	0.01	11.02	8.11	2.87
1.11	11.65	11.63	0.01	12.16	8.28	3.86
1.21	11.53	11.51	0.02	11.17	6.61	4.11
3.27	12.13	12.08	0.01	10.89	6.14	4.52
1.57	16.21	16.20	0.01	12.97	7.80	4.14
1.28	18.52	18.50	0.02	12.51	7.24	4.77
0.87	18.33	18.30	0.03	14.83	9.29	4.85
0.05	17.34	17.33	0.01	13.87	9.01	3.49
0.11	16.98	16.95	0.02	12.10	7.35	4.44
0.15	17.12	17.06	0.05	12.56	7.36	4.65
0.22	16.11	16.08	0.03	13.48	7.47	5.74
0.28	16.82	16.77	0.03	13.82	8.71	5.11
0.56	20.39	18.74	0.03	16.23	9.74	6.50
0.42	21.64	21.61	0.02	26.59	14.11	10.00
1.87	24.35	24.32	0.03	27.02	15.15	10.50
0.55	26.11	26.05	0.06	31.15	18.04	12.14
0.61	24.12	24.05	0.07	37.24	18.99	17.37
0.62	23.13	23.06	0.07	38.03	19.66	17.59
0.53	24.73	24.65	0.07	39.93	20.14	18.90
0.53	24.49	24.42	0.07	41.15	20.44	19.83
0.54	24.02	23.92	0.10	45.85	21.16	19.21
0.62	24.02	23.92	0.10	47.26	22.40	23.86
0.79	24.02	23.89	0.13	49.07	23.72	24.67
0.82	24.55	24.33	0.21	48.15	23.85	24.14
1.01	24.48	24.36	0.12	49.98	23.76	25.55
	4.29	4.29		7.85	4.35	3.15
0.61	3.45	3.45		6.26	3.57	2.69
	4.61	4.61		5.10	1.80	3.29
0.05	9.74	9.74		19.80	11.79	7.95
0.03	0.08	0.08		1.04	0.60	0.41
0.04	0.12	0.12		7.19	0.16	7.03
0.28	2.19	2.07	0.12	2.74	1.49	1.03

8-18 主要农作物产品产量

单位：吨

年份 地区	Year Region	粮食总产量 Total	稻谷 Rice	小麦 Wheat	冬小麦 Winter Wheat	青稞 Qingke
1951		153200				
1959		182905				
1965		290725				
1978		513449	2631	192959	153223	245233
1980		504970	2210	181085	143830	237230
1985		530669	2488	118519	72621	333736
1990		608280	3264	164271	115911	369294
1991		644186	2717	183088	133874	392309
1992		657121	3905	196282	150679	393429
1993		672185	3889	212417	170673	386806
1994		664480	4108	223177	181120	379059
1995		719605	4731	249366	187865	380922
1996		777249	4897	261422	193082	448663
1997		791904	5239	283052	212053	446564
1998		849793	4937	290773	210880	498482
1999		922138	5550	312117	237536	547530
2000		962234	5517	307288	245319	597094
2001		982508	6024	284453	220672	628400
2002		983970	5831	278250	208505	635978
2003		966001	5564	272308	211484	619137
2004		959950	5533	257279	192324	612273
2005		933918	5452	255506	171172	613548
2006		923688	5884	265315	209286	592000
2007		938634	5460	264859	206941	610845
2008		950343	5140	257556	193002	618196
2009		905330	5172	245617	194763	595192
2010		912289	5932	242373	197811	602570
2011		937290	5960	249064	191653	621886
2012		948963	5446	245716	184297	637102
2013		961506	5480	240735	187660	656577
2014		979736	4663	237252	185669	680542
拉萨市	Lhasa	178631		65604	50593	111046
昌都市	Qamdo	180209		20817	13374	146377
山南地区	Shannan	153021		70144	69068	76051
日喀则市	Xigazê	370120		45864	22122	311020
那曲地区	Nagqu	12232		353	353	11629
阿里地区	Ngari	5277		9		4632
林芝地区	Nyingchi	80246	4663	34461	30159	19785

YIELD OF MAJOR FARM CROPS

(ton)

豆　类 Bean	其　他 Others	油菜籽 Repeseed	花　生 Peanut	蔬　菜 Vegetable	青饲料 Fodder
		1750			
		2610			
		5264			
49266	23360	7914			
24370	60075	10770			
57296	18630	14455		60244	
52439	19012	17140	11	84545	27898
48090	17982	18457	37	98394	26265
44975	18530	17862	35	51364	24026
49023	20050	26040		51610	46081
44362	13774	29373	34	96773	37356
45962	38624	33689	29	93400	59342
40816	21451	35104	33	123300	36383
33402	23647	33682	30	141478	38429
33758	21843	34009	34	137920	45515
33295	23646	41091	121	170734	49553
29467	22867	39610	46	173727	54820
31813	31818	43469	74	202654	216598
34435	29476	45157	94	234506	84109
33541	35453	49378	100	281979	121088
30780	53937	53944	50	299858	149247
32371	27041	61164	154	429225	152852
31550	28939	54490	108	449309	213352
31882	25588	52125	137	450650	213923
26527	45118	57729	126	551060	271249
24333	42924	60145	161	481408	276243
23503	37911	57986		581208	317757
23467	36913	63276	239	600705	296288
22806	37894	63047	262	655905	316085
21843	36870	63367	404	669918	326912
22107	35173	63433	338	682132	355752
1831	150	11475		244078	32143
2182	10833	4740	12	56014	26212
4901	1924	13092		32593	63134
12060	1175	30364		328954	209237
132	117	39		1977	1156
280	356	214		2368	17496
719	20618	3509	326	16149	6374

8-19 主要农产品单位面积产量

YIELD OF MAJOR FARM CROPS PER HECTARE（BY SOWN AREAS）

单位：公斤/公顷 (kg / hectare)

年份 Year	粮食作物 Grain Crops	#小麦 Wheat	#冬小麦 Winter Wheat	#青稞 Qingke	#豆类 Bean	油菜籽 Repeseed
1959	1370					519
1965	1644					896
1978	2505	2940	3025	2300	2300	750
1979	2048	2325	2968	1950	2108	765
1980	2543	3090	3480	2235	2813	953
1985	2738	3060	3135	2738	2220	1448
1990	3170	3930	3365	3074	2403	1598
1991	3357	4227	3365	3233	2456	1587
1992	3417	4499	4842	3218	2427	1551
1993	3491	4544	3888	3215	2642	2147
1994	3548	4638	5318	3255	2564	1814
1995	3804	4793	4804	3483	2751	1821
1996	4051	4779	5459	3928	2811	1919
1997	4017	5250	5463	3628	2399	1944
1998	4240	5283	5427	3946	2705	2006
1999	4593	5703	5982	4095	2827	2408
2000	4777	5920	6387	4539	2798	2456
2001	4934	6053	6546	4667	3000	2592
2002	5045	6215	7260	4907	3106	2409
2003	5195	6451	7516	4926	3377	2285
2004	5339	6330	7684	5098	3420	2220
2005	5256	6083	6124	5101	3609	2348
2006	5381	6395	6981	5091	3917	2266
2007	5464	6574	7221	5177	4092	2260
2008	5570	6897	6793	5245	3745	2432
2009	5343	6679	7254	5051	3653	2824
2010	5361	6540	7054	5114	3553	2424
2011	5509	6624	6866	5252	3634	2645
2012	5554	6512	6517	5387	3614	2639
2013	5467	6367	6692	5301	3740	2581
2014	5554	6426	6748	5436	3872	2604

8-20 农作物播种面积及产量

SOWN AREAS AND OUTPUT OF FARM CROPS

指　标	Item	播种面积(千公顷) Sown Area (1000 hectare) 2000	2013	2014	2014年比2013年± % 2014Increase Over 2013	产　量(吨) Yield (ton) 2000	2013	2014	2014年比2013年± % 2014Increase Over 2013
农作物总播种面积	**Total Sown Area**	**231.05**	**248.57**	**250.87**	**0.9**				
粮食作物	**Grain Crops**	**201.44**	**175.87**	**176.41**	**0.3**	**962234**	**961506**	**979736**	**1.9**
谷物	Cereal	190.68	169.21	169.68	0.3	931829	934535	952206	1.9
#稻谷	Rice	1.01	0.95	0.99	4.6	5518	5480	4663	-14.9
小麦	Wheat	51.91	37.81	36.92	-2.4	307288	240735	237252	-1.4
#冬小麦	Winter Wheat	38.41	28.04	27.52	-1.9	245319	187660	185669	-1.1
玉米	Corn	3.15	4.32	4.16	-3.8	14131	24948	23849	-4.4
青稞	Qingke	131.56	123.85	125.19	1.1	597094	656577	680542	3.6
其他谷物	Other Cereal	3.06	2.28	2.43	6.5	7798	6795	5900	-13.2
豆类	Bean	10.53	5.84	5.71	-2.2	29467	21843	22107	1.2
大豆	Soybean	0.31	0.12	0.11	-12.5	554	438	351	-19.8
杂豆	Other Beans	10.22	0.69	0.73	6.2	28913	2403	3028	26.0
薯类(按折粮计算)	Tuber	0.23	0.82	1.01	23.5	938	5127	5424	5.8
油　料	**Oil-bearing**	**16.11**	**24.55**	**24.48**	**-0.3**	**39610**	**63771**	**63770**	**0.0**
#花生油	Peanut	0.03	0.21	0.12	-42.4	46	404	338	-16.5
油菜籽	Rapeseed	16.08	24.33	24.36	0.1	39564	63367	63433	0.1
蔬菜、瓜类	**Vegetable and Melon**	**7.47**	**23.93**	**23.87**	**-0.3**	**176728**	**672947**	**683938**	**1.6**
蔬菜	Vegetable	7.47	23.85	23.76	-0.4	176695	669918	682132	1.8
瓜类	Melon	…	0.08	0.11	41.3	33	3029	1806	-40.4
其他作物	**Other Crops**	**6.01**	**24.21**	**25.59**	**5.7**	**57622**	**332077**	**357873**	**7.8**
#青饲料	Succulence	5.74	24.14	25.55	5.8	54820	326912	355752	8.8

8-21 茶园、果园面积和茶叶、水果产量

TEA PLANTATIONS，ORCHARDS AND OUTPUT OF TEA AND FRUIT

指　标	Item	1990	1995	2000	2010	2013	2014
面 积　(公顷)	**Ares　(hectare)**						
茶园面积	Ares of Tea Plantations	149	146	48	224	223	470
果园面积	Area of Orchards	629	1277	1235	1860	1975	3222
#苹果园	Apple Plantations	508	1145	1051	1375	1130	1717
梨园	Pear Plantations	41	58	112	81	105	247
产 量　(吨)	**Yield　(ton)**						
茶叶产量	Yield of Tea	66	130	1	8	40	54
水果产量	Yield of Fruits	5445	6242	7418	9484	12264	12553
#苹果	Apple	3696	3615	5299	5124	5496	5546
梨	Pear	319	705	803	1228	1367	1461

8-22 各地市造林面积情况（2014年）

AFFORESTATIONS AREA BY REGION(2014)

单位：公顷　　(hectare)

地　区	Region	当年造林面积 Current New Forest Areas	#用材林 Commercial Forest	#经济林 Ecomomic Forest	育苗面积 Nursery Garden Areas	幼林抚育面积 Actual Nursery Areas	成林抚育面积 Forest Areas	迹地更新面积 Update Areas
全区合计	**Total**	**35894**	**491**	**6231**	**338**	**65**	**6660**	**588**
拉萨市	Lhasa	13358		3284	106		166	
昌都市	Qamdo	4154	14	1203	29	47	5797	372
山南地区	Shannan	8395	360	46	51			
日喀则市	Xigazê	7615		1119	93	18	100	30
那曲地区	Nagqu	33	33					
阿里地区	Ngari	220			47			
林芝地区	Nyingchi	2119	84	579	12		597	187

8-23 林业生产情况

OUTPUT OF FOREST PRODUCTS

指　标		Item		1990	1995	2000	2007	2013	2014
营林情况		**Tree Planting and Forestation**							
当年造林面积	(公顷)	Current New Forest Areas	(hectare)	5977	12966	14101	22264	41370	35894
用材林		Commercial Forest		193	478	2293	2813	303	491
经济林		Economic Forest		15	179	398	1593	1561	6231
防护林		Shelter Forest		440	3306	2721	13132	39285	28951
薪炭林		Firewood Charcoal Forest		18	2	299	1239	5	5
其他林		Other Forest		201	48	80	291	216	216
迹地更新面积	(公顷)	Update Areas	(hectare)	469	684	1684	129	662	588
零星植树	(万株)	Odd Pieces of Planting	(10000units)	28	1893	840	1155	862	1152
育苗面积	(公顷)	Nursery Garden Areas	(hectare)	486	92	165	190	1060	338
幼林抚育作业面积	(公顷)	Actual Nursery Areas	(hectare)	989	1893	2626	2346	637	65
成林抚育面积	(公顷)	Forest Areas	(hectare)	2660	3269	6150	16040	8742	6660
主要林产品产量		**Output of Major Forest Products**							
松茸	(吨)	Songrong	(ton)	8	155		756	138	80
香菇	(吨)	Xianggu					11	490	506
核桃	(吨)	Walnuts	(ton)	98	1386	1829	2247	4296	4352
花椒	(吨)	Huajiao	(ton)	1		35	67	155	137
农村竹木采伐		**Cut Bamboo and Timber in Rural Areas**							
木材	(万立方米)	Timber	(10000cu. m)	13.13	14.09	13.39	35.68	17.04	14.85
竹材	(万根)	Lumbering	(10000units)	45.68	118.98	170.31	52.75	126.72	110.72

8-24 年末牲畜存栏情况

NUMBER OF LIVESTOCK IN YEAR-END

单位：万头(只) (10000 heads)

年份 Year	地区 Region	牲畜总头数 Number of Animal	大牲畜 Large Animal	牛 Cattle and Buffalo	羊 Sheep and Goat	绵羊 Sheep	猪 Pig
1951		955	242	221	710	463	3
1959		956	243	222	707	474	6
1965		1701	459	427	1229	799	13
1978		2349	509	474	1815	1236	25
1979		2349	508	471	1816	1249	25
1980		2351	502	465	1825		24
1985		2179	539	499	1627	1086	13
1990		2251	554	506	1681	1113	16
1991		2317	575	526	1724	1146	18
1992		2395	598	547	1779	1188	19
1993		2320	588	537	1713	1145	20
1994		2297	582	531	1695	1126	20
1995		2379	590	539	1767	1168	22
1996		2276	560	511	1693	1109	23
1997		2310	574	524	1715	1126	21
1998		2252	559	509	1671	1096	21
1999		2290	579	528	1689	1104	22
2000		2266	579	526	1664	1074	23
2001		2360	607	553	1729	1111	24
2002		2439	633	577	1782	1139	24
2003		2451	647	591	1779	1134	25
2004		2509	668	613	1816	1151	26
2005		2415	686	632	1698	1072	30
2006		2438	703	651	1703	1066	32
2007		2407	674	622	1707	1060	26
2008		2405	696	645	1678	1032	31
2009		2324	705	653	1584	968	35
2010		2321	706	654	1579	977	36
2011		2185	690	645	1459	900	36
2012		2056	668	625	1352	841	36
2013		1948	640	599	1272	795	36
2014		1861	634	594	1190	749	38
拉萨市	Lhasa	132	73	71	54	34	5
昌都市	Qamdo	293	184	164	103	58	5
山南地区	Shannan	154	46	44	106	87	2
日喀则市	Xigazê	472	88	83	382	250	2
那曲地区	Nagqu	522	186	182	335	235	
阿里地区	Ngari	216	14	13	201	83	
林芝地区	Nyingchi	73	42	38	7	3	24

8-25 牛、猪、羊出栏情况

SLAUGHTERED OF CATTLE AND BUFFALA，PIG AND SHEEP AND GOAT

单位：万头(只)　　　　(10000 heads)

年份 Year	地区 Region	牛 Cattle and Buffalo 出栏数 Number of Slaughtered	牛 出栏率(%) Come Out Rate (%)	猪 Pig 出栏数 Number of Slaughtered	猪 出栏率(%) Come Out Rate (%)	羊 Sheep and Goat 出栏数 Number of Slaughtered	羊 出栏率(%) Come Out Rate (%)
1978		22.87	4.8	4.96	22.8	213.72	12.3
1980		23.27	4.9	6.47	26.2	225.03	12.4
1985		34.30	7.0	5.65	45.2	283.32	17.4
1990		43.74	7.6	7.10	43.4	317.49	18.6
1991		43.32	7.8	8.81	53.9	333.74	19.9
1992		47.16	8.2	9.02	50.6	357.04	20.7
1993		53.73	9.0	9.66	52.0	352.94	19.9
1994		58.08	9.9	9.86	49.9	365.13	21.5
1995		68.17	11.7	9.46	52.7	388.66	22.9
1996		62.49	11.6	12.23	55.6	328.82	18.6
1997		66.59	13.0	13.24	57.6	403.28	23.8
1998		69.63	12.1	12.64	60.2	411.33	24.0
1999		77.49	15.2	12.95	60.9	439.16	26.3
2000		80.13	15.2	13.64	62.0	437.52	25.9
2001		85.31	16.2	12.73	55.3	467.74	28.1
2002		89.47	16.2	14.38	59.9	530.38	30.7
2003		96.28	16.3	13.93	55.7	516.19	29.0
2004		105.10	17.1	15.26	61.0	475.92	26.8
2005		106.07	16.8	18.84	62.8	483.07	28.4
2006		107.96	16.6	18.31	57.2	508.52	29.9
2007		116.59	17.9	15.58	48.6	526.90	30.9
2008		123.35	18.9	15.60	60.0	520.08	30.5
2009		126.58	19.6	19.67	63.5	529.84	31.6
2010		136.89	21.0	20.45	58.7	525.11	33.1
2011		147.89	22.60	19.85	55.30	547.81	34.70
2012		162.02	25.12	19.32	53.80	540.59	37.05
2013		160.08	25.62	17.86	49.43	484.03	35.79
2014		149.52	24.96	17.26	48.49	408.63	32.11
拉萨市	Lhasa	17	27	2	52	20	38
昌都市	Qamdo	57	33	2	46	42	37
山南地区	Shannan	14	32	2	85	41	37
日喀则市	Xigazê	18	21	1	63	126	31
那曲地区	Nagqu	37	20	0	61	103	28
阿里地区	Ngari	3	20			75	34
林芝地区	Nyingchi	4	10	10	44	1	18

8-26 畜产品产量

OUTPUT OF LIVESTOCK PRODUCTS

年份 地区 Year Region		猪牛羊肉总产量 (万吨) Output of Pork Beef and Mutton (10000 tons)	猪 肉 Pork	牛 肉 Beef	羊 肉 Mutton	奶类产量 (万吨) Milk (10000 tons)	牛 奶 Cow Milk
1978		4.71	0.19	2.09	2.43	9.34	6.01
1980		4.75	0.24	2.09	2.40	9.87	7.02
1985		7.07	0.28	3.38	3.41	10.28	8.79
1990		8.78	0.50	4.35	3.93	15.75	12.55
1991		9.10	0.47	4.42	4.21	17.71	14.03
1992		9.74	0.51	4.85	4.38	18.60	14.82
1993		10.25	0.53	5.31	4.41	16.56	13.20
1994		10.39	0.47	5.60	4.33	16.16	13.08
1995		11.21	0.56	6.13	4.52	17.61	14.10
1996		11.54	0.66	6.24	4.64	16.62	13.51
1997		12.15	0.69	6.67	4.79	18.60	14.90
1998		12.91	0.67	7.33	4.91	19.56	15.58
1999		14.69	0.73	8.29	5.67	20.88	16.72
2000		14.93	0.79	8.48	5.66	20.40	16.20
2001		16.01	0.83	8.94	6.23	23.05	18.14
2002		17.21	0.92	9.40	6.89	24.30	19.00
2003		18.98	0.86	10.76	7.36	25.13	19.62
2004		20.82	1.04	12.19	7.59	26.20	20.29
2005		21.46	1.22	12.76	7.47	26.98	21.21
2006		22.70	1.19	13.46	8.05	27.61	21.57
2007		23.48	1.08	14.20	8.20	28.94	22.98
2008		24.46	1.11	15.07	8.28	29.46	23.32
2009		25.52	1.25	16.31	7.96	29.43	23.69
2010		26.31	1.26	16.91	8.14	30.25	24.15
2011		27.67	1.17	17.89	8.61	31.35	25.34
2012		28.95	1.13	19.76	8.06	31.69	25.64
2013		29.21	1.01	20.71	7.49	32.52	26.51
2014		28.62	1.04	20.69	6.89	34.06	28.73
拉萨市	Lhasa	2.95	0.18	2.38	0.39	4.59	4.45
昌都市	Qamdo	8.98	0.17	7.72	1.08	7.74	6.72
山南地区	Shannan	2.42	0.10	1.79	0.53	4.87	4.56
日喀则市	Xigazê	3.04	0.06	1.51	1.47	7.87	5.84
那曲地区	Nagqu	8.53	0.01	6.36	2.16	5.85	4.77
阿里地区	Ngari	1.60	0.00	0.37	1.23	0.89	0.14
林芝地区	Nyingchi	1.10	0.52	0.56	0.03	2.25	2.25

第九篇

工　业

Chapter 9

INDUSTRY

9-1 全部工业企业单位数
NUMBER OF ALL INDUSTRIAL ENTERPRISES

单位：个 (unit)

分 类	Item	2000	2001	2007	2010	2013	2014
总计	**Total**	**482**	**489**	**443**	**479**	**547**	**763**
按登记注册类型分	**Grouped by Ownership**						
国有经济	State-owned	288	267	214	138	120	143
集体经济	Collective-Owned	105	128	81	66	84	102
其他经济	Others	89	94	148	275	343	518
按轻重工业分	**Grouped by Light and Heavy Industry**						
轻工业	Enterprises of Light Industry	202	208	168	167	282	419
重工业	Enterprises of Heavy Industry	280	281	275	312	265	344
按企业规模分	**Grouped by Size of Enterprises**						
大型企业	Large-sized				1	2	1
中型企业	Medium-sized	4	4	10	13	13	14
小型企业	Small	478	485	433	465	186	247
微型企业	Micro-sized					346	501
按国民经济行业分	**Grouped by Sectors**						
煤炭开采和洗选业	Coal Mining and Dressing	2	3	2	2	2	2
黑色金属矿采选业	Ferrous Metals Mining and Dressing	10	9	14	16	17	17
有色金属矿采选业	Nonferrous Metals Mining and Dressing	19	22	42	52	44	46
非金属矿采选业	Nonmetal Minerals Mining and Dressing	17	21	24	29	30	52
其他矿采选业	Other Minerals Mining and Dressing	1		1			
农副食品加工业	Farm and Sideline Products Processing	38	36	25	44	66	101
食品制造业	Food Production	10	15	11	12	14	26
酒、饮料和精制茶制造业	Manufacture of Liquor,Beverages and Tea	16	16	21	25	33	42
烟草加工业	Tobacco Processing	1					
纺织业	Textile Industry	18	20	10	11	13	23
纺织服装、服饰业	Manufacture of Textile Wearing Apparel and Haberdashery	22	18	12	11	12	19

注：2002年以前总计中含“木材及竹材采运业”。

Note:Before 2002, Total has excluded Loffing and Transport of Timber.

9-1 续表 continued

单位：个 (unit)

分　类	Item	2000	2001	2007	2010	2013	2014
皮革、毛皮、羽毛及其制品和制鞋业	Manufacture of Leather, Fur, Feather and Its Products，Shoes	1	1	1	3	4	5
木材加工和木、竹、藤、棕、草制品业	Processing of Timber, Manufacture of Wood, Bamboo, Rattan, Palm and Straw Products	25	30	15	13	14	19
家具制造业	Furniture Manufacturing	9	13	7	7	14	25
造纸及纸制品业	Papermaking and Paper Products	1	1		2	3	6
印刷业和记录媒介的复制	Printing and Record Medium Reproduction	16	18	14	14	13	21
文教、工美、体育和娱乐用品制造业	Manufacture of Education, Culture，Artwork，Sports and Recreation Articles	5				50	68
化学原料及化学制品制造业	Raw Chemical Materials and Chemical Products	9	8	10	15	19	37
医药制造业	Medical and Pharmaceutical Products	16	17	20	23	27	29
橡胶和塑料制品业	Plastics and Articles Thereof Rubber and Articles Thereof	3	3	1	4	4	5
非金属矿物制品业	Nonmetal Mineral Products	45	40	34	55	60	95
黑色金属矿冶炼及压延加工业	Smelting and Pressing of Ferrous Metals	2	2			1	1
有色金属矿冶炼及压延加工业	Smelting and Pressing of Nonferrous Metals			1	1	1	2
金属制品业	Metal Products	6	6	3	8	13	15
通用设备制造业	General Equipment	2	1	1			1
专用设备制造业	Special Purposes Equipment	9	6	2	2	4	4
汽车制造业	Motor Vehicles	33	34	22	18		
电气机械及器材制造业	Electrical Machinery and Equipment			3	3	3	5
其他制造业	Other Manufacturing					2	3
废弃资源综合利用业	Recycling and Disposal of Waste Thermal Power						
金属制品、机械和设备修理业	Repair of Metal Products and Mechanical Equipments						1
电力、热力的生产和供应业	Production and Supply of Electric Power and Heat Power	102	107	105	60	70	76
燃气生产和供应业	Production and Supply of Gas						1
自来水生产和供应业	Production and Supply of Tap Water	7	8	11	14	14	16

9-2 工业总产值

GROSS OUTPUT VALUE OF INDUSTRY

单位：万元 (10000 yuan)

年 份 Year	合 计 Total	按登记注册类型分 Grouped by Ownership			按轻重工业分 Grouped by Light and Heavy Industry		按企业规模分 Grouped by Size of Enterprises	
		国有经济 State-owned	集体经济 Collective-owned	其他经济 Other	轻工业 Light Industry	重工业 Heavy Industry	大中型企业 Large and Medium-sized	小型企业 Small
1956	140	140				140		140
1959	4344	4243	101		164	4180		4344
1965	2349	1797	522		892	1457		2349
1978	14934	11438	3496		5691	9243		14934
1980	14894	13818	1076		4600	10294	477	14417
1985	21247	13950	1958	5339	10765	10482	1101	20146
1986	20200	13085	2022	5093	7734	12466	1343	18857
1987	21608	15353	2255	4000	9500	12108	2173	19435
1988	26496	19615	2881	4000	11088	15408	1628	24868
1989	33300	24119	3406	5775	12900	20400	1578	31722
1990	37200	25395	4230	7575	14518	22682	2102	35098
1991	44214	28709	3805	11700	20307	23907	1815	42399
1992	49696	31502	4871	13323	23053	26643	3559	46137
1993	59873	39637	5475	14761	23531	36342	4263	55610
1994	76200	48895	6139	21166	35964	40236	3997	72203
1995	90816	65679	13909	11228	28479	62337	12774	78042
1996	103617	69561	20642	13414	28137	75480	11507	92110
1997	117586	78033	17648	21905	40981	76605	21905	40981
1998	144313	94543	22381	27389	47554	96759	13842	130471
1999	166010	94686	14090	57234	65626	100384	11804	154206
2000	183036	94970	44529	43537	68814	114222	26749	156287
2001	199769	85086	44612	70071	79495	120274	50337	149432
2002	216337	96244	44899	75194	87977	128360	51343	164994
2003	239635	105503	40209	93923	89753	149882	98005	141630
2004	284243	116453	43073	124717	119924	164319	104399	179844
2005	336462	133805	44358	158299	136300	200162	111569	224893
2006	401641	135733	53667	212241	158267	243374	123194	278447
2007	504375	166871	28471	309033	187171	317204	203869	300506
2008	597153	184919	27994	384240	227571	369582	183802	413351
2009	657970	191361	20251	446358	271729	386241	254967	403003
2010	756144	225250	18063	512831	276447	479697	325047	431097
2011	950805	298104	25378	627323	369933	580872	417738	533067
2012	1059120	369199	30444	659477	406740	652380	454272	604848
2013	1258348	397547	30403	830398	481087	777260	573533	684815
2014	1516709	526160	31481	959068	664133	852576	628491	888218

注：2014年国有经济包含纯国有和国有控股企业。

Note: Date of State-owned includes that of State Sole Funded Corporations and State-holding Enterprises in 2014.

9-3 工业总产值指数

INDICES OF GROSS OUTPUT VALUE OF INDUSTRY

(上年=100)　　(Preceding year=100)

年 份 Year	合 计 Total	按登记注册类型分 Grouped by Ownership			按轻重工业分 Grouped by Light and Heavy Industry		按企业规模分 Grouped by Size of Enterprises	
		国有经济 State-owned	集体经济 Collective-owned	其他经济 Other	轻工业 Light Industry	重工业 Heavy Industry	大中型企业 Large and Medium-sized	小型企业 Small
1957	252.7	252.7				252.7		252.7
1959	96.5	95.8	138.3		137.0	95.4		96.5
1965	119.2	102.6	251.3		251.2	90.2		119.2
1978	113.5	113.5	113.5		107.1	117.8		113.5
1980	91.9	111.7	27.4		95.1	90.4	87.0	92.1
1985	102.6	99.8	92.7	118.3	99.9	105.9	101.4	102.6
1986	92.7	89.2	117.7	92.9	68.3	120.4	98.1	92.4
1987	113.7	119.7	113.7	98.7	129.5	103.5	111.9	113.7
1988	110.3	99.4	118.0	139.3	119.4	103.0	111.6	110.2
1989	109.5	108.7	108.2	112.0	109.1	109.9	112.8	109.3
1990	106.3	101.2	117.3	135.8	110.4	102.6	92.1	107.2
1991	107.2	97.9	99.0	160.0	135.0	89.7	84.7	108.7
1992	108.2	105.0	110.5	113.8	112.6	103.9	169.5	105.0
1993	108.5	109.5	97.4	110.6	102.1	115.1	135.2	106.3
1994	113.1	104.0	116.9	129.0	111.8	114.2	86.0	116.0
1995	114.7	132.9	202.0	51.0	108.5	117.8	300.7	99.2
1996	110.4	113.3	104.9	103.7	97.1	117.8	91.2	120.7
1997	112.2	102.1	116.2	175.2	133.0	123.2	29.8	129.3
1998	113.5	106.7	124.6	123.7	111.4	114.8	125.7	105.3
1999	108.7	111.2	104.0	103.8	121.2	101.7	100.8	109.2
2000	108.1	103.7	115.2	109.4	114.0	107.5	103.2	105.4
2001	108.0	98.4	96.8	137.2	108.1	106.3	110.7	102.9
2002	108.0	107.5	103.3	112.0	113.1	103.2	113.5	107.2
2003	109.6	113.4	92.2	118.6	106.8	111.9	112.1	108.6
2004	114.6	111.0	118.7	126.9	116.4	113.1	104.5	118.4
2005	116.5	104.7	109.7	114.7	120.4	113.0	112.7	117.5
2006	117.0	110.5	115.4	129.2	100.9	135.6	111.5	118.3
2007	117.4	113.6	90.7	141.9	110.4	122.2	101.8	120.2
2008	112.1	117.6	93.2	111.0	115.9	109.9	85.4	130.3
2009	112.9	104.9	89.3	118.8	120.5	108.7	112.2	113.5
2010	113.2	118.2	108.0	108.6	98.8	122.1	101.4	120.9
2011	120.6	126.9	134.7	118.4	128.3	116.1	149.4	104.3
2012	111.7	124.2	120.3	105.4	110.3	112.6	109.1	113.8
2013	115.7	107.6	106.5	126.2	112.0	118.1	126.5	113.4
2014	120.8	132.7	103.9	115.8	138.5	110.0	109.9	130.1

注：本表按可比价格计算。

Note:Data in this table are calculated at comparable prices.

9-4 工业总产值指数

INDICES OF GROSS OUTPUT VALUE OF INDUSTRY

(1956年=100) (year of 1956=100)

年 份 Year	合 计 Total	按登记注册类型分 Grouped by Ownership			按轻重工业分 Grouped by Light and Heavy Industry		按企业规模分 Grouped by Size of Enterprises	
		国有经济 State-owned	集体经济 Collective-owned	其他经济 Other	轻工业 Light Industry	重工业 Heavy Industry	大中型企业 Large and Medium-sized	小型企业 Small
1957	252.7	252.7				252.7		252.7
1959	3095.7	3501.0	213.2		137.0	3060.4		3095.7
1965	1673.9	1485.2	1148.9		746.1	1065.6		1673.9
1978	9459.1	8356.1	6490.7		3977.8	6243.4		9459.1
1980	9710.0	10425.9	1986.5		3468.9	2998.6	87.0	9408.8
1985	10105.9	7720.4	2716.9	118.3	5921.8	5053.2	151.0	9577.5
1986	9368.2	6886.6	3197.8	109.9	4044.6	6084.1	148.0	8849.6
1987	10651.6	8243.3	3635.9	108.5	5237.8	6297.0	165.7	10062.0
1988	11748.7	8193.8	4290.4	151.1	6253.9	6485.9	185.0	11088.3
1989	12864.8	8906.7	4642.2	169.1	6823.0	7128.0	208.7	12119.5
1990	13675.3	9013.6	5445.3	198.4	7532.6	7313.3	192.3	12992.1
1991	14659.9	8824.3	5390.8	198.3	10169.0	6560.0	206.6	14122.4
1992	15862.0	9265.5	5956.8	225.8	11450.3	6815.8	350.3	14828.5
1993	17210.3	10145.7	5801.9	249.7	11690.8	7845.0	473.6	15762.7
1994	19464.8	10551.5	6782.4	322.1	13070.3	8959.0	407.3	18284.7
1995	22534.9	14022.9	13700.4	164.3	14181.3	10553.7	1224.8	18436.0
1996	24878.0	15887.9	14371.7	170.4	13770.0	12432.3	1117.0	22252.3
1997	27913.7	16221.5	16699.9	298.5	18314.1	15316.6	332.9	28772.2
1998	31682.0	17308.3	20808.1	369.2	20401.9	17583.5	418.5	30297.1
1999	34438.3	19246.8	21640.4	383.2	24727.1	17882.4	421.8	33084.4
2000	37227.8	19958.9	24929.7	419.2	28188.9	19223.6	435.3	34871.0
2001	40206.0	19639.6	24131.9	575.1	30472.2	20434.7	481.9	35882.3
2002	43422.5	21112.6	24928.3	644.1	34464.1	21088.6	546.9	38465.8
2003	47591.1	23941.7	22983.9	763.9	36807.7	23598.1	613.1	41773.9
2004	54539.4	26575.3	27281.9	969.4	42844.2	26689.5	640.7	49460.3
2005	63538.4	27824.3	29928.2	1111.9	51584.4	30159.1	722.1	58115.9
2006	74339.9	30745.9	34537.1	1582.7	52048.7	40895.7	805.1	68751.1
2007	87275.0	34927.3	31325.1	2245.9	57461.8	49974.5	819.6	82638.8
2008	97835.3	41074.5	29195.0	2492.9	66598.2	54921.9	699.9	107678.4
2009	110456.1	43087.2	26071.1	2961.6	80250.8	59700.1	785.3	122215.0
2010	125036.3	50929.1	28156.8	3216.3	79287.8	72893.8	796.3	147757.9
2011	150793.8	64629.0	37927.2	3808.9	101726.2	84629.7	1189.7	154111.5
2012	168436.7	80269.2	45626.4	4014.6	112204.0	95293.0	1298.0	175378.9
2013	194881.3	86369.7	48592.1	5066.4	125668.5	112541.0	1642.0	198879.7
2014	235416.6	114612.6	50487.2	5866.9	174050.9	123795.1	1804.6	258742.5

注：本表按可比价格计算。

Note:Data in this table are calculated at comparable prices.

9-5 全部工业企业分行业工业总产值

GROSS OUTPUT VALUE OF ALL INDUSTRIAL ENTERPRISES BY BRANCH

单位：万元　　　　(10000 yuan)

分　类	Item	2000	2007	2010	2013	2014
总计	**Total**	**176035**	**473407**	**704849**	**1211737**	**1441006**
按登记注册类型分	**Grouped by Ownership**					
国有企业	State-owned Enterprises	94969	166872	225250	397547	526160
集体企业	Collective-owned Enterprises	44529	28471	18063	30403	31481
股份合作企业	Cooperative Share Holding Enterprises	2170	7152	3881	6082	11248
股份制企业	Share Holding Enterprises	24535	178787	333501	552584	727955
外商及港澳台商企业	Foreign-invested and Hong Kong, Macao and Taiwan Funded	682	48726	54891	73207	68315
其他经济企业	Other Enterprises	9150	43399	69263	151914	75848
按国民经济行业分	**Grouped by Sectors**					
煤炭开采和洗选业	Coal Mining and Processing	799			1137	1686
黑色金属矿采选业	Ferrous Metals Mining and Dressing	13222	38013	39589	46326	27545
有色金属矿采选业	Nonferrous Metals Mining and Dressing	15317	86483	103550	255219	262433
非金属矿采选业	Nonmetal Minerals Mining and Dressing	8847	10789	13796	17828	18770
其他矿采选业	Other Minerals Mining and Dressing	774				
农副食品加工业	Farm and Sideline Products Processing	2258	10192	25954	45194	64947
食品制造业	Food Production	3413	9981	11291	16125	59822
酒、饮料和精制茶制造业	Manufacture of Liquor,Beverages and Tea	13700	51359	106958	148821	196078
烟草加工业	Tobacco Processing	19				
纺织业	Textile Industry	1700	3230	8549	8608	15719
纺织服装、服饰业	Manufacture of Textile Wearing Apparel and Haberdashery	789	686	880	2312	2606
皮革、毛皮、羽毛及其制品和制鞋业	Manufacture of Leather, Fur, Feather and Its Products，Shoes	608	610	1176	1531	1424
木材加工和木、竹、藤、棕、草制品业	Processing of Timber, Manufacture of Wood, Bamboo, Rattan, Palm and Straw Products	6532	15834	10822	11775	11585
家具制造业	Furniture Manufacturing	600	429	721	1844	3044
造纸及纸制品业	Papermaking and Paper Products	250		8651	11288	9429
印刷业和记录媒介的复制	Printing and Record Medium Reproduction	3925	9872	8188	27402	32824
文教、工美、体育和娱乐用品制造业	Manufacture of Education, Culture，Artwork，Sports and Recreation Articles	3066	3580	5873	23030	35530
化学原料及化学制品制造业	Raw Chemical Materials and Chemical Products	1114	5414	9317	12847	34569
医药制造业	Medical and Pharmaceutical Products	25800	63819	65027	125259	150473
化学纤维制造业	Chemical Fiber					
橡胶和塑料制品业	Plastics and Articles Thereof Rubber and Articles Thereof	179	53	632	619	3441
非金属矿物制品业	Nonmetal Mineral Products	32690	81377	147662	241507	288895
黑色金属矿冶炼及压延加工业	Smelting and Pressing of Ferrous Metals	560			12024	4163
有色金属矿冶炼及压延加工业	Smelting and Pressing of Nonferrous Metals		349		88	45
金属制品业	Metal Products	116	27	343	3008	2985
通用设备制造业	General Equipment	31	11			1301
专用设备制造业	Special Purposes Equipment	1510	520	42	708	696
汽车制造业	Motor Vehicles	5800	4311	10791		
电气机械及器材制造业	Electrical Machinery and Equipment		790	1481	6496	6846
其他制造业	Other Manufacturing				2200	2235
废弃资源综合利用业	Recycling and Disposal of Waste					
金属制品、机械和设备修理业	Repair of Metal Products and Mechanical Equipments					74
电力、热力的生产和供应业	Production and Supply of Electric Power and Heat Power	23701	65556	110616	172046	183387
燃气生产和供应业	Production and Supply of Gas					496
自来水生产和供应业	Production and Supply of Tap Water	4007	10121	12940	16495	17958

9-6 全部规模以上工业企业主要经济指标

MAIN ECONOMIC INDICATORS OF ALL INDUSTRIAL ENTERPRISES ABOVE DESIGNATED SIZE

单位：万元 (10000 yuan)

指标	Item	2000	2001	2007	2010	2013	2014
企业单位数 (个)	Number of Industrial Enterprises (unit)	219	205	100	97	76	97
#亏损企业	Number of Loss Making Enterprises	45	48	14	24	26	27
工业总产值(当年价)	Gross Industrial Output Value (at current price)	152376	160363	413637	622246	1022358	1154723
工业增加值(当年价)	Added Value of Industry (at current price)	86419	85332	234621	292500	458293	
工业销售产值(当年价)	Sales Value of Industry (at current price)	141582	143829	387163	600627	970893	1092714
#出口交货值	Delivery Value of Industry	1094	375	90	254	1499	4109
流动资产合计	Circulating Funds	223916	204455	573217	907575	1410667	1771808
固定资产原价	Original Value of Fixed Assets	562109	579977	1204026	1898472	3438040	3805237
固定资产净值	Net Value of Fixed Assets					2589056	2773810
资产总计	Total Assets	752352	766752	1721826	3152355	5545520	6685218
流动负债合计	Liquid Liabilities	137495	123942	290843	583755	1090354	1479215
非流动负债合计	Non-current Liabilities	46655	37334	102952	300521	797738	1165445
所有者权益合计	Creditors Equity	566057	605476	1328031	2232227	3571655	4010101
实收资本	Total Capital Hold	437438	462800	554520	898243	1272639	1395656
营业收入	Business Income Products					992143	1212026
主营业务收入	Business Income of The Main Products	144227	156288	367308	597092	981000	1171413
营业成本	Business Cost					850426	921117
主营业务成本	Cost of The Core Business	81691	104000	228165	483103	835663	884773
营业税金及附加	Operating Tax and Extra Charges					16950	16968
主营业务税金及附加	Sales Tax of the Core Business and Adding	4053	3889	5649	8409	16601	16666
销售费用	Selling Expenses					64187	88422
管理费用	Management Expenses					95414	103452
财务费用	Financing Expenses					16276	19109
利息收入	Interest Revenue					10042	10445
利息支出	Interest Expenses					25622	29130
营业利润	Business Profits	14012	19834	65895	29001	-38146	62243
投资收益	Profit from Investment					3659	1985
补贴收入	Subsidize Revenue					101130	49316
营业外收入	Non-business Revenue					118160	70733
营业外支出	Non-business Expenditure					6669	7388
利润总额	Total Profits	26848	26646	71465	108200	73423	125588
亏损企业亏损总额	Total Loss of Loss-suffering Enterprises	2773	3383	14300	31301	134113	123502
应交所得税	Income Taxes Payable	1504	1288	5649	14642	28481	34744
利税总额	Total Profits					173176	219623
应交税金及附加	Sales Tax of The Core Business and Adding					129488	129684
本年应交增值税	Value-added Tax Payable This Year	11216	11416	43772	50084	82804	77067
本年应付职工薪酬	Payroll Payable This Year	27462	19875	52277	85435	164463	188262
本年应付福利费总额	Welfarisms Payable in This Year	2224	2691	4097	2908		
土地和固定资产支出	Expenses on Land and Fixed Assets						
全部从业人员年平均人数 (人)	Average Number of Employees (person)	22934	21571	20170	19144	19147	19829

注：2007年以前为全部国有及主营业务收入500万元以上非国有工业企业，2007年以后为主营业务收入500万元以上工业企业。2011年为主营业务收入2000万元以上工业企业。

Note:Date in the table are all state-owned and non-state-owned industrial enterprises with business income of the main products over 5 million yuan before 2007,since2007 late for business income of the main products over 5 million yuan industrial enterprises, since2011 late for business income of the main products over 20 million yuan industrial enterprises.

9-7 规模以下工业企业主要经济指标

MAIN ECONOMIC INDICATORS OF INDUSTRIAL ENTERPRISES BELOW DESIGNATED SIZE

单位：万元　　(10000 yuan)

指　　标	Item	2010	2013	2014
企业单位数　(个)	**Number of Industrial Enterprises (unit)**	**382**	**471**	**666**
期末从业人数　(人)	Average Number of Employees (person)	8761	13125	16443
工业总产值(当年价)	Gross Industrial Output Value (at current price)	82603	189379	286282
应收账款	Accounts Receivable		29199	34896
主营业务收入	Business Income of The Main Products	76627	187504	283447
出口产品销售收入	Proceeds of Exports		1304	3062
主营业务成本	Cost of The Core Business		122832	189364
税金总额	Total Tax	4517	13553	15708
其中:企业所得税	Company Imcome Tax	770	1767	1523
营业利润	Business Profits	24201	21594	32095
应付职工薪酬	Payroll Payable	14416	38525	53701
资产总计	Total Assets	314600	845090	1083826
负债合计	Total Liabilities		241743	289268
固定资产原价	Original Value of Fixed Assets	251806	556455	696083
本年折旧	Depreciation of Fixed Assets	10457	32193	33372
利息支出	Interest Expenses	153	6275	7197

注：本表从2011年起包括年主营业务收入2000万元以下的工业企业数据。

Note:Data in this table include state-owned industrial enterprise with business income of the main products 20 millinon yuan.

(The same as in the following table)

9-8 全部规模以上工业企业分类型主要经济指标（2014年）

单位：万元

指标	Item	企业单位数（个）Number of Enterprises (unit)	#亏损企业 Number of Loss Making Enterprises	工业总产值（当年价）Gross Industrial Output Value (At current price)
总计	**Total**	**97**	**27**	**1154723**
按登记注册类型分	**Grouped by Ownership**			
国有企业	State-owned Enterprises	3	1	5087
集体企业	Collective-owned Enterprises	1	1	4336
股份合作企业	Cooperative Share Holding Enterprises			
股份制企业	Share Holding Enterprises			
外商及港澳台商企业	Foreign-invested and Hong kong, Macao and Taiwan Funded	3		64695
其他经济企业	Other Enterprises			
按轻重工业分	**By Light Industry and Heavy Industry**			
轻工业	Light Industry	46	3	472738
重工业	Heavy Industry	51	24	681985
按企业规模分	**By Size of Enterprises**			
大型企业	Large-sized	1	1	112916
中型企业	Medium-sized	14	1	515575
小型企业	Small	66	16	479799
微型企业	Micro-sized	16	9	46433
总计中：	**Of the Toatl:**			
国有及国有控股企业	State-owned Enterprises (Including Enterprises with Controlling Share Hold by the State)	25	12	471903

MAIN ECONOMIC INDICATORS OF ALL INDUSTRIAL ENTERPRISES ABOVE DESIGNATED SIZE BY STATUS OF REGISTRATION (2014)

(10000 yuan)

工业销售产值(当年价) Sales Revenue (At Current Prices)	出口交货值 Delivery Value of Industry	流动资产合计 Circulating Funds	固定资产原价 Original Value of Fixed Assets	固定资产净值 Net Value of Fixed Assets	资产总计 Total Assets
1092714	**4109**	**1771808**	**3805837**	**2773810**	**6685218**
5560		8411	13722	9286	25074
4304		5426	8801	4603	15315
1017278	4109	1681806	3714561	2721990	6528873
65572		76165	68753	37931	115957
437992	3032	594833	332957	244221	1159485
654723	1077	1176974	3472880	2529590	5525734
112916		423966	2374658	1775829	2635382
494600		553364	586917	391584	2118053
454079	4109	669530	690490	502525	1615131
31120		124948	153773	103873	316653
437239		950939	3213700	2350431	4500947

9-8 续表1

单位：万元

指　　标	Item	流动负债合　计 Liquid Liabilities	非流动负债合　计 Non-current Liabilities
总计	**Total**	**1479215**	**1165445**
按登记注册类型分	**Grouped by Ownership**		
国有企业	State-owned Enterprises	9421	4813
集体企业	Collective-owned Enterprises	5823	
股份合作企业	Cooperative Share Holding Enterprises		
股份制企业	Share Holding Enterprises	1440789	1160632
外商及港澳台商企业	Foreign-invested and Hong kong, Macao and Taiwan Funded	23182	
其他经济企业	Other Enterprises		
按轻重工业分	**By Light Industry and Heavy Industry**		
轻工业	Light Industry	323054	96442
重工业	Heavy Industry	1156161	1069003
按企业规模分	**By Size of Enterprises**		
大型企业	Large-sized	376895	369335
中型企业	Medium-sized	516843	567870
小型企业	Small	482360	197893
微型企业	Micro-sized	103117	30346
总计中：	**Of the Toatl:**		
国有及国有控股企业	State-owned Enterprises (Including Enterprises with Controlling Share Hold by the State)	804714	777654

continued

(10000 yuan)

所有者权益合计 Creditor's Equity	实收资本 Total Capital Hold	营业收入 Business Income Products	营业成本 Business Cost	主营业务收入 Business Income of The Main Products	主营业务成本 Cost of The Core Business
4010101	**1395656**	**1212026**	**921117**	**1171413**	**884773**
10840	3979	5732	6215	5303	6108
9492	3158	4330	4168	4330	4168
3896995	1342738	1129217	860899	1089945	828220
92775	45781	72746	49835	71835	46277
733514	267358	475256	272843	473288	268538
3276587	1128297	736770	648274	698125	616235
1889151	300000	160390	284344	154111	280374
1033141	596611	529977	301450	522920	295172
909386	423794	455134	272082	450261	267067
178424	75252	66525	63240	44120	42161
2917774	827074	498242	513316	485746	506207

9-8 续表2

单位：万元

指　标	Item	营业税金及附加 Operating Tax and Extra charges	主营业务税金及附加 Sales Tax of The Core Business and Adding
总计	**Total**	**16968**	**16666**
按登记注册类型分	**Grouped by Ownership**		
国有企业	State-owned Enterprises	50	50
集体企业	Collective-owned Enterprises	54	54
股份合作企业	Cooperative Share Holding Enterprises		
股份制企业	Share Holding Enterprises	16252	15949
外商及港澳台商企业	Foreign-invested and Hong kong, Macao and Taiwan Funded	613	613
其他经济企业	Other Enterprises		
按轻重工业分	**By Light Industry and Heavy Industry**		
轻工业	Light Industry	4772	4770
重工业	Heavy Industry	12197	11896
按企业规模分	**By Size of Enterprises**		
大型企业	Large-sized	211	
中型企业	Medium-sized	9723	9723
小型企业	Small	6313	6292
微型企业	Micro-sized	722	651
总计中：	**Of the Toatl:**		
国有及国有控股企业	State-owned Enterprises (Including Enterprises with Controlling Share Hold by the State)	5989	5691

continued

(10000 yuan)

销售费用 Selling Expenses	管理费用 Management Expenses	财务费用 Financing Expenses	利息收入 Interest Revenue	利息支出 Interest Expenses	营业利润 Business profits
88422	**103452**	**19109**	**10445**	**29130**	**62243**
1920	1630	25	2	21	-4108
7	1064	43	2	45	-1005
81482	98606	19878	9600	29062	51385
5013	2152	-837	842	3	15971
70235	34374	-956	3878	2802	94295
18188	69078	20065	6567	26328	-32053
		5684	1602	7265	-130521
53445	41797	6960	3930	10795	115557
30327	53677	4772	4539	9013	87975
4651	7977	1693	375	2057	-10768
9255	45111	13652	6624	20173	-88697

9-8 续表3

单位：万元

指　标	Item	投资收益 Profit from Investment	补贴收入 Subsidize Revenue
总计	**Total**	**1985**	**49316**
按登记注册类型分	**Grouped by Ownership**		
国有企业	State-owned Enterprises		4774
集体企业	Collective-owned Enterprises		
股份合作企业	Cooperative Share Holding Enterprises		
股份制企业	Share Holding Enterprises	1985	43935
外商及港澳台商企业	Foreign-invested and Hong kong, Macao and Taiwan Funded		606
其他经济企业	Other Enterprises		
按轻重工业分	**By Light Industry and Heavy Industry**		
轻工业	Light Industry	1120	13284
重工业	Heavy Industry	865	36032
按企业规模分	**By Size of Enterprises**		
大型企业	Large-sized		28003
中型企业	Medium-sized	557	6970
小型企业	Small	1275	9552
微型企业	Micro-sized	154	4791
总计中：	**Of the Toatl:**		
国有及国有控股企业	State-owned Enterprises (Including Enterprises with Controlling Share Hold by the State)	820	37358

continued

(10000 yuan)

营业外收入 Non-business Revenue	营业外支出 Non-business Expenditure	利润总额 Total Profits	亏损企业亏损总额 Total Loss of Loss-making Enterprises	应交所得税 Income Taxes Payable
70733	**7388**	**125588**	**123502**	**34744**
4913	174	630	545	3
244	104	-866	866	
63219	7081	107522	122091	32049
2358	29	18301		2692
21464	523	115236	2116	16162
49132	6728	10351	121386	18582
30376	1436	-101582	101582	
15701	2474	128785	249	18838
17579	2111	103443	13234	15825
6940	1230	-5059	8437	82
46197	4105	-46605	112268	9707

9-8 续表4

单位：万元

指　标	Item	利　税 总　额 Total Profits	应交税金及附加 Sales Tax of The Core Business and Adding
总计	**Total**	**219623**	**129684**
按登记注册类型分	**Grouped by Ownership**		
国有企业	State-owned Enterprises	844	217
集体企业	Collective-owned Enterprises	-76	790
股份合作企业	Cooperative Share Holding Enterprises		
股份制企业	Share Holding Enterprises	194542	119940
外商及港澳台商企业	Foreign-invested and Hong kong, Macao and Taiwan Funded	24313	8738
其他经济企业	Other Enterprises		
按轻重工业分	**By Light Industry and Heavy Industry**		
轻工业	Light Industry	154091	55355
重工业	Heavy Industry	65533	74329
按企业规模分	**By Size of Enterprises**		
大型企业	Large-sized	-101371	211
中型企业	Medium-sized	178204	68522
小型企业	Small	144622	57606
微型企业	Micro-sized	-1832	3346
总计中：	**Of the Toatl:**		
国有及国有控股企业	State-owned Enterprises (Including Enterprises with Controlling Share Hold by the State)	-25295	31276

continued

(10000 yuan)

本年应付 职工薪酬 Wages Payable in This Year	本年应交 增值税 Welfarisms Payable in This Year	全部从业人员 年平均人数(人) Average Number of Employees (person)
188262	**77067**	**19829**
2239	164	413
630	736	232
180008	70768	18421
5385	5399	763
34313	34083	6388
153949	42985	13441
71038		3637
53498	39696	6439
52945	34866	7476
10782	2505	2277
124840	15322	10527

9-9 全部规模以上工业企业分行业主要经济指标（2014年）

单位：万元

指　　标	Item	企业单位数（个）Number of Enterprises (unit)	#亏损企业 Number of Loss Making Enterprises
总计	**Total**	**97**	**27**
按国民经济行业分	**Grouped by Sectors**		
黑色金属矿采选业	Ferrous Metals Mining and Dressing	4	3
有色金属矿采选业	Nonferrous Metals Mining and Dressing	13	5
非金属矿采选业	Nonmetal Minerals Mining and Dressing	1	
农副食品加工业	Farm and Sideline Products Processing	9	1
食品制造业	Food Production	4	
酒、饮料和精制茶制造业	Manufacture of Liquor,Beverages and Tea	11	1
纺织业	Textile Industry	2	
纺织服装、服饰业	Manufacture of Textile Wearing Apparel and Haberdashery		
皮革、毛皮、羽毛及其制品业和制鞋业	Manufacture of Leather, Fur, Feather and Its Products，Shoes		
木材加工和木、竹、藤、棕、草制品业	Processing of Timber, Manufacture of Wood, Bamboo, Rattan, Palm and Straw Products	1	
造纸及纸制品业	Manufacture of Paper and Paper Products	1	
印刷业和记录媒介的复制	Printing and Record Medium Reproduction	3	
文教、工美、体育和娱乐用品制造业	Manufacture of Articlel for Culture,Education,Art and Crafts,Sport and Entertainment Activities	3	
化学原料及化学制品制造业	Row Chemical Materials and Chemical Products	5	
医药制造业	Medical and Pharmaceutical Products	9	
橡胶和塑料制品业	Rubber and Articles Products	1	
非金属矿物制品业	Nonmetal Mineral Products	19	8
黑色金属矿冶炼及压延加工业	Smelting and Pressing of Ferrous Metals	1	1
金属制品业	Metal Products		
通用设备制造业	General Equipment		
专用设备制造业	General Equipment		
交通运输设备制造业	Transport Equipment		
电气机械及器材制造业	Manufacture of Electrical Machinery and Equipment	3	1
其他制造业	Other Manufacturing		
废弃资源综合利用业	Recycling and Disposal of Waste		
电力、热力的生产和供应业	Production and Supply of Electricity and Thermal Power	6	6
自来水生产和供应业	Production and Supply of Tap Water	1	1

MAIN ECONOMIC INDICATORS OF ALL INDUSTRIAL ENTERPRISES ABOVE DESIGNATED SIZE BY SECTOR (2014)

(10000 yuan)

工业总产值(当年价) Gross Industrial Output Value (At current price)	工业销售产值(当年价) Sales Revenue (At Current Prices)	出口交货值 Delivery Value of Industry	流动资产合计 Circulating Funds	固定资产原价 Original Value of Fixed Assets	固定资产净值 Net Value of Fixed Assets	资产总计 Total Assets
1154723	**1092714**	**4109**	**1771808**	**3805837**	**2773810**	**6685218**
22682	3175		113011	62705	37154	365005
245902	245897		347529	446268	322061	1675801
1316	1316		3731	961	337	9488
36105	33357		30064	24218	19226	63181
55943	55546		36178	6200	4643	74452
179443	169595		260172	182803	133814	532370
9923	9175		14974	3389	2590	18175
6950	5529		23086	15332	7693	36261
7396	7674		12039	1656	967	19295
21135	23852		23952	14593	9209	36684
15251	14068	2915	29306	8104	6814	48436
15424	13792		28631	18151	15250	73113
130207	107866	117	177002	57719	44401	316611
2988	2988		2027	342	314	6206
237462	238605	1077	169835	229166	125104	340737
4163	4163		3810	538	386	4196
6681			17212	13465	13062	32916
143496	143860		475314	2694086	2015374	3010498
12257	12257		3936.5	26141.9	15412	21796

9-9 续表1

单位：万元

指　标	Item	流动负债合　计 Liquid Liabilities	非流动负债合　计 Non-current Liabilities
总计	**Total**	**1479215**	**1165445**
按国民经济行业分	**Grouped by Sectors**		
黑色金属矿采选业	Ferrous Metals Mining and Dressing	96854	4245
有色金属矿采选业	Nonferrous Metals Mining and Dressing	437686	540932
非金属矿采选业	Nonmetal Minerals Mining and Dressing	4652	
农副食品加工业	Farm and Sideline Products Processing	15735	3497
食品制造业	Food Production	12873	1103
酒、饮料和精制茶制造业	Manufacture of Liquor,Beverages and Tea	168423	57969
纺织业	Textile Industry	3648	5268
纺织服装、服饰业	Manufacture of Textile Wearing Apparel and Haberdashery		
皮革、毛皮、羽毛及其制品业和制鞋业	Manufacture of Leather, Fur, Feather and Its Products，Shoes		
木材加工和木、竹、藤、棕、草制品业	Processing of Timber, Manufacture of Wood, Bamboo, Rattan, Palm and Straw Products	5582	4516
造纸及纸制品业	Manufacture of Paper and Paper Products	5069	
印刷业和记录媒介的复制	Printing and Record Medium Reproduction	23717	3920
文教、工美、体育和娱乐用品制造业	Manufacture of Articlel for Culture,Education,Art and Crafts,Sport and Entertainment Activities	17341	590
化学原料及化学制品制造业	Row Chemical Materials and Chemical Products	17580	3458
医药制造业	Medical and Pharmaceutical Products	72124	24095
橡胶和塑料制品业	Rubber and Articles Products	478	2000
非金属矿物制品业	Nonmetal Mineral Products	111883	22199
黑色金属矿冶炼及压延加工业	Smelting and Pressing of Ferrous Metals		
金属制品业	Metal Products		
通用设备制造业	General Equipment		
专用设备制造业	General Equipment		
交通运输设备制造业	Transport Equipment		
电气机械及器材制造业	Manufacture of Electrical Machinery and Equipment	14056	524
其他制造业	Other Manufacturing		
废弃资源综合利用业	Recycling and Disposal of Waste		
电力、热力的生产和供应业	Production and Supply of Electricity and Thermal Power	470175	491131
自来水生产和供应业	Production and Supply of Tap Water	1342	

continued

(10000 yuan)

所有者权益合计 Creditor's Equity	实收资本 Total Capital Hold	营业收入 Business Income Products	营业成本 Business Cost	主营业务收入 Business Income of The Main Products	主营业务成本 Cost of The Core Business
4010101	**1395656**	**1212026**	**921117**	**1171413**	**884773**
263708	90344	22867	17252	22048	16475
681414	578297	221509	104488	214610	98225
4230	1300	3309	1720	1620	1631
41937	17001	26019	21045	26011	21045
60476	17206	56929	37435	56929	37435
305017	116367	170972	102778	169993	99218
7401	7850	9175	7854	9175	7854
26164	5622	7357	4766	5529	3320
14227	3200	9066	7674	9066	7674
9048	5984	20952	17979	20523	17872
30505	5350	8623	6290	8156	6239
51575	24232	28372	15098	27633	14585
219248	76195	159193	62612	159108	62025
3728	3000	2989	2070	2989	2070
204011	75310	237048	166235	235937	166211
	260	3244	3111	3244	3111
18336	23345	9256	8110	9254	8110
2049192	335753	208266	329834	182708	306906
20454	9041	6881	4767	6881	4767

9-9 续表2

单位：万元

指　　标	Item	营业税金及附加 Operating Tax and Extra charges	主营业务税金及附加 Sales Tax of The Core Business and Adding
总计	**Total**	**16968**	**16666**
按国民经济行业分	**Grouped by Sectors**		
黑色金属矿采选业	Ferrous Metals Mining and Dressing	512	512
有色金属矿采选业	Nonferrous Metals Mining and Dressing	7198	7198
非金属矿采选业	Nonmetal Minerals Mining and Dressing	126	126
农副食品加工业	Farm and Sideline Products Processing	121	121
食品制造业	Food Production	397	397
酒、饮料和精制茶制造业	Manufacture of Liquor,Beverages and Tea	1642	1642
纺织业	Textile Industry	13	13
纺织服装、服饰业	Manufacture of Textile Wearing Apparel and Haberdashery		
皮革、毛皮、羽毛及其制品和制鞋业	Manufacture of Leather, Fur, Feather and Its Products，Shoes		
木材加工和木、竹、藤、棕、草制品业	Processing of Timber, Manufacture of Wood, Bamboo, Rattan, Palm and Straw Products	553	484
造纸及纸制品业	Manufacture of Paper and Paper Products	13	13
印刷业和记录媒介的复制	Printing and Record Medium Reproduction	91	91
文教、工美、体育和娱乐用品制造业	Manufacture of Articlel for Culture,Education,Art and Crafts,Sport and Entertainment Activities	325	325
化学原料及化学制品制造业	Row Chemical Materials and Chemical Products	290	287
医药制造业	Medical and Pharmaceutical Products	2075	2073
橡胶和塑料制品业	Rubber and Articles Products	19	19
非金属矿物制品业	Nonmetal Mineral Products	3196	3194
黑色金属矿冶炼及压延加工业	Smelting and Pressing of Ferrous Metals	12	12
金属制品业	Metal Products		
通用设备制造业	General Equipment		
专用设备制造业	General Equipment		
交通运输设备制造业	Transport Equipment		
电气机械及器材制造业	Manufacture of Electrical Machinery and Equipment	2	2
其他制造业	Other Manufacturing		
废弃资源综合利用业	Recycling and Disposal of Waste		
电力、热力的生产和供应业	Production and Supply of Electricity and Thermal Power	341	114
水的生产和供应业	Production and Supply of Tap Water	43	43

continued

(10000 yuan)

销售费用 Selling Expenses	管理费用 Management Expenses	财务费用 Financing Expenses	利息收入 Interest Revenue	利息支出 Interest Expenses	营业利润 Business profits
88422	**103452**	**19109**	**10445**	**29130**	**62243**
271	8198	859	1784	2632	-2517
4733	35871	5459	2379	7740	62644
	594	64	-1	63	806
456	2492	212	2	209	1698
3724	1687	109	7	111	13655
10544	9368	-2163	3156	965	48943
469	475	167	0	166	197
109	1436	-366	367		1013
18	317	50	9	59	994
123	1288	0	2		1466
135	595	19	14	26	1259
2410	3457	220	25	244	6778
53707	15017	602	641	1170	25269
128	155	82	0	82	454
10918	14677	1022	313	1263	40148
	167				-46
163	511	50	51		421
	5258	12747	1650	14376	-140632
513	1889	-22	47	24	-308

9-9 续表3

单位：万元

指标	Item	投资收益 Profit from Investment	补贴收入 Subsidize Revenue
总计	**Total**	**1985**	**49316**
按国民经济行业分	**Grouped by Sectors**		
黑色金属矿采选业	Ferrous Metals Mining and Dressing	500	200
有色金属矿采选业	Nonferrous Metals Mining and Dressing	433	
非金属矿采选业	Nonmetal Minerals Mining and Dressing		
农副食品加工业	Farm and Sideline Products Processing	100	346
食品制造业	Food Production	77	5236
酒、饮料和精制茶制造业	Manufacture of Liquor,Beverages and Tea	149	5598
纺织业	Textile Industry		
纺织服装、服饰业	Manufacture of Textile Wearing Apparel and Haberdashery		
皮革、毛皮、羽毛及其制品和制鞋业	Leather, Fur, and Wool Products Manufacturing		
木材加工和木、竹、藤、棕、草制品业	Processing of Timber, Manufacture of Wood, Bamboo, Rattan, Palm and Straw Products	154	
造纸及纸制品业	Manufacture of Paper and Paper Products		
印刷业和记录媒介的复制	Printing and Record Medium Reproduction		183
文教、工美、体育和娱乐用品制造业	Manufacture of Articlel for Culture,Education,Art and Crafts,Sport and Entertainment Activities		
化学原料及化学制品制造业	Row Chemical Materials and Chemical Products		
医药制造业	Medical and Pharmaceutical Products	794	1920
橡胶和塑料制品业	Rubber and Articles Products	-80	
非金属矿物制品业	Nonmetal Mineral Products	-142	6308
黑色金属矿冶炼及压延加工业	Smelting and Pressing of Ferrous Metals		
金属制品业	Metal Products		
通用设备制造业	General Equipment		
专用设备制造业	General Equipment		
交通运输设备制造业	Transport Equipment		
电气机械及器材制造业	Manufacture of Electrical Machinery and Equipment		
其他制造业	Other Manufacturing		
废弃资源综合利用业	Recycling and Disposal of Waste		
电力、热力的生产和供应业	Production and Supply of Electricity and Thermal Power		29524
水的生产和供应业	Production and Supply of Tap Water		

continued

(10000 yuan)

营业外收入 Non-business Revenue	营业外支出 Non-business Expenditure	利润总额 Total Profits	亏损企业亏损总额 Total Loss of Loss-making Enterprises	应交所得税 Income Taxes Payable
70733	**7388**	**125588**	**123502**	**34744**
303	1526	-3740	3890	79
6069	2790	65923	4040	9595
	65	741		
359	158	1899	65.9	25
6351	189	19816		2702
9514	109	58348	1897	8846
115	13	300		
134	4	1143		47
2	1	996		149
233	20	1679		214
		1259		
210	134	6853		929
4856	81	30044		4225
		454		80
8235	653	47730	4935	7852
		-46	46	
2		424	394	
34179	1629	-108081	108081	
172	17	-153	153	

9-9 续表4

单位：万元

指　标	Item	利税总额 Pre-tax Profits	应交税金及附加 Sales Tax of The Core Business and Adding
总计	**Total**	**219623**	**129684**
按国民经济行业分	**Grouped by Sectors**		
黑色金属矿采选业	Ferrous Metals Mining and Dressing	-1724	2130
有色金属矿采选业	Nonferrous Metals Mining and Dressing	98642	42743
非金属矿采选业	Nonmetal Minerals Mining and Dressing	932	252
农副食品加工业	Farm and Sideline Products Processing	2300	439
食品制造业	Food Production	23425	6339
酒、饮料和精制茶制造业	Manufacture of Liquor,Beverages and Tea	72825	23412
纺织业	Textile Industry	313	15
纺织服装、服饰业	Manufacture of Textile Wearing Apparel and Haberdashery		
皮革、毛皮、羽毛及其制品业和制鞋业	Manufacture of Leather, Fur, Feather and Its Products，Shoes		
木材加工和木、竹、藤、棕、草制品业	Processing of Timber, Manufacture of Wood, Bamboo, Rattan, Palm and Straw Products	2506	1410
造纸及纸制品业	Manufacture of Paper and Paper Products	1116	270
印刷业和记录媒介的复制	Printing and Record Medium Reproduction	2285	820
文教、工美、体育和娱乐用品制造业	Manufacture of Articlel for Culture,Education,Art and Crafts,Sport and Entertainment Activities	1687	505
化学原料及化学制品制造业	Row Chemical Materials and Chemical Products	9168	3247
医药制造业	Medical and Pharmaceutical Products	48830	23142
橡胶和塑料制品业	Rubber and Articles Products	489	135
非金属矿物制品业	Nonmetal Mineral Products	62952	23088
黑色金属矿冶炼及压延加工业	Smelting and Pressing of Ferrous Metals	91	136
金属制品业	Metal Products		
通用设备制造业	General Equipment		
专用设备制造业	General Equipment		
交通运输设备制造业	Transport Equipment		
电气机械及器材制造业	Manufacture of Electrical Machinery and Equipment	425	6
其他制造业	Other Manufacturing		
废弃资源综合利用业	Recycling and Disposal of Waste		
电力、热力的生产和供应业	Production and Supply of Electricity and Thermal Power	-106830	1252
自来水生产和供应业	Production and Supply of Tap Water	192	345

continued

(10000 yuan)

本年应付职工薪酬 Wages Payable in This Year	本年应交增值税 Welfarisms Payable in This Year	全部从业人员年平均人数(人) Average Number of Employees (person)
188262	**77067**	**19829**
6613	1504	1120
34609	25521	3630
349	65	116
3068	280	811
2469	3212	496
11459	12836	1786
589		139
2942	810	850
858	108	212
2336.4	514.4	618
466	102	223
4804	2026	472
10602	16712	1676
107	16	48
27698	12026	3017
450	125	130
349		111
76457	911	4127
2035	302	247

9-10 分地区全部规模以上工业企业主要经济指标（2014年）

单位：万元

指标	Item	合计 Total	拉萨 Lhasa
企业单位数 (个)	Number of Industrial Enterprises (unit)	97	69
#亏损企业	Number of Loss Making Enterprises	27	17
工业总产值(当年价)	Gross Industrial Output Value (at current price)	1154723	744139
工业销售产值(当年价)	Sales Value of Industry (at current price)	1092714	797087
#出口交货值	Delivery Value of Industry	4109	3992
流动资产合计	Circulating Funds	1771808	1330204
固定资产原价	Original Value of Fixed Assets	3805837	3280907
固定资产净值	Net Value of Fixed Assets	2773810	2428658
资产总计	Total Assets	6685218	5046713
流动负债合计	Liquid Liabilities	1479215	1057344
非流动负债合计	Non-current Liabilities	1165445	844962
所有者权益合计	Creditors Equity	4010101	3118851
实收资本	Total Capital Hold	1395656	1018109
营业收入	Business Income Products	1212026	911595
主营业务收入	Business Income of The Main Products	1171413	896174
营业成本	Business Cost	921117	746694
主营业务成本	Cost of The Core Business	884773	735336
营业税金及附加	Operating Tax and Extra Charges	16968	10975
主营业务税金及附加	Sales Tax of the Core Business and Adding	16666	10759
销售费用	Selling Expenses	88422	67193
管理费用	Management Expenses	103452	73523
财务费用	Financing Expenses	19109	17585
利息收入	Interest Revenue	10445	7324
利息支出	Interest Expenses	29130	24526
营业利润	Business Profits	62243	-6277
投资收益	Profit from Investment	1985	206
补贴收入	Subsidize Revenue	49316	40074
营业外收入	Non-business Revenue	70733	57687
营业外支出	Non-business Expenditure	7388	4295
利润总额	Total Profits	125588	47115
亏损企业亏损总额	Total Loss of Loss-suffering Enterprises	123502	111644
应交所得税	Income Taxes Payable	34744	22824
利税总额	Total Profits	219623	104742
应交税金及附加	Sales Tax of The Core Business and Adding	129684	81085
本年应交增值税	Value-added Tax Payable This Year	77067	46653
本年应付职工薪酬	Payroll Payable This Year	188262	139495
土地和固定资产支出	Expenses on Land and Fixed Assets		
全部从业人员年平均人数 (人)	Average Number of Employees (person)	19829	14057

MAIN ECONOMIC INDICATORS OF ALL INDUSTRIAL ENTERPRISES ABOVE DESIGNATED SIZE BY REGION (2014)

(10000 yuan)

昌都 Qamdo	山南 Shannan	日喀则 Xigazê	那曲 Nagqu	阿里 Ngari	林芝 Nyingchi
4	6	13		2	3
2	2	5		1	
55178	203033	80599	6185	3597	61993
76726	95001	62544		3597	57760
					117
37095	182245	99091		7725	115449
199798	126396	109190		58685	30860
126980	73638	84098		41520	18916
628801	482335	266668		68523	192178
178354	161226	44218		23968	14106
245961	21736	45457		265	7065
204487	298407	174154		44290	169912
125524	80532	120870		2800	47822
56742	99740	80354		3733	59862
55156	98823	59695		3617	57949
31112	61790	51197		8040	22284
27513	60989	32261		7922	20752
1021	1848	1799		5	1320
1005	1846	1799		5	1252
6636	7813	3312			3469
3344	10177	7963			8445
-18	607	1441		-6	-500
34	2036	537		6	508
13	2631	1960			
14450	19212	14985		-4357	24229
	500	348			932
1140	6508				1594
2563	6814	126		1804	1739
854	1629	601			9
16158	24397	14511		-2552	25959
3171	2136	3999		2552	
1903	3874	2362			3782
26043	35691	21326		-2547	34369
11849	15197	9282		5	12267
8863	9446	5016			7089
20609	13093	6751		1351	6964
1495	1724	1274		121	1158

9-11 分地区规模以下工业企业主要经济指标（2014年）

单位：万元

指 标	Item	合 计 Total	拉 萨 Lhasa
企业单位数 （个）	**Number of Industrial Enterprises (unit)**	**666**	**243**
期末从业人数 (人)	Average Number of Employees (person)	16443	6830
工业总产值(当年价)	Gross Industrial Output Value (at current price)		
应收账款	Accounts Receivable	34896	5055
主营业务收入	Business Income of The Main Products	283447.47	148484
出口产品销售收入	Proceeds of Exports	3062.08	1043
主营业务成本	Cost of The Core Business	189364.39	101498
税金总额	Total Tax	15707.99	7474
其中：企业所得税	Company Imcome Tax	1522.57	419
营业利润	Business Profits	32095.04	17469
应付职工薪酬	Wages Payable in This Yesr	53701.28	27015
固定资产原价	Original Value of Fixed Assets	696083	247744
本年折旧	Depreciation of Fixed Assets	33372	13444
资产总计	Total Assets	1083826	434833
负责合计	Total Liabilities	289268	62055
利息支出	Interest Expenses	7197	1124

MAIN ECONOMIC INDICATOR OF INDUSTRIAL ENTERPRISE BELOW DESIGNATED SIZE BY REGION (2014)

(10000 yuan)

昌 都 Qamdo	山 南 Shannan	日喀则 Xigazê	那 曲 Nagqu	阿 里 Ngari	林 芝 Nyingchi
70	**81**	**172**	**17**	**14**	**69**
1862	2257	3880	370	212	1032
699	11510	14514	242	1712	1164
32933	32230	45495	3804	8642	11860
	245	454			1319
14702	20491	33973	2996	6812	8891
2770	1846	2014	98	515	991
287	411	295	6		104
7277	2590	4740	-641	869	-209
4741	5821	10444	826	1742	3112
43944	139627	181486	8479	37230	37574
2185	7144	4360	2871	826	2542
60502	203867	265148	10114	45230	64132
4156	118620	92374	15	8488	3560
174	2715	3103	8	44	30

9-12 工业主要产品产量

年份 Year	铬矿石 (吨) Chromium Ore (ton)	发电量 (万千瓦时) Electricity (10000 kwh)	#水电 Hydropower	水 泥 (吨) Cement (ton)	啤酒 (吨) Beer (ton)	包装饮用水 (吨) Packing Drinking Water (ton)
1956		3	3			
1959		88	88			
1965		2782	2782	10600		
1978	12500	13398	13398	62000		
1980	50300	17459	17459	52200		
1985	14101	24668	16561	46668		
1986	42118	26266	18193	29822		
1987	64193	25665	20295	44516		
1988	72091	26860	19414	94869		
1989	87047	27492	21969	119815		
1990	93120	31582	24798	132345		
1991	75513	34491	24991	136637	1635	
1992	84175	35602	26095	140911	2659	
1993	71277	39288	37998	130893	1858	
1994	74000	44584	28252	150188	2029	
1995	109882	48343	30361	219952	1211	
1996	111979	51511	38119	231100	4527	
1997	122138	57766	45133	322300	16571	
1998	213719	62162	49644	370000	13440	
1999	183661	63323	52204	390378	24080	
2000		66075	55350	493200	25017	2167
2001	159446	69690	58958	495900	27525	3894
2002	124222	79650	68796	590800	29105	5225
2003	155796	101600	92083	889100	32942	3716
2004	142251	116469	104628	959800	38860	3961
2005	116679	133389	120970	1372800	48917	3983
2006	121758	151514	137901	1666659	63280	8114
2007	128637	169072	156164	1596600	83500	15588
2008	101690	184537	168707	1684952	90429	41255
2009	124461	220275	192960	1898671	113039	71719
2010	201000	241593	189631	2191200	133300	85173
2011	120500	271357	206730	2349100	181700	96475
2012	123544	262150	189878	2866712	175279	97860
2013	132900	291400	197100	2960000	172900	95720
2014	91052	322255	255082	3422480	158483	152727

OUTPUT OF MAIN INDUSTRIAL PRODUCTS

中成药 (吨) Traditional Chinese Medicine (ton)	面粉 (吨) Flour (ton)	食用植物油 (吨) Edible Vegetable Oil (ton)	毛线 (吨) Knitting Wool (ton)	地毯 (平方米) Carpet (sq. m)	服装 (件) Garments (unit)
	10				
	3252	856			
71	17486	1908	410	6762	
101	14407	1841	371	6182	
82	9390	2434	146	12973	154261
45	14801	3637	69	1908	24900
44	5279	1962	186	9034	37221
48	6501	1465	211	37861	45140
47	10014	1638	167	13889	38078
55	9319	1917	72	16799	25576
61	9048	1593	27	30659	42450
76	11128	2150	25	15709	67324
48	14663	4496	34	69489	41410
47	10423	2447	26	80000	40000
222	8337	1562	89	21841	100900
271	3319	747	39	16001	126518
85	10699	1330	55	17516	351700
652		1278	84	18807	128898
538	8661	1502	38	22660	50728
591	9210	1020	30	22880	441900
697	34700	342	28	20426	63600
995	18600	352	17	20933	36400
889	5500	192	7	25984	17900
1090	7900	1126	10	34042	15500
1210	8300	1121	2	37118	20900
1296	2422	1231	38	31373	1600
1176	2689	1156	39	35286	17300
1465	3092	1482	9	60135	19230
1366	2923	1354		33878	10800
1249	12977	1202	6	31563	12056
1589	14441	1236	6	22786	12695
1657	13893	1344	5	32096	13689
2102	22273	1526	6	40242	13986
1987	25689	1786	7	52553	14923

9-13 规模以下工业企业分行业主要经济指标（2014年）

单位：万元

指　　标	Item	企业单位数（个）Number of Enterprises (unit)	期末从业人员（人）Average Number of Employees (person)
总计	**Total**	**666**	**16443**
按国民经济行业分	**Grouped by Sectors**		
煤炭开采和洗选业	Coal Mining and Processing	2	35
黑色金属矿采选业	Ferrous Metals Mining and Dressing	13	388
有色金属矿采选业	Nonferrous Metals Mining and Dressing	33	688
非金属矿采选业	Nonmetal Minerals Mining and Dressing	51	1008
农副食品加工业	Farm and Sideline Products Processing	92	1644
食品制造业	Food Production	22	294
酒、饮料和精制茶饮料制造业	Manufacture of Liquor,Beverages and Tea	31	886
纺织业	Textile Industry	21	691
纺织服装、服饰业	Manufacture of Textile Wearing Apparel and Haberdashery	19	407
皮革、毛皮、羽毛及其制品和制鞋业	Manufacture of Leather, Fur, Feather and Its Products，Shoes	5	149
木材加工和木、竹、藤、棕、草制品业	Processing of Timber, Manufacture of Wood, Bamboo, Rattan, Palm and Straw Products	18	464
家具制造业	Furniture Manufacturing	25	435
造纸及纸制品业	Manufacture of Paper and Paper Products	5	90
印刷业和记录媒介的复制	Printing and Record Medium Reproduction	18	973
文教、工美、体育和娱乐用品制造业	Manufacture of Education, Culture，Artwork，Sports and Recreation Articles	65	1834
化学原料及化学制品制造业	Row Chemical Materials and Chemical Products	32	553
医药制造业	Medical and Pharmaceutical Products	20	1004
橡胶和塑料制品业	Rubber and Articles Products	4	27
非金属矿物制品业	Nonmetal Mineral Products	76	2013
有色金属矿冶炼及压延加工业	Smelting and Pressing of Nonferrous Metals	2	9
金属制品业	Metal Products	15	245
通用设备制造业	Manufacture of General Purpose Machinery	1	
专用设备制造业	General Equipment	4	77
电气机械及器材制造业	Electrical Machinery and Equipment	2	15
其他制造业	Other Manufacturing	3	45
金属制品、机械和设备修理业	Repair of Metal Products and Mechanical Equipments	1	8
电力、热力的生产和供应业	Production and Supply of Electricity and Thermal Power	70	1994
燃气生产和供应业	Production and Supply of Gas	1	50
自来水生产和供应业	Production and Supply of Tap Water	15	417

MAIN ECONOMIC INDICATORS OF INDUSTRIAL ENTERPRISES BELOW DESIGNATED SIZE BY SECTOR (2014)

(10000 yuan)

工业总产值（当年价）Gross Industrial Output Value (At current price)	主营业务收入 Business Income of The Main Products	税金总额 Total Tax	其中：所得税 Imcome Tax Company	营业利润 Business Profits	出口产品销售收入 Proceeds of Exports	固定资产原价 Original Value of Fixed Assets	本年折旧 Depreciation of Fixed Assets	利息支出 Interest Expenses	应收账款 Accounts Receivable	负债合计 Total Liabilities
286282	**283447**	**15708**	**1523**	**32095**	**3062**	**696083**	**33372**	**7197**	**34896**	**289268**
1686	1669	6		792		3333	44			
4863	4815	887	406	500		13791	412		678	442
16531	16368	2138	17	-1366		47516	1863	154	732	55133
17454	17281	1080	19	2901		12467	1053	19	1715	8549
28842	28556	582	19	3713	1144	55723	1569	156	2346	11355
3879	3841	125	4	1040		6930	259	5	119	902
16635	16470	915	55	688		51790	4651	1126	999	38973
5796	5739	60	2	1221	307	10115	307	2	5	2093
2606	2580	52		577		5813	62	3	111	318
1424	1409	230	8	99	177	3472	1292		137	3419
4635	4589	895	137	775	5	7187	654	10	213	1066
3044	3014	85		469		6004	140	3.27	55	45
2033	2013	30	0	170		1392	87	0	117	1200
11689	11574	530	100	-3963		29724	4236	0	1557	9049
20279	20078	363	12	3105	155	24041	703	39	698	5187
19145	18956	390	6	4450	916	13750	190	57	108	2
20266	20065	2115	325	4116	187	30236	3698	1021	3609	33281
454	449	14		77		2786	9	4	58	800
51433	50924	2372	264	7280	1	60970	2178	67	2576	11119
45	45			12		68	2			
2985	2955	241	8	611		7016	278	4	207	339
1301	1288	2		602		1258	6			
696	689	10	0	60		3324	26		18	36
165	164	4		44		120	5		50	
2235	2213	277	6	781		165	7			
74	74			13		15	1	15	3	4
39891	39496	1758	87	2265	171	269950	8847	4509	18082	104877
496	491	55		164		3320	22			
5701	5644	491	49	901		23807	771	4	705	1080

9-13 续表

单位：万元 (10000 yuan)

指　　标	Item	应付职工薪酬 Payroll Payable	主营业务成本 Cost of The Core Business	资产总计 Total Assets
总计	**Total**	**49226**	**173584**	**1083826**
按国民经济行业分	**Grouped by Sectors**			
煤炭开采和洗选业	Coal Mining and Processing	165	692	3655
黑色金属矿采选业	Ferrous Metals Mining and Dressing	1166	2935	26755
有色金属矿采选业	Nonferrous Metals Mining and Dressing	2001	12187	102399
非金属矿采选业	Nonmetal Minerals Mining and Dressing	3081	9249	33124
农副食品加工业	Farm and Sideline Products Processing	3940	16346	86041
食品制造业	Food Production	708	1460	9198
酒、饮料和精制茶饮料制造业	Manufacture of Liquor,Beverages and Tea	3032	9077	100357
纺织业	Textile Industry	1109	3221	18184
纺织服装、服饰业	Manufacture of Textile Wearing Apparel and Haberdashery	651	1560	8633
皮革、毛皮、羽毛及其制品和制鞋业	Manufacture of Leather, Fur, Feather and Its Products，Shoes	482	894	5192
木材加工和木、竹、藤、棕、草制品业	Processing of Timber, Manufacture of Wood, Bamboo, Rattan, Palm and Straw Products	1221	2278	12341
家具制造业	Furniture Manufacturing	817	1772	7190
造纸及纸制品业	Manufacture of Paper and Paper Products	240	1402	3000
印刷业和记录媒介的复制	Printing and Record Medium Reproduction	6380	10136	44688
文教、工美、体育和娱乐用品制造业	Manufacture of Education, Culture，Artwork，Sports and Recreation Articles	3960	11795	38672
化学原料及化学制品制造业	Row Chemical Materials and Chemical Products	1833	10167	20295
医药制造业	Medical and Pharmaceutical Products	4428	11597	116117
橡胶和塑料制品业	Rubber and Articles Products	70	193	3129
非金属矿物制品业	Nonmetal Mineral Products	5136	33420	86675
有色金属矿冶炼及压延加工业	Smelting and Pressing of Nonferrous Metals	35	30	73
金属制品业	Metal Products	624	2666	10619
通用设备制造业	Manufacture of General Purpose Machinery	38	473	1235
专用设备制造业	General Equipment	50	498	3970
电气机械及器材制造业	Electrical Machinery and Equipment	38	80	95
其他制造业	Other Manufacturing	70	888	211
金属制品、机械和设备修理业	Repair of Metal Products and Mechanical Equipments	14	39	21
电力、热力的生产和供应业	Production and Supply of Electricity and Thermal Power	6058	24921	304067
燃气生产和供应业	Production and Supply of Gas	150	330	7800
自来水生产和供应业	Production and Supply of Tap Water	1727	3279	30092

第十篇

建 筑 业

Chapter 10

CONSTRUCTION

10-1 建筑业企业生产情况

MAJOR INDICATORS FOR CONSTRUCTION ENTERPRISES

指　标		Item		2000	2010	2013	2014
企业个数	(个)	Construction Enterprises	(unit)	141	174	164	172
建筑业总产值	(万元)	Gross Output Value of Construction	(10000 yuan)	168178	1218763	821141	712462
建筑工程		Construction		153122	1201636	710153	649555
安装工程		Installation		10099	11641	27896	40701
其他		Others		4957	5486	83092	22206
建筑业增加值	(万元)	Value Added of Construction	(10000 yuan)	45811	277279	208732	196879
竣工产值	(万元)	Value of Building Completed	(10000 yuan)	133086	941158	358476	482681
房屋建筑施工面积	(万平方米)	Floor Space of Building Under Construction	(10000 sq.m)	86.98	272.42	211.87	225.18
房屋建筑工程竣工面积	(万平方米)	Floor Space of Building Under Completed	(10000 sq.m)	81.06	128.25	119.85	157.50
住宅面积		Floor Space of Residential Buildings		27.53	56.33	53.30	97.36
全部职工平均人数	(人)	Staff and Workers of Annual Average	(person)	26782	58315	26816	28516
全员劳动生产率	(元/人·年)	Overall Labor Productivity	(yuan/person.year)				
按总产值计算		In Terms of Gross Output Valuc		62795	208996	306213	249846
按增加值计算		In Terms of Construction Valuc-added		17105	47548	77839	83373

10-2 建筑业生产效益指标

ECONOMIC RESULTS INDICATORS OF CONSTRUCTION

指　标		Item		2000	2010	2013	2014
房屋建筑面积竣工率	(%)	Rat of Floor Space of Buildings Completed	(%)	93.2	47.1	56.6	69.94
产值利润率	(%)	Ratio of profit to Gross Output Value	(%)	4.4	0.8	5.7	6.5
资本金利润率	(%)	Ratio of Profit to Principal	(%)	11.0	18.4	11.6	9.1
工资利润率	(%)	Ratio of Profit to Wages	(%)	38.8	94.9	267.9	233
产值工资率	(%)	Ratio of Wages to Production Value	(%)	11.3	5.1	15.2	15.2
百元产值占用流动资金	(%)	Per 100 Output Value Engross Circulating Capital	(%)	53.5	40.8	24.2	49.5
流动比率	(%)	Circulating Rate	(%)	130.3	134.2	147.0	165.1
速动比率	(%)	Speed Rate	(%)	101.4	108.6	127.6	139.2
资产负债率	(%)	Ratio of Liabilities to Assets	(%)	37.9	45.1	46.4	48.2
职工人均生产房屋竣工面积	(平方米/人)	Per Staff and Workers Products Floor Space of Buildings Completed	(sp.m/person)	30.3	33.3	44.7	55.2

10-3 建筑业企业生产情况

CONDITIONS OF CONSTRUCTION ENTERPRISES

指　　标		Item		2014
建筑业合同情况	(万元)	**Contracts**	**(10000 yuan)**	
签订的合同额		Value from Contracts Signed		1085859
上年结转合同额		Value from Contracts Signed Last Year		460299
本年新签合同额		Value from New Contracts Signed This Year		625560
承包工程完成情况	(万元)	**Contracted Projects**	**(10000 yuan)**	
直接从建设单位承揽工程完成的产值		Completed Output Value of Projects Contracted Directly from Investors		708442
自行完成施工产值		Own-completed Output Value		685935
分包出去工程的产值		Output Value of Out-sourced Projects		22507
从建设单位以外承揽工程完成的产值		Others		26527
建筑业总产值	(万元)	**Gross Output Value of Construction**	**(10000 yuan)**	**712462**
其中：装修装饰产值		Architectural Decoration		24181
其中：在外省完成的产值		from Other Provinces		1820
建筑工程产值		Output Value of Construction		649555
安装工程产值		Output Value of Installation		40701
其他产值		Others		22206
竣工产值	(万元)	**Output Value of Buildings Completed**	**(10000 yuan)**	**482681**
房屋建筑施工面积	(平方米)	**Floor Space of Buildings under Construction**	**(sq.m)**	**2251865**
其中：本年新开工面积		Started This Year		1461382
其中：实行投标承包面积		Bidding		1382103
其中：本年新开工		Started This Year		874368
年末施工自有机械设备		**Machinery and Equipment Owned at Year-end**		
净值	(万元)	Net Value	(10000 yuan)	36698
总台数	(台)	Total Number	(unit)	4427
总功率	(千瓦)	Total Power	(kw)	143083
主要建筑材料消耗量		**Building Materials**		
钢材	(吨)	Rolled Steel	(ton)	145861
木材	(立方米)	Timber	(cubic metres)	126441
水泥	(吨)	Cement	(ton)	528034
平板玻璃	(重量箱)	Plate Glass	(weight cases)	78386
	(平方米)		(sq.m)	326213
铝材	(吨)	Rolled Aluminium	(ton)	10972
企业总产值	(万元)	**Gross Output Value**	**(10000 yuan)**	**1036749**

10-4 建筑业企业财务状况

FINANCIAL INDICATORS OF CONSTRUCTION ENTERPRISES

单位：万元 (10000yuan)

指　标	Item	2014
年初存货	**Inventory in the Year**	**138212**
期末资产负债	**Assets-Liability**	
流动资产合计	Total Working Capital	894754
其中：应收工程款	Project Progressive Payment	274949
其中：竣工工程	Building Completed	
存货	Inventory	140188
固定资产合计	Total Fixed Assets	229380
固定资产减值准备	Fixed assets depreciation reserves	1985
固定资产原价	Original Value of Fixed Assets	284416
累计折旧	Total Depreciation	93404
其中：本年折旧	Depreciation This Year	13475
在建工程	Projects under Construction	8852
资产总计	Total Assets	1390890
流动负债合计	Total Working Liabilities	538463
其中：应付账款	Accounts payable	156491
非流动负债合计	Non-current Liabilities	60072
负债合计	Total Liabilities	671742
所有者权益合计	Total Owners' Equities	719148
其中：实收资本	Paid-in Capital	511082
国家资本	National Capital	48432
集体资本	Collective Capital	28599
法人资本	Legal Person's Capital	267486
个人资本	Personal Capital	166565
港澳台资本	Hong Kong, Macao and Taiwan	
外商资本	Foreign businessmen's capital	
损益及分配	**Profits and Losses，Distribution**	
营业收入	Business Revenue	779562
其中：主营业务收入	Revenue from Principal Business	767031
营业成本	Business Cost	649421
其中：主营业务成本	Cost of Principal Business	638619

continued

单位：万元 (10000yuan)

指　　标	Item	2014
营业税金及附加	Business Taxes and Surcharges	28997
其中：主营业务税金及附加	Taxes and Other Charges on Principal Business	27827
其他业务利润	Other business profits	1580
销售费用	Selling Expenses	6316
管理费用	Managing Costs	50831
其中：税金	Taxes	2997
差旅费	travelling expense	
工会经费	Labor union budget	
财务费用	Financing Expenses	7007
其中：利息收入	Interest Income	235
利息支出	Interest Expenses	3443
资产减值损失	Assets Devaluation	2691
公允价值变动收益	Profit from Fair Value Changes	4
投资收益	investment income	8814
营业利润	Operating Profit	42687
营业外收入	Non-business Income	2180
其中：补贴收入	Subsidize revenue	466
营业外支出	non-business expenditure	3129
利润总额	Total Profits	41910
应交所得税	Income tax to be paid	6704
人工成本	**Labor Cost**	
应付职工薪酬	Payroll Payable	150764
土地和固定资产支出	**Expenditures on Land and Fixed Assets**	
土地购置	land	
房屋和建筑物	houses and building	
机器设备	Machinery and Equipment	
运输工具	Means Of Transport	
其他费用	others	
其他资料	**others**	
建筑业企业在境外完成的营业收入	Business Revenue beyond the borders	242

10-5 建筑业企业房屋建筑完成情况

COMPLETION OF BUILDINGS BY CONSTRUCTION ENTERPRISES

指　　标	Item	2014
房屋竣工面积　　(平方米)	**Floor Space of Buildings Completed　　(sq.m)**	**1575022**
住宅房屋	Residential Buildings	973688
商业及服务用房屋	Houses for Business Use	89125
商厦房屋（批发和零售用房）	Wholesale and Retail Trades	6381
宾馆用房屋（住宿用房）	Hotels	40786
餐饮用房屋（餐饮用房）	Catering Services	200
商务会展用房屋	Business	
其他商业及服务用房屋（居民服务业用房）	others	41758
办公用房屋	Office Buildings	287377
科研、教育、医疗用房屋	Houses for Scientific Research,Education and public health	103510
科学研究用房屋	Scientific Research	
教育用房屋、	Education	100054
医疗用房屋（卫生医疗用房）	public health	3456
文化、体育、娱乐用房屋	Houses for Culture，Sports and Entertainment	31761
厂房及建筑物	factory building	62861
仓库	Storage Buildings	830
其他未列明的房屋建筑物	others	25870
竣工房屋价值　　(万元)	**Value of Buildings Completed　　(10000 yuan)**	**365950**
住宅房屋	Residential Buildings	216169
商业及服务用房屋	Houses for Business Use	19020
商厦房屋（批发和零售用房）	Wholesale and Retail Trades	1393
宾馆用房屋（住宿用房）	Hotels	6537
餐饮用房屋（餐饮用房）	Catering Services	20
商务会展用房屋	Business	
其他商业及服务用房屋（居民服务业用房）	others	11070
办公用房屋	Office Buildings	75484
科研、教育、医疗用房屋	Houses for Scientific Research,Education and public health	22985
科学研究用房屋	Scientific Research	
教育用房屋、	Education	22419
医疗用房屋（卫生医疗用房）	public health	566
文化、体育、娱乐用房屋	Houses for Culture，Sports and Entertainment	8462
厂房及建筑物	factory building	11833
仓库	Storage Buildings	177
其他未列明的房屋建筑物	others	11821

10-6 各地市建筑业生产情况（2014年）

指标	Item		总计 Total	拉萨市 Lhasa
企业个数 (个)	Construction Enterprises	(unit)	172	80
建筑业总产值 (万元)	Gross Output Value of Construction	(10000 yuan)	712462	451219
建筑工程	Construction Output Value		649555	406366
安装工程	Construction and Installation		40701	29163
其他	Others		22206	15691
建筑业增加值 (万元)	Value Added of Construction	(10000 yuan)	196879	108346
竣工产值 (万元)	Value of Building Completed	(10000 yuan)	482681	288169
房屋建筑施工面积 (万平方米)	Floor Space of Building Under Construction	(10000 sq.m)	225.18	145.21
房屋建筑工程竣工面积 (万平方米)	Floor Space of Building Under Completed	(10000 sq.m)	157.50	94.74
# 住宅面积	Floor Space of Residential Buildings		97.36	55.28
自有机械设备年末总台数 (台)	Machinery and Equipment Owned Unit	(unit)	4427	2371
施工机械功率 (万千瓦)	Power of Construction Machines	(10000 kw)	14.3	9.73
自有机械设备净值 (万元)	Net Value of Machinery and Equipment Owned	(10000 yuan)	36698	15954
全部职工平均人数 (人)	Staff and Workers of Annual Average	(person)	28516	16749
全员劳动生产率 (元/人·年)	Overall Labor Productivity	(yuan/person.year)		
按总产值计算	In Terms of Gross Output Valuc		249846	269400
按增加值计算	In Terms of Construction Valuc-added		69041	64688

MAJOR INDICATORS FOR CONSTRUCTION ENTERPRISES BY REGION(2014)

昌都市 Qamdo	山南地区 Shannan	日喀则市 Xigazê	那曲地区 Nagqu	阿里地区 Ngari	林芝地区 Nyingchi
6	32	27	1	7	19
19488	81765	103187	35	28985	27783
11680	79937	100737	35	27593	23207
7808	255	2450		25	1000
	1572			1367	3576
7405	31956	32423	4	3499	13246
11808	69404	60881		28681	23739
3.13	27.75	24.20	1.50	10.94	13.91
1.21	20.76	18.17		10.15	12.44
1.15	11.54	16.86		4.21	8.30
232	1072	121	23	102	506
0.60	0.70	0.84	0.24	0.83	1.36
1956	6642	7622	70	2954	1500
836	3572	3613	12	1045	2689
23110	228905	285599	29166	277368	103320
88576	89462	89739	3333	33483	49259

第十一篇

运输和邮电业

Chapter 11

TRANSPORTATION,POSTAL AND TELECOMMUNICATIONS SERVICES

11-1　公路、桥梁、渡口

HIGHWAY , BRIDGE AND FERRY

年 份 Year	公路通车里程 (公里) Highways in Operation (km)	#晴雨通车 Length of Highways in All Weathers	公路养护 (公里) Maintain Highways (km)	桥梁 (座/米) Bridge (seat/meter)	渡口 (处) Ferry (unit)
1954	1988	1988			
1959	7343	7343			
1965	14721	5713	5792	631/11286	6
1978	15852	7247	7247	665/15919	6
1980	21511	20663	7944	712/18358	10
1985	21660	20733	17863	730/19845	10
1986	21662	20733	17863	744/20178	10
1987	21695	20766	17863	744/20178	10
1988	21695	20845	17863	746/20281	10
1989	21834	20970	17973	757/20549	10
1990	21842	20978	17981	777/21697	10
1991	21944	21066	17981	780/21718	10
1992	21944	20978	17981	881/23960	10
1993	21944	20978	17981	881/23960	10
1994	21842	20978	17981	881/23960	10
1995	22391	20988	17081	882/23988	10
1996	22391	16719	17081	948/27775	10
1997	22455	16719	17981	948/27775	8
1998	22455	8895	17981	948/27775	7
1999	22475	8895	17981	948/27775	7
2000	22503	8895	17981	1011/29472	7
2001	35537	17317	12419	1293/35240	5
2002	39760	18455	12419	1293/35240	
2003	41302	17104	13129	1528/42106	5
2004	42203	16762	39243	1831/47328	5
2005	43716	10916	39501	2012/59514	5
2006	44813	16766	42645	3507/96062	1
2007	48611	21299	45488	4265/115526	1
2008	51314	24317	47239	4452/118548	1
2009	53845	29658	49592	4906/133932	1
2010	58249	43774	55856	5545/147050	1
2011	63108	48179	57548	5971/157216	1
2012	65198	65198	60518	6437/170288	1
2013	70591	65374	65836	7320\187689	1
2014	75470		68042	7892/198285	1

注：2014年起取消晴雨通车里程指标。

Note: Since 2014,statistics on length of highways in all weathers are no longer compiled.

11-2 全社会客、货运输量及周转量

TURNOVER VOLUME OF PASSENGER AND FREIGHT TRAFFIC

指　标	Item	2013	2014
客运量总计　(万人次)	**Total Passenger Traffic　(10000 person-times)**	**1810.45**	**1934.55**
公 路	Highways	1325.80	1408.00
民 航	Total Civil Aviation Routes	275.89	315.14
铁 路	Railways	208.76	211.41
旅客周转量总计　(万人公里)	**Total Passenger-Kilometers　(10000 person-km)**	**577963**	**626936**
公 路	Highways	310102	327809
民 航	Total Civil Aviation Routes	153847	175734
铁 路	Railways	114014	123393
货运量总计　(万吨)	**Total Freight Traffic　(10000 tons)**	**2314.51**	**2397.54**
公 路	Highways	1778.00	1871.00
民 航	Total Civil Aviation Routes	2.24	2.46
管 道	Petroleum and Gas Pipelines	14.91	15.37
铁 路	Railways	519.36	508.71
货物周转量总计　(万吨公里)	**Total Freight Ton-kilometers　(10000 ton-km)**	**1063158**	**1121801**
公 路	Highways	814613	859580
民 航	Total Civil Aviation Routes	2217	2435
管 道	Petroleum and Gas Pipelines	15114	15580
铁 路	Railways	231214	244206

注：公路客货量统计因统计口径变化，相应调整了往年数据。

Note: The relative data of highways in the chapter are calculated according to the new standard, and historical data have been adjusted accordingly.

11-3 公路客货运输量、周转量（2014年）

HIGHWAYS OF PASSENGER AND FREIGHT TRAFFIC (2014)

指标 Item	客运量 (万人) Passenger Traffic (10000 persons)	旅客周转量 (万人公里) Passenger-Kilometers (10000 person-km)	货运量 (万吨) Freight Traffic (10000 tons)	货运周转量 (万吨公里) Freight Ton-kilometers (10000 ton-km)
全年	**1408**	**327809**	**1871**	**859580**
1月	190	17631	75	29793
2月	160	17317	79	24875
3月	92	14316	112	54244
4月	96	19171	155	66054
5月	105	24751	159	74806
6月	110	30683	171	74996
7月	123	48438	226	91586
8月	114	51211	232	93940
9月	115	34962	236	95305
10月	101	29323	226	92023
11月	101	20301	114	81099
12月	101	19705	86	80859

11-4 民用车辆拥有量（2014年）

NUMBER OF CIVIL MOTOR VEHICIES OWNED (2014)

单位：辆 (unit)

指 标	Item	总计 Total	营运 In Mana-gement	非营运 Out Mana-gement	校车 school bus	总计中 (In Total) 进口 Import	个人 Private	新注册 Newly Register	报废 Useless
合计	**Total**	**334732**	**57344**	**277217**	**171**	**16239**	**266701**	**46237**	**1026**
汽车	**Vehicles**	**296730**	**55049**	**241510**	**171**	**16234**	**231138**	**43653**	**972**
载客汽车	Buses and Cars	183039	8127	174741	171	16078	138503	29262	795
大型	Large	3878	2596	1123	159	72	249	759	77
中型	Middle	5198	1358	3828	12	184	1298	1171	129
小型	Small	169236	4168	165068		15806	132935	26854	577
微型	Mini	4727	5	4722		16	4021	478	12
载货汽车	Trucks	109597	45921	63676		125	90422	13826	161
重型	Heavy-duty	20274	17526	2748		4	16060	2356	36
中型	Middle	20752	12889	7863		17	19351	1208	23
轻型	Light	67510	15267	52243		104	54137	10232	86
微型	Small	1061	239	822			874	30	16
其他汽车	Others	4094	1001	3093		31	2213	565	16
摩托车	**Motorcycle**	**36291**	**1308**	**34983**		**5**	**35176**	**2516**	**54**
普通	Common	34659	1288	33371		5	33559	2496	42
轻便	Brisk	1632	20	1612			1617	20	12
挂车	**Trailers**	**840**	**805**	**35**			**243**	**58**	
拖拉机	**Tractors**	**867**	**181**	**686**			**143**	**10**	
其他	**Others**	**2**	**1**	**3**			**1**		

11-5　邮电通信网

SYSTEM OF POSTAL AND TELECOMMUNICATIONS SERVICES

年 份 Year	邮政局所 (个) Number of post Offices (unit)	邮路总长度 (公里) Length of Postal Routes (km)	农村投递路线 (公里) Rural Delivery Routes (km)	邮政主要 设备汽车 (辆) Postal Trucks (unit)	局用交换机 容量(门) Capacity of Local Tele- phone Exch- ange(line)	长途光缆 线路长度 (公里) Length of Long Distance Optical Cable Lines (km)
1958	12	2816		15		
1959	51	4839		19		
1965	90	12378	10498	48		
1978	112	95338	82480	183		
1980	117	15865	57487	200		
1985	124	14355	59478	188		
1986	124	17000	60252	198		
1987	118	14837	59937	193		
1988	117	14882	60996	168		
1989	118	14676	56725	166		
1990	119	14678	56725	177		
1991	120	14391	55769	113		
1992	123	15395	54999	175		
1993	125	15175	55186	155		
1994	133	17320	55367	146		
1995	138	17648	55367	155		
1996	139	16407	55260	173	423	
1997	134	16435	55260	174	4076	
1998	134	16332	58368	189	1450	
1999	138	16720	42016	210	2532	
2000	142	16646	42677	286	5317	
2001	133	16357	42677	341	6789	
2002	129	16576	42677	363	6872	
2003	128	18544	42677	406	6405	
2004	126	18615	44185	415	7565	
2005	126	15357	116710	464	9576	
2006	126	15347	116975	464	13345	
2007	193	17161	117736	501	19019	
2008	193	17654	117746	537	23000	
2009	194	19246	117635	554	419900	22000
2010	196	16752	117612	473	423000	22500
2011	203	16726	117432	492	428000	24800
2012	207	15513	97409	491	422292	30100
2013	207	15552	105926	531		30360
2014	281	19018	104314	552	1287000	38297

11-6 邮电业务量

POSTAL AND TELECOMMUNICATIONS SERVICES

年份 Year	邮电业务总量 (万元) Business Volume of Post and Telecommunications Services (10000 yuan)	邮政业务总量 Business Volume of Post	电信业务总量 Business Volume of Telecommunications	函件 (万件) Number of Letters (10000 pcs)	包件 (万件) Number of Parcels (10000 pcs)
1958	60	12	48	96	0.1
1959	99	31	43	273	0.2
1965	284	63	58	478	1
1978	214	89	125	557	5
1980	269	104	165	576	6
1985	813	32	781	657	5
1986	829	191	638	727	6
1987	894	203	691	804	8
1988	1205	296	909	799	10
1989	1524	396	1128	784	12
1990	1713	836	877	792	12
1991	2121	1127	994	753	9
1992	2726	1480	1246	867	9
1993	3273	1399	1874	1168	12
1994	4112	1527	2585	1460	17
1995	5740		4075	1653	16
1996	7991	1858	6133	1587	20
1997	11787	2282	9505	1373	20
1998	16492	2410	14082	1298	27
1999	26030	3073	22960	1415	34
2000	38431	3220	35211	1349	31
2001	64831	7276	28165	926	31
2002	74549	8184	66364	932	35
2003	98192	9288	88904	637	35
2004	134657	10040	124617	473	36
2005	164833	10466	154367	343	36
2006	215134	11346	203788	350	32
2007	308899	13285	295614	301	37
2008	417265	14788	402477	284	30
2009	521235	16918	504317	536	35
2010	232784	12478	220306	291	19
2011	270424	13724	256700	237	22
2012	344116	14316	329800	287	23
2013	405937	15137	390800	368	21
2014	470765	16400	454365	391	16

注：邮电业务总量1980年以前按1970年不变价格计算，1981年至1990年按1980年不变价格计算，1991年至2000年按1990年不变价格计算，2001年以后按2000年不变价格计算。

Note: The business volume of post and telecommunications in 1980 and prerious years was calculated at 1970 constant prices while that in 1981-1990 was calculated in 1980 constant prices. Since 1991-2000was calculated in 1990 constant prices, since2001 was calculated at 2000 constant prices.

11-6 续表 continued

年份 Year	报刊期发数(万份) Number of Newspapers & Magazines Circulation (10000 copies)	特快专递(万件) Pieces of Express Mail Services (10000 pcs)	年末市内电话户数(户) Local Telephone Subscribers Year-end (subscriber)	移动电话用户(户) Number of Mobile Telephone Subscribers (subscriber)	年末农村电话户数(户) Rural Telephone Subscribers Year-end (subscriber)
1958	2		139		
1959	3		276		
1965	4		735		
1978	19		3189		530
1980	23		3923		529
1985	30		5981		280
1986	29		6233		358
1987	24		6429		371
1988	25		7051		332
1989	21		7688		310
1990	25		9056		307
1991	27		10052		307
1992	25		11715		304
1993	26	1	15026	374	304
1994	58	1	19778	717	312
1995	22	3	26230	1422	300
1996	19		32794	2218	321
1997	26	5	43326	6580	310
1998	18	6	58867	11513	299
1999	27	10	79022	27774	530
2000	40	13	105005	72300	620
2001	20	17	144852	112836	4713
2002	24	20	187954	210521	9492
2003	22	28	247661	330900	9094
2004	24	31	378424	396557	24998
2005	27	33	495313	469303	30396
2006	36	39	649680	605483	32513
2007	26	47	678500	737259	11693
2008	26	50	695000	835259	27000
2009	26	63	512100	1255114	27200
2010	42	69	419142	1576388	19602
2011	47	45	390000	1964000	15000
2012	54	47	391000	2354900	14000
2013	50	52	400000	2656000	10000
2014	48	58	352000	2918000	6000

第十二篇

国内贸易

Chapter 12

DOMESTIC TRADE

12-1 社会消费品零售总额

TOTAL RETAIL SALES OF CONSUMER GOODS

单位：万元 (10000 yuan)

年份 Year	地区 Region	社会消费品零售总额 Total Retail Sales of Consumer Goods	按地区分 Grouped by Region		
			市 City	县 Country	县以下 Under Country Level
1978		24479	9474	3665	11340
1980		28687	11101	4446	13140
1981		33151	12829	6831	13491
1982		37051	14080	5782	17189
1983		39386	15243	5908	18235
1984		92422	35767	13863	42792
1985		94983	36759	14891	43333
1986		91009	35199	22752	33058
1987		98571	34499	24642	39430
1988		106239	32979	28833	44427
1989		128783	34636	50166	43981
1990		128700	33059	54082	41559
1991		138532	59933	47234	31365
1992		152265	68519	45680	38066
1993		181563	76256	68994	36313
1994		207363	87299	78866	41198
1995		243030	111633	76782	54615
1996		261865	122269	82736	56860
1997		323246	157045	108761	57440
1998		347198	174043	121030	52125
1999		376258	185116	140223	50919
2000		425209	204237	164287	56685
2001		486482	238647	189758	58077
2002		529390	238427	223892	67071
2003		578253	258705	248035	71513
2004		631799	280126	271778	79895
2005		732328	330704	308763	92861
2006		900173	439495	357143	103535
2007		1125992	566576	441876	117540
2008		1299875	647290	513434	139151
2009		1565814	760185	622573	183056
2010		1853000	914085	733047	205868
2011		2190000			
2012		2546433	2117898	1338976	428535
2013		3222146	2661045		561101
2014		3645084	3030117		614967

注：本表2012按销售地分口径改变，故该年分年以后无同口径数据。

Nate:The celiber of data by locataion of establishments In2011 is changed, so there is no the same caliber data .

12-2 按行业分的社会消费品零售总额

TOTAL RETAIL SALES OF CONSUMER GOODS BY SECTOR

年份 Year	地区 Region	合计 (万元) Total (10000 yuan)	批发和零售业 Wholesale and Retail Trades	住宿和餐饮业 Hotel and Restaurants	其他行业 Others
1978		24479	22679	169	1631
1980		28687	26220	189	2278
1981		33151	28723	221	4207
1982		37051	33728	532	2791
1983		39386	37426	187	1773
1984		92422	76086	2662	13674
1985		94983	79556	3553	11874
1986		91009	70628	3640	16741
1987		98571	79510	4020	15041
1988		106239	86370	4961	14908
1989		128783	109325	5027	14431
1990		128700	110935	4657	13108
1991		138532	103539	9277	25716
1992		152265	123382	6240	22643
1993		181563	136325	11203	34035
1994		207363	168470	15724	23169
1995		243030	170493	37624	34913
1996		261865	175803	44556	41506
1997		323246	262961	36315	23970
1998		347198	265795	52623	28780
1999		376258	293794	53051	29413
2000		425209	319695	65861	39653
2001		486482	366299	73722	46461
2002		529390	419709	77131	32550
2003		578253	462009	81027	35217
2004		631799	510970	109958	10871
2005		732328	593024	123990	15314
2006		900173	718558	147790	33825
2007		1125992	890370	188975	46647
2008		1299875	1053295	196427	50153
2009		1565814	1298188	229319	38307
2010		1853000	1575166	277834	
2011		2190000	1842679	347321	
2012		2546433	2122811	423622	
2013		3222146	2697322	524824	
2014		3645084	3076032	569052	

12-3 分地区社会消费品零售总额

TOTAL RETAIL SALES OF CONSUMER GOODS BY REGION

单位：万元 (10000 yuan)

年份 Year	地区 Region	社会消费品零售总额 Total Retail Sales of Consumer Goods	城镇 Cities and towns	乡村 Rural
2013		3222146	2661045	561101
2014		3645084	3030117	614967
拉萨市	Lhasa	1803277	1604401	198876
昌都市	Qamdo	320003	236492	83511
山南地区	Shannan	360602	287319	73283
日喀则市	Xigazê	660300	508075	152226
那曲地区	Nagqu	163101	149348	13753
阿里地区	Ngari	82501	66337	16163
林芝地区	Nyingchi	255301	178145	77156

12-4 各地区按行业分的社会消费品零售总额（2014年）

TOTAL RETAIL SALES OF CONSUMER GOODS BY REGION AND SECTOR (2014)

地区	Region	合 计（万元）Total (10000 yuan)	批发和零售业 Wholesale and Retail Trades	住宿和餐饮业 Hotel and Restaurants
拉萨市	Lhasa	1803277	1552896	250381
昌都市	Qamdo	320003	260451	59551
山南地区	Shannan	360602	323168	37434
日喀则市	Xigazê	660300	529479	130821
那曲地区	Nagqu	163101	149646	13455
阿里地区	Ngari	82501	64431	18069
林芝地区	Nyingchi	255301	195960	59341

12-5 限额以上批发和零售业法人企业基本情况（2014年）

BASIC CONDITIONS OF ENTERPRISES ABOVE DESIGNATED SIZE IN WHOLESALE TRADESALE AND RETAIL TRADES BY TYPES OF REGISTRATION AND SECTOR (2014)

指　标	Item	法人企业数(个) Number of Corporation Enterprises(unit)	年末从业人员数(人) Engaged Persons at Year-end(person)
总计	**Total**	**97**	**10244**
批发业合计	**Wholesale Trade**	**22**	**4779**
内资企业	**Domestic Funded Enterprises**	**21**	**4196**
国有企业	State-owned Enterprises	8	734
有限责任公司	Limited Liability Corporations	11	2989
私营企业	Private Enterprises	2	473
港、澳、台商投资企业	**Enterprises with Funds from Hong Kong,Macao and Taiwan**	**1**	**583**
外商投资企业	**Foreign Funded Enterprises**		
零售业合计	**Retail Trade**	**75**	**5465**
内资企业	**Domestic Funded Enterprises**	**74**	**5451**
国有企业	State-owned Enterprises	6	595
集体企业	Collective-owned Enterprises		
有限责任公司	Limited Liability Corporations	29	2393
股份有限公司	Share-holding Corporations Ltd.	8	602
私营企业	Private Enterprises	31	1786
其他企业	Others	1	75
港、澳、台商投资企业	**Enterprises with Funds from Hong Kong,Macao and Taiwan**		
外商投资企业	**Foreign Funded Enterprises**	**1**	**14**

12-6 按登记注册类型分限额以上批发和零售业法人企业商品购、销、存总额（2014年）

TOTAL PURCHASES，SALES AND STOCK OF ENTERPRISES ABOVE DESIGNATED SIZE OF WHOLESALE AND RETAIL TRADES BY STATUS OF REGISTRATION (2014)

单位：万元　(10000 yuan)

指　标	Item	购进总额 Total Purchases Value	销售总额 Total Sales Value	批 发 Wholesale Value	零 售 Retail Value	年末库存总额 Stock (yesr-end)
总计	**Total**	**1662138.0**	**2237522.1**	**1154420.4**	**1083101.7**	**222116.5**
批发业合计	**Wholesale Trade**	**720305.5**	**1112269.7**	**1069416.3**	**42853.4**	**84871.8**
内资企业	**Domestic Funded Enterprises**	**607678.6**	**983887.2**	**941033.8**	**42853.4**	**84870.3**
国有企业	State-owned Enterprises	372566.6	517490.0	487019.5	30470.5	60234.9
有限责任公司	Limited Liability Corporations	230983.9	459289.2	447633.8	11655.4	24144.4
私营企业	Private Enterprises	4128.1	7108.0	6380.5	727.5	491.0
港、澳、台商投资企业	**Enterprises with Funds from Hong Kong,Macao and Taiwan**	**112626.9**	**128382.5**	**128382.5**		**1.5**
外商投资企业	**Foreign Funded Enterprises**					
零售业合计	**Retail Trade**	**941832.5**	**1125252.4**	**85004.1**	**1040248.3**	**137244.7**
内资企业	**Domestic Funded Enterprises**	**938605.9**	**1121954.5**	**85004.1**	**1036950.4**	**136944.9**
国有企业	State-owned Enterprises	143253.2	180349.8	40521.2	139828.6	13600.1
集体企业	Collective-owned Enterprises					
有限责任公司	Limited Liability Corporations	454429.0	523383.2	37265.9	486117.3	81699.7
股份有限公司	Share-holding Corporations Ltd.	191183.3	245571.5		245571.5	7079.7
私营企业	Private Enterprises	148478.8	171396.4	7217.0	164179.4	34325.8
其他企业	Others	1261.6	1253.6		1253.6	239.6
港、澳、台商投资企业	**Enterprises with Funds from Hong Kong,Macao and Taiwan**					
外商投资企业	**Foreign Funded Enterprises**	**3226.6**	**3297.9**		**3297.9**	**299.8**

12-7 按行业分限额以上批发和零售业法人企业商品购、销、存总额（2014年）

TOTAL PURCHASES，SALES AND STOCK OF ENTERPRISES ABOVE DESIGNATED SIZE OF WHOLESALE AND RETAIL TRADES BY SECTOR（2014）

单位：万元 (10000 yuan)

指　标	Item	购进总额 Total Purchases Value	销售总额 Total Sales Value	批 发 Wholesale Value	零 售 Retail Value	年末库存总额 Stock (yesr-end)
总计	**Total**	**1662138**	**2237522**	**1154420**	**1083102**	**222117**
批发业合计	**Wholesale Trade**	**720306**	**1112270**	**1069416**	**42853**	**84872**
农、林、牧产品批发	Wholesale of Farm Fovest Produce Produce and Livestock Products	16255	12825	12796	28	1463
食品、饮料及烟草制品批发	Wholesale of Food,Beverages and Tobaccos	408188	567129	534784	32345	64891
文化、体育用品及器材批发	Wholesale of Culture,Sports Appliances and Equipments	12075	11891	10063	1828	5659
医药及医疗器材批发	Whollesale of Medicines and Medical Appliances	254571	485643	485622	21	7233
矿产品、建材及化工产品批发	Wholesalea of Mineral Products,Building Materials and Chemical Products					
机械设备、五金产品及电子产品批发	Wholesaale of Machimery,Hardware and Electronic Equipment	29217	34782	26151	8630	5626
零售业合计	**Retail Trade**	**941833**	**1125252**	**85004**	**1040248**	**137245**
综合零售	Integrated Retail	95050	108349	5145	103204	34805
食品、饮料及烟草制品专门零售	Retail of Food,Beverages and Tobaccos	58083	65248	41056	24192	22099
纺织、服装及日用品专门零售	Special Retail of Textiles,Garments and Daily Consumer Articles	3227	3298		3298	300
文化、体育用品及器材专门零售	Retail of Culture,Sports Appliances and Equipments	4317	4679		4679	726
医药及医疗器材专门零售	Retail of Medicines and Medical Appliances	7457	12231		12231	2214
汽车、摩托车、燃料及零配件专门零售	Retail of Motor Vehicles,Motorcycles, Fuel and Parts	719530	879283	9599	869684	63435
家用电器及电子产品专门零售	Special Retail of Household Electric Appliances and Electronic Products	48047	49443	29203	20240	10076
货摊、无店铺及其他零售	Stall, Non-shop and Other Retails	6122	2721		2721	3590

12-8 按登记注册类型分限额以上批发和零售业企业资产及负债（2014年）

BUSINESS OF ENTERPRISES ABOVE DESIGNATED SIZE OF HOTELS AND CATERING SERVICES BY STATUS OF REGISTRATION AND SECTOR (2014)

单位：万元 (10000 yuan)

指　标	Item	资产 总计 Total Assets	流动资产合计 Working Capitals	固定资产原价 Original Value of Fixed Assets	负债合计 Total Liabilities	所有者权益合计 Total Owners' Equities
总计	**Total**	**1150986.4**	**844114.1**	**271018.5**	**708870.3**	**442116.1**
批发业合计	**Wholesale Trade**	**699953.1**	**600151.9**	**101565.4**	**427094.1**	**272859.0**
按登记注册类型分组	**By Status of Registration**					
内资企业	**Domestic Funded Enterprises**	**615055.9**	**515625.8**	**101169.3**	**357106.0**	**257949.9**
国有企业	State-owned Enterprises	283453.6	211059.8	74659.3	86470.5	196983.1
有限责任公司	Limited Liability Corporations	317996.9	291033.9	26468.5	260342.3	57654.6
私营企业	Private Enterprises	13605.4	13532.1	41.5	10293.2	3312.2
港、澳、台商投资企业	**Enterprises with Funds from Hong Kong,Macao and Taiwan**	**84897.2**	**84526.1**	**396.1**	**69988.1**	**14909.1**
外商投资企业	**Foreign Funded Enterprises**					
零售业合计	**Retail Trade**	**451033.3**	**243962.2**	**169453.1**	**281776.2**	**169257.1**
内资企业	**Domestic Funded Enterprises**	**450642.7**	**243613.8**	**169287.2**	**281435.6**	**169207.1**
国有企业	State-owned Enterprises	114821.7	44393.6	40699.6	54946.6	59875.1
集体企业	Collective-owned Enterprises					
有限责任公司	Limited Liability Corporations	204646.1	122030.1	65587.2	153909.6	50736.5
股份有限公司	Share-holding Corporations Ltd.	39427.2	12099.1	39814.2	11135.9	28291.3
私营企业	Private Enterprises	91667.7	65056.0	23136.2	61443.5	30224.2
其他企业	Others	80.0	35.0	50.0		80.0
港、澳、台商投资企业	**Enterprises with Funds from Hong Kong,Macao and Taiwan**					
外商投资企业	**Foreign Funded Enterprises**	**390.6**	**348.4**	**165.9**	**340.6**	**50.0**

12-9 按行业分限额以上批发和零售业企业资产及负债（2014年）
ASSETS AND LIABILITIES OF ENTERPRISES ABOVE DESIGNATED SIZE OF WHOLESALE AND RETAIL TRADES BY SECTOR（2014）

单位：万元 (10000 yuan)

指标	Item	资产总计 Total Assets	流动资产合计 Working Capitals	固定资产原价 Original Value of Fixed Assets	负债合计 Total Liabilities	所有者权益合计 Total Owners' Equities
总计	**Total**	**1150986.4**	**844114.1**	**271018.5**	**708870.3**	**442116.1**
批发业合计	**Wholesale Trade**	**699953.1**	**600151.9**	**101565.4**	**427094.1**	**272859.0**
农畜产品批发	Wholesale of Farm Produce and Livestock Products	51693.7	36310.8	10071.4	29253.5	22440.2
食品、饮料及烟草制品批发	Wholesale of Food,Beverages and Tobaccos	294364.6	218074.8	80132.6	77650.0	216714.6
文化、体育用品及器材批发	Wholesale of Culture,Sports Appliances and Equipments	9918.5	7382.4	3760.3	6189.2	3729.3
医药及医疗器材批发	Whollesale of Medicines and Medical Appliances	328611.6	325496.4	3311.9	306787.1	21824.5
矿产品、建材及化工产品批发	Wholesalea of Mineral Products,Building Materials and Chemical Products					
机械设备、五金交电及电子产品批发	Wholesaale of Machimery,Hardware and Electronic Equipment	15364.7	12887.5	4289.2	7214.3	8150.4
零售业合计	**Retail Trade**	**451033.3**	**243962.2**	**169453.1**	**281776.2**	**169257.1**
综合零售	Integrated Retail	46834.3	24856.5	17543.6	32249.8	14584.5
食品、饮料及烟草制品专门零售	Retail of Food,Beverages and Tobaccos	41347.4	27472.7	15431.2	20473.1	20874.3
纺织、服装及日用品专门零售	Special Retail of Textiles,Garments and Daily Consumer Articles	390.6	348.4	165.9	340.6	50.0
文化、体育用品及器材专门零售	Retail of Culture,Sports Appliances and Equipments	5966.1	3343.4	3713.8	3394.2	2571.9
医药及医疗器材专门零售	Retail of Medicines and Medical Appliances	7601.4	7535.9	233.2	7069.7	531.7
汽车、摩托车、燃料及零配件专门零售	Retail of Motor Vehicles,Motorcycles, Fuel and Parts	315815.1	152373.3	129174.7	193937.8	121877.3
家用电器及电子产品专门零售	Special Retail of Household Electric Appliances and Electronic Products	25352.9	21257.0	1949.7	20942.5	4410.4
货摊、无店铺及其他零售	Stall, Non-shop and Other Retails	7725.5	6775.0	1241.0	3368.5	4357.0

12-10 按登记注册类型分限额以上批发和零售业法人企业主要财务指标（2014年）

MAIN FINANCIAL INDICATORS OF ENTERPRISES ABOVE DESIGNATED SIZE OF WHOLESALE RETAIL TRADES BY STATUS OF REGISTRATION AND SECTOR (2014)

单位：万元　　(10000 yuan)

指　标	Item	主营业务收入 Business Income of The Main Products	主营业务成本 Cost of The Core Business	主营业务税金及附加 Taxes and Other Charges on Principal Business	营业利润 Profits from Principal Business
总计	**Total**	**2114227.5**	**1637025.7**	**37785.3**	**51842.3**
批发业合计	**Wholesale Trade**	**1069307.3**	**670330.8**	**32687.9**	**28561.3**
内资企业	**Domestic Funded Enterprises**	**940924.8**	**574074.7**	**32112.4**	**17848.2**
国有企业	State-owned Enterprises	447271.9	339654.7	24734.0	38813.0
有限责任公司	Limited Liability Corporations	477015.7	227587.4	7154.7	-20528.3
股份有限公司	Share-holding Corporations Ltd.				
私营企业	Private Enterprises	16637.2	6832.6	223.7	-436.5
港、澳、台商投资企业	**Enterprises with Funds from Hong Kong,Macao and Taiwan**	**128382.5**	**96256.1**	**575.5**	**10713.1**
外商投资企业	**Foreign Funded Enterprises**				
零售业合计	**Retail Trade**	**1044920.2**	**966694.9**	**5097.4**	**23281.0**
内资企业	**Domestic Funded Enterprises**	**1042101.5**	**964010.6**	**5093.3**	**23654.0**
国有企业	State-owned Enterprises	169203.9	152816.4	2292.2	3245.5
集体企业	Collective-owned Enterprises				
有限责任公司	Limited Liability Corporations	524790.3	489283.8	1120.5	27858.2
股份有限公司	Share-holding Corporations Ltd.	202983.8	196291.3	250.0	-5910.1
私营企业	Private Enterprises	143869.9	124804.3	1380.3	-1905.1
其他企业	Others	1253.6	814.8	50.3	365.5
港、澳、台商投资企业	**Enterprises with Funds from Hong Kong,Macao and Taiwan**				
外商投资企业	**Foreign Funded Enterprises**	**2818.7**	**2684.3**	**4.1**	**-373.0**

12-11 按行业分限额以上批发和零售业法人单位主要财务指标（2014年）

MAIN FINANCIAL INDICATORS OF ENTERPRISES ABOVE DESIGNATED SIZE OF WHOLESALE AND RETAIL TRADES BY SECTOR (2014)

单位：万元 (10000 yuan)

指　标	Item	主营业务收入 Business Income of The Main Products	主营业务成本 Cost of The Core Business	主营业务税金及附加 Taxes and Other Charges on Principal Business	营业利润 Profits from Principal Business
总计	**Total**	**2114227.5**	**1637025.7**	**37785.3**	**51842.3**
批发业合计	**Wholesale Trade**	**1069307.3**	**670330.8**	**32687.9**	**28561.3**
农、林、牧产品批发	Wholesale of Farm Produce and Livestock Products	10295.6	14286.6	10.0	-8617.3
食品、饮料及烟草制品批发	Wholesale of Food,Beverages and Tobaccos	495471.2	381908.0	27117.3	40654.3
文化、体育用品及器材批发	Wholesale of Culture,Sports Appliances and Equipments	9723.6	7887.8		544.2
医药及医疗器材批发	Whollesale of Medicines and Medical Appliances	518943.8	235099.6	5525.1	-4868.7
矿产品、建材及化工产品批发	Wholesalea of Mineral Products,Building Materials and Chemical Products				
机械设备、五金交电及电子产品批发	Wholesaale of Machimery,Hardware and Electronic Equipment	34873.1	31148.8	35.5	848.8
零售业合计	**Retail Trade**	**1044920.2**	**966694.9**	**5097.4**	**23281.0**
综合零售	Integrated Retail	89882.7	77740.0	986.3	-1685.7
食品、饮料及烟草制品专门零售	Retail of Food,Beverages and Tobaccos	56445.4	43148.6	2583.8	2789.6
纺织、服装及日用品专门零售	Special Retail of Textiles,Garments and Daily Consumer Articles	2818.7	2684.3	4.1	-373.0
文化、体育用品及器材专门零售	Retail of Culture,Sports Appliances and Equipments	4678.5	4155.4	4.3	-151.5
医药及医疗器材专门零售	Retail of Medicines and Medical Appliances	12230.8	10268.8	44.0	648.4
汽车、摩托车、燃料及零配件专门零售	Retail of Motor Vehicles,Motorcycles, Fuel and Parts	829849.2	783530.4	1244.8	22909.4
家用电器及电子产品专门零售	Special Retail of Household Electric Appliances and Electronic Products	46242.2	42977.3	222.9	-1025.3
货摊、无店铺及其他零售	Stall,Non-shop and Other Retails	2772.7	2190.1	7.2	169.1

12-12　限额以上批发和零售业商品分类销售额（2014年）
SALE VALUES OF ENTERPRISES ABOVE DESIGNATED SIZE OF WHOLESALE AND RETAIL TRADES BY CATEGORY OF COMMODITIES (2014)

单位：万元　　(10000 yuan)

指标	Item	销售合计 Total Sales	批发 Wholesale	零售 Retail
粮油、食品、饮料、烟酒类	Grain and oil,Food,Beverages,Tobaccos and Liquor	581954	556432	25522
粮油、食品类	Grain and oil,Food	34601	6650	27951
粮油类	Provisions and Oil	6949		6949
肉禽类	Meat and Poultry	4934	3260	1674
饮料类	Beverages	3094	435	2659
烟酒类	Tobacco and Liquor	594259	549347	44912
服装鞋帽、针、纺织品类	Clothing,Shoes,Hats and Textiles	42722	140	42582
服装类	Clothing	32554	140	32414
鞋帽类	Shoes and Hats	8615		8615
针、纺织品类	Knitwear and Textiles	1553		1553
化妆品类	Cosmectics	11403		11403
金银珠宝类	Gold,Sliver and Jewelry	15885		15885
日用品类	Articles for Daily Use	5530	11	5520
洗涤用品类	Washing Articles	4409		4409
儿童玩具类	Children Toys	210		210
五金、电料类	Hardwarea and Electrical Materials	173		173
体育、娱乐用品类	Sports and Recreation Articles	85		85
书报杂志类	Newspapers ang Magazines	13192	9701	3492
电子出版物及音像制品类	E-journal and Video Products	23		23
家用电器和音像器材类	Household Appliances and Video Appliances	18088		18088
中西药品类	Traditional Chinese and Western Medicines	346351	342791	3560
西药	Western Medicines	625	625	
中草药及中成药	Traditional Chinese Medicines	38338	37688	650
文化办公用品类	Culture and Official Goods	303		303
家俱类	Furniture	13		13
通讯器材类	Communication Appliances	27867		27867
煤炭及制品类	Coal and Related Products			
木材及制品类	Wood and Wooden Products			
石油及制品类	Petroleum and Relateel Products	583685		583685
化工材料及制品类	Raw Chemical Materials	13440	13440	
化肥类	Fertilizer	13440	13440	
金属材料类	Metal Materials			
建筑及装潢材料类	Building and Decoration Materials			
机电产品及设备类	Mechanical and Electrical Products	29970	29970	
农机类	Agricultural Machinery	26876	26876	
汽车类	Automobile	218441		218441
种子饲料类	Seeds and Feedstuff			
棉麻类	Cotton,Hemp			
其他类	Others	25095	2244	22851

12-13 限额以上住宿和餐饮业企业基本情况（2014年）

BASIC CONDITIONS OF ENTERPRISES ABOVE DESIGNATED SIZE IN HOTELS AND CATERING SERVICES BY TYPES OF REGISTRATION AND SECTOR (2014)

指　　标	Item	法人企业数(个) Number of Corporation Enterprises(unit)	年末从业人员数(人) Engaged Persons at Year-end(person)
总计	**Total**	**67**	**5507**
住宿业	**Hotesl**	**58**	**5096**
按登记注册类型分组	**By Status of Registration**		
内资企业	**Domestic Funded Enterprises**	**55**	**4581**
国有企业	State-owned Enterprises	17	1957
集体企业	Collective-owned Enterprises	1	45
股份合作企业	Cooperative Enterprises		
有限责任公司	Limited Liability Corporations	13	906
股份有限公司	Share-holding Corporations Ltd.	4	229
私营企业	Private Enterprises	20	1444
其他企业	Others		
港、澳、台商	**Enterprises with Funds from**	**1**	**185**
投资企业	**Hongkong,Macao and Taiwan**	**2**	**330**
外商投资企业	**Enterprises with Foreign Investment**		
按行业分组	**by Sectors**		
旅游饭店	Tour Restaurant	57	5032
餐饮业	**Catering Services**	**9**	**411**
按登记注册类型分组	**By Status of Registration**		
内资企业	**Domestic Funded Enterprises**	**9**	**411**
有限责任公司	Limited Liability Corporations	4	182
私营企业	Private Enterprises	5	229
其他企业	Others		
港、澳、台商	**Enterprises with Funds from**		
投资企业	**Hongkong,Macao and Taiwan**		
外商投资企业	**Enterprises with Foreign Investment**		
按行业分组	**by Sectors**		
正餐服务	Restaurant	8	359
快餐服务	Fast Food	1	52

12-14 限额以上住宿和餐饮业企业经营情况（2014年）

BASIC CONDITIONS OF ENTERPRISES ABOVE DESIGNATED SIZE IN HOTELS AND CATERING SERVICES BY TYPES OF REGISTRATION AND SECTOR (2014)

单位：万元　　(10000 yuan)

指　标	Item	营业额 Business Revenue	客房收入 From Hotes Rooms	餐费收入 From Meala	商品销售收入 From Commodities	其他收入 Others
总计	**Total**	**70377.3**	**40002.1**	**21063.0**	**1149.4**	**8162.8**
住宿业	**Hotesl**	**64236.4**	**39839.3**	**15166.2**	**1139.8**	**8091.1**
按登记注册类型分组	**By Status of Registration**					
内资企业	**Domestic Funded Enterprises**	**52418.7**	**32556.4**	**11125.2**	**1139.8**	**7597.3**
国有企业	State-owned Enterprises	26503.7	15714.2	5806.4	284.5	4698.6
集体企业	Collective-owned Enterprises	556.7	323.5			233.2
股份合作企业	Cooperative Enterprises					
有限责任公司	Limited Liability Corporations	9744.8	6676.1	2106.4		962.3
股份有限公司	Share-holding Corporations Ltd.	2046.9	1344.6	574.3	48.1	79.9
私营企业	Private Enterprises	13566.6	8498.0	2638.1	807.2	1623.3
其他企业	Others					
港、澳、台商投资企业	**Enterprises with Funds from Hongkong,Macao and Taiwan**	**5380.9**	**3478.3**	**1599.0**		**303.6**
外商投资企业	**Enterprises with Foreign Investment**	**6436.8**	**3804.6**	**2442.0**		**190.2**
按行业分组	**by Sectors**					
旅游饭店	Tour Restaurant	63646.0	39593.8	14834.4	1139.8	8078.0
餐饮业	**Catering Services**	**6140.9**	**162.8**	**5896.8**	**9.6**	**71.7**
按登记注册类型分组	**By Status of Registration**					
内资企业	**Domestic Funded Enterprises**	**6140.9**	**162.8**	**5896.8**	**9.6**	**71.7**
有限责任公司	Limited Liability Corporations	2856.7	98.4	2758.3		
私营企业	Private Enterprises	3284.2	64.4	3138.5	9.6	71.7
其他企业	Others					
港、澳、台商投资企业	**Enterprises with Funds from Hongkong,Macao and Taiwan**					
外商投资企业	**Enterprises with Foreign Investment**					
按行业分组	**by Sectors**					
正餐服务	Restaurant	5674.1	162.8	5430.0	9.6	71.7
快餐服务	Fast Food	466.8		466.8		

12-15 限额以上住宿和餐饮业法人企业资产及负债（2014年）

ASSETS AND LIABILITIES OF ENTERPRISES ABOVE DESIGNATED SIZE OF HOTELS AND CATERING SERVICES BY STATUS OF REGISTRATION ANDSECTOR (2014)

单位：万元 (10000 yuan)

指 标	Item	资产总计 Total Assets	流动资产合计 Working Capitals	固定资产原价 Original Value of Fixed Assets	负债合计 Total Liabilities	所有者权益合计 Total Owners' Equities
总计	**Total**	**370940.7**	**63457.1**	**370741.9**	**157825.9**	**213114.8**
住宿业合计	**Hotesl**	**360052.0**	**55058.0**	**367850.0**	**148183.9**	**211868.1**
按登记注册类型分组	**By Status of Registration**					
内资企业	**Domestic Funded Enterprises**	**277458.5**	**44015.3**	**291701.6**	**99631.6**	**177826.9**
国有企业	State-owned Enterprises	131365.1	24836.3	153064.4	37619.6	93745.5
集体企业	Collective-owned Enterprises	2753.7	191.1	3881.4	1163.9	1589.8
股份合作企业	Cooperative Enterprises					
有限责任公司	Limited Liability Corporations	59227.9	6911.2	56905.3	21067.6	38160.3
股份有限公司	Share-holding Corporations Ltd.	12494.8	1183.2	15952.6	5976.2	6518.6
私营企业	Private Enterprises	71617.0	10893.5	61897.9	33804.3	37812.7
其他企业	Others					
港、澳、台商投资企业	**Enterprises with Funds from Hongkong,Macao and Taiwan**	**1682.1**	**1682.1**		**1471.3**	**210.8**
外商投资企业	**Enterprises with Foreign Investment**	**80911.4**	**9360.6**	**76148.4**	**47081.0**	**33830.4**
按国民经济行业分	**by Sectors**	**360052.0**	**55058.0**	**367850.0**	**148183.9**	**211868.1**
旅游饭店	Tour Restaurant	357979.6	54575.1	366000.9	147975.2	210004.4
餐饮业合计	**Catering Services**	**10888.7**	**8399.1**	**2891.9**	**9642.0**	**1246.7**
按登记注册类型分	**By Status of Registration**					
内资企业	**Domestic Funded Enterprises**	**10888.7**	**8399.1**	**2891.9**	**9642.0**	**1246.7**
有限责任公司	Limited Liability Corporations	770.3	191.0	478.8	953.5	-183.2
私营企业	Private Enterprises	10118.4	8208.1	2413.1	8688.5	1429.9
其他企业	Others					
港、澳、台商投资企业	**Enterprises with Funds from Hongkong,Macao and Taiwan**					
外商投资企业	**Enterprises with Foreign Investment**					
按国民经济行业分	**by Sectors**					
正餐服务	Restaurant	10466.7	8331.0	2724.2	9496.8	969.9
快餐服务	Fast Food	422.0	68.1	167.7	145.2	276.8

12-16 限额以上住宿和餐饮业企业主要财务指标（2014年）

MAIN FINANCIAL INDICATORS OF ENTERPRISES ABOVE DESIGNATED SIZE OF HOTELS AND CATERING SERVICES BY STATUS OF REGISTRATION AND SECTOR(2014)

单位：万元　　(10000 yuan)

指　　标	Item	主营业务收入 Business Income of The Main Products	主营业务成本 Cost of The Core Business	主营业务税金及附加 Taxes and Other Charges on Principal Business	营业利润 Profits from Principal Business
总计	**Total**	**68558.0**	**23824.3**	**3979.6**	**-14335.2**
住宿业	**Hotesl**	**62437.3**	**20191.7**	**3640.4**	**-14261.5**
按登记注册类型分组	**By Status of Registration**				
内资企业	**Domestic Funded Enterprises**	**50619.6**	**18675.1**	**2979.0**	**-6491.2**
国有企业	State-owned Enterprises	22793.0	6344.7	1398.5	-485.7
集体企业	Collective-owned Enterprises	556.7	306.9	31.2	120.6
股份合作企业	Cooperative Enterprises				
有限责任公司	Limited Liability Corporations	10198.7	4461.9	588.8	-2173.7
股份有限公司	Share-holding Corporations Ltd.	1982.7	430.7	113.3	-829.6
私营企业	Private Enterprises	15088.5	7130.9	847.2	-3122.8
其他企业	Others				
港、澳、台商投资企业	**Enterprises with Funds from Hongkong,Macao and Taiwan**	**5380.9**	**710.3**	**308.6**	**1260.3**
外商投资企业	**Enterprises with Foreign Investment**	**6436.8**	**806.3**	**352.8**	**-9030.6**
按行业分组	**by Sectors**	**62437.3**	**20191.7**	**3640.4**	**-14261.5**
旅游饭店	Tour Restaurant	61856.6	20034.8	3608.0	-14293.6
餐饮业	**Catering Services**	6120.7	3632.6	339.2	-73.7
按登记注册类型分组	**By Status of Registration**				
内资企业	**Domestic Funded Enterprises**	**6120.7**	**3632.6**	**339.2**	**-73.7**
有限责任公司	Limited Liability Corporations	2856.7	1565.7	156.6	34.6
私营企业	Private Enterprises	3264.0	2066.9	182.6	-108.3
其他企业	Others				
港、澳、台商投资企业	**Enterprises with Funds from Hongkong,Macao and Taiwan**				
外商投资企业	**Enterprises with Foreign Investment**				
按餐饮行业小类分组	**by Sectors**				
正餐服务	Restaurant	5653.9	3395.6	316.9	-115.9
快餐服务	Fast Food	466.8	237.0	22.3	42.2

第十三篇

对外经济贸易和旅游

Chapter 13

FOREIGN TRADE AND TOURISM

13-1 进出口贸易总额

TOTAL VALUE OF IMPORTS AND EXPORTS

年份 Year	人民币(万元) RMB(10000 Yuan)			美元(万美元) USD (10000 US Dollars)		
	进出口总额 Total Imports And Exports	出口总额 Total Exports	进口总额 Total Imports	进出口总额 Total Imports And Exports	出口总额 Total Exports	进口总额 Total Imports
1953	1387	236	1151	402	68	334
1959	672	352	320	195	102	93
1965	693	110	583	243	39	204
1978	2869	272	2597	1664	158	1506
1980	2463	381	2082	1650	255	1395
1981	3179	441	2738	1907	265	1642
1982	2049	757	1292	1107	409	698
1983	3202	941	2261	1633	480	1153
1984	3257	860	2397	1466	387	1079
1985	5422	1494	3928	1844	508	1336
1986	4119	2914	1205	1195	845	350
1987	9160	4501	4659	2473	1215	1258
1988	8219	5949	2270	2219	1606	613
1989	14481	7342	7139	3910	1982	1928
1990	14267	6581	7686	3022	1394	1628
1991	18460	8581	9879	3470	1613	1857
1992	34891	10466	24425	6434	1930	4504
1993	89305	13076	76229	10265	1503	8762
1994	266887	41857	225030	31288	4907	26381
1995	53726	24942	28784	7052	3494	3558
1996	84764	36768	47996	10471	4542	5929
1997	97954	41473	56481	11833	5010	6823
1998	93576	60911	32665	11304	7358	3946
1999	146140	75655	70485	16622	8605	8017
2000	113352	98597	14755	13029	11333	1696
2001	78416	68178	10238	9482	8244	1238
2002	107775	67070	40705	13032	8110	4922
2003	133271	100613	32658	16115	12166	3949
2004	184876	107584	77292	22355	13009	9346
2005	166366	133909	32457	20539	16532	4007
2006	256152	173332	82820	32840	22222	10618
2007	287422	238408	49014	39348	32638	6710
2008	531798	491348	40450	76543	70721	5822
2009	274507	256296	18211	40202	37535	2667
2010	565890	521942	43948	83594	77102	6492
2011	856047	745460	110587	135861	118310	17551
2012	2167236	2123587	43649	342397	335501	6896
2013	2055765	2024588	31177	331939	326905	5034
2014	1384815	1290039	94776	225494	210086	15408

注：本表1998年以前为外贸部门统计数，1999年开始为海关统计数(下同)。

Note:Data before 1998 were obtained from the Ministry of Foreign Trade ,and the data since 1999 have been obtained from the Customs statistics(The same as in the following tables).

13-2 边境进出口贸易总额

TOTAL VALUE OF IMPORTS AND EXPORTS FOR FRONTIER TRADE

年份 Year	人民币(万元) RMB(10000 Yuan) 边境进出口总额 Total Value of Imports And Exports for Frontier Trade	出口总额 Total Exports	进口总额 Total Imports	美元(万美元) USD (10000 US Dollars) 进出口总额 Total Value of Imports and Exports for Frontier Trade	出口总额 Total Exports	进口总额 Total Imports
1953	1387	236	1151	402	68	334
1959	672	352	320	195	102	93
1965	429	110	319	150	39	111
1978	601	272	329	349	158	191
1980	761	381	380	500	255	245
1981	840	406	434	504	244	260
1982	994	446	548	537	241	296
1983	1328	631	697	664	316	348
1984	1136	562	574	511	253	258
1985	1647	819	828	559	278	281
1986	2876	1920	956	834	557	277
1987	2679	2087	592	723	563	160
1988	821	605	216	221	163	58
1989	5205	3168	2037	1405	855	550
1990	4026	2475	1551	902	524	378
1991	3625	2995	630	682	564	118
1992	5829	5352	477	1075	987	88
1993	7760	6072	1688	892	698	194
1994	10500	3557	6943	1231	417	814
1995	4806	4059	747	579	489	90
1996	9715	7448	2267	1200	920	280
1997	2989	2724	265	361	329	32
1998	6664	4892	1772	805	591	214
1999	69356	62014	7342	7972	7128	844
2000	94430	88644	5786	10854	10189	665
2001	67078	62951	4127	8111	7612	499
2002	50786	46792	3994	6141	5658	483
2003	64150	59883	4267	7757	7241	516
2004	74860	70816	4044	9052	8563	489
2005	98982	93806	5176	12220	11581	639
2006	137420	133832	3588	17618	17158	460
2007	181827	179584	2243	24892	24585	307
2008	166391	164487	1904	23949	23675	274
2009	169872	167468	2404	24878	24526	352
2010	338847	336884	1963	50055	49765	290
2011	586192	582329	3863	93033	92420	613
2012	1067474	1061721	5754	168648	167739	909
2013	1191504	1185354	6150	192389	191396	993
2014	1217439	1206826	10613	198190	196462	1728

13-3 旅游人数及旅游收入
NUMBER OF TOURISTS AND FOREIGN EARNINGS

年 份 Year	接待旅游者人数(人次) Number of International Tourists Received (persons-times)	入境旅游者人数 Number of Overseas Visitor Arrivals	#外国人 Foreigners	国内旅游者人数 Number of Civil Tourists	旅游总收入(万元) Business Income (10000 yuan)	国内旅游收入(万元) Earnings from International tourism (10000 yuan)	外汇收入(万美元) Foreign Exchange Earnings from Tourism (USD 10000)
1981	8624	2056	2005	6568	258		171
1982	18201	1580	1578	16621	186		130
1983	37564	1723	1596	35841	263		150
1984	60183	1579	1508	58604	257		100
1985	71980	15402	15041	56578	399		120
1986	87968	31000	29553	56968	2970		620
1987	127554	108750	42889	18804	5600		800
1988	103255	56293	21835	46962	6229		700
1989	29833	8287	3341	21546	3726		222
1990	23954	6654	9842	17300	684		145
1991	117169	38286	14768	78883	5069		770
1992	161164	50963	49823	110201	7257		997
1993	184262	54409	53192	129853	9348		675
1994	198928	65980	62233	132948	15321		1045
1995	206598	67814	65428	138784	21375	6340	1130
1996	325468	75003	72580	250465	23258	7835	2955
1997	366610	81800	73412	284810	25974	10338	3172
1998	386643	96444	87039	290199	26491	10998	3302
1999	448547	108224	98966	340323	57000	22234	3630
2000	608335	149441	134539	458894	67462	25834	5226
2001	686116	127148	116440	558968	75053	37053	4638
2002	867320	142279	129617	725041	98777	55899	5166
2003	928639	51120	45685	877519	103723	88028	1891
2004	1223098	95816	88797	1127282	153195	122817	3660
2005	1800623	121308	111018	1679315	193524	157536	4443
2006	2512103	154818	136159	2357285	277072	228929	6094
2007	4029438	365370	338744	3664068	485160	383152	13529
2008	2246447	67997	62934	2178450	225865	204237	3112
2009	5610630	174910	162458	5435720	559870	506088	7873
2010	6851390	228321	214136	6623069	714401	644001	10359
2011	8697605	270785	249026	8426820	970568	886341	12963
2012	10583869	194933	174631	10388936	1264788	1198017	10570
2013	12910568	223198	187153	12687370	1651813	1572633	12786
2014	15531413	244401	199965	15287012	2039989	1949992	14469

第十四篇

金融和保险

Chapter 14

BANKING AND INSURANCE

14-1 金融机构人民币信贷收支

RMB CREDIT BALANCE OF PAYMENTS FINANCIAL INSTITUTIONS

单位：万元 (10000 yuan)

年 份 Year	存款合计 Total Deposita	#财政存款 Treasury Deposits	#储蓄存款 Savings Deposits	贷款合计 All Loans
1959	10182		975	1379
1965	23029	9572	2514	9092
1978	70608	26349	3340	16091
1980	87234	31703	6054	23223
1981	101153	37500	6282	20709
1982	108201	34158	7611	22580
1983	134543	56092	9791	31542
1984	104475	24725	12622	59135
1985	133799	37260	15974	73413
1986	143599	33482	19978	66909
1987	175649	47448	23134	55915
1988	196274	42464	28360	108054
1989	215016	52762	33563	124308
1990	212611	32722	39961	172156
1991	262275	48162	58260	171817
1992	290493	30106	69880	208413
1993	326750	23824	90464	330067
1994	525744	59706	130731	403420
1995	716307	171699	193747	522528
1996	854659	122534	267651	593957
1997	977201	51638	304515	758123
1998	1101308	67252	334481	788391
1999	1318361	121042	368169	745852
2000	1449755	74919	404807	806248
2001	2129002	96742	501778	966246
2002	2829653	62803	703825	1211279
2003	3208709	47630	918982	1444358
2004	3617220	97697	1074935	1678969
2005	4551139	158668	1230959	1788521
2006	5445494	454718	1398071	2037107
2007	6424371	468457	1595615	2234699
2008	8278506	734226	1848908	2189754
2009	10272388	1052153	2263699	2480072
2010	12955418	1361434	2671317	3014941
2011	16612392	1698574	3188288	4087517
2012	20505784	1640168	4039065	6637578
2013	24990839	991134	4960316	10766900
2014	30823846	1873078	5592769	16187241

14-2 金融机构各项存款

BALANCE DEPOSITS OF BANKING SYSTEM

单位：万元 (10000 yuan)

指　标	Item	2013	2014
各项存款	**Total Deposita**	**24990839**	**30823846**
单位存款	Per Unit Deposits	18961515	22735739
活期存款	Demand Deposits	11391972	13585983
定期存款	Regular Deposits	7168189	7630911
通知存款	Notice Deposits	60960	210054
个人存款	Deposits by personal	4962993	5594909
储蓄存款	Savings Deposits	4960316	5592769
财政性存款	Fiscal Deposits	991134	1873078
临时性存款	Temporary Deposits	62140	6202
委托存款	Entrusted Deposits	261	1164
其他存款	Olhers Deposits	12797	612754

14-3 金融机构各项贷款

BALANCE LOANS OF BANKING SYSTEM

单位：万元 (10000 yuan)

指　标	Item	2013	2014
各项贷款	**Total Loans**	**10766900**	**16187241**
短期贷款	Short-term Loans	2597698	2979332
个人贷款及透支	Lndividhal Loans and Overdrafts	327470	484363
个人消费贷款	Indivdual Consumer Loans	220251	223138
单位贷款及透支	Per Unit Loans and Overdrafts	2164359	2426115
经营贷款	Busines Loans	2121129	2411807
固定资产贷款	Fixed Asset Loans	43230	14008
中长期贷款	Medium and Long-term Loans	7595470	12008663
个人贷款	Lndividhal Loans	1481573	1982102
个人消费贷款	Indivdual Consumer Loans	807670	789158
单位贷款	Per Unit Loans	5375077	8687775
经营贷款	Busines Loans	2791038	4095507
固定资产贷款	Fixed Asset Loans	2584039	4592268

14-4 保险业务经济技术指标

ECONOMIC AND TECHNICAL INDICATORS OF INSURANCE COMPANIES

指　标	Item	1998	1999	2000	2007	2010	2013	2014
保险金额 (万元)	**Amount Insured (10000 yuan)**	**415264**	**708697**	**687201**	**7710098**	**15351919**	**80283220**	**87828400**
财产险	Projects Insurance	415264	708697	687201	2147224	8772787	19139087	24955700
企业财产险	Enterprise Property Insurance	145367	134742	102170	201033	1134711	2650511	2836600
家庭财产险	Family Property Insurance	16151	17731	47293	81213	24193	2559788	3823800
机动车辆险	Motor Vehicle Insurance	224433	484534	462684	1558985	2549445	6901431	8681300
工程险	Projects Insurance			4050	161173	808382	1218341	1347400
责任险	Related Liability	13244	65682	61354	1703790	4165740	5412365	7771300
信用险	Credit Insurance						100	200
保证险	Guarantee Insurance			340	15	2239	2046	9600
货物运输险	Freight Transport Insurance	16069	6008	9310	44958	40026	26967	62500
特殊风险险	Special Risk Insurance					34160	31931	95700
农业险	Aerospase Insurance				33129	13610	334278	324100
其他险	Other Insurance					281	1330	3100
人身险	Personal Insurance				3925802	6579132	61144133	62872700
寿险	Life Insurance					7167	54624	240100
健康险	Health Insurance					1637485	29543888	30731600
意外伤害险	Accident Insurance				3925802	5114480	31545621	31901100
保费收入 (万元)	**Premiums Income (10000 yuan)**	**4550**	**5619**	**7011**	**26781**	**50585**	**114309**	**127557**
财产险	Projects Insurance	4550	5619	7011	25039	41123	79598	90101
企业财产险	Enterprise Property Insurance	508	555	488	658	2009	2362	2414
家庭财产险	Family Property Insurance	105	136	187	231	46	3319	1825
机动车辆险	Motor Vehicle Insurance	3764	4281	5432	20972	31398	52242	63217
工程险	Projects Insurance			6	756	3311	3384	3480
责任险	Related Liability	103	596	796	2217	3428	8715	9735
信用险	Credit Insurance							
保证险	Guarantee Insurance			7		34	19	31
货物运输险	Freight Transport Insurance	70	51	87	39	72	90	126
特殊风险险	Special Risk Insurance				11	8	20	29
农业险	Aerospase Insurance				155	817	9446	9227
其他险	Other Insurance			8			2	16
人身险	Personal Insurance				1742	9462	34711	37456
寿险	Life Insurance					4295	9380	10917
健康险	Agriculture Insurance					2083	11247	11825
意外伤害险	Accident Insurance				1742	3084	14084	14714

14-4 续表 continued

指　标		Item	1998	1999	2000	2007	2010	2013	2014
已决赔案件数	**(笔、户、辆)**	**Number of Indemnity (unit)**	**2848**	**3315**	**4250**	**14926**	**19082**	**64728**	**79517**
财产险		Projects Insurance	2848	3315	4250	14690	16378	61681	75721
企业财产险	(笔)	Enterprise Property Insurance	102	97	90	276	791	660	358
家庭财产险	(户)	Family Property Insurance	370	548	567	385	97	437	501
机动车辆险		Motor Vehicle Insurance	2335	2517	3467	13867	13496	59424	68256
工程险	(笔)	Projects Insurance				23	1010	72	74
责任险	(笔)	Related Liability	36	153	120	130	786	268	295
信用险	(笔)	Credit Insurance							
保证险	(笔)	Guarantee Insurance							17
货物运输险		Motor Vehicle Insurance	5		6	5	42	5	9
特殊风险险		Special Risk Insurance							36
农业险	(笔)	Unforeseen Human Injury Insurance				4	155	814	1600
其它险	(笔)	Other Insurance					1	1	4575
人身险	(笔)	Personal Insurance				236	2704	3047	3796
寿险	(笔)	Life Insurance					222		
健康险	(笔)	Agriculture Insurance					1060	1653	2259
意外伤害险	(笔)	Accident Insurance				236	1422	1394	1537
已决赔款金额	**(万元)**	**Indemnity Expenditure (10000 yuan)**	**2041**	**2334**	**2534**	**14873**	**19082**	**49486**	**57684**
财产险		Projects Insurance	2041	503	2534	9233	16378	35498	41046
企业财产险		Enterprise Property Insurance	138	245	185	668	791	1282	765
家庭财产险		Family Property Insurance	27	25	31	115	97	1282	2983
机动车辆险		Motor Vehicle Insurance	1829	1831	2166	7728	13496	26001	29611
工程险		Projects Insurance				233	1010	1578	1044
责任险		Related Liability	39	233	139	339	786	1686	2561
信用险		Credit Insurance							
保证险		Guarantee Insurance							
货物运输险		Freight Transport Insurance	8		13	28	42	10	8
特殊风险险		Special Risk Insurance							2
农业险		Agriculture Insurance				122	155	3659	4064
其它险		Other Insurance					1		8
人身险		Personal Insurance				5640	2704	13988	16638
寿险		Life Insurance					222		
健康险		Health Insurance					1060	4082	5498
意外伤害险		Accident Insurance				5640	1422	9906	11141

第十五篇

教育 科技和文化

Chapter 15

EDUCATION,SCIENCE AND CULTURE

15-1 教育事业基本情况

BASIC STATISTICS ON EDUCATION

指　标	Item	2000	2007	2010	2013	2014
学校数　(所)	**Number of Schools (unit)**	**956**	**1014**	**1006**	**977**	**969**
普通高等学校	Gegular Institutions of Higher Education	4	6	6	6	6
中等学校	Secondary Schools	110	124	128	130	134
#专业学校	Specialized Secondary Schools	12	7	6	6	9
普通中学	Regular Secondary Schools	98	117	122	124	125
小学	Primary Schools	842	884	872	841	829
专任教师　(人)	**Number of Full-time Teachers (person)**	**19042**	**30108**	**33731**	**34889**	**37769**
普通高等学校	Gegular Institutions of Higher Education	813	1755	2195	2472	2601
中等学校	Secondary Schools	5048	10540	12635	13738	15097
#专业学校	Specialized Secondary Schools	742	507	591	652	993
普通中学	Regular Secondary Schools	4306	10033	12044	13086	14104
小学	Primary Schools	13181	17813	18901	18679	20071
招生数　(人)	**New Students Enrollment (person)**	**88908**	**133604**	**129697**	**127598**	**128646**
普通高等学校	Gegular Institutions of Higher Education	2320	8046	9213	9404	9579
中等学校	Secondary Schools	28619	73668	69737	66627	68182
#专业学校	Specialized Secondary Schools	2957	6654	7319	6471	7087
普通中学	Regular Secondary Schools	25662	67014	62418	60156	61095
小学	Primary Schools	57969	51890	50747	51567	50885
在校学生　(人)	**Student Enrollment (person)**	**381099**	**546524**	**532850**	**525061**	**526727**
普通高等学校	Gegular Institutions of Higher Education	5475	26767	31109	33562	34902
中等学校	Secondary Schools	61817	199168	202333	196700	196683
#专业学校	Specialized Secondary Schools	6585	18958	22613	17491	16719
普通中学	Regular Secondary Schools	55232	180210	179720	179209	179964
小学	Primary Schools	313807	320589	299408	294799	295142
毕业生数　(人)	**Graduates (person)**	**51822**	**110576**	**124490**	**120132**	**120168**
普通高等学校	Gegular Institutions of Higher Education	764	4346	8266	9139	9399
中等学校	Secondary Schools	14019	53992	65582	64875	64463
#专业学校	Specialized Secondary Schools	1895	2197	7312	6412	6408
普通中学	Regular Secondary Schools	12124	51795	58270	58463	58055
小学	Primary Schools	37039	52238	50642	46118	46306
每一教师负担学生数	**Student-teacher Ratio (person)**	**20.01**	**18.15**	**15.80**	**15.04**	**13.92**
普通高等学校	Gegular Institutions of Higher Education	6.73	15.25	14.17	13.58	13.42
中等学校	Secondary Schools	12.24	18.9	16.01	14.48	13.03
#专业学校	Specialized Secondary Schools	8.87	37.39	38.26	26.82	16.84
普通中学	Regular Secondary Schools	12.83	17.96	14.92	13.68	12.76
小学	Primary Schools	23.81	18.00	15.84	15.78	14.70

注：2014年招生数、在校学生、毕业生数均包括研究生数。

Note: New Students Enrollment,Student Enrollment and Graduates include Postgraduates in 2014.

15-2 各级各类学校数

NUMBER OF SCHOOLS BY LEVEL AND TYPE

单位：所 (unit)

年份 Year	高等学校 Regular Institutions of Higher Education	中等学校 Secondary Schools	中等专业学校 Specialized Secondary Schools	普通中学 Regular Secondary Schools	小学 Primary Schools	幼儿园 Kinder-gartens
1956					10	
1959		3	1	2	462	
1965	1	5	1	4	1822	
1978	4	88	28	60	6819	
1980	4	98	24	74	6266	256
1985	3	70	14	56	2315	21
1986	3	78	14	64	2388	
1987	3	81	14	67	2437	26
1988	3	82	15	67	2453	36
1989	3	83	15	68	2398	40
1990	3	78	15	63	2474	37
1991	3	76	15	61	2652	31
1992	3	76	14	62	2831	36
1993	4	84	15	69	3090	32
1994	4	93	16	77	3477	26
1995	4	102	16	86	3943	29
1996	4	104	16	88	790	46
1997	4	106	16	90	806	36
1998	4	106	16	90	814	31
1999	4	113	16	97	820	36
2000	4	110	12	98	842	21
2001	4	111	11	100	895	20
2002	3	114	11	103	899	32
2003	4	115	10	105	892	41
2004	4	120	10	110	886	41
2005	4	128	10	118	890	42
2006	6	128	10	118	880	46
2007	6	124	7	117	884	61
2008	6	126	7	119	885	83
2009	6	124	6	118	884	88
2010	6	128	6	122	872	119
2011	6	129	6	123	860	198
2012	6	128	6	122	857	480
2013	6	130	6	124	841	613
2014	6	134	9	125	829	722

注：1996年以前小学校数包括教学点。(以下同)

Note: The total number of the primary schools in 1996 and previous year included teaching classes. (The same as in the following tables.)

15-3 各级各类学校教职工数

NUMBER OF SCHOOLS STAFF AND WORKERS BY LEVEL AND TYPE OF SCHOOL

单位：人　　(person)

年份 Year	高等学校 Regular Institutions of Higher Education	中等学校 Secondary Schools	中等专业学校 Specialized Secondary Schools	普通中学 Regular Secondary Schools	小学 Primary Schools	幼儿园 Kinder-gartens
1959			396			
1965	703	232	110	122	2475	
1978	1399	2578	978	1600	12169	
1980	1689	2970	1174	1796	13964	254
1985	1750	3260	945	2315	9060	99
1986	1675	3611	1078	2533	9115	107
1987	2883	4023	1215	2808	8685	212
1988	1757	4312	1269	3043	9186	317
1989	1791	4323	1258	3065	9072	291
1990	1737	4382	1202	3180	9573	224
1991	1763	4416	1237	3179	9399	288
1992	1773	4525	1315	3210	9659	300
1993	1744	4502	1340	3162	10528	289
1994	1771	5041	1441	3600	12390	300
1995	1818	5129	1463	3666	14090	347
1996	1720	5444	1462	3982	14712	416
1997	1737	5624	1398	4226	14750	360
1998	1762	5789	1320	4469	14659	343
1999	1736	6125	1264	4861	14418	397
2000	1673	6431	1255	5176	13936	322
2001	1836	7129	1254	5875	12926	283
2002	1829	7722	1222	6500	13631	537
2003	1794	8442	1108	7334	13767	628
2004	1913	9402	1155	8247	14378	616
2005	2033	10220	1214	9006	14967	672
2006	2669	10230	753	9477	16446	644
2007	2888	11586	725	10861	18450	822
2008	2990	12270	745	11525	18715	1131
2009	3082	13046	797	12249	19293	1281
2010	3312	13504	731	12773	19289	1576
2011	3460	14114	740	13374	19200	1769
2012	3485	14133	746	13387	18966	2221
2013	3623	14388	763	13625	18998	2822
2014	3640	15771	1125	14646	20287	3383

15-4 各级各类学校专任教师数

NUMBER OF FULL-TIME TEACHERS BY LEVEL AND TYPE OF SCHOOL

单位：人 (person)

年份 Year	高等学校 Regular Institutions of Higher Education	中等学校 Secondary Schools	中等专业学校 Specialized Secondary Schools	普通中学 Regular Secondary Schools	小学 Primary Schools	幼儿园 Kinder-gartens
1978	438	1452	391	1061		
1980	625	1618	418	1200	12301	
1981	571	1619	456	1163	10164	
1982	534	1634	440	1194	8322	
1983	518	1464	280	1184	8381	
1984	567	1760	354	1406	8118	
1985	571	1875	382	1493	7931	99
1986	659	2182	458	1724	7742	
1987	1071	2570	574	1996	7368	212
1988	723	2894	626	2268	8045	317
1989	756	2936	619	2317	7939	291
1990	719	2941	618	2323	8506	224
1991	741	2975	631	2344	8408	288
1992	727	3031	654	2377	8647	300
1993	761	3027	685	2342	9587	289
1994	777	3435	744	2691	11514	300
1995	782	3580	746	2834	13349	347
1996	833	3936	794	3142	13916	416
1997	849	4132	784	3348	13938	360
1998	834	4381	765	3616	13908	343
1999	765	4785	740	4045	13726	397
2000	813	5048	742	4306	13181	196
2001	867	5781	802	4979	11995	171
2002	885	6359	782	5577	12792	298
2003	972	7162	701	6461	13026	341
2004	1081	8145	774	7371	13610	345
2005	1187	8996	835	8161	14267	378
2006	1673	9161	484	8677	15961	373
2007	1755	10540	507	10033	17813	514
2008	1877	11293	541	10752	18087	757
2009	1969	12099	601	11498	18686	850
2010	2195	12635	591	12044	18901	1042
2011	2288	13279	595	12684	18912	1121
2012	2369	13272	632	12640	18853	1593
2013	2472	13738	652	13086	18679	2091
2014	2601	15097	993	14104	20071	2627

15-5 各级各类学校在校学生数

NUMBER OF STUDENTS ENROLLMENT BY LEVEL AND TYPE OF SCHOOL

单位：人　　(person)

年份 Year	高等学校 Regular Institutions of Higher Education	中等学校 Secondary Schools	中等专业学校 Specialized Secondary Schools	普通中学 Regular Secondary Schools	小学 Primary Schools	幼儿园 Kinder-gartens
1959		1732	1390	342	16300	
1965	2251	1514	455	1059	66781	
1978	2081	22319	4640	17679	262611	
1980	1494	22286	3489	18797	240811	3491
1981	1522	19244	2327	16917	186882	3491
1982	1214	18340	1573	16767	141587	1020
1983	1326	19561	1403	18158	124612	731
1984	1370	20713	1826	18887	125469	850
1985	1577	22671	2249	20422	119939	1092
1986	1850	25011	3062	21949	121156	1243
1987	1801	27112	3231	23881	137069	1678
1988	1736	26904	3465	23439	144809	2648
1989	1973	27186	3960	23226	138875	2635
1990	2025	25478	4175	21303	157402	2257
1991	1961	26187	4385	21802	168062	2668
1992	2239	27964	4713	23251	191768	2974
1993	2813	30641	4948	25693	211872	2365
1994	3280	33915	5190	28725	232976	2517
1995	3878	38286	5575	32711	258651	4087
1996	3412	40340	5383	34957	284350	5141
1997	3200	44143	5730	38413	300453	5083
1998	3447	45417	5579	39838	310220	4583
1999	4021	49879	5672	44207	310437	5274
2000	5475	61817	6585	55232	313807	4491
2001	6793	78529	6819	71710	311993	3819
2002	8438	96906	6437	90469	319569	7098
2003	10409	120854	6718	114136	322060	7876
2004	14731	144437	8549	135888	326952	8204
2005	18979	161075	7027	154048	327497	9596
2006	23327	180334	14775	165559	329532	9149
2007	26767	199168	18958	180210	320589	11110
2008	29409	205516	21003	184513	311832	14667
2009	30264	202927	21357	181570	305235	16068
2010	31109	202333	22613	179720	299408	23414
2011	32374	200814	19767	181047	294725	41751
2012	33452	196382	18291	178091	292016	61495
2013	33562	196700	17491	179209	294799	73405
2014	34902	196683	16719	179964	295142	81123

15-6 各级各类学校招生数

NEW STUDENTS ENROLLMENT BY LEVEL AND TYPE OF SCHOOL

单位：人 (person)

年份 Year	高等学校 Regular Institutions of Higher Education	中等学校 Secondary Schools	中等专业学校 Specialized Secondary Schools	普通中学 Regular Secondary Schools	小学 Primary Schools
1959		76		76	
1965	910	880	455	425	
1978	711	8722	1896	6826	
1980	233	8530	334	8196	61312
1981	284	6682	310	6372	38106
1982	245	6712	422	6290	25572
1983	266	7379	542	6837	30736
1984	471	8181	904	7277	43746
1985	530	7555	615	6940	25282
1986	579	8169	1031	7138	30333
1987	404	9158	913	8245	32057
1988	568	8301	1060	7241	37657
1989	670	8760	1150	7610	34608
1990	645	7687	1171	6516	38338
1991	552	8981	1117	7864	41748
1992	683	10655	1303	9352	52739
1993	1193	11215	1306	9909	52740
1994	1095	12262	1531	10731	63488
1995	1175	13946	1707	12239	59963
1996	909	14818	1517	13301	73218
1997	717	16317	1552	14765	59611
1998	1385	16784	1300	15484	60385
1999	1681	19831	1664	18167	58939
2000	2320	28619	2957	25662	57969
2001	2420	35912	2089	33823	58973
2002	3414	40080	2107	37973	60824
2003	4279	49138	2203	46935	58913
2004	6009	56938	4223	52715	59126
2005	7589	59684	2856	56828	54665
2006	8359	60573	2336	58237	52864
2007	8046	73668	6654	67014	51890
2008	8526	70173	5219	64954	50937
2009	9020	74964	11038	63926	53682
2010	9213	69737	7319	62418	50747
2011	9519	66655	5368	61287	49536
2012	10132	68854	7901	60953	51552
2013	9404	66627	6471	60156	51567
2014	9579	68182	7087	61095	50885

15-7 各级各类学校毕业生数

NUMBER OF GRADUATES BY LEVEL AND TYPE OF SCHOOL

单位：人 (person)

年份 Year	高等学校 Regular Institutions of Higher Education	中等学校 Secondary Schools	中等专业学校 Specialized Secondary Schools	普通中学 Regular Secondary Schools	小学 Primary Schools
1959		2287	2287		
1965	1063	206		206	
1978	783	5338	1388	3950	
1980	193	5861	1288	4573	17051
1981	205	5725	1422	4303	12199
1982	539	5679	1209	4470	11088
1983	106	4866	257	4609	13585
1984	411	4682	435	4247	11500
1985	305	4680	133	4547	11381
1986	315	5716	452	5264	11724
1987	424	6867	667	6200	13167
1988	683	6914	833	6081	7467
1989	394	7253	581	6672	7483
1990	587	6773	900	5873	9314
1991	543	6670	895	5775	8607
1992	593	7949	1006	6943	12403
1993	564	6644	1080	5564	11443
1994	621	7600	1291	6309	12594
1995	525	8351	1196	7155	14412
1996	1242	10104	1353	8751	15974
1997	857	11148	1366	9782	19378
1998	1151	13015	1693	11322	24611
1999	1066	13519	1427	12092	30725
2000	764	14019	1895	12124	37039
2001	1050	14701	1517	13184	42044
2002	1686	18023	2311	15712	43929
2003	1745	23263	1973	21290	45695
2004	2108	33570	2544	31026	45182
2005	3172	40010	2930	37080	47960
2006	3846	47975	2280	45695	48655
2007	4346	53992	2197	51795	52238
2008	5840	58358	2436	55922	52721
2009	8454	59316	3603	55713	50850
2010	8266	65582	7312	58270	50642
2011	8159	66160	8625	57535	48319
2012	8580	69214	9350	59864	47537
2013	9139	64875	6412	58463	46118
2014	9399	64463	6408	58055	46306

15-8 高等本科分科学生数（2014年）

NUMBER OF UNDERGRADUATES BYFIELD(2014)

单位：人 (person)

项　目	Item	毕业生数 Grad-uates	招生数 New Student Enrollment	在校学生数 Student Enrollment
合计	**Total**	**4891**	**5664**	**22159**
哲学	Philosophy			58
经济学	Economics	132	228	842
法学	Law	340	466	1491
教育学	Education	179	275	1179
文学	Literature	901	1017	3623
历史学	History	83	108	370
理学	Science	372	473	1784
工学	Engineering	909	956	4077
农学	Agriculture	646	528	2151
医学	Medicine	530	675	2681
管理学	Management	707	831	3510
艺术学	Art	92	107	393

15-9 中等专业学校分科学生数（2014年）

NUMBER OF STUDENTS BY FIELD STUDY IN SPECIALIZED SECONDARY SCHOOLS(2014)

单位：人 (person)

项　目	Item	毕业生数 Grad-uates	招生数 New Student Enrollment	在校学生数 Student Enrollment
合计	**Total**	**6408**	**7087**	**16990**
农林牧渔类	Agriculture,Forestry	758	1143	2464
资源与环境类	Resource and Environment		64	64
能源与新能源类	Energy and new Energy	110	53	188
土木水利类	Constrution and Water Conservancy Engineering	2090	1179	1568
加工制造类	Machining and Manufacture	107	62	409
轻纺食品类	Light Fang and eats	140	88	227
交通运输类	Transport	226	130	385
信息技术类	Information Technology	375	563	1980
医药卫生类	Medicine and Health	1312	1296	3556
财经商贸类	Finance and Economics	55	240	361
旅游服务类	Travel service	285	736	1876
文化艺术类	Culture and Arts	426	583	1477
体育健身类	Pysical Education	51	90	471
教育类	Teacher Training	188	400	812
公共管理与服务类	Society Commonality Business	232	369	893
其他	Others	53		168

15-10 高等专科分科学生数（2014年）

NUMBER OF STUDENTS ENROLLED IN SPECIALIZED CONURSES BY FIED(2014)

单位：人　　(person)

项　目	Item	毕业生数 Graduates	招生数 New Student Enrollment	在校学生数 Student Enrollment
合计	**Total**	**4218**	**3431**	**11315**
农林牧渔类	Agriculture,Forestry	892	675	2275
交通运输类	Transport			
生化和药品类	Biochemistry and Pharmaceutical Products			
资源开发与测绘类	Resources Dvdelopent,and Surveying and Maping			
材料和能源类	Materials and Energy	191	169	378
土建类	Civil Construction	171	154	578
水利类	Water Cpnservancy	128	43	254
制造类	Manufacturing	49	45	209
电子信息类	Electric Information	347	206	760
环保、气象与安全类	Environment Protection,Meteorology and Safety	44	75	110
轻纺食品类	Textile and Food			
财经类	Eonomy and Finance	444	366	1231
医药卫生类	Medicine and Health	350	29	252
旅游类	Tourism	227	241	979
公共事业类	Public Affairs Mangement			
文化教育类	Culture and Education	924	1054	2844
艺术设计传媒类	Art Design Media	29	70	283
公安类	Public Securty	368	259	848
法律类	Law	54	45	314

15-11 各级学校教师负担学生数

STUDENT-TEACHER RATIO BY LEVEL OF SCHOOL

单位：人 (person)

年份 Year	高等学校 Institutions of Higher Education		中等专业学校 Specialized Secondary Schools		普通中学 Regular Secondary Schools		小学 Primary Schools	
	教师数 Number of of Teachers	平均每个教师负担学生数 Student-Teacher Ratio	教师数 Number of of Teachers	平均每个教师负担学生数 Student-Teacher Ratio	教师数 Number of of Teachers	平均每个教师负担学生数 Student-Teacher Ratio	教师数 Number of of Teachers	平均每个教师负担学生数 Student-Teacher Ratio
1978	438	4.75	391	11.87	1061	16.66		
1980	625	2.39	418	8.35	1200	15.66	12301	19.58
1985	571	2.76	382	5.89	1493	13.68	7931	15.12
1986	659	2.81	458	6.69	1724	12.73	7742	15.65
1987	1071	1.68	574	5.63	1996	11.96	7368	18.60
1988	723	2.40	626	5.54	2268	10.33	8045	18.00
1989	756	2.61	619	6.40	2317	10.02	7939	17.49
1990	719	2.82	618	6.76	2323	9.17	8506	16.44
1991	741	2.65	631	6.95	2344	9.30	8408	19.99
1992	727	3.08	654	7.21	2377	9.78	8647	22.18
1993	761	3.70	685	7.22	2342	10.97	9587	22.10
1994	777	4.22	744	6.98	2691	10.67	11514	20.23
1995	782	4.96	746	7.47	2834	11.54	13349	19.38
1996	833	4.10	794	6.78	3142	11.13	13916	20.43
1997	849	3.76	784	7.31	3348	11.47	13938	21.56
1998	834	4.13	765	7.29	3616	11.02	13908	22.31
1999	765	5.26	740	7.66	4045	10.93	13726	22.62
2000	813	6.73	742	8.87	4306	12.83	13181	23.81
2001	867	7.84	802	8.50	4979	14.40	11995	26.01
2002	885	9.53	782	8.23	5577	16.22	12792	24.98
2003	972	10.71	701	9.58	6461	17.67	13026	24.72
2004	1081	13.63	774	11.05	7371	18.44	13610	24.02
2005	1187	15.99	835	8.42	8161	18.88	14267	22.95
2006	1673	13.94	484	30.53	8677	19.08	15961	20.65
2007	1755	15.25	507	37.39	10033	17.96	17813	18.00
2008	1877	15.67	541	38.82	10752	17.16	18087	17.24
2009	1969	15.37	601	35.54	11498	15.79	18686	16.34
2010	2195	14.17	591	38.26	12044	14.92	18901	15.84
2011	2288	14.15	595	33.23	12684	14.28	18912	15.59
2012	2369	14.12	632	28.94	12640	14.09	18853	15.49
2013	2472	13.58	652	26.82	13086	13.68	18679	15.78
2014	2601	13.42	993	16.84	14104	12.76	20071	14.70

15-12 初中毕业生和小学毕业生升学率及小学学龄儿童入学率

PERCENTAGE GRADUATES OF JUNIOR SECONDARY SCHOOLS AND PRIMARY SCHOOLS ENTERING HIGHER LEVEL SCHOOLS, PERCENTAGE OF SCHOOL-AGE CHILDREN ENROLLED

单位：%　　(%)

年份 Year	初中毕业生升学率 Percentage of Graduates of Junior Secondary Schools Entering Senior Secondary Schools	小学毕业生升学率 Percentage of Graduates of Primary Schools Entering Senior Secondary Schools	小学学龄儿童入学率 Percentage of School-Age Children Enrolled
1981		29.6	76.0
1982	38.1	41.1	78.0
1983	39.2	49.7	42.1
1984	36.0	44.0	46.4
1985	49.4	44.9	46.0
1986	44.4	47.9	50.0
1987	48.8	53.2	48.4
1988	41.3	39.6	55.7
1989	40.7	73.6	53.1
1990	36.2	62.1	67.4
1991	32.9	67.7	45.6
1992	32.4	62.7	52.4
1993	30.2	74.0	58.9
1994	29.9	87.3	66.6
1995	43.2	67.7	70.4
1996	35.6	66.7	73.5
1997	52.8	61.7	78.2
1998	47.1	62.9	81.3
1999	66.6	45.2	81.7
2000	82.5	55.0	85.8
2001	73.3	67.0	87.2
2002	77.3	71.1	88.3
2003	72.1	82.9	91.8
2004	61.7	92.3	94.7
2005	50.5	91.7	95.9
2006	42.5	92.0	96.5
2007	58.0	97.1	98.2
2008	48.8	93.8	98.5
2009	55.2	98.4	98.8
2010	46.3	93.5	99.2
2011	48.6	92.2	99.4
2012	51.6	91.4	99.4
2013	54.1	92.0	99.6
2014	60.0	92.2	99.6

15-13 平均每万人口中在校学生数和大中小学学生构成

STUDENT ENROLLMENT PER 10000 POPULATION AND COMPOSITION OF STUDENTS ENROLLED

年份 Year	平均每万人口中 Number of Students per 10000 Population				大中小学学生占学生总数 Students of Different Level as Percentage of Total Students			
	大学生 (人) University and College Students (person)	中专生 (人) Specialized Secondary School Students (person)	中学生 (人) Secondary School Students (person)	小学生 (人) Primary School Students (person)	大学生 (%) University and College Students (%)	中专生 (%) Specialized Secondary School Students (%)	中学生 (%) Secondary School Students (%)	小学生 (%) Primary School Students (%)
1965	16	3	8	487				
1978	12	26	99	1469	0.7	1.6	6.2	91.5
1980	8	19	102	1300	0.6	1.3	7.1	91.0
1985	8	11	102	601	1.1	1.6	14.2	83.2
1986	9	15	108	598	1.3	2.1	14.8	81.9
1987	9	16	115	659	1.1	1.9	14.4	82.6
1988	8	16	110	682	1.0	2.0	13.5	83.5
1989	9	19	109	654	1.2	2.4	13.8	82.7
1990	9	19	98	725	1.1	2.3	11.5	85.1
1991	9	20	98	758	1.0	2.2	11.1	85.7
1992	10	21	104	858	1.0	2.1	10.5	86.4
1993	12	22	112	926	1.2	2.0	10.5	86.4
1994	14	23	125	1011	1.2	1.9	10.6	86.2
1995	17	24	139	1098	1.3	1.9	10.9	86.0
1996	14	23	146	1188	1.0	1.6	10.7	86.7
1997	13	24	162	1238	0.9	1.7	11.0	86.4
1998	14	23	163	1271	1.0	1.6	11.1	86.4
1999	16	23	179	1253	1.1	1.6	12.1	85.2
2000	21	25	213	1199	1.4	1.7	14.6	82.3
2001	26	26	273	1187	1.7	1.7	18.1	78.5
2002	32	24	339	1197	2.0	1.5	21.3	75.2
2003	39	25	422	1192	2.3	1.5	25.2	71.0
2004	54	31	497	1195	3.0	1.8	28.0	67.3
2005	69	25	556	1182	3.7	1.4	30.4	64.5
2006	83	53	589	1173	4.4	2.8	31.1	61.8
2007	94	67	634	1128	4.9	3.5	33.0	58.7
2008	102	73	643	1086	5.4	3.8	33.7	57.0
2009	104	74	626	1052	5.6	4.0	33.7	56.7
2010	104	75	599	997	5.8	4.3	33.7	56.2
2011	107	65	597	972	6.1	3.8	34.3	55.8
2012	109	60	579	949	6.4	3.5	34.1	56.0
2013	108	56	574	944	6.4	3.3	34.1	56.1
2014	110	53	567	929	6.6	3.2	34.2	56.0

15-14 高等学校分科专任教师数（2014年）

NUMBER OF FULL-TIME TEACHERS BY FIELD OF STUDY IN REGULAR HIGHER EDUCATIONAL INSTITUTIONS (2014)

单位：人 (person)

项　目	Item	合计 Total	正高级 Senior Title	副高级 Associate Title	中级 Junior Title	初级 Primary Title	未定职级 Non-title
合计	**Total**	**2601**	**221**	**851**	**1001**	**424**	**104**
哲学	Philosophy	94	19	28	36	8	3
经济学	Economics	139	17	46	58	13	5
法学	Law	259	17	79	99	54	10
教育学	Education	313	14	92	119	42	46
文学	Literature	603	34	185	266	101	17
历史学	History	51	13	26	4	4	4
理学	Science	271	34	106	88	38	5
工学	Engineering	290	22	80	123	62	3
农学	Agriculture	180	19	87	55	19	
医学	Medicine	162	22	51	48	41	
管理学	Management	157	8	53	59	32	5
艺术学	Art	82	2	18	46	10	6

15-15 高等学校专任教师、聘请校外教师学历情况（2014年）

EDUCATIONAL BACKGROUND OF FULL-TIME TEACHERS AND ENGAGED FROM OTHER SCHOOLS IN INSTITUTIONS OF HIGHER EDUCATION (2014)

单位：人 (person)

项　目	Item	合计 Total	博士研究生 Doctoral students	硕士研究生 Graduate students	大学本科 Regular College Course	大学专科及以下 Specializ subjec and Below
专任教师	**Full-time Teachers**	**2601**	**244**	**1178**	**1117**	**62**
正高级	Senior Title	221	52	68	96	5
副高级	Associate Title	851	140	382	320	9
中级	Junior Title	1001	39	559	374	29
初级	Primary Title	424	6	127	282	9
未定职级	Non-title	104	7	42	45	10
聘请校外教师	**Engaged from Other Schools**	**200**	**73**	**85**	**37**	**5**
正高级	Senior Title	72	38	27	7	
副高级	Associate Title	59	19	25	12	3
中级	Junior Title	40	6	21	13	
初级	Primary Title	19	5	7	5	2
未定职级	Non-title	10	5	5		

15-16 各级学校女学生和女教师数

NUMBER OF FEMALE STUDENTS AND TEACHERS BY LEVEL OF SCHOOL

单位：人 (person)

项　目	Item	2000	2007	2010	2013	2014
女学生数	**Number of Female Students**	**176102**	**261161**	**259211**	**258006**	**252792**
高等学校	Institutions of Higher Education	2049	13293	16156	17387	18179
中等专业学校	Specialized Secondary Schools	3433	9529	10432	6902	7773
普通中学	Regular Secondary Schools	25946	85371	87803	90167	84062
小学	Primaey Schools	144674	152968	144820	143550	142778
女学生占学生总数的百分比 (%)	**Percentage of Female Students to Total Students (%)**	**46.2**	**49.8**	**48.7**	**49.1**	**45.8**
高等学校	Institutions of Higher Education	37.4	49.7	51.9	51.8	52.1
中等专业学校	Specialized Secondary Schools	52.1	50.2	46.1	39.5	46.5
普通中学	Regular Secondary Schools	47.0	41.3	48.9	50.3	46.7
小学	Primaey Schools	46.1	47.8	48.4	48.7	48.4
女教师数	**Number of Female Teachers**	**7721**	**13878**	**16323**	**17473**	**19564**
高等学校	Institutions of Higher Education	290	783	1046	1197	1294
中等专业学校	Specialized Secondary Schools	299	189	219	266	462
普通中学	Regular Secondary Schools	1514	4162	5502	6290	6966
小学	Primaey Schools	5618	8744	9556	9720	10842
女教师数占教师总数的百分比 (%)	**Percentage of Female Teachers to Total Teachers (%)**	**40.6**	**44.0**	**48.4**	**50.1**	**51.8**
高等学校	Institutions of Higher Education	35.7	44.6	47.7	48.4	49.8
中等专业学校	Specialized Secondary Schools	40.3	37.3	37.1	40.8	46.5
普通中学	Regular Secondary Schools	35.2	41.5	45.7	48.1	49.4
小学	Primaey Schools	42.6	49.1	50.6	52.0	54.0

15-17 各地区普通中学基本情况（2014年）

BASIC STATISTICS OF REGULAR SECONDARY SCHOOLS BY REGION(2014)

单位：人 (person)

地　区	Region	学校(所) Schools (unit)	毕业生数 Graduates	招生数 New Students Enrollment	在校学生 Students Enrollment	专任教师 Full-time Teachers
拉萨市	Lhasa	22	11221	11268	34595	3117
昌都市	Qamdo	18	11331	12211	36613	2116
山南地区	Shannan	17	6906	6449	20109	1810
日喀则市	Xigazê	29	13468	13805	40906	3487
那曲地区	Nagqu	18	7694	8634	24267	1746
阿里地区	Ngari	8	1552	2687	5497	390
林芝地区	Nyingchi	10	4240	4237	12876	1025

15-18 各地区普通小学基本情况（2014年）

BASIC STATISTICS OF REGULAR PRIMARY SCHOOLS BY REGION(2014)

单位：人 (person)

地　区	Region	学校(所) Schools (unit)	毕业生数 Graduates	招生数 New Students Enrollment	在校学生 Students Enrollment	专任教师 Full-time Teachers
拉萨市	Lhasa	77	7741	9381	51152	3773
昌都市	Qamdo	195	10190	11673	66345	3673
山南地区	Shannan	95	4623	3995	25399	2266
日喀则市	Xigazê	224	10228	11621	67698	4452
那曲地区	Nagqu	142	7995	9609	56033	3164
阿里地区	Ngari	32	2357	1779	9981	864
林芝地区	Nyingchi	63	3000	2666	17559	1832

15-19 各类专业技术人员数

SCIENTIFIC AND TECHNICAL PERSONNEL

单位：人 (person)

指　标	Item	1985	1990	1995	2000	2010	2013	2014
合计	**Total**	**23537**	**26751**	**30353**	**36587**	**52686**	**65798**	**69709**
工程技术人员	Engineering	1735	2367	2963	4093	2221	3435	3324
农业技术人员	Agriculture	1838	1578	1726	1852	2750	5139	6279
科学研究人员	Scientific Research	324	360	417	352	428	342	412
卫生技术人员	Health Care	6019	6530	7353	7304	8687	10681	10696
教学人员	Teaching	7699	8869	12089	17323	35453	38673	39964
会计人员	Financial Accounting	3447	2671	1735	1956	229	310	251
统计人员	Statistical	773	533	283	162	14	107	292
新闻、出版、播音人员	Editor, Reporter and Announcer	361	492	534	689	1037	2135	2778
翻译人员	Translator	79	310	332	391	202	289	418
体育教练人员	Physical Coaches	50	48	57	42	171	114	85
经济人员	Economic	370	1755	1028	870	61	171	165
图书、档案、文博人员	Books, Archives and Data	118	364	440	509	268	816	1537
工艺美术人员	Industrial Arts	8	16	26	2	10	152	70
艺术人员	Literature	716	800	831	471	1029	1312	1543
律师、公证人员	Lawyer		58	51	66	13	43	20
政工人员	Politics			488	505	113	2079	1875

15-20 自治区科协系统科技活动情况

BASIC STATISTICS ON SCIENTIFIC AND TECHNOLOGICAL ACTIVITIES OF TIBET ASSOCIATIONS FOR SCIENCE AND TECHNOLOGY

项　目	Item	2000	2007	2010	2013	2014
学术活动	**Academic Activities**					
参加活动次数 (次)	Number of Academic Meeting (time)	41	28	42	48	32
参加人数 (人)	Number of Participants (person)	4419	1270	2600	4100	1480
交流论文数 (篇)	Number of Papers Presented (piece)	579	281	340	406	248
科普活动	**Activities for Popular Science**					
讲座次数 (次)	Number of Lectures (time)	19	12	150	32	34
参加人数 (人)	Number of Participants (person)	5028	4700	170000	2560	4600
展览次数 (次)	Number of Exhibitions (time)	6	5	160	56	60
参观人数 (人)	Number of Participants (person)	30000	28000	165000	28000	30000
参加科技咨询的科技人员数 (人)	Number of Consultation for Decision-Making (person)	150	300	3100	300	500
出　版	**Publications**					
科技期刊总数 (种)	Number of Academic Journals (kind)	9	5	7		
学术论著发行量 (册)	Number of Copies Distributed for Science Treatise (copies)	21000		6000		36000
论文集种数 (种)	Number of Collections Articles (kind)	1	3	2		2
发行量 (册)	Number of Copies Distributed (copies)	1000	1000	1500		1500
科技报纸种数 (种)	Number of Scientific and Technological Newspapers (kind)	2	2	2	2	2
发行份数 (万份)	Number of Copies Distributed (10000 copies)	50	22	287	208	243

15-21 科学研究与技术开发机构科技活动情况

BASIC STATISTICS ON SCIENTIFIC RESEARCH AND DEVELOPMENT INSTITUTION

项　　目		Item		2007	2010	2013	2014
科技活动人员	(人)	**Personnel Engaged in S&T Activities**	**(person)**	**881**	**880**	**796**	**755**
科学家和工程师	(人)	Scientists and Engineers	(person)	473	474		
科技论文	(篇)	Scientific Papers	(piece)	229	246	133	136
科技著作	(种)	Scientific Books	(kind)	25	40	12	18
科技经费筹集额	**(万元)**	**Funding for S&T Activities**	**(10000 yuan)**	**13740**		**30892**	**38975**
政府资金	(万元)	Government Appropriation Funds	(10000 yuan)	13451		30885	27403
企业资金	(万元)	Enterprises Funds	(10000 yuan)				9722
事业单位资金	(万元)	Institutions Funds	(10000 yuan)	238			
国外资金	(万元)	Foreign Funds	(10000 yuan)	51			
其他	(万元)	Others	(10000 yuan)			7	1850
科技经费内部支出	**(万元)**	**Intramural Expenditures on S&T Activities**	**(10000 yuan)**	**10685**	**17136**	**28427**	**26472**
人员费用	(万元)	Personnel Cost	(10000 yuan)	4000	6143	12743	11704
资产购建费	(万元)	Purchases or Coustruction of Fixed Asssets	(10000 yuan)	2163	4050	6896	4160
其它日常支出	(万元)	Other Expenditure	(10000 yuan)	4522	5942	21531	10607
研究与试验发展经费支出	**(万元)**	**Expenditure on R&D**	**(10000 yuan)**	**4174**	**4654**	**13284**	**14581**
基础研究	(万元)	Basic Research	(10000 yuan)	427	1053	891	1165
应用研究	(万元)	Applied Research	(10000 yuan)	3121	2046	2494	3316
试验发展	(万元)	Experimental Development	(10000 yuan)	626	1555	9900	10100
研究与试验发展折合全时工作量	**(人年)**	**Full-time Equivalent of R&Dnding for R&D Personnel**	**(man-year)**	**397**	**444**	**380**	**395**
基础研究	(人年)	Basic Research	(man-year)	48	140	58	82
应用研究	(人年)	Applied Research	(man-year)	298	220	114	139
试验发展	(人年)	Experimental Development	(man-year)	51	84	208	174
科技服务	(人年)	Science and Technology Service	(man-year)			250	115

15-22 文化艺术、文物和出版行业事业机构和人员情况

NUMBER OF INSTITUTIONS AND PERSONNEL IN CULTURE， ART， CULTURAL RELICS， NEWS AND PUBLISHING UNDERTAKINGS

机构类别	Catetory of Institutions	机构数(个) Number of Institutions (unit)				从业人员(人) Number of Persons Engaged (person)			
		2000	2010	2013	2014	2000	2010	2013	2014
文化事业合计	**Culture**	**143**	**377**	**787**	**951**	**1683**	**1763**	**3106**	**4628**
艺术事业	Art Institutions	46	50	92	99	1255	1335	2381	2420
剧团、文工团	Troupe and Cultural Troupes	10	10	11	10	816	858	777	742
乌兰牧骑、文宣队	Ulanmuchi and Performance Troupes	16	19	67	75	234	436	1515	1623
艺术表演场所	Art Centers	20	21	14	14	205	41	89	55
图书馆事业	Libraries	1	4	78	78	43	64	107	113
群众文化事业	Mass Culture	94	321	615	772	333	311	562	2044
群众艺术馆	Mass Art Centers	7	8	8	8	183	154	208	193
文化馆	Culture Centers	52	74	74	74	118	100	149	210
文化站	Culture Stations	35	239	533	690	32	57	205	1641
其他文化事业	Other Culture Units	2	2	2	2	52	53	56	51
文物事业	**Cultural Relics**	**18**	**79**	**88**	**88**	**286**	**346**	**457**	**460**
出版发行事业	**News and Publishing Undertakings**	**71**	**90**	**58**	**90**	**376**	**458**	**622**	**632**

15-23 图书、杂志出版情况

NUMBER OF BOOKS，MAGAZINES PUBLISHED

年份 Year	图书 Books Published				杂志 Magazines Published					
					合计 Total		汉文 Chinese		藏文 Tibetan	
	合计 (万册) Total (10000 copies)	汉文 Chinese	藏文 Tibetan	英文 English	种数 (种) Number of Publications (kind)	印数 (千册) Printed Copies (1000 copies)	种数 (种) Number of Publications (kind)	印数 (千册) Printed Copies (1000 copies)	种数 (种) Number of Publications (kind)	印数 (千册) Printed Copies (1000 copies)
1965	50	10	40							
1978	306	61	245		4	74	4	74		
1980	359	159	200		7	835	4	519	3	316
1985	310	96	214		14	417	8	298	6	119
1986	293	124	169							
1987	378	153	225		12	218	6	107	6	111
1988	301	118	184		17	277	9	181	7	96
1989	372	125	247		15	217	7	137	8	80
1990	435	225	210		16	205	7	96	8	106
1991	363	114	249		18	299	8	109	9	187
1992	368	119	249		26	355	14	220	11	133
1993	416	108	308		26	297	15	171	11	126
1994	308	122	186		23	293	12	181	11	112
1995	402	94	308		23	286	12	182	11	104
1996	450				21	252				
1997	349	87	262		20	290	10	177	10	113
1998	456	88	369		20	329	10	172	10	157
1999	436	103	333		23	462	12	302	11	160
2000	524	151	373		32	580	17	347	15	233
2001	461	219	235		33	874	19	518	14	356
2002	874	400	474		34	720	14	263	20	457
2003	781	367	414		34	716	20	517	14	199
2004	795	374	421		34	750	20	531	14	219
2005	854	369	485		34	767	20	587	14	180
2006	927	381	546		34	830	20	635	14	195
2007	1206	725	481		34	3903	20	3614	14	289
2008	1286	788	498		34	2808	20	2478	14	330
2009	1339	899	441		34	1327	20	1009	14	318
2010	1446	977	469		34	1605	20	1174	14	431
2011	1790	957	833		35	1678	21	1293	14	385
2012	1354	757	512	85	35	1859	21	1467	14	392
2013	1200	564	536	100	35	1855	21	1423	14	432
2014	1302	640	509	153	35	2301	21	1908	14	393

15-24 报纸出版情况

NUMBER OF NEWSPAPER PUBLISHED

年 份 Year	合计 Total			汉文报 Chinese			藏文报 Tibetan		
	种数 (种) Number of Newspaper Published (kind)	总印张 (千印张) Printed Sheets (1000 sheets)	总印数 (万份) Printed Copies (10 000copies)	种数 (种) Number of Newspaper Published (kind)	总印张 (千印张) Printed Sheets (1000 sheets)	总印数 (万份) Printed Copies (10 000copies)	种数 (种) Number of Newspaper Published (kind)	总印张 (千印张) Printed Sheets (1000 sheets)	总印数 (万份) Printed Copies (10 000copies)
1959		1560			800			760	
1965		3258			2008			1250	
1978		26669			10112			16557	
1980		20739			8342			12397	
1985	13	16529		6	9035		7	7494	
1986									
1987	10	15121		5	8103		5	7018	
1988	11	15046		5	8177		6	6869	
1989	12	14782		6	8973		6	5809	
1990	11	13441		5	7493		6	5948	
1991	13	15535		6	8851		7	6684	
1992	14	16454		7	9325		7	7129	
1993	15	15377		8	9072		7	6305	
1994	15	27004		8	15451		7	11553	
1995	15	27207		8	15593		7	11614	
1996	10	28690							
1997	12	26739		7	20261		5	7578	
1998	14	27360		8	20134		6	7226	
1999	16	35573		9	26482		7	9091	
2000	16	28712		9	21987		7	6725	
2001	16	34370	2248	10	24470	1629	6	9900	619
2002	19	51330	2937	11	43953	2048	8	7377	889
2003	19	45130	2806	11	37722	1912	8	7408	894
2004	19	53520	3298	11	44737	2474	8	8783	824
2005	23	53511	2631	13	45632	1810	10	7879	821
2006	23	56000	3440	13	47754	2207	10	8246	1233
2007	23	76642	3788	13	65507	2488	10	11135	1300
2008	23	88662	5694	13	67372	4399	10	21290	1295
2009	23	122774	5927	13	98978	4346	10	23796	1581
2010	23	140237	6694	13	109232	4420	10	31005	2274
2011	23	175967	6441	13	144056	4531	10	31911	1910
2012	23	196881	7470	13	146945	4742	10	49936	2728
2013	23	206508	7624	13	155443	4848	10	51065	2777
2014	23	198276	7650	13	146543	4808	10	51733	2841

15-25 广播、电视基本情况
BASIC STATISTICS BROADCASTING AND TELEVISION STATIONS

项目		Item		1995	2000	2010	2013	2014
广播电台	(座)	**Broadcasting Stations**	(unit)	**2**	**2**	**1**	**1**	**1**
节目套数	(套)	Produced Programs	(set)	4	3	4	4	4
中、短波转播发射台	(座)	Transmission Stations and Relaying Stations of MW & SW	(unit)	35	36	42	42	42
中、短波转播发射功率	(千瓦)	Power of MW & SW Transmitters	(kw)	1041.1	1401.9	179.0	179.0	206.0
广播综合人口覆盖率	(%)	Listener Rating	(%)	55.00	77.73	90.28	94.38	94.78
电视台	(座)	**Television Stations**	(unit)	**2**	**2**	**5**	**2**	**2**
节目套数	(套)	Produced Programs	(set)	3	3	10	3	4
电视转播发射台	(座)	Television Transmitters Stations and Relaying Stations	(unit)	333	647	2060	2060	2060
#50W以上电视转播发射台	(座)	With Power above 50W	(unit)	80	80	80	78	78
电视转播发射功率	(千瓦)	Power of Transmitters	(kw)	19.8	21.6	104.0	111.1	112.0
电视综合人口覆盖率	(%)	Viewer Rating	(%)	55.00	76.13	91.41	95.51	95.91
广播电视台	(座)	**Broadcast-Television Stations**	(unit)			**3**	**6**	**6**
节目套数	(套)	Produced Programs	(set)			6	12	14
卫星收转站	(座)	Satellite Receicing and Transmission Stations	(unit)	**1156**	**2759**	**15404**	**12135**	**12135**
广播电视农村直播卫星用户	(户)	Rural Users of Direct Broad cast Safetellite	(unit)				**516123**	**552957**
县级以上有线电视转播发射台	(座)	TV Transmission Stations and Relaying Stations in Counties and Cities	(unit)	**76**	**72**	**76**	**76**	**76**
100W以上调频转播发射台	(座)	Transmission and Relaying Stations of Frequency Modulation Broadcast With Power above 100W	(unit)	**1**	**1**	**76**	**78**	**78**
卫星地球站	(座)	Satellite Communication Earth Station	(unit)		**1**	**1**	**1**	**1**

15-26 广播电视节目播出时间
BROADCAST IN THE BROADCAST TIME OF TV PROGRAMME

单位：小时:分 (hour:minute)

项目	Item	2014	项目	Item	2014
广播节目	**Broadcasting Program**		**电视节目**	**Television Program**	
播出公共节目时间	Broadcast Public Program Time	48613:30	播出公共节目时间	Broadcast Public ProgramTime	58630:00
#转播中央台节目时间	Transfer to the Program time of chinese central Broadcasting	3022:30	#转播中央台节目时间	Transfer to the Program time of chinese central Broadcasting	3283:00
转播省级台节目时间	Transfer to and Save one Grade of Programs time	2542:00	转省级台节目时间	Transfer to and Save one Grade of Programs time	2473:00
播出制作节目时间	Broadcast and Make Program time	32379:03	播出制作节目时间	Broadcast and Make Program time	11611:40
购买交换节目时间	Buy Exchange Program time	9108:15	购买交换节目时间	Buy Exchange Program time	30587:00

第十六篇

体育 卫生 环保

Chapter 16

SPORTS,PUBLIC HEALTH AND ENVIRONMENTAL PROTECTION

16-1 体育局系统职工人数

NUMBER OF STAFF AND WORKERS IN SPORTS COMMISSIONS

单位：人 (person)

人员分类	Category Personnel	1995	2000	2007	2010	2013	2014
合计	**Total**	**707**	**640**	**672**	**607**	**605**	**541**
专职教练员	Full-time Coaches	40	22	47	42	50	38
专职文化教师	Full-time Teachers	53	3	18	23	29	55
医务人员	Medical Personnel	17	11	12	13	12	4
行政管理干部	Administrative Personnel	140	120	135	186	161	269
工人	Workers	457	325	327	145	257	147
其他	Others		137	133	198	96	28

16-2 等级运动员（2014年）

NUMBER OF ATHLETES IN GRADES BY TYPE OF SPORTS (2014)

单位：人 (person)

运动项目	Item	等级运动员 Number of Athletes in Grades	国际运动健将 International Master of Sports	运动健将 Master of Sports	一级运动员 First Grade Sportsman	其他 Others
合计	**Total**	**171**	**12**	**19**	**30**	**110**
田径	Track and Field	6				6
射箭	Archery	18			2	16
国际式摔跤	International Wrestling	67		7	7	53
攀岩	Rock climbing					
足球	Football					
登山	Mountaineering	28	12	6	10	
马术	Horsemanship	38		4	11	23
射击	Shooting	1		1		
拳击	Mountaineering	9		1		8
柔道	Weightlifting	4				4

16-3 政府援建体育场地

PHYSICAL EDUCATION FIELD AIDED BY GOVERNMENT

级次 Level	场地设施数量（个/条） Number of Physical Field Establishment (unit)					投入(万元) Investment (10000 yuan)				场地规模(m^2) Field Size (m^2)	
	小计 Total	健身路径 Fitness Route	篮球场 Basketball Court	乒乓球台 Table Tennis Table	小篮板 Mini-Basketball	小计 Total	财政拨款 Government Subsidies	体彩公益金 Pysical Education lottery Public Fund	其他 Other	占地面积 Land Covering	场地面积 Field Area
2010年	1065	600	155	310		2229	1829	400		350600	234100
2013年	2147	87	1000	1000	60	18684		18684		53674	42812
2014年	2250	250	1000	1000		12800		12800		50000	40000

16-4 体育彩票销量、公益金及税收情况

SITUATIONS OF SALES,PUBLIC FUND AND TAX OF PHYSICAL EDUCATION LOTTERY

单位：万元 (10000 yuan)

年度 Year	竞猜型销量 Guess	乐透型销量 Lottery	即开型销量 Instant	销量合计 Total Sales	公益金 Public Fund	上缴税款 Tax
2006	382	1635		2017	656	29
2007	323	2087		2410	801	37
2008	298	3110	12180	15588	3590	185
2009	396	2875	16640	19911	4433	336
2010	745	3545	9669	13959	4765	166
2013	1458	11165	16916	29539	7283	353
2014	1670	20728	16320	38718	9830	619

16-5 环保系统机构、人员数

NUMBER OF ENVIRONMENTAL PROTECTION AGENCIES AND PERSONS

指　　标	Item	2000	2010	2013	2014
机构总数　(个)	Number of Agencies (unit)	21	112	136	136
人员总数　(人)	Total Number of Staff & Workers (person)	176	588	833	890
#科技人员	Scientific and Technical Personnel	25			
监测人员	Monitoring Personal	48	78	103	103
监察人员	Supervising and Administrative Personnel	5	36	80	80

16-6 "三废"排放及治理情况

DISCHARGE AND TREATMENT OF WASTE WATER，WASTE GAS AND SOLID WASTES

指　　标	Item	2000	2010	2013	2014
废 水	**Waste Water**				
废水排放总量　(万吨)	Total Volume of Industrial Waste Wate Discharged (10000 tons)	5204	736	400	431
化学需氧量排放量　(吨)	Discharge frome Industrial Waste Water (tons)			620	907
氨氮排放量　(吨)	Ammonia Nitrogen Discharge from Industrial Waste Water (tons)			46	41
废水处理量　(万吨)	Total Volume of Industrial Waste Water Treated (10000 tons)	1615	217	722	968
废 气	**Waste Gas**				
废气排放总量　(亿标立方米)	Total Volume of Industrial Waste Gas Emission (100 Millon cu.m)	1.2	15.81	114.71	170
二氧化硫排放量　(吨)	Volume of Sulphur Dioxide Emission by Industrial (tons)			1256	1360
氮氧化物排放量　(吨)	Nitrogen Oxide Emission (tons)			2491	3866
工业烟(粉)尘排放量	Volume of Industrial Soot and Dust Emission (tons)	8530	1566	1005	7808
固体废物	**Solid Wastes**				
工业固体废物产生量　(万吨)	Volume of Industrial Solid Wastes Produced (10000 tons)	17.05	11.12	361.52	383
工业固体废物处置量　(万吨)	Volume of Industrial Solid Wastes Accumulated (10000 tons)			25.7	34.4
工业固体废物排放量　(万吨)	Volume of Industrial Solid Wastes Treated (10000 tons)	17.04	4.12		

16-7 卫生事业发展情况

指　　标	Item	1980	1985	1990	1995
全区机构数　　(个)	**Number of Health Institutions　　(unit)**	**832**	**958**	**1110**	**1198**
医院、卫生院	Hospitals	528	525	742	882
#医院	Hospitals	92	96	83	104
疗养院	Sanatoriums				1
门诊部(所)	Clinics	247	374	548	195
疾病预防控制中心	Center For Disease Control And　Prerention	31	75	80	83
妇幼保健院(所、站)	Maternity and Child Care Centers		4	13	24
采供血机构	Blood Gathering and Supplying Institutions				
卫生监督所	Health Supervision				
社区卫生服务中心	Health Service Center for Community				
其他卫生事业机构	Other Health Care Institutions	20	20	15	4
全区床位数　　(张)	**Nmber of Beds　　(unit)**	**4328**	**4580**	**5381**	**6176**
医院、卫生院	Hospitals	4261	4412	5015	5895
#医院	Hospitals	3719	3679	3361	4331
疗养院	Sanatoriums			150	150
门诊部	Clinics	67	160	207	78
妇幼保健所(站)	Maternity and Child Care Centers		8	9	43
社区卫生服务中心	Other Health Care Institutions				
其他卫生事业机构	Other Health Care Institutions				10
全区人员数　　(人)	**Personnel　　(person)**	**8382**	**8461**	**9513**	**10747**
卫生技术人员	Medical Technical Personnel	6663	6837	7498	8467
#执业医师、助理医师	Working Traditional Doctors and Assistants	3564	3628	4514	4851
#注册护士	Registered Nurses	1104	1351	1883	1657
其他技术人员	Other Technical Personnel	100	16	185	272
管理人员	Managerial Personnel	644	584	584	758
工勤技能人员	Logistics Workers	975	1024	1246	1250

注：执业医师、助理医师和注册护士数2001年及以前各年份分别为医生和护士(师)数。

Note:The data of Working Traditional Doctors and Assistants and Registered Nurses is the data of Doctors and Nurses before 2001 .

DEVELOPMENT OF HEALTH INSTITUTIONS

1996	1997	1998	1999	2000	2007	2008	2009	2010	2011	2012	2013	2014
1300	**1324**	**1307**	**1254**	**1237**	**1339**	**1326**	**1329**	**1352**	**1380**	**1403**	**1413**	**1430**
882	895	876	824	810	765	764	763	773	783	777	783	790
106	108	108	107	105	97	99	100	101	103	104	106	112
1	1	1	1	1	1	1	1	1	1	1	1	1
302	303	303	303	303	419	412	417	430	444	473	480	489
82	84	84	83	81	79	81	81	81	82	82	82	82
21	30	32	32	32	58	57	57	55	57	57	54	54
					1	1	1	1	1	1	1	2
					1	2	2	2	2	2	2	2
					14	7	6	8	9	9	9	9
12	8	2	8	7	1	1	1	1	1	1	1	1
6136	**6246**	**6512**	**6440**	**6348**	**7127**	**8765**	**8553**	**8838**	**9642**	**10134**	**11036**	**12024**
5979	6049	6305	6255	6156	6832	8344	8193	8439	9192	9666	10461	11384
4546	4498	4572	4462	4426	4462	5585	5368	5444	6314	6653	7292	8079
120	150	150	120	120	57	40	40	40	40	40	40	40
37	47	57	65	72	235	336	320	342	377	415	471	531
					3			17	33	13	64	69
						45						
10935	**10929**	**10974**	**10957**	**11027**	**10635**	**11680**	**12099**	**12269**	**12995**	**13896**	**14335**	**15531**
8682	8697	8785	8892	8948	8535	9435	10047	9983	10664	11313	11716	12946
4909	5149	5089	5181	5262	4148	4376	4465	4371	4105	4818	5204	5617
1669	1669	1760	1687	1816	1807	1920	2007	1986	2073	2278	2400	2734
190	154	126	154	211	454	509	415	481	601	867	878	724
817	743	811	714	676	607	634	649	610	568	596	668	711
1246	1335	1252	1197	1192	1039	1102	988	1195	1162	1120	1073	1150

16-8 卫生机构数

NUMBER OF HEALTH INSTITUTIONS

单位：个 (unit)

年份 Year	合计 Total	医院、卫生院 Hospitals	#医院 Hospitals	门诊部、所 Clinice	疾病预防控制中心 Center For Disease Control And Prerention
1958	43	8	8	35	
1959	62	11	11	51	
1965	193	86	83	106	1
1978	855	519	92	297	14
1980	832	528	92	247	31
1985	958	525	96	330	75
1986	770	450	389	213	72
1987	868	544	85	188	81
1988	883	564	83	211	80
1989	1008	638	83	263	80
1990	1110	742	83	255	80
1991	1197	787	83	287	80
1992	1223	831	85	269	82
1993	1068	614	80	345	78
1994	1152	838	88	196	81
1995	1198	882	104	195	83
1996	1300	882	106	231	83
1997	1324	895	108	303	84
1998	1307	876	108	303	84
1999	1254	824	107	303	83
2000	1237	810	105	303	81
2001	1284	808	105	355	81
2002	1346	771	98	361	82
2003	1305	769	97	397	81
2004	1326	764	97	422	79
2005	1378	763	97	474	81
2006	1349	763	97	446	81
2007	1339	765	97	419	79
2008	1326	764	99	412	81
2009	1329	763	100	417	81
2010	1352	773	101	430	81
2011	1380	783	103	444	82
2012	1403	777	104	473	82
2013	1413	783	106	480	82
2014	1430	790	112	489	82

16-9 卫生机构床位数和卫生技术人员数

NUMBER OF BEDS AND TECHNICAL PERSONNEL IN HEALTH INSTITUTIONS

单位：张、人 (unit,person)

年份 Year	床位数 Beds	医院、卫生院 Hospitals Health Centers	# 医院 Hospitals	卫生技术人员数 Medical Technical Personnel	每千人拥有床位数 Every Thousand People has Berths to Count	每千人卫生技术人员数 Number of Medical Technical Personnel Per 1000 Population
1958	174	174	174	502	0.14	0.42
1959	480	480	480	791	0.39	0.64
1965	1631	1570	1570	2424	1.14	1.77
1978	4421	4198	3488	5780	2.35	3.23
1980	4328	4261	3719	6663	2.30	3.60
1985	4580	4412	3679	6837	2.20	3.43
1986	4983	4720	2881	7001	2.30	3.46
1987	5222	4986	3414	7003	2.40	3.37
1988	5197	4876	3233	7097	2.30	3.34
1989	5355	4999	3325	8064	2.30	3.73
1990	5381	5015	3361	7498	2.30	3.39
1991	5397	5077	3337	7749	2.30	3.44
1992	5857	5555	3569	8030	2.50	3.51
1993	5042	4515	3036	7540	2.00	3.25
1994	5602	5333	3087	8176	2.29	3.46
1995	6176	5895	4331	8467	2.62	3.53
1996	6136	5979	4546	8006	2.56	3.29
1997	6246	6049	4498	7999	2.57	3.23
1998	6512	6305	4572	8785	2.65	3.49
1999	6440	6255	4462	8892	2.60	3.48
2000	6348	6156	4426	8948	2.52	3.44
2001	6372	6153	4385	8820	2.51	3.35
2002	6087	5694	4297	7913	2.38	2.97
2003	6216	5859	4261	8287	2.40	3.07
2004	6413	5928	4238	8569	2.34	3.13
2005	6767	6412	4426	8914	2.44	3.22
2006	7496	7091	4513	8895	2.67	3.17
2007	7127	6832	4462	8535	2.51	3.02
2008	8765	8344	5585	9435	3.05	3.29
2009	8553	8193	5368	10047	2.95	3.47
2010	8838	8439	5444	9983	3.02	3.44
2011	9642	9192	6314	10664	3.17	3.52
2012	10134	9666	6653	11313	3.29	3.67
2013	11036	10461	7292	11716	3.54	3.75
2014	12024	11384	8079	12946	3.79	4.08

16-10 全区卫生机构、床位和人员情况（2014年）

指　标	Item	机构数(个) Number of Institutions (unit)	床位数(张) Beds (unit)	人员数(人) Number of Personnel (person)
总计	**Total**	**1430**	**12024**	**15531**
医院	Hospitals	112	8079	8806
综合医院	Comprehensive Hospitals	88	6433	7008
民族医院	Native Hospitals	20	1298	1347
专科医院	Specialized hospitals	3	298	439
疗养院	Sanatoriums	1	40	39
社区卫生服务中心(站)	Community Health	9	69	161
卫生院	Rural Township Hospitals	678	3305	3633
乡镇卫生院	Township Hospitals	678	3305	3633
#中心卫生院	Center Hospitals	257	1281	1455
诊所、卫生所、医务室	Center,community Health	489		1119
采供血机构	Blood Gathering and Supplying Institutions	2		35
妇幼保健院(所、站)	Meternity and Child Care Centers	54	531	541
疾病预防控制中心	Center For Disease Control And Prerention	82		1157
卫生监督所(中心)	Health Supervision	2		31
医学在职培训机构	Health Care Institution Earth Station	1		9

16-11 各地（市）卫生机构、床位和人员情况（2014年）

地　区	Region	机构数(个) Number of Institutions (unit)	床位数(张) Beds (unit)	人员数(人) Number of Personnel (person)
拉萨市	Lhasa	276	2709	4799
昌都市	Qamdo	242	1997	2036
山南地区	Shannan	181	1147	1714
日喀则市	Xigazê	329	2856	3250
那曲地区	Nagqu	193	1660	1814
阿里地区	Ngari	75	756	650
林芝地区	Nyingchi	134	899	1268

NUMBER OF ALL HEALTH INSTITUTIONS,BEDS AND PERSONS ENGAGED BY TYPE OF INSTITUTIONS (2014)

卫生技术人员 Medical Technical Personnel	执业(助理)医师 Working Traditional Doctor's Assitants		注册护士 Registered Nurses	药剂师(士) Pharmaceutical Personnel	技师(士) Technician		其他 Others	其他技术人员 Other Technical Personnel	管理人员 Managerial Personnel	工勤人员 Logistics Workers
		执业医师 Working Traditional Doctors				检验师 Laboratory Personnel				
12946	**5617**	**3992**	**2734**	**596**	**588**	**331**	**3411**	**724**	**711**	**1150**
7046	3166	2330	2047	448	471	237	914	418	567	775
5665	2437	1710	1684	310	414	204	820	373	405	565
1066	601	541	215	127	37	18	86	29	83	169
303	122	74	145	11	18	14	7	16	79	41
17	1	1	14	**2**					12	10
120	53	43	19	2	4	2	42	3	1	37
3317	1054	601	299	90	5	3	1869	215	27	74
3317	1054	601	299	90	5	3	1869	215	27	74
1322	467	284	118	34	1		702	87	13	33
1036	712	607	179	28	9	6	108			83
22	1		2		8	8	11	1	9	3
460	192	116	133	17	35	22	83	8	33	40
905	438	294	41	9	56	53	361	78	57	117
23							23		2	6
								1	3	5

NUMBER OF HEALTH INSTITUTION AND IT'S BEDS AND PERSONNEL BY REGION(2014)

卫生技术人员 Medical Technical Personnel	执业(助理)医师 Working Traditional Doctor's Assitants		注册护士 Registered Nurses	药剂师(士) Pharmaceutical Personnel	技师(士) Technician		其他 Others	其他技术人员 Other Technical Personnel	管理人员 Managerial Personnel	工勤人员 Logistics Workers
		执业医师 Working Traditional Doctors				检验师 Laboratory Personnel				
3768	1718	1432	1091	185	178	111	596	196	291	544
1700	528	378	263	53	59	33	797	180	61	95
1525	851	620	250	62	79	41	283	60	51	78
2697	1111	649	526	123	132	68	805	170	152	231
1544	671	439	262	88	74	44	449	60	99	111
606	266	182	122	28	20	11	170	7	22	15
1106	472	292	220	57	46	23	311	51	35	76

第十七篇

各县（市、区）主要统计指标

Chapter 17

MAIN ECONOMIC INDICATORS BY COUNTIES(CITY AND REGIONS)

17-1 乡村从业人员（2014年）

RURAL LABOR FORCE BY SECTOR (2014)

单位：人 (person)

地　区	Region	乡村从业人员 Number of Rural Laborers	农林牧渔业 Farming,Forestry, Animal Husbandry and Fishery	工　业 Industry	建筑业 Construction	其他非农从业人员 Other Non-agricultural Trades
拉萨市	**Lhasa**					
城关区	Lhasa Chengguanqu	14428	1712	238	458	12020
林周县	Lhünzhub	33857	30670	72	385	2730
当雄县	Damxung	19080	11068	171	843	6998
尼木县	Nyêmo	16258	7861	450	2952	4995
曲水县	Qüxü	20949	9764	2035	3578	5572
堆龙德庆县	Doilungdêqên	25903	10323	1267	2452	11861
达孜县	Dagzê	15961	8579	529	1120	5733
墨竹工卡县	Maizhokunggar	19958	9559	428	2304	7667
昌都市	**Qamdo**					
卡若区	Karub Qu	40271	33875	198	2837	3361
江达县	Jomda	44480	33918		2771	7791
贡觉县	Konjo	27970	15471		2380	10119
类乌齐县	Riwoqê	14139	12036		618	1485
丁青县	Dêngqên	34091	27818	76	736	5461
察雅县	Chagyab	32955	24342	6	2429	6178
八宿县	Baxoi	21561	14667	21	3085	3788
左贡县	Zogang	28537	25190	6	470	2871
芒康县	Markam	53201	34876	328	3946	14051
洛隆县	Lhorong	19059	15215	133	773	2938
边坝县	Banbar	20687	16234	253	1512	2688
山南地区	**Shannan**					
乃东县	Nêdong	20589	8473	847	7408	3861
扎囊县	Chanang	16629	5933	396	8768	1532
贡嘎县	Konggar	23540	9333	1098	7970	5139

17-1 续表1 continued

单位：人 (person)

地 区	Region	乡村从业人员 Number of Rural Laborers	农林牧渔业 Farming,Forestry, Animal Husbandry and Fishery	工 业 Industry	建筑业 Construction	其他非农从业人员 Other Non-agricultural Trades
桑日县	Sangri	7508	2197	1137	2948	1226
琼结县	Qonggyai	8579	1870	56	5163	1490
曲松县	Qusum	6966	2478	1135	2222	1131
措美县	Comai	6723	2457	86	2693	1487
洛扎县	Lhozhag	9249	3439	106	4925	779
加查县	Gyaca	8586	2574	281	3128	2603
隆子县	Lhünzê	17143	7250	289	7722	1882
错那县	Cona	6928	3760	84	1659	1425
浪卡子县	Nagarzê	20024	10270	746	6825	2183
日喀则市	**Xigazê**					
桑珠孜区	Samzhubzê Qu	42587	27115	2443	8084	4945
南木林县	Namling	41847	31093	708	6069	3977
江孜县	Gyangzê	32231	25813	841	4532	1142
定日县	Tingri	30514	18293	314	1239	11144
萨迦县	Sa'gya	26051	18570	933	997	4601
拉孜县	Lhazê	28553	14674	997	2074	10796
昂仁县	Ngamring	26968	22300	47	1298	3594
谢通门县	Xaitongmoin	23859	19421	1161	1856	1768
白朗县	Bainang	25345	16219	1786	3957	3145
仁布县	Rinbung	17422	8249	241	7024	1971
康马县	Kangmar	10253	7455	209	1727	1329
定结县	Dinggyê	11559	9488	668	533	1266
仲巴县	Zhongba	11424	10706			1302
亚东县	Yadong	6209	4815	245	157	1289
吉隆县	Gyirong	6673	5415		316	1458
聂拉木县	Nyalam	9761	7342	174	768	1694
萨嘎县	Saga	5798	5726			712
岗巴县	Kamba	5650	4803	43	635	780

17-1 续表2 continued

单位：人 (person)

地　区	Region	乡村从业人员 Number of Rural Laborers	农林牧渔业 Farming,Forestry, Animal Husbandry and Fishery	工　业 Industry	建筑业 Construction	其他非农从业人员 Other Non-agricultural Trades
那曲地区	**Nagqu**					
那曲县	Nagqu	41375	30174	998	955	9248
嘉黎县	Lhari	14423	11306		1077	2040
比如县	Biru	25238	20423	44	54	4717
聂荣县	Nyainrong	17108	15057	7	896	1148
安多县	Amdo	17479	12042	384	1711	3342
申扎县	Xainza	10782	8409	48	788	1537
索　县	Sog	17352	13676			3676
班戈县	Bangoin	20059	17963			2096
巴青县	Baqên	23401	19797			3604
尼玛县	Nyima	16317	14629			1688
双湖县	Shaunghu	1400			1140	260
阿里地区	**Ngari**					
普兰县	Burang	4102	2865		789	448
札达县	Zanda	2830	2506		30	294
噶尔县	Gar	3873	3170	136	350	217
日土县	Rutog	5770	4261		1088	421
革吉县	Gê'gyai	9569	7792	9	854	914
改则县	Gêrzê	13278	11579		353	1346
措勤县	Coqên	6985	6559	99	174	153
林芝地区	**Nyingchi**					
林芝县	Nyingchi	7626	5562	136	317	1611
工布江达县	Gongbo' gyamda	15286	12735	48	652	1851
米林县	Mainling	8140	7251	89	102	698
墨脱县	Mêdog	4924	4729	1		194
波密县	Bomê	11345	8390	64	971	1920
察隅县	Zayü	12406	8740	15	2424	1227
朗　县	Nang	7839	7111	34	161	533

17-2 农林牧渔业、工业总产值（2014年）

GROSS OUTPUT VALUE OF FARMING，FORESTRY，ANIMAL HUSBANDRY，FISHERY AND INDUSTRY (2014)

单位：万元 (10000 yuan)

地 区	Region	农林牧渔业产值 Gross Out Value of Farming Forestry, Animal,Husbandry and Fishery	农业 Farming	林业 Forestry	牧业 Animal Husbandry	渔业 Fishery	服务业 Service	工 业 总产值 Gross Output Value of Industry
拉萨市	**Lhasa**							
城关区	Lhasa Chengguanqu	13949	8561	2	5385			349526
林周县	Lhünzhub	36806	17660	58	19087			18525
当雄县	Damxung	35095	7331		27764			30176
尼木县	Nyêmo	14716	4831	287	9598			4167
曲水县	Qüxü	22623	14177	921	7376	149		66220
堆龙德庆县	Doilungdêqên	27102	11777	1135	13307		883	242840
达孜县	Dagzê	23593	14615	450	8527			56932
墨竹工卡县	Maizhokunggar	38769	14981	614	23174			115263
昌都市	**Qamdo**							
卡若区	Karub Qu	39175	12697	28	25972	16	462	44366
江达县	Jomda	36538	9184	311	26057	1	985	28108
贡觉县	Konjo	17327	5215	133	11478	1	500	731
类乌齐县	Riwoqê	27604	10294	2184	14725	4	398	2649
丁青县	Dêngqên	46012	30808	117	14036		1051	3117
察雅县	Chagyab	23641	8800	27	14559	4	250	545
八宿县	Baxoi	17648	5721	336	11177	4	410	402
左贡县	Zogang	24703	8760	786	14295	5	857	1372
芒康县	Markam	36872	15202	5532	14864	3	1272	2680
洛隆县	Lhorong	28731	13693	2029	12638	1	370	2657
边坝县	Banbar	25512	8421	2117	14585	1	388	1815
山南地区	**Shannan**							
乃东县	Nêdong	17794	7624	445	6841	380	2503	47430
扎囊县	Chanang	9273	4232	223	4466		352	4257
贡嘎县	Konggar	11444	5915	316	5147		66	6835

17-2 续表1 continued

单位：万元　　(10000 yuan)

地　区	Region	农林牧渔业产值 Gross Out Value of Farming Forestry, Animal,Husbandry and Fishery	农业 Farming	林业 Forestry	牧业 Animal Husbandry	渔业 Fishery	服务业 Service	工　业 总产值 Gross Output Value of Industry
桑日县	Sangri	6532	3410	43	2850		230	87268
琼结县	Qonggyai	4319	2815	60	1239		206	2112
曲松县	Qusum	5507	1853	100	3491		62	1124
措美县	Comai	4107	1299	5	2646		157	419
洛扎县	Lhozhag	6536	3010	49	3134		343	445
加查县	Gyaca	11190	7932	90	3064		105	14181
隆子县	Lhünzê	9212	4154	122	4873		63	70005
错那县	Cona	3649	1639	10	1761		239	454
浪卡子县	Nagarzê	7694	1527	70	5550		547	1057
日喀则市	**Xigazê**							
桑珠孜区	Samzhubzê Qu	55924	47090	607	6171		2056	85907
南木林县	Namling	41249	26280	519	13630		820	721
江孜县	Gyangzê	41662	25081	727	15151		704	4225
定日县	Tingri	23604	11390	258	10534		1423	8698
萨迦县	Sa'gya	23719	16113	676	6744		187	1679
拉孜县	Lhazê	30760	22077	592	7701		391	1069
昂仁县	Ngamring	23124	8717	13	14094		300	267
谢通门县	Xaitongmoin	24041	11597	865	10647		933	868
白朗县	Bainang	27553	21335	151	5762		306	6130
仁布县	Rinbung	11740	4774	171	5697		1097	6413
康马县	Kangmar	10922	5224	94	5348		255	974
定结县	Dinggyê	8644	4297	114	3901		331	306
仲巴县	Zhongba	18270	15		17673		582	1193
亚东县	Yadong	9151	3125	60	4960	900	106	624
吉隆县	Gyirong	8705	3564	81	4880		181	348
聂拉木县	Nyalam	11043	4822	39	5737		445	5025
萨嘎县	Saga	8429	1093		7256		80	317
岗巴县	Kamba	5116	1502		3529		85	1785

17-2 续表2 continued

单位：万元 (10000 yuan)

地　区	Region	农林牧渔业产值 Gross Out Value of Farming Forestry, Animal,Husbandry and Fishery	农业 Farming	林业 Forestry	牧业 Animal Husbandry	渔业 Fishery	服务业 Service	工　业 总产值 Gross Output Value of Industry
那曲地区	**Nagqu**							
那曲县	Nagqu	29060	14978		13978		104	7557
嘉黎县	Lhari	19025	11257	13	7663		92	509
比如县	Biru	34991	28375		6195		421	143
聂荣县	Nyainrong	11505	3784		7688		33	
安多县	Amdo	11927			11897		30	160
申扎县	Xainza	7471			7288		183	209
索　县	Sog	17266	10304		6041		921	222
班戈县	Bangoin	13795			10775		3020	1014
巴青县	Baqên	23917	17221		6464		232	212
尼玛县	Nyima	15819	43		15756		20	
双湖县	Shaunghu	4166			3950	24	192	
阿里地区	**Ngari**							
普兰县	Burang	4997	1365	15	3510		108	660
札达县	Zanda	3585	472	27	3006		79	650
噶尔县	Gar	5505	823	47	4543		91	9680
日土县	Rutog	8020	616	30	7228		145	558
革吉县	Gê'gyai	13153	47	3	12880		223	286
改则县	Gêrzê	22531	42		22199		290	452
措勤县	Coqên	9054	59		8808		187	40
林芝地区	**Nyingchi**							
林芝县	Nyingchi	17631	8256	440	8596	84	255	63071
工布江达县	Gongbo' gyamda	21322	8416	601	11775	58	471	5109
米林县	Mainling	15859	8233	52	5889	30	1655	2266
墨脱县	Mêdog	3938	1885	397	1598	6	52	172
波密县	Bomê	21869	12672	822	7892	1	483	1758
察隅县	Zayü	14902	8941	228	5256	2	475	814
朗　县	Nang	14655	5885	120	8193	4	453	781

17-3 农林牧渔业产值

GROSS OUTPUT VALUE OF FARMING，FORESTRY，ANIMAL HUSBANDRY AND FISHERY

单位：万元　　(10000 yuan)

地　　区	Region	农林牧渔业产值 Gross Output Value 2013	2014	指数 Index
拉萨市	**Lhasa**			
城关区	Lhasa Chengguanqu	12642	13949	106.11
林周县	Lhünzhub	33338	36806	106.18
当雄县	Damxung	31907	35095	105.78
尼木县	Nyêmo	13338	14716	106.11
曲水县	Qüxü	20454	22623	106.37
堆龙德庆县	Doilungdêqên	24488	27102	106.44
达孜县	Dagzê	21357	23593	106.24
墨竹工卡县	Maizhokunggar	34963	38769	106.64
昌都市	**Qamdo**			
卡若区	Karub Qu	36746	39175	102.53
江达县	Jomda	34762	36538	101.08
贡觉县	Konjo	15901	17327	104.79
类乌齐县	Riwoqê	25572	27604	103.81
丁青县	Dêngqên	45326	46012	97.63
察雅县	Chagyab	22060	23641	103.07
八宿县	Baxoi	16274	17648	104.29
左贡县	Zogang	22407	24703	106.03
芒康县	Markam	32160	36872	110.26
洛隆县	Lhorong	24845	28731	111.22
边坝县	Banbar	23570	25512	104.10
山南地区	**Shannan**			
乃东县	Nêdong	16704	17794	102.45
扎囊县	Chanang	8604	9273	103.66
贡嘎县	Konggar	10593	11444	103.90

17-3 续表1 continued

单位：万元 (10000 yuan)

地 区	Region	农林牧渔业产值 Gross Output Value 2013	2014	指数 Index
桑日县	Sangri	6053	6532	103.8
琼结县	Qonggyai	4016	4319	103.4
曲松县	Qusum	5125	5507	103.3
措美县	Comai	3813	4107	103.6
洛扎县	Lhozhag	6066	6536	103.6
加查县	Gyaca	10414	11190	103.3
隆子县	Lhünzê	8565	9212	103.4
错那县	Cona	3371	3649	104.1
浪卡子县	Nagarzê	7144	7694	103.6
日喀则市	**Xigazê**			
桑珠孜区	Samzhubzê Qu	51308	55924	104.8
南木林县	Namling	38026	41249	104.3
江孜县	Gyangzê	38574	41662	103.9
定日县	Tingri	21677	23604	104.7
萨迦县	Sa'gya	22098	23719	103.2
拉孜县	Lhazê	28720	30760	103.0
昂仁县	Ngamring	21391	23124	104.0
谢通门县	Xaitongmoin	22220	24041	104.1
白朗县	Bainang	25557	27553	103.7
仁布县	Rinbung	11036	11740	102.3
康马县	Kangmar	10174	10922	103.2
定结县	Dinggyê	8132	8644	102.2
仲巴县	Zhongba	17163	18270	102.4
亚东县	Yadong	8654	9151	101.7
吉隆县	Gyirong	8100	8705	103.4
聂拉木县	Nyalam	10490	11043	101.2
萨嘎县	Saga	7930	8429	102.2
岗巴县	Kamba	4774	5116	103.1

17-3 续表2 continued

单位：万元 (10000 yuan)

地　区	Region	农林牧渔业产值 Gross Output Value 2013	2014	指数 Index
那曲地区	**Nagqu**			
那曲县	Nagqu	27073	29060	103.2
嘉黎县	Lhari	17974	19025	101.8
比如县	Biru	31962	34991	105.3
聂荣县	Nyainrong	10570	11505	104.7
安多县	Amdo	11006	11927	104.2
申扎县	Xainza	6872	7471	104.6
索　县	Sog	16017	17266	103.7
班戈县	Bangoin	12567	13795	105.6
巴青县	Baqên	22153	23917	103.8
尼玛县	Nyima	14505	15819	104.9
双湖县	Shaunghu	3810	4166	105.2
阿里地区	**Ngari**			
普兰县	Burang	4610	4997	104.3
札达县	Zanda	3306	3585	104.3
噶尔县	Gar	5074	5505	104.4
日土县	Rutog	7399	8020	104.2
革吉县	Gê'gyai	11984	13153	105.5
改则县	Gêrzê	20731	22531	104.5
措勤县	Coqên	8562	9054	101.7
林芝地区	**Nyingchi**			
林芝县	Nyingchi	16153	17631	105.0
工布江达县	Gongbo' gyamda	20097	21322	102.0
米林县	Mainling	14502	15859	105.2
墨脱县	Mêdog	3415	3938	110.9
波密县	Bomê	20300	21869	103.6
察隅县	Zayü	13511	14902	106.1
朗　县	Nang	13849	14655	101.8

17-4 年末耕地面积（2014年）

AREA UNDER CULTIVATED AT THE YEAR-END (2014)

单位：公顷 (heactare)

地　区	Region	年末实有耕地面积 Cultivated Areas (Year-end)	# 旱地 Dry Fields	农田有效灌溉面积 Irrigated Areas
拉萨市	**Lhasa**			
城关区	Lhasa Chengguanqu	936	936	783
林周县	Lhünzhub	11424	11424	10296
当雄县	Damxung			
尼木县	Nyêmo	2787	2787	2451
曲水县	Qüxü	4244	4244	3820
堆龙德庆县	Doilungdêqên	5545	5545	5545
达孜县	Dagzê	4639	4639	4485
墨竹工卡县	Maizhokunggar	5237	5237	4556
昌都市	**Qamdo**			
卡若区	Karub Qu	5442	5442	1824
江达县	Jomda	4918	4918	1005
贡觉县	Konjo	4080	4080	2353
类乌齐县	Riwoqê	2980	2980	400
丁青县	Dêngqên	8035	8035	1122
察雅县	Chagyab	3077	3077	186
八宿县	Baxoi	2701	2701	2340
左贡县	Zogang	2675	2675	1770
芒康县	Markam	5328	5328	3824
洛隆县	Lhorong	5853	5853	4474
边坝县	Banbar	3533	3533	1548
山南地区	**Shannan**			
乃东县	Nêdong	4002	4002	3935
扎囊县	Chanang	4838	4838	4838
贡嘎县	Konggar	5630	5630	4649

17-4 续表1 continued

单位：公顷 (heactare)

地　区	Region	年末实有耕地面积 Cultivated Areas (Year-end)	#旱地 Dry Fields	农田有效灌溉面积 Irrigated Areas
桑日县	Sangri	1531	1531	1531
琼结县	Qonggyai	1827	1827	1827
曲松县	Qusum	1663	1663	1308
措美县	Comai	972	972	972
洛扎县	Lhozhag	2109	2109	2109
加查县	Gyaca	1607	1607	1370
隆子县	Lhünzê	3233	3233	3214
错那县	Cona	1482	1482	1268
浪卡子县	Nagarzê	2601	2601	2601
日喀则市	**Xigazê**			
桑珠孜区	Samzhubzê Qu	16541	16541	12768
南木林县	Namling	7891	7891	3858
江孜县	Gyangzê	10799	10799	9227
定日县	Tingri	7066	7066	7066
萨迦县	Sa'gya	7903	7903	6712
拉孜县	Lhazê	7951	7951	6131
昂仁县	Ngamring	4971	4971	4971
谢通门县	Xaitongmoin	4065	4065	3591
白朗县	Bainang	8518	8518	8241
仁布县	Rinbung	3413	3413	3274
康马县	Kangmar	3140	3140	3121
定结县	Dinggyê	2749	2749	2337
仲巴县	Zhongba	40	40	
亚东县	Yadong	890	890	248
吉隆县	Gyirong	1254	1254	
聂拉木县	Nyalam	1991	1991	1917
萨嘎县	Saga	496	496	
岗巴县	Kamba	1500	1500	1500

17-4 续表2 continued

单位：公顷 (heactare)

地区	Region	年末实有耕地面积 Cultivated Areas (Year-end)	# 旱地 Dry Fields	农田有效灌溉面积 Irrigated Areas
那曲地区	**Nagqu**			
那曲县	Nagqu			
嘉黎县	Lhari	321	321	191
比如县	Biru	1681	1681	
聂荣县	Nyainrong			
安多县	Amdo			
申扎县	Xainza			
索　县	Sog	2597	2597	
班戈县	Bangoin			
巴青县	Baqên	243	243	
尼玛县	Nyima	165	165	
双湖县	Shaunghu			
阿里地区	**Ngari**			
普兰县	Burang	628	628	628
札达县	Zanda	691	691	691
噶尔县	Gar	827	827	
日土县	Rutog	636	636	636
革吉县	Gê'gyai			
改则县	Gêrzê			
措勤县	Coqên			
林芝地区	**Nyingchi**			
林芝县	Nyingchi	2523	2523	2523
工布江达县	Gongbo' gyamda	3020	3020	2920
米林县	Mainling	3088	3088	2951
墨脱县	Mêdog	1579	1579	1450
波密县	Bomê	4374	4374	2944
察隅县	Zayü	2746	2746	2199
朗　县	Nang	1355	1355	1237

17-5 农作物播种面积（2014年）

TOTAL SOWN AREAS OF FARM CROPS （2014）

单位：公顷 (hectare)

地区	Region	农作物播种面积 Total Sown Area	粮食作物 Grain Crops	#谷物 Cereal	#豆类 Beans	油料 Oil-bearing Crops
拉萨市	**Lhasa**					
城关区	Lhasa Chengguanqu	1136	344	344		106
林周县	Lhünzhub	11350	9609	9609		985
当雄县	Damxung	1926				
尼木县	Nyêmo	2774	2021	1960	61	302
曲水县	Qüxü	5841	3601	3601		904
堆龙德庆县	Doilungdêqên	5545	3687	3493	194	693
达孜县	Dagzê	4918	3218	3208	11	264
墨竹工卡县	Maizhokunggar	5262	4134	3845	289	1033
昌都市	**Qamdo**					
卡若区	Karub Qu	6011	4645	4639	6	279
江达县	Jomda	4898	4531	4432	99	123
贡觉县	Konjo	4475	3662	3626	36	333
类乌齐县	Riwoqê	3253	2407	2407		
丁青县	Dêngqên	8119	6858	6633	225	613
察雅县	Chagyab	3981	3188	3068	100	267
八宿县	Baxoi	3363	2842	2774	40	187
左贡县	Zogang	3857	3371	3168	24	163
芒康县	Markam	7343	6056	5685	97	533
洛隆县	Lhorong	6368	4908	4784	13	747
边坝县	Banbar	3533	3026	2743	283	207
山南地区	**Shannan**					
乃东县	Nêdong	4002	2901	2843	58	577
扎囊县	Chanang	4838	3632	3622	10	916
贡嘎县	Konggar	6120	4195	4172	24	437

17-5 续表1 continued

单位：公顷 (hectare)

地 区	Region	农作物播种面积 Total Sown Area	粮食作物 Grain Crops	#谷物 Cereal	#豆类 Beans	油料 Oil-bearing Crops
桑日县	Sangri	1531	864	745	119	478
琼结县	Qonggyai	1827	1157	1122	35	351
曲松县	Qusum	1663	1127	1035	91	379
措美县	Comai	972	685	665	19	93
洛扎县	Lhozhag	2109	1608	1327	281	295
加查县	Gyaca	2178	1522	1513	9	201
隆子县	Lhünzê	3365	2267	1965	302	517
错那县	Cona	1489	1184	1095	88	134
浪卡子县	Nagarzê	2601	1850	1844	6	229
日喀则市	**Xigazê**					
桑珠孜区	Samzhubzê Qu	12844	7920	7860	60	1667
南木林县	Namling	7893	4207	3993	213	860
江孜县	Gyangzê	10799	7648	7135	513	1266
定日县	Tingri	6812	5235	4805	430	544
萨迦县	Sa'gya	7599	4729	4532	197	672
拉孜县	Lhazê	7885	4624	4527	97	1500
昂仁县	Ngamring	4971	3965	3798	167	340
谢通门县	Xaitongmoin	4065	2560	2473	87	440
白朗县	Bainang	8518	6645	6645		641
仁布县	Rinbung	3413	2043	1844	199	464
康马县	Kangmar	3140	2289	1981	308	424
定结县	Dinggyê	2547	1811	1482	328	299
仲巴县	Zhongba	43				
亚东县	Yadong	890	392	392		20
吉隆县	Gyirong	1254	806	730	19	200
聂拉木县	Nyalam	1991	1073	1030	43	172
萨嘎县	Saga	496	385	313	72	30
岗巴县	Kamba	1500	818	818		204

17-5 续表2 continued

单位：公顷 (hectare)

地 区	Region	农作物播种面积 Total Sown Area	粮食作物 Grain Crops	#谷物 Cereal	#豆类 Beans	油料 Oil-bearing Crops
那曲地区	**Nagqu**					
那曲县	Nagqu					
嘉黎县	Lhari	321	265	261		
比如县	Biru	1541	1242	1242		
聂荣县	Nyainrong					
安多县	Amdo					
申扎县	Xainza					
索 县	Sog	2524	1909	1856	53	67
班戈县	Bangoin					
巴青县	Baqên	1074	998	976	5	12
尼玛县	Nyima	165	90	83		
双湖县	Shaunghu					
阿里地区	**Ngari**					
普兰县	Burang	1147	557	503	47	53
札达县	Zanda	586	387	314	45	36
噶尔县	Gar	2340	330	325	3	6
日土县	Rutog	1507	335	320	12	21
革吉县	Gê'gyai	1183	47	47		
改则县	Gêrzê	869				
措勤县	Coqên	1333.5				
林芝地区	**Nyingchi**					
林芝县	Nyingchi	3563	2064	2039	25	407
工布江达县	Gongbo' gyamda	3231	2472	2320	2	616
米林县	Mainling	3455	2737	2706	31	323
墨脱县	Mêdog	1591	1406	1385	11	27
波密县	Bomê	4557	4028	3876	124	315
察隅县	Zayü	4544	3898	3751	77	174
朗 县	Nang	1315	1031	990	19	192

17-6 主要农作物产量（2014年）

YIELD OF MAJOR FARM CROPS (2014)

单位：吨 (ton)

地　区	Region	粮食 Grain	#谷物 Cereal	#豆类 Beans	油菜籽 Oil-bearing Crops
拉萨市	**Lhasa**				
城关区	Lhasa Chengguanqu	1782	1782		545
林周县	Lhünzhub	66501	66501		2500
当雄县	Damxung				
尼木县	Nyêmo	13010	12775	235	1045
曲水县	Qüxü	25121	25121		2023
堆龙德庆县	Doilungdêqên	25274	24600	674	2368
达孜县	Dagzê	22939	22891	48	836
墨竹工卡县	Maizhokunggar	24005	23130	875	2158
昌都市	**Qamdo**				
卡若区	Karub Qu	19072	19060	12	417
江达县	Jomda	13757	13543	214	362
贡觉县	Konjo	13473	12618	113	151
类乌齐县	Riwoqê	8485	8485		
丁青县	Dêngqên	24850	24203	647	798
察雅县	Chagyab	13813	13101	113	305
八宿县	Baxoi	10380	10126	93	288
左贡县	Zogang	15490	14811	148	321
芒康县	Markam	28032	27836	196	734
洛隆县	Lhorong	22094	21311	11	975
边坝县	Banbar	10763	10128	635	389
山南地区	**Shannan**				
乃东县	Nêdong	22401	22112	289	1700
扎囊县	Chanang	23252	23231	21	2545
贡嘎县	Konggar	30037	29964	73	1345

17-6 续表1 continued

单位：吨 (ton)

地　区	Region	粮食 Grain	#谷物 Cereal	#豆类 Beans	油菜籽 Oil-bearing Crops
桑日县	Sangri	8042	7283	759	1291
琼结县	Qonggyai	10224	10030	194	1138
曲松县	Qusum	7327	6828	499	967
措美县	Comai	3419	3379	40	420
洛扎县	Lhozhag	9700	8151	1549	881
加查县	Gyaca	8233	8194	39	507
隆子县	Lhünzê	17782	16600	1182	1088
错那县	Cona	4663	4417	246	391
浪卡子县	Nagarzê	7940	7930	10	820
日喀则市	**Xigazê**				
桑珠孜区	Samzhubzê Qu	73451	73171	281	4077
南木林县	Namling	21566	20887	680	2434
江孜县	Gyangzê	62566	59743	2822	6280
定日县	Tingri	26131	24610	1521	1380
萨迦县	Sa'gya	27769	26458	1310	2700
拉孜县	Lhazê	35353	34904	449	4515
昂仁县	Ngamring	18588	18152	437	1013
谢通门县	Xaitongmoin	14740	14350	390	1068
白朗县	Bainang	47963	47963		2395
仁布县	Rinbung	9154	8499	655	1054
康马县	Kangmar	10757	8917	1840	941
定结县	Dinggyê	6091	4930	1161	728
仲巴县	Zhongba				
亚东县	Yadong	1353	1353		67
吉隆县	Gyirong	4542	4123	110	793
聂拉木县	Nyalam	6006	5822	184	505
萨嘎县	Saga	1292	1073	220	114
岗巴县	Kamba	2796	2796		301

17-6 续表2 continued

单位：吨 (ton)

地 区 Region	粮食 Grain	#谷物 Cereal	#豆类 Beans	油菜籽 Oil-bearing Crops
那曲地区 Nagqu				
那曲县 Nagqu				
嘉黎县 Lhari	853	812		
比如县 Biru	3342	3342		
聂荣县 Nyainrong				
安多县 Amdo				
申扎县 Xainza				
索 县 Sog	6912	6790	122	39
班戈县 Bangoin				
巴青县 Baqên	913	827	10	
尼玛县 Nyima	212	212		
双湖县 Shaunghu				
阿里地区 Ngari				
普兰县 Burang	2659	2306	211	115
札达县 Zanda	941	772	35	70
噶尔县 Gar	617	614	1	4
日土县 Rutog	992	922	33	25
革吉县 Gê'gyai	69	69		
改则县 Gêrzê				
措勤县 Coqên				
林芝地区 Nyingchi				
林芝县 Nyingchi	11823	11765	58	810
工布江达县 Gongbo' gyamda	8555	7704	2	684
米林县 Mainling	10014	9995	19	434
墨脱县 Mêdog	4641	4533	28	13
波密县 Bomê	18505	17963	284	891
察隅县 Zayü	18461	17893	166	154
朗 县 Nang	5923	5471	162	290

17-7 年末牲畜存栏头数和肉类产量（2014年）

NUMBER OF ANIMALS TKG OUTPUT OF MEAT AT THE YEAR-END(2014)

地　区	Region	年末牲畜存栏头数（万头只）Number of Animals (Year-end) (10000 heads)	#大牲畜 Large Animals	#羊 Sheep and Goats	肉类总产量（吨）Output of Meat (ton)	#牛肉 Beef	#羊肉 Mutton
拉萨市	**Lhasa**						
城关区	Lhasa Chengguanqu	2.37	1.83	0.17	917	831	32
林周县	Lhünzhub	24.66	14.09	9.73	4000	3610	235
当雄县	Damxung	44.90	23.49	21.40	7001	5753	1247
尼木县	Nyêmo	11.68	4.54	7.12	2953	1712	1234
曲水县	Qüxü	8.91	5.02	2.54	1916	1269	150
堆龙德庆县	Doilungdêqên	12.76	7.08	4.29	4787	3162	349
达孜县	Dagzê	7.32	4.15	2.75	1934	1551	177
墨竹工卡县	Maizhokunggar	19.39	13.01	5.93	6552	5944	443
昌都市	**Qamdo**						
卡若区	Karub Qu	32.16	26.71	5.44	12323	11537	782
江达县	Jomda	46.93	31.05	15.84	13871	12467	1401
贡觉县	Konjo	21.32	10.70	10.62	6431	5057	1374
类乌齐县	Riwoqê	19.00	16.62	2.39	8033	7654	379
丁青县	Dêngqên	24.75	15.10	9.65	8162	7179	983
察雅县	Chagyab	31.30	16.57	14.72	7576	6088	1479
八宿县	Baxoi	21.31	11.94	8.89	6296	4683	1489
左贡县	Zogang	20.95	9.46	8.85	6642	4630	916
芒康县	Markam	37.00	17.01	18.15	7318	5256	1143
洛隆县	Lhorong	19.28	13.46	5.57	6173	5573	558
边坝县	Banbar	19.13	15.75	3.36	7452	7110	337
山南地区	**Shannan**						
乃东县	Nêdong	11.19	4.44	6.49	5224	2021	329
扎囊县	Chanang	10.05	3.09	6.50	1871	1450	330
贡嘎县	Konggar	19.24	4.64	14.36	2369	1554	704

17-7 续表1 continued

地 区	Region	年末牲畜存栏头数(万头只) Number of Animals (Year-end) (10000 heads)	#大牲畜 Large Animals	#羊 Sheep and Goats	肉类总产量(吨) Output of Meat (ton)	#牛肉 Beef	#羊肉 Mutton
桑日县	Sangri	8.28	4.64	3.42	2127	1801	211
琼结县	Qonggyai	6.66	1.39	5.14	945	561	247
曲松县	Qusum	10.42	2.37	8.00	1899	1528	339
措美县	Comai	14.40	2.72	11.67	2323	1560	736
洛扎县	Lhozhag	7.97	2.31	5.49	1108	792	278
加查县	Gyaca	5.71	5.10	0.46	2074	1847	58
隆子县	Lhünzê	18.30	6.10	12.00	2918	2153	663
错那县	Cona	8.77	2.54	6.18	1130	806	295
浪卡子县	Nagarzê	33.10	6.35	26.73	2921	1790	1131
日喀则市	**Xigazê**						
桑珠孜区	Samzhubzê Qu	27.53	6.72	20.18	2133	895	956
南木林县	Namling	37.02	11.91	24.84	2501	1581	868
江孜县	Gyangzê	30.98	6.69	24.11	2188	971	1141
定日县	Tingri	29.94	4.13	25.82	2505	1474	1031
萨迦县	Sa'gya	28.76	3.08	25.61	1528	537	936
拉孜县	Lhazê	29.05	5.02	24.01	1526	621	901
昂仁县	Ngamring	52.33	10.64	41.70	3208	1416	1792
谢通门县	Xaitongmoin	26.84	7.87	18.93	3483	2632	828
白朗县	Bainang	26.02	4.89	20.82	1496	710	659
仁布县	Rinbung	15.61	4.05	11.54	735	344	391
康马县	Kangmar	18.52	1.68	16.83	1181	403	778
定结县	Dinggyê	23.09	1.77	21.28	717	163	533
仲巴县	Zhongba	54.83	7.58	47.25	3580	1787	1793
亚东县	Yadong	8.35	2.63	5.70	842	649	181
吉隆县	Gyirong	12.01	2.74	9.23	610	272	328
聂拉木县	Nyalam	18.47	2.10	16.37	608	253	355
萨嘎县	Saga	17.96	3.87	14.09	677	263	415
岗巴县	Kamba	14.77	0.71	14.06	943	134	809

17-7 续表2 continued

地　区	Region	年末牲畜存栏头数(万头只) Number of Animals (Year-end) (10000 heads)	#大牲畜 Large Animals	#羊 Sheep and Goats	肉类总产量(吨) Output of Meat (ton)	#牛肉 Beef	#羊肉 Mutton
那曲地区	**Nagqu**						
那曲县	Nagqu	68.40	39.17	29.22	13480	11194	2286
嘉黎县	Lhari	18.72	17.59	0.77	6409	6232	85
比如县	Biru	21.73	18.71	3.02	9768	9631	138
聂荣县	Nyainrong	25.96	18.71	7.25	9172	8482	690
安多县	Amdo	81.75	28.22	53.53	13566	8539	5027
申扎县	Xainza	53.77	6.40	47.37	6400	3053	3347
索　县	Sog	12.85	10.54	2.31	5704	5580	124
班戈县	Bangoin	77.70	14.81	62.89	5186	2006	3180
巴青县	Baqên	22.24	20.63	1.60	6364	5980	385
尼玛县	Nyima	95.10	8.69	86.41	7005	2523	4481
双湖县	Shaunghu	43.49	2.73	40.77	2250	361	1890
阿里地区	**Ngari**						
普兰县	Burang	10.41	1.33	9.09	695	298	397
札达县	Zanda	9.06	2.06	7.01	489	170	319
噶尔县	Gar	18.43	1.21	17.22	1283	351	932
日土县	Rutog	35.30	0.67	34.62	2414	148	2266
革吉县	Gê'gyai	43.40	1.47	41.93	3870	810	3060
改则县	Gêrzê	62.42	3.96	58.47	4554	1420	3134
措勤县	Coqên	36.71	3.65	33.06	2702	502	2200
林芝地区	**Nyingchi**						
林芝县	Nyingchi	11.36	6.29	0.52	2274	411	45
工布江达县	Gongbo' gyamda	15.84	10.75	0.61	2436	1534	51
米林县	Mainling	12.98	6.36	1.62	1253	482	46
墨脱县	Mêdog	1.61	0.63	0.00	399	71	
波密县	Bomê	10.37	6.93	0.11	1628	992	5
察隅县	Zayü	10.90	4.86	1.83	1273	531	15
朗　县	Nang	8.24	5.77	1.95	1770	1525	105

17-8 奶类、皮、毛产量（2014年）

OUTPUT OF MILK，SHEEP AND GOAT WOOL，SHEEPSKIN AND COWSKIN PRODUCTS(2014)

地区	Region	奶类 (吨) Milk (ton)	#牛奶 Cow Milk	羊毛 (吨) Sheep and Goat Wool (ton)	#绵羊毛 Sheep Wool	羊皮 (张) Sheepskin (unit)	牛皮 (张) Cowskin (unit)
拉萨市	**Lhasa**						
城关区	Lhasa Chengguanqu	8067	8067	2.79	2.52	88	2831
林周县	Lhünzhub	4486	4383	80.79	64.28	20568	32977
当雄县	Damxung	10963	10209	75.77	70.91	111073	51748
尼木县	Nyêmo	4080	3471	25.98	17.58	27893	13974
曲水县	Qüxü	6001	6001	12.16	8.41	6712	8424
堆龙德庆县	Doilungdêqên	6019	6019	26.41	23.07	13220	19426
达孜县	Dagzê	3122	3122	13.11	6.84	12387	12953
墨竹工卡县	Maizhokunggar	3184	3184	45.21	20.30	15246	33289
昌都市	**Qamdo**						
卡若区	Karub Qu	14897	13119	44.20	35.40	26667	83414
江达县	Jomda	8352	8157	102.50	59.00	52405	96256
贡觉县	Konjo	3918	2736	223.00	219.90	25244	29570
类乌齐县	Riwoqê	7456	7435	4.00	4.00	7240	44509
丁青县	Dêngqên	6108	5650	49.90	36.30	38613	48776
察雅县	Chagyab	5567	5439	117.01	72.98	48443	46782
八宿县	Baxoi	5476	4111	57.89	36.74	41851	31606
左贡县	Zogang	2748	2500	65.15	40.88	28448	21533
芒康县	Markam	8021	7615	127.25	94.89	37614	28172
洛隆县	Lhorong	6400	5856	83.35	60.58	20796	39791
边坝县	Banbar	8417	4591	12.55	7.76	10288	50078
山南地区	**Shannan**						
乃东县	Nêdong	3076	3076	48.75	36.66	25535	15745
扎囊县	Chanang	5563	4459	54.62	49.25	26420	13742
贡嘎县	Konggar	3774	3774	179.18	169.28	55804	11951

17-8 续表1 continued

地　区	Region	奶类 (吨) Milk (ton)	#牛奶 Cow Milk	羊毛 (吨) Sheep and Goat Wool (ton)	#绵羊毛 Sheep Wool	羊皮 (张) Sheepskin (unit)	牛皮 (张) Cowskin (unit)
桑日县	Sangri	2330	2330	38.20	11.30	14638	14010
琼结县	Qonggyai	1062	1062	35.21	31.09	20144	3815
曲松县	Qusum	3328	3230	134.34	116.44	27139	12300
措美县	Comai	4394	4001	151.58	147.32	56870	10753
洛扎县	Lhozhag	2869	2869	55.86	42.71	18092	6203
加查县	Gyaca	4753	4753	4.47	4.47	4640	14486
隆子县	Lhünzê	6933	6857	184.10	107.30	46506	17502
错那县	Cona	2331	2290	50.57	46.03	17146	4900
浪卡子县	Nagarzê	8271	6913	230.72	215.51	71230	12734
日喀则市	**Xigazê**						
桑珠孜区	Samzhubzê Qu	11230	11230	91.57	75.16	75273	9663
南木林县	Namling	3119	2843	107.18	90.78	74049	18549
江孜县	Gyangzê	17673	17184	151.17	128.80	93960	13474
定日县	Tingri	2119	675	74.98	46.03	103015	20748
萨迦县	Sa'gya	2313	2056	124.95	99.00	95017	7362
拉孜县	Lhazê	1750	1229	86.99	53.62	72764	8295
昂仁县	Ngamring	4094	1644	206.75	116.31	127971	19587
谢通门县	Xaitongmoin	2905	2580	78.83	65.55	86794	35362
白朗县	Bainang	9420	8548	128.44	98.19	66636	7473
仁布县	Rinbung	2092	2081	78.20	60.20	39699	4818
康马县	Kangmar	2574	2031	95.90	86.82	79731	5413
定结县	Dinggyê	937	226	100.32	76.57	51877	1676
仲巴县	Zhongba	11670	2575	511.41	369.29	150630	18464
亚东县	Yadong	872	722	46.73	38.78	16105	2074
吉隆县	Gyirong	1870	1184	54.63	45.08	21507	2747
聂拉木县	Nyalam	2094	1196	113.17	81.53	31205	3136
萨嘎县	Saga	1361	325	91.04	48.38	35624	2749
岗巴县	Kamba	641	103	110.01	102.41	65392	1811

17-8 续表2 continued

地区	Region	奶类 (吨) Milk (ton)	#牛奶 Cow Milk	羊毛 (吨) Sheep and Goat Wool (ton)	#绵羊毛 Sheep Wool	羊皮 (张) Sheepskin (unit)	牛皮 (张) Cowskin (unit)
那曲地区	**Nagqu**						
那曲县	Nagqu	9881	7958	228.25	210.88	154010	103219
嘉黎县	Lhari	5293	5239	24.88	9.42	4093	36823
比如县	Biru	7554	7472	63.24	57.29	15080	42957
聂荣县	Nyainrong	5603	5187	192.93	186.12	43049	63021
安多县	Amdo	8872	7684	573.23	517.59	17514	5563
申扎县	Xainza	3963	2174	269.15	247.68	250341	21807
索　县	Sog	3479	3274	5.84	3.88	5858	27651
班戈县	Bangoin	7495	5008	957.57	917.54	236913	22291
巴青县	Baqên	2569	2529	68.75	58.02	26479	46149
尼玛县	Nyima	2909	837	551.02	484.80	192016	11462
双湖县	Shaunghu	886	355	396.30	320.30	134024	4882
阿里地区	**Ngari**						
普兰县	Burang	657	250	53.14	46.02	28450	2980
札达县	Zanda	550	124	76.59	41.00	22090	1988
噶尔县	Gar	910	165	110.20	78.00	53791	1660
日土县	Rutog	195	48	162.60	61.50	117864	1050
革吉县	Gê'gyai	3055	160	275.00	187.00	191591	5406
改则县	Gêrzê	2299	497	491.57	435.07	186644	10375
措勤县	Coqên	1247	150	217.10	152.50	128532	3718
林芝地区	**Nyingchi**						
林芝县	Nyingchi	3753	3753	3.82	3.82	389	664
工布江达县	Gongbo' gyamda	4982	4962	27.00	27.00	2013	6880
米林县	Mainling	3721	3721	13.34	7.76	392	1697
墨脱县	Mêdog	98	98				
波密县	Bomê	3517	3517	0.84		56	903
察隅县	Zayü	1368	1367	2.30	1.90	439	2741
朗　县	Nang	4985	4985	20.00	10.00	4782	9688

第十八篇

全国各省（区、市）统计资料

Chapter 18

STATISTICAL DATA OF PROVINCE, MUNICIPALITY AND AUTONOMOUS REGION

18-1 各省（区、市）生产总值（2014年）

GROSS DOMESTIC PRODUCT BY PROVINCE, MUNICIPALITY AND AUTONOMOUS REGION (2014)

单位：亿元　　(100 million yuan)

地区	Region	地区生产总值 Gross Domestic Product	第一产业 Primary Industry	第二产业 Secondary Industry	#工业 Industry	第三产业 Tertiary Industry
全　国	**National Total**	**636462.7**	**58331.6**	**271392.4**	**227991.0**	**306738.7**
北　京	Beijing	21330.8	159.0	4545.5	3746.8	16626.3
天　津	Tianjin	15722.5	199.8	7731.4	7083.4	7791.3
河　北	Hebei	29421.2	3447.5	15020.2	13330.7	10953.5
山　西	Shanxi	12759.4	788.1	6343.3	5521.0	5628.0
内蒙古	Inner Mongolia	17769.5	1627.2	9119.8	7904.4	7022.6
辽　宁	Liaoning	28626.6	2285.8	14384.6	12656.8	11956.2
吉　林	Jilin	13803.8	1524.6	7287.3	6420.0	4992.0
黑龙江	Heilongjiang	15039.4	2611.5	5504.0	4741.8	6923.9
上　海	Shanghai	23560.9	124.3	8164.8	7362.8	15271.9
江　苏	Jiangsu	65088.3	3634.3	31057.5	27166.5	30396.5
浙　江	Zhejiang	40153.5	1779.3	19152.7	16741.8	19221.5
安　徽	Anhui	20848.8	2392.4	11204.0	9581.4	7252.3
福　建	Fujian	24055.8	2014.9	12515.4	10426.7	9525.5
江　西	Jiangxi	15708.6	1683.7	8388.3	6994.7	5636.6
山　东	Shandong	59426.6	4798.4	28788.1	25340.9	25840.1
河　南	Henan	34939.4	4160.8	17902.7	15904.3	12875.9
湖　北	Hubei	27367.0	3176.9	12840.2	10992.8	11349.9
湖　南	Hunan	27048.5	3148.8	12481.9	10749.9	11417.8
广　东	Guangdong	67792.2	3166.7	31345.8	29087.6	33279.8
广　西	Guangxi	15673.0	2412.2	7335.6	6065.3	5925.2
海　南	Hainan	3500.7	809.6	874.4	514.4	1816.7
重　庆	Chongqing	14265.4	1061.0	6531.9	5175.8	6672.5
四　川	Sichuan	28536.7	3531.1	14519.4	12409.0	10486.2
贵　州	Guizhou	9251.0	1275.5	3847.1	3140.9	4128.5
云　南	Yunnan	12814.6	1991.2	5281.8	3899.0	5541.6
西　藏	Tibet	920.8	91.6	336.8	66.2	492.4
陕　西	Shaanxi	17689.9	1564.9	9689.8	8090.4	6435.2
甘　肃	Gansu	6835.3	900.8	2924.9	2263.2	3009.6
青　海	Qinghai	2301.1	215.9	1232.1	954.3	853.1
宁　夏	Ningxia	2752.1	216.8	1343.1	973.5	1192.1
新　疆	Xinjiang	9264.1	1538.6	3927.8	3179.6	3797.7

18-2 各省（区、市）生产总值构成（2014年）

COMPOSITION OF GROSS DOMESTIC PRODUCT BY PROVINCE, MUNICIPALITY AND AUTONOMOUS REGION (2014)

单位：% (%)

地区	Region	地区生产总值 Gross Domestic Product	第一产业 Primary Industry	第二产业 Secondary Industry	第三产业 Tertiary Industry
全国	**National Total**	**100.0**	**9.2**	**42.6**	**48.2**
北京	Beijing	100.0	0.7	21.3	77.9
天津	Tianjin	100.0	1.3	49.2	49.6
河北	Hebei	100.0	11.7	51.1	37.2
山西	Shanxi	100.0	6.2	49.7	44.1
内蒙古	Inner Mongolia	100.0	9.2	51.3	39.5
辽宁	Liaoning	100.0	8.0	50.2	41.8
吉林	Jilin	100.0	11.0	52.8	36.2
黑龙江	Heilongjiang	100.0	17.4	36.6	46.0
上海	Shanghai	100.0	0.5	34.7	64.8
江苏	Jiangsu	100.0	5.6	47.7	46.7
浙江	Zhejiang	100.0	4.4	47.7	47.9
安徽	Anhui	100.0	11.5	53.7	34.8
福建	Fujian	100.0	8.4	52.0	39.6
江西	Jiangxi	100.0	10.7	53.4	35.9
山东	Shandong	100.0	8.1	48.4	43.5
河南	Henan	100.0	11.9	51.2	36.9
湖北	Hubei	100.0	11.6	46.9	41.5
湖南	Hunan	100.0	11.6	46.1	42.2
广东	Guangdong	100.0	4.7	46.2	49.1
广西	Guangxi	100.0	15.4	46.8	37.8
海南	Hainan	100.0	23.1	25.0	51.9
重庆	Chongqing	100.0	7.4	45.8	46.8
四川	Sichuan	100.0	12.4	50.9	36.7
贵州	Guizhou	100.0	13.8	41.6	44.6
云南	Yunnan	100.0	15.5	41.2	43.2
西藏	Tibet	100.0	9.9	36.6	53.5
陕西	Shaanxi	100.0	8.8	54.8	36.4
甘肃	Gansu	100.0	13.2	42.8	44.0
青海	Qinghai	100.0	9.4	53.5	37.1
宁夏	Ningxia	100.0	7.9	48.8	43.3
新疆	Xinjiang	100.0	16.6	42.4	41.0

18-3 各省（区、市）总人口（2014年）

TOTAL POPULATION BY PROVINCE，MUNICIPALITY AND AUTONOMOUS REGION (2014)

单位：万人　　(person)

地　区	Region	年末总人口 Total Population (year-end)	比重(%) Proportion(%) 2000年 2000	2010年 2010	2013年 2013	2014年 2014
全　国	**National Total**	**136782**	**100.00**	**100.00**	**100.0**	**100.0**
北　京	Beijing	2152	1.09	1.46	1.55	1.57
天　津	Tianjin	1517	0.79	0.97	1.08	1.11
河　北	Hebei	7384	5.33	5.36	5.39	5.40
山　西	Shanxi	3648	2.6	2.67	2.67	2.67
内蒙古	Inner Mongolia	2505	1.88	1.84	1.84	1.83
辽　宁	Liaoning	4391	3.35	3.27	3.23	3.21
吉　林	Jilin	2752	2.16	2.05	2.02	2.01
黑龙江	Heilongjiang	3833	2.91	2.86	2.82	2.80
上　海	Shanghai	2426	1.32	1.72	1.77	1.77
江　苏	Jiangsu	7960	5.88	5.87	5.83	5.82
浙　江	Zhejiang	5508	3.69	4.06	4.04	4.03
安　徽	Anhui	6083	4.73	4.44	4.43	4.45
福　建	Fujian	3806	2.74	2.75	2.77	2.78
江　西	Jiangxi	4542	3.27	3.33	3.32	3.32
山　东	Shandong	9789	7.17	7.15	7.15	7.16
河　南	Henan	9436	7.31	7.02	6.92	6.90
湖　北	Hubei	5816	4.76	4.27	4.26	4.25
湖　南	Hunan	6737	5.09	4.9	4.92	4.93
广　东	Guangdong	10724	6.83	7.79	7.82	7.84
广　西	Guangxi	4754	3.55	3.44	3.47	3.48
海　南	Hainan	903	0.62	0.65	0.66	0.66
重　庆	Chongqing	2991	2.44	2.15	2.18	2.19
四　川	Sichuan	8140	6.58	6	5.96	5.95
贵　州	Guizhou	3508	2.78	2.59	2.57	2.56
云　南	Yunnan	4714	3.39	3.43	3.44	3.45
西　藏	Tibet	318	0.21	0.22	0.23	0.23
陕　西	Shaanxi	3775	2.85	2.79	2.77	2.76
甘　肃	Gansu	2591	2.02	1.91	1.90	1.89
青　海	Qinghai	583	0.41	0.42	0.42	0.43
宁　夏	Ningxia	662	0.44	0.47	0.48	0.48
新　疆	Xinjiang	2298	1.52	1.63	1.66	1.68

18-4 各省（区、市）全社会固定资产投资
TOTAL INVESTMENT IN FIXED ASSETS BY PROVINCE, MUNICIPALITY AND AUTONOMOUS REGION

地　区	Region	2005	2009	2010	2013	2014
全　国	**National Total**	**88773.6**	**193920.4**	**241430.9**	**446294.1**	**512760.7**
北　京	Beijing	2827.2	4149.6	4916.5	6847.1	6924.2
天　津	Tianjin	1495.1	4446.6	5896.5	9130.2	10518.2
河　北	Hebei	4139.7	10476.5	12922.7	23194.2	26671.9
山　西	Shanxi	1826.6	4509.6	5526.6	11031.9	12296.1
内蒙古	Inner Mongolia	2643.6	7143.8	8688.0	14217.4	17585.0
辽　宁	Liaoning	4200.4	11605.1	15106.3	25107.7	24730.8
吉　林	Jilin	1741.1	5958.9	7395.2	9979.3	11486.5
黑龙江	Heilongjiang	1737.3	4695.7	6292.7	11453.1	9878.2
上　海	Shanghai	3509.7	4618.9	4630.5	5647.8	6016.5
江　苏	Jiangsu	8165.4	14266.8	17416.5	36373.3	41938.7
浙　江	Zhejiang	6520.1	7454.3	8438.1	20782.1	24262.8
安　徽	Anhui	2525.1	7945.5	10281.3	18621.9	21688.5
福　建	Fujian	2316.7	5548.6	7385.8	15327.4	18219.8
江　西	Jiangxi	2176.6	6008.1	7856.9	12850.3	15109.9
山　东	Shandong	9307.3	15439.1	18844.4	36789.1	42495.5
河　南	Henan	4311.6	11454.9	13934.8	26087.5	30782.2
湖　北	Hubei	2676.6	7183.7	9405.6	19307.3	22965.3
湖　南	Hunan	2629.1	6880.0	8618.0	17841.4	21269.7
广　东	Guangdong	6977.9	10230.1	12599.3	22308.4	26294.0
广　西	Guangxi	1661.2	4689.9	6383.3	11907.7	13843.2
海　南	Hainan	367.2	942.7	1257.5	2697.9	3112.3
重　庆	Chongqing	1933.2	4855.1	6170.6	10435.2	12281.1
四　川	Sichuan	3585.2	9090.1	11061.4	20326.1	23318.7
贵　州	Guizhou	998.3	2049.8	2609.4	7373.6	9025.7
云　南	Yunnan	1777.6	4117.5	5052.6	9968.3	11498.6
西　藏	Tibet	309.9	327.6	405.0	918.5	1119.7
陕　西	Shaanxi	1882.2	5888.4	7569.9	14884.1	17192.1
甘　肃	Gansu	870.4	2076.4	2808.6	6527.9	7884.1
青　海	Qinghai	329.8	689.1	840.0	2361.1	2861.2
宁　夏	Ningxia	443.3	964.2	1292.8	2651.1	3173.8
新　疆	Xinjiang	1339.1	2434.1	3065.1	7732.3	9438.3

18-5 各省（区、市）主要农产品和畜产品产量（2014年）

YIELD OF MAJOR FARM CROPS AND OUTPUT OF LIVESTOCK PRODUCTS BY PROVINCE, MUNICIPALITY AND AUTONOMOUS REGION (2014)

单位：万吨　(10000 tons)

地　区	Region	粮食产量 Yield of Grain	油料产量 Yield of Oil-bearing Crops	牛肉产量 Output of Beef	猪肉产量 Output of Pork	羊肉产量 Output of Mutton
全　国	**National Total**	**60702.6**	**3507.4**	**689.2**	**5671.4**	**428.2**
北　京	Beijing	63.9	0.7	1.7	24.0	1.2
天　津	Tianjin	176.0	0.5	3.4	29.9	1.6
河　北	Hebei	3360.2	150.2	52.4	281.2	30.4
山　西	Shanxi	1330.8	17.3	5.8	64.2	6.7
内蒙古	Inner Mongolia	2753.0	170.3	54.5	73.3	93.3
辽　宁	Liaoning	1753.9	63.7	42.8	240.3	8.9
吉　林	Jilin	3532.8	85.7	46.0	140.4	4.5
黑龙江	Heilongjiang	6242.2	17.1	40.6	142.6	11.9
上　海	Shanghai	112.5	1.3	0. 1	18.8	0.5
江　苏	Jiangsu	3490.6	146.6	3.3	232.4	8.0
浙　江	Zhejiang	757.4	30.7	1.2	127.0	1.7
安　徽	Anhui	3415.8	228.8	17.9	264.8	15.5
福　建	Fujian	667.0	29.8	2.9	151.1	2.2
江　西	Jiangxi	2143.5	121.7	13.1	259.8	1.1
山　东	Shandong	4596.6	335.9	66.6	406.8	36.0
河　南	Henan	5772.3	584.3	82.1	478.0	25.4
湖　北	Hubei	2584.2	341.7	21.9	339.6	8.6
湖　南	Hunan	3001.3	233.8	18.9	458.1	11.1
广　东	Guangdong	1357.3	105.5	7.0	282.6	0.9
广　西	Guangxi	1534.4	61.3	14.4	266.3	3.2
海　南	Hainan	186.6	11.6	2.6	48.6	1.1
重　庆	Chongqing	1144.5	56.9	8.4	158.5	3.4
四　川	Sichuan	3374.9	300.8	33.4	527.2	25.3
贵　州	Guizhou	1138.5	98.0	14.7	165.6	3.8
云　南	Yunnan	1860.7	64.7	33.6	292.4	14.6
西　藏	Tibet	98.0	6.4	16.0	1.5	7.9
陕　西	Shaanxi	1197.8	62.3	7.7	91.8	7.5
甘　肃	Gansu	1158.7	72.4	18.1	52.7	17.9
青　海	Qinghai	104.8	31.5	10.6	10.5	10.9
宁　夏	Ningxia	377.9	16.5	8.8	7.7	9.5
新　疆	Xinjiang	1414.5	59.3	39.2	33.9	53.6

18-6 各省（区、市）规模以上工业企业主要经济指标（2014年）

MAIN ECONOMIC INDICATORS OF ALL INDUSTRIAL ENTERPRISES ABOVE DESIGNATED SIZE，MUNICIPALITY AND AUTONOMOUS REGION (2014)

单位：亿元 (100 million yuan)

地区	Region	主营业务收入 Business Income of The Main Products	主营业务成本 Cost of The Core Business	主营业务税金及附加 Sales Tax of The core business and Adding	销售费用 Operation Expense	税金总额 Total Tax	利润总额 Total Profits
全国	**National Total**	**1094646.5**	**937493.4**	**16894.0**	**27476.8**	**48401.7**	**64715.3**
北京	Beijing	19439.6	16422.3	303.7	862.3	847.7	1493.2
天津	Tianjin	28275.9	24405.0	322.2	630.1	1125.8	2042.8
河北	Hebei	46532.2	40846.9	463.8	784.9	1540.8	2421.7
山西	Shanxi	17119.9	14820.7	151.2	560.2	762.8	210.6
内蒙古	Inner Mongolia	19064.0	15615.7	265.2	440.7	967.8	1294.4
辽宁	Liaoning	49686.1	43541.6	898.0	1052.3	2058.7	2011.7
吉林	Jilin	23220.0	19352.5	537.1	884.7	1165.4	1397.7
黑龙江	Heilongjiang	13086.0	10485.5	601.6	306.7	1144.2	985.0
上海	Shanghai	34725.0	28507.8	965.1	1277.4	1856.3	2646.5
江苏	Jiangsu	142387.9	123159.7	1242.9	3280.5	5789.5	8839.7
浙江	Zhejiang	63237.0	54099.3	721.1	1601.8	2425.2	3543.7
安徽	Anhui	36653.6	31968.3	474.9	870.0	1394.4	1775.2
福建	Fujian	36300.1	31424.0	417.1	914.1	1395.0	2081.7
江西	Jiangxi	30597.1	26866.2	318.6	505.7	1314.8	2043.9
山东	Shandong	143488.1	125581.8	1573.1	2647.5	5499.7	8763.4
河南	Henan	66787.5	58022.7	677.5	1217.9	2180.4	4771.4
湖北	Hubei	40708.0	34531.1	801.9	1251.2	1811.8	2174.6
湖南	Hunan	33303.2	27987.8	903.5	904.8	2066.1	1523.2
广东	Guangdong	113827.8	96949.1	1199.3	3899.3	3991.2	6611.9
广西	Guangxi	18455.1	15886.6	346.3	437.2	911.1	963.8
海南	Hainan	1742.3	1436.1	76.2	61.0	135.0	88.5
重庆	Chongqing	18057.1	15361.3	262.8	509.0	937.6	1160.5
四川	Sichuan	37559.7	31674.6	614.2	1073.6	1851.0	2046.3
贵州	Guizhou	8108.0	6432.6	313.6	265.8	658.3	530.5
云南	Yunnan	10041.6	7823.9	830.6	259.5	1283.4	478.9
西藏	Tibet	113.5	86.2	1.7	8.4	11.7	12.4
陕西	Shaanxi	18313.6	14313.1	721.0	471.0	1600.9	1706.5
甘肃	Gansu	9092.6	7983.7	310.2	138.5	543.8	233.2
青海	Qinghai	2249.8	1848.1	61.0	77.0	144.6	98.9
宁夏	Ningxia	3468.9	2985.1	72.3	67.6	163.5	102.5
新疆	Xinjiang	9005.0	7074.1	446.4	216.0	823.2	661.2

18-7 各省（区、市）社会消费品零售总额

TOTAL RETAIL SALES OF CONSUMER GOODS BY PROVINCE, MUNICIPALITY AND AUTONOMOUS REGION

单位：亿元　　　　(100 million yuan)

地　区	Region	2006	2007	2008	2009	2010	2013	2014
全　国	**National Total**	**79145.2**	**93571.6**	**114830.1**	**132678.4**	**156998.4**	**242842.8**	**271896.1**
北　京	Beijing	3295.3	3835.2	4645.5	5309.9	6229.3	8872.1	9638.0
天　津	Tianjin	1383.1	1650.6	2078.7	2430.8	2860.2	4470.4	4738.7
河　北	Hebei	3435.7	4053.8	4991.1	5764.9	6821.8	10516.7	11820.5
山　西	Shanxi	1635.4	1953.3	2421.1	2809.0	3318.2	5139.3	5717.9
内蒙古	Inner Mongolia	1628.6	1964.0	2463.0	2855.3	3384.0	5114.2	5657.6
辽　宁	Liaoning	3471.6	4097.8	5032.4	5812.6	6887.6	10581.4	11857.0
吉　林	Jilin	1697.6	2038.3	2549.2	2957.3	3504.9	5426.4	6080.9
黑龙江	Heilongjiang	2029.0	2386.2	2928.3	3401.8	4039.2	6251.2	7015.3
上　海	Shanghai	3375.2	3873.3	4577.2	5173.2	6070.5	8557.0	9303.5
江　苏	Jiangsu	6706.2	7985.9	9905.1	11484.1	13606.8	20878.2	23458.1
浙　江	Zhejiang	5358.0	6271.3	7533.3	8622.3	10245.4	15970.8	17835.3
安　徽	Anhui	2056.5	2451.9	3045.2	3527.8	4197.7	7044.7	7957.0
福　建	Fujian	2717.6	3212.3	3866.7	4481.0	5310.0	8275.3	9346.7
江　西	Jiangxi	1448.2	1718.9	2142.0	2484.4	2956.2	4696.1	5292.6
山　东	Shandong	7217.1	8607.5	10658.8	12363.0	14620.3	22294.8	25111.5
河　南	Henan	3932.6	4690.3	5815.4	6746.4	8004.2	12426.6	14005.0
湖　北	Hubei	3461.1	4115.8	5109.7	5928.4	7013.9	11035.9	12449.3
湖　南	Hunan	2869.4	3419.2	4222.6	4913.7	5839.5	9509.5	10723.5
广　东	Guangdong	9194.3	10731.3	12986.6	14891.8	17458.4	25453.9	28471.1
广　西	Guangxi	1620.3	1932.7	2395.8	2790.7	3312.0	5133.1	5772.8
海　南	Hainan	313.4	370.9	463.2	537.5	639.3	1090.9	1224.5
重　庆	Chongqing	1431.5	1711.1	2147.1	2479.0	2938.6	5055.8	5710.7
四　川	Sichuan	3472.5	4105.6	4944.8	5758.7	6810.1	11001.0	12393.0
贵　州	Guizhou	710.0	858.2	1075.2	1247.3	1482.7	2601.2	2936.9
云　南	Yunnan	1204.8	1422.5	1764.7	2051.1	2542.4	4112.6	4632.9
西　藏	Tibet	90.0	112.6	130.0	156.6	185.3	322.2	364.5
陕　西	Shaanxi	1542.4	1837.3	2317.1	2699.7	3195.7	5245.0	5918.7
甘　肃	Gansu	729.5	854.4	1023.6	1183.0	1394.5	2368.8	2668.3
青　海	Qinghai	182.6	212.6	259.7	300.5	350.8	549.6	620.8
宁　夏	Ningxia	202.5	239.5	295.4	339.3	403.6	668.5	737.2
新　疆	Xinjiang	733.2	857.5	1041.5	1177.5	1375.1	2179.5	2436.5

18-8 各省（区、市）人民生活（2014年）

PEOPLE'S LIFE BY PROVINCE, MUNICIPALITY AND AUTONOMOUS REGION (2014)

单位：元 (yuan)

地区 Region		城镇居民人均收支情况 Per Capital Annual Income and Expenditure of Urban Households		农村居民人均收支情况 Per Capital Annual Income and Expenditure of Rural Households	
		可支配收入 Disposable Income	消费支出 Expenditures	可支配收入 Disposable Income	消费支出 Expenditures
全国	**National Total**	**28844**	**19968**	**10489**	**8383**
北京	Beijing	48532	33717	18867	14535
天津	Tianjin	31506	24290	17014	13739
河北	Hebei	24141	16204	10186	8248
山西	Shanxi	24069	14637	8809	6992
内蒙古	Inner Mongolia	28350	20885	9976	9972
辽宁	Liaoning	29082	20520	11191	7801
吉林	Jilin	23218	17156	10780	8140
黑龙江	Heilongjiang	22609	16467	10453	7830
上海	Shanghai	48841	35182	21192	14820
江苏	Jiangsu	34346	23476	14958	11820
浙江	Zhejiang	40393	27242	19373	14498
安徽	Anhui	24839	16107	9916	7981
福建	Fujian	30722	22204	12650	11056
江西	Jiangxi	24309	15142	10117	7548
山东	Shandong	29222	18323	11882	7962
河南	Henan	23672	16184	9966	7277
湖北	Hubei	24852	16681	10849	8681
湖南	Hunan	26570	18335	10060	9025
广东	Guangdong	32148	23612	12246	10043
广西	Guangxi	24669	15045	8683	6675
海南	Hainan	24487	17514	9913	7029
重庆	Chongqing	25147	18279	9490	7983
四川	Sichuan	24234	17760	9348	8301
贵州	Guizhou	22548	15255	6671	5970
云南	Yunnan	24299	16268	7456	6030
西藏	Tibet	22016	15669	7359	4822
陕西	Shaanxi	24366	17546	7932	7252
甘肃	Gansu	21804	15942	6277	6148
青海	Qinghai	22307	17493	7283	8235
宁夏	Ningxia	23285	17216	8410	7676
新疆	Xinjiang	23214	17685	8724	7365

18-9 各省(区、市)居民消费价格分类指数（2014年）

GENERAL PRICE INDICES BY CATEGORY AND BY PROVINCE, MUNICIPALITY AND AUTONOMOUS REGION (2014)

(上年=100) (preceding year=100)

地区 Region	居民消费价格总指数 General Consumer Price Index	食品 Food	烟酒及用品 Tobacco and Liquor and It's Articles	衣着 Clothing	家庭设备用品及服务 Household Facilities and Articles and Service	医疗保健和个人用品 Medicine and Medical and Personal Articles	交通和通信 Transportation & Communication	娱乐教育文化 Recreation, Education and Culture	居住 Housing
全 国 National Total	**102.0**	**103.1**	**99.4**	**102.4**	**101.2**	**101.3**	**99.9**	**101.9**	**102.0**
北 京 Beijing	101.6	103.2	99.7	100.4	100.3	99.9	99.2	103.2	101.4
天 津 Tianjin	101.9	103.0	98.7	101.8	103.3	100.4	99.7	101.7	102.0
河 北 Hebei	101.7	102.3	98.8	104.1	101.2	101.5	100.0	101.9	101.1
山 西 Shanxi	101.7	102.8	100.1	102.4	101.4	100.9	99.8	101.8	100.8
内蒙古 Inner Mongolia	101.6	102.9	100.4	102.1	100.6	100.8	99.4	101.2	101.0
辽 宁 Liaoning	101.7	102.7	100.3	102.2	100.3	101.6	100.4	101.1	101.3
吉 林 Jilin	102.0	103.0	100.1	103.1	100.8	100.6	100.2	101.8	102.0
黑龙江 Heilongjiang	101.5	102.0	100.9	102.9	100.8	102.2	99.6	100.9	100.6
上 海 Shanghai	102.7	103.2	101.0	103.7	101.8	100.4	100.1	101.8	104.6
江 苏 Jiangsu	102.2	102.6	98.6	103.9	103.3	101.8	99.8	102.6	102.4
浙 江 Zhejiang	102.1	103.1	99.6	101.8	101.5	101.9	99.7	102.2	102.4
安 徽 Anhui	101.6	102.5	97.5	101.0	101.3	101.6	99.2	102.4	102.0
福 建 Fujian	102.0	103.3	99.2	102.6	100.4	100.7	100.2	101.7	102.3
江 西 Jiangxi	102.3	103.7	100.1	102.4	99.9	101.0	99.7	102.8	102.5
山 东 Shandong	101.9	102.6	100.3	102.9	101.1	101.2	99.8	102.0	102.1
河 南 Henan	101.9	102.6	98.3	102.5	100.9	101.0	99.9	103.2	102.2
湖 北 Hubei	102.0	102.3	99.7	102.0	101.5	100.7	100.2	101.7	103.3
湖 南 Hunan	101.9	102.6	99.5	101.7	101.3	102.1	100.2	103.0	101.4
广 东 Guangdong	102.3	104.4	99.6	103.0	100.8	100.9	99.6	101.1	101.9
广 西 Guangxi	102.1	104.3	99.2	100.4	100.3	101.0	99.9	101.5	101.5
海 南 Hainan	102.4	103.7	97.9	102.3	101.4	102.0	100.0	101.7	102.6
重 庆 Chongqing	101.8	103.3	97.8	102.0	100.5	101.7	100.3	100.1	101.6
四 川 Sichuan	101.6	102.1	97.9	102.5	101.2	101.1	100.3	101.6	101.9
贵 州 Guizhou	102.4	104.2	99.8	102.1	100.7	101.6	100.2	102.4	101.8
云 南 Yunnan	102.4	104.3	100.5	100.9	101.3	101.1	100.3	100.6	102.7
西 藏 Tibet	102.9	105.3	100.1	102.3	101.3	101.0	100.6	101.7	102.4
陕 西 Shaanxi	101.6	102.8	98.8	101.1	101.0	102.7	99.9	100.7	101.2
甘 肃 Gansu	102.1	103.6	99.9	102.4	102.2	101.2	100.0	101.4	101.5
青 海 Qinghai	102.8	104.0	98.7	104.9	99.8	101.4	100.3	102.6	103.0
宁 夏 Ningxia	101.9	102.7	99.1	102.7	101.1	101.6	99.6	102.8	101.2
新 疆 Xinjiang	102.1	103.6	100.6	101.9	101.1	101.3	100.4	100.4	101.9

18-10 各省(区、市)客运量和货运量（2014年）

PASSENGER TRAFFIC AND FREIGHT TRAFFIC BY PROVINCE, MUNICIPALITY AND AUTONOMOUS REGION (2014)

地区 Region	客运量 (万人) Total (10000 persons)	#铁路 Railways	#公路 Highways	#水运 Waterways	货运量 (万吨) Total (10000 tons)	#铁路 Railways	#公路 Highways	#水运 Waterways
全　国 National Total	**2209361**	**235704**	**1908198**	**26293**	**4381089**	**381334**	**3332838**	**598283**
北　京 Beijing	65063	12709	52354		26551	1135	25416	
天　津 Tianjin	18300	3687	14530	83	49753	8874	31130	9749
河　北 Hebei	60726	9571	51151	4	209946	20619	185286	4041
山　西 Shanxi	34168	6949	27091	128	164919	76411	88491	17
内蒙古 Inner Mongolia	18283	4789	13494		191869	65165	126704	
辽　宁 Liaoning	94172	12841	80789	542	222138	19154	189174	13810
吉　林 Jilin	35004	6935	27866	203	48311	6074	41830	407
黑龙江 Heilongjiang	46841	10096	36379	366	60212	11777	47173	1262
上　海 Shanghai	13317	9194	3754	369	89980	549	42848	46583
江　苏 Jiangsu	155207	15374	137270	2563	196153	6376	114449	75328
浙　江 Zhejiang	130144	13648	112915	3581	194250	4343	117070	72837
安　徽 Anhui	139553	7972	131403	178	434298	10488	315223	108587
福　建 Fujian	58719	8345	48580	1794	111757	3402	82573	25782
江　西 Jiangxi	67795	7840	59674	281	151878	4934	137782	9162
山　东 Shandong	74378	10304	62052	2022	264458	20268	230018	14172
河　南 Henan	140180	11647	128279	254	200801	11770	179680	9351
湖　北 Hubei	100730	12379	87803	548	150762	4689	116279	29794
湖　南 Hunan	161838	9806	150583	1449	203053	4753	172613	25687
广　东 Guangdong	180789	20942	157234	2613	343491	9136	257136	77219
广　西 Guangxi	51905	4770	46623	512	163023	6684	134330	22009
海　南 Hainan	14209	1543	11042	1624	23632	854	11015	11763
重　庆 Chongqing	68399	4057	63630	712	97377	2054	81206	14117
四　川 Sichuan	138274	8905	126691	2678	159034	8541	142132	8361
贵　州 Guizhou	86571	4409	80231	1931	85672	6317	78017	1338
云　南 Yunnan	49080	3479	44502	1099	108544	4823	103161	560
西　藏 Tibet	1571	163	1408		1914	43	1871	
陕　西 Shaanxi	74188	7077	66720	391	157012	37483	119343	186
甘　肃 Gansu	38985	2672	36224	89	57239	6448	50781	10
青　海 Qinghai	5444	615	4769	60	14638	3608	11030	
宁　夏 Ningxia	9187	657	8311	219	41308	6990	34318	
新　疆 Xinjiang	37176	2329	34847		72168	7410	64758	

18-11 西部十二省（区、市）行政区划（2014年）

DIVISIONS OF ADMINISTRATIVE AREAS IN TWELVE PROVINCES, MUNICIPALITY AND AUTONOMOUS REGION (2014)

单位：个　　　　(unit)

省级行政区划名称 Provinces, Municipalities and Autonomous Regions	地级区划数 Number of Prefectures	#地级市 Cities at Prefectural Level	县级区划数 Number of Counties	#县级市 Cities at Country Level	#市辖区 Districts Under the Jurisdiction of Cities	乡镇级区划数 Number of Regions at Townships Levels
全　国　National Total	**333**	**288**	**2854**	**361**	**897**	**40381**
西　藏　Tibet	7	3	74		3	694
重　庆　Chongqing			38		21	1023
四　川　Sichuan	21	18	183	14	49	4648
贵　州　Guizhou	9	6	88	7	14	1396
云　南　Yunnan	16	8	129	13	13	1389
内蒙古　Inner Mongolia	12	9	102	11	22	1010
广　西　Guangxi	14	14	110	7	36	1243
陕　西　Shaanxi	10	10	107	3	25	1420
甘　肃　Gansu	14	12	86	4	17	1351
青　海　Qinghai	8	2	43	3	5	399
宁　夏　Ningxia	5	5	22	2	9	237
新　疆　Xinjiang	14	2	103	24	11	1038

18-12 西部十二省（区、市）农林牧渔业总产值（2014年）

GROSS OUTPUT VALUE OF FARMING, FORESTRY, ANIMAL HUSBANDRY AND FISHERY OF TWELVE PROVINCES MUNICIPALITY AND AUTONOMOUS REGION (2014)

单位：亿元　　　　(100 million yuan)

地　区　Region	农林牧渔业总产值 Total	农业 Farming	林业 Forestry	牧业 Animal Husbandry	渔业 Fishery	农林牧渔业总产值比上年增长(%) Increase Rate in 2014over 2013(%)
全　国　National Total	**102226.1**	**54771.5**	**4256.0**	**28956.3**	**10334.3**	**4.2**
西　藏　Tibet	138.7	63.3	2.6	69.3	0.2	4.2
重　庆　Chongqing	1595.0	967.9	53.6	486.4	64.9	4.3
四　川　Sichuan	5888.1	3078.6	196.0	2318.8	192.4	4.0
贵　州　Guizhou	2118.5	1321.9	99.6	569.3	47.0	6.6
云　南　Yunnan	3263.3	1806.3	303.1	975.8	78.1	6.2
内蒙古　Inner Mongolia	2779.8	1408.4	96.4	1205.7	29.1	3.1
广　西　Guangxi	3947.7	1994.0	303.2	1087.2	413.1	3.7
陕　西　Shaanxi	2741.8	1870.8	73.6	648.3	19.9	5.1
甘　肃　Gansu	1618.8	1174.9	25.5	268.4	2.1	5.4
青　海　Qinghai	327.5	144.2	6.6	169.1	2.2	5.4
宁　夏　Ningxia	445.5	274.0	10.0	126.8	14.9	6.1
新　疆　Xinjiang	2744.0	1955.1	49.4	651.2	19.6	6.8

18-13 西部十二省（区、市）规模以上工业企业主要经济效益指标（2014年）

MAIN INDICATORS ON ECONOMIC BENEFIT OF INDUSTRIAL ENTERPRISES IN TWELVE PROVINCES,MUNICIPALITY AND AUTONOMOUS REGION (2014)

地　区　Region	总资产贡献率(%) Ratio of Total Assets to Industrial Output Value (%)	资本保值增值率(%) Ratio of (%)	资产负债率(%) Assets-Liability Ratio (%)	流动资产周转次数(次) Number of Times of Annual of Turnover Working Capitals(times)	成本费用利润率(%) Ration of Profits to Industrial Cost(%)	产品销售率(%) Proportion of Products Sold (%)
全　国 National Total	**14.3**	**111.9**	**56.8**	**2.6**	**6.4**	**97.8**
西　藏 Tibet	4.4	107.3	39.3	0.7	11.7	94.4
重　庆 Chongqing	17.1	116.4	62.0	2.9	6.9	98.0
四　川 Sichuan	13.2	115.0	60.3	2.6	5.9	97.8
贵　州 Guizhou	13.4	113.8	63.5	2.0	7.3	95.2
云　南 Yunnan	13.1	107.4	64.5	1.7	5.4	95.5
内蒙古 Inner Mongolia	10.9	108.4	61.5	2.2	7.5	96.9
广　西 Guangxi	15.8	106.9	62.5	3.0	5.6	95.3
陕　西 Shaanxi	16.2	114.7	55.8	2.3	10.7	95.4
甘　肃 Gansu	9.4	109.8	63.0	2.3	2.7	94.3
青　海 Qinghai	6.6	108.9	67.6	1.5	4.7	94.9
宁　夏 Ningxia	6.0	115.6	66.4	1.5	3.1	95.5
新　疆 Xinjiang	11.6	106.4	62.5	2.0	8.4	96.9

附　　录

APPENDIX

附录 1：

主要统计指标解释

Explanatory Notes for Major Indicators

森林面积　Forest Area

指生长着乔木和竹林，郁闭度在 0.3 以上（不包括 0.3）的林地面积，即有林地面积。它是反映森林资源总面积的重要指标。森林面积包括天然林面积和人工林面积，不包括灌木林地和疏林地面积。

Refers to the area of forest land where trees and bamboo grow with canopy density above 0.3, including land of natural woods and planted woods, but excluding bush land and thin forest land. It reflects the total areas of afforestation.

森林覆盖率　Forest Coverage-rate

是反映一个国家或地区森林资源和绿化水平的重要指标。国家规定在计算森林覆盖率时，森林面积还包括灌木林面积、农田林网树占地面积以及四旁树木的覆盖面积。计算公式为：

森林覆盖率(%)=森林面积/土地总面积×100%

Refer to the ratio of area of afforested land to total land area. This indicator shows the forest resources and afforestation progress of a country or a region. According to regulations of the government, in addition to afforested land, the area of bush forest, the area of forest land inside farm land and the area of trees planted by the side of farm houses and along the roads, rivers and fields should also be include in the area of afforested land in the calculation of the forest coverage-rate. The formula for calculating forest coverage-rate is as follows:

Forestry Coverage-rate(%)=Area of Afforested Land/Area of Total Land×100%

活立木总蓄积量　Total Standing Stock Volume

指全部土地上树木蓄积的总量，包括森林蓄积、疏林蓄积、散生木蓄积和四旁树蓄积。

Refers to the stock volume of trees in land, including trees in forest ,trees in sparse forest, scattered trees and trees planted by the side of farm house and the roads, rivers and fields.

森林蓄积量　Stock Volume of Forest

指森林面积上生长着的林木树干材积总量，是反映一个国家或地区森林资源总规模和水平的重要指标。

Refers to total stock volume of wood growing in forest area, which shows the total size and level of forest resources of a country or a region.

草地面积　Grass Land

指牧区和农区用于放牧牲畜或割草，植被盖度在 5%以上的草原、草坡、草山等面积。包括天然的和人工种植或改良的草地面积。

Refers to prairies, grasslands on the slopes, and grass-mountains in pastoral and agricultural areas used for herding and grass growing with vegetation coverage above 5%, including natural, planted or improved grassland.

内陆水域总面积　Inland Water Area

指江、河、池塘、湖泊、塘堰、水库等各种流水或蓄水的水面占地面积。

Refers to water area of rivers, lakes, ponds, reservoir, etc.

矿产保有储量　Ensured Mineral Reserves

指探明的矿产储量(包括工业储量和远景储量)扣除已开采部分和地下损失量后的年末实有储量，是反映国家矿产资源现状的重要指标。

Refers to the actual mineral reserves, which equal to the proven mineral reserves (including industrial reserves and prospective reserves) minus extracted parts and underground losses. This indicator shows the current condition of the mineral resources of a country.

可比价格　Comparable Prices

指计算各种总量指标所采用的扣除了价格变动因素的价格，可进行不同时期总量指标的对比。按可比价格计算总量指标有两种方法：一种是直接用产品产量乘某一年的不变价格计算；另一种是用价格指数进行伸缩。

Refers to prices that are used to remove the factors of price change in calculating economic aggregates, so as to facilitate comparison of aggregates over time. Tow methods are used for calculating economic aggregates at comparable prices: 1.multiplying the output of products by their constant prices of certain year; 2.deflation of data at current prices by relevant price index.

不变价格　Constant Price

指以同类产品某年的平均价格作为固定价格，用于计算各年的产品价值。按不变价格计算的产品价值消除了价格变动因素，不同时期对比可以反映生产的发展速度。新中国成立后，随着工农业产品价格水平的变化，国家统计局先后五次制定了全国统一的工业产品不变价格和农业产品不变价格。从 1949 年到 1957 年使用 1952 年工（农）业产品不变价格，从 1957 年到 1971 年使用 1957 年不变价格，从 1971 年到 1981 年使用 1970 年不变价格，从 1981 年到 1990 年使用 1980 年不变价格，从 1990 年开始使用 1990 年不变价格。

Refers to the average price of a given product in certain year, which is used for comparison of output value over time. As the output value at constant prices removes the factor of price changes, it reflects the trend of production development over time. Since 1949, with the changes in general price level, the State Statistical Bureau has issued nationally unified constant prices five times: the 1952 constant prices for 1949-1957; the 1957 constant prices for 1957-1971; the 1970 constant prices for 1971-1981; the 1980 constant prices for 1981-1990; and the 1990 constant prices have been used since 1991.

平均增长速度　Average Annual Growth Rate

我国计算平均增长速度有两种方法：一种是习惯上经常使用的“水平法”，又称几何平均法，是以间隔期最后一年的水平同基期水平对比来计算平均每年增长（或下降）速度；另一种是“累计法”，又称代数平均法或方程法，是以间隔期内各年水平的总和同基期水平对比来计算平均每年增长（或下降）速度。

在一般正常情况下，两种方法计算的平均每年增长速度比较接近；但在经济发展不平衡、出现大起大落时，两种方法计算的结果差别较大。

Tow methods for calculating average annual growth rate are applied in China, one is often called “level approach" or the method of calculating geometric average, which is derived by comparing the level of the last year of the interval with that of the beginning year; the other is called "accumulative approach" or algebraic average or equation method, which is derived by the summation of the actual figure of each year in the interval divided by the figure in the base year.

Usually the results calculated by the two methods are fairly close, but they differed sharply when uneven economic development occurred with striking fluctuations in growth.

各个计划时期　Various Planning Periods

年鉴中各个"时期"代表的年份如下：恢复时期为1950年到1952年；第一个五年计划时期（简称一五时期）为1953年到1957年；第二个五年计划时期（简称二五时期）为1958年到1962年；第三个五年计划时期（简称三五时期）为1966年到1970年；第四个五年计划时期（简称四五时期）为1971年到1975年；第五个五年计划时期（简称五五时期）为1976年到1980年；第六个五年计划时期（简称六五时期）为1981年到1985年；第七个五年计划时期（简称七五时期）为1986年到1990年；第八个五年计划时期（简称八五时期）为1991年到1995年；第九个五年计划时期（简称九五时期）为1996年到2000年；第十个五年计划时期（简称十五时期）为2001年到2005年。

The conventional division of "time period" in this yearbook is as follows: Economic Rehabilitation Period, 1950-1952; The first five-year plan period, 1953-1957;The second five-year plan period, 1958-1962; The third five-year plan period, 1966-1970; The fourth five-year plan period, 1971-1975; The fifth five-year plan period,1976-1980; The six five-year plan period, 1981-1985; The seventh five-year plan period, 1986-1990; The eighth five-year plan period, 1991-1995; The ninth five-year plan period,1996-2000;And the tenth five-year plan period,2001-2005.

企业（单位）登记注册类型　Registration Status of Enterprises

是以在工商行政管理机关登记注册的各类企业为划分对象，以工商行政管理部门对企业登记注册的类型为依据，将企业登记注册类型分为内资企业、联营企业、有限责任公司、股份有限公司、私营公司和其它企业；港澳台商投资企业和外商投资企业分别包括合资经营企业、合作经营企业、独资经营企业和股份有限公司。对不在工商行政管理部门进行登记注册的行政机关、事业单位和社会团体，主要按其经费来源和管理方式进行划分。

Enterprises are classified into 3 categories, namely domestic-funded enterprises, enterprises with investment from Hong Kong, Macao and Taiwan, and enterprises with foreign investment, in the light of the registration status of an enterprise in industrial and commercial administration agencies. Domestic-funded enterprises include state-owned enterprises, collective-owned enterprises, cooperative enterprises, joint ownership enterprises, limited liability corporations, share-holding corporations Ltd., private enterprises and other enterprises. Include in the enterprises with investment from Hong Kong, Macao and Taiwan and enterprises with foreign investment are joint-venture enterprises, cooperative enterprises, sole investment enterprises and share-holding corporations Ltd. For government agencies, institutions and social organizations which are not requested to be registered in industrial and commercial administration agencies, they are classified mainly by way of management.

国有企业　State-owned Enterprises

指企业全部资产归国家所有，并按《中华人民共和国企业法人登记管理条例》规定登记注册的非公司制的经济组织。不包括有限责任公司中的国有独资公司。

Refers to non-corporation economic units where the entire assets are owned by the state and which have registered in accordance with the Regulation of the People's Republic of China on the Management of Registration of Corporate Enterprises. Excluded from this category are sole state-funded corporations in the limited liability corporations.

集体企业　Collective-owned Enterprises

指企业资产归集体企业所有，并按《中华人民共和国企业法人登记管理条例》规定登记注册的经济组织。

Refers to economic units where the assets are owned collectively and which have registered in accordance with the Regulation of the People's Republic of China on the Management of Registration of Corporate Enterprises.

股份合作企业　Cooperative Enterprises

指以合同制为基础，由企业职工共同出资入股，吸收一定比例的社会资产投资组建，实行自主经营，自负盈亏，共同劳动，民主管理，按劳分配与按股分红相结合的一种集体经济组织。

Refers to a form of collective economic units (enterprises) where capitals come mainly from employees as their shares, with certain proportion of capital from the outside, where production is organized on the basis of independent operation, independent accounting for profits and losses, joint work, democratic management, and a distribution system that integrates remuneration according to work with dividend according to capital share.

联营企业　Joint Ownership Enterprises

指两个及两个以上相同或不同所有制性质的企业法人或事业单位法人，按自愿、平等、互利的原则，共同投资组成的经济组织。联营企业包括国有联营企业、集体联营企业、国有与集体联营企业和其它联营企业。

Refer to economic units established by two or more corporate enterprises or corporate institutions of the same or different ownership, through joint investment on the basis of equality, voluntary participation and mutual benefits. they include state joint ownership enterprises, collective joint ownership enterprises, joint state-collective enterprises, other joint ownership enterprises.

有限责任公司　Limited Liability Corporations

指根据《中华人民共和国公司登记管理条例》规定登记注册，由两个以上五十个以下的股东共同出资，每个股东以其所认缴的出资额对公司承担有限责任，公司以其全部资产对其债务承担责任的经济组织。有限责任公司包括国有独资公司以及其它有限责任公司。

国有独资公司：指国家授权的投资机构或者国家授权的部门单独投资设立的有限责任公司。

其他有限责任公司：指国有独资公司以外的有限责任公司。

Refers to economic units established with investment from 2-50 investors and registered in accordance with the Regulation of the People's Republic of China on the Management of Registration of Corporations, each investor bearing limited liability to the corporation depending on its share of investment, and the corporation bearing liability to its debt to the maximum of its total assets. limited liability corporations include exclusive state-funded limited liability corporations and other limited liability corporations.

(1) Exclusive state-funded Corporations refer to limited liability corporations established with exclusive investment from investment institutions or departments authorized by the state.

(2) Other Limited Liability Corporations refer to limited liability corporations other than exclusive state-funded corporations.

股份有限公司　Share-holding Corporations Ltd.

指根据《中华人民共和国公司登记管理条例》规定登记注册，其全部资本由等额股份构成并通过发行股票筹集资本，股东以其认购的股份对公司承担有限责任，公司以其全部资产对其债务承担责任的经济组织。

Refers to economic units registered in accordance with the Regulation of the People's Republic of China on the Management of Registration of Corporations, with total registered capitals divided into equal shares and raised through issuing stocks. Each investor bears limited liability to the corporation depending on the holding of shares, and the corporation bears liability to its debt to the maximum of its total assets.

私营企业　Private Enterprises

指由自然人投资设立或由自然人控股，以雇佣劳动为基础的盈利性经济组织。包括按照《公司法》、《合伙企业法》、《私营企业暂行条例》规定登记注册的私营有限责任公司、私营股份有限公司、私营合伙企业和私营独资企业。

(1)私营独资企业：指按《私营企业暂行条例》的规定，由一名自然人投资经营，以雇佣劳动为基础，投资者对企业债务承担无限责任的企业。

(2)私营合伙企业：指按《合伙企业法》或《私营企业暂行条例》的规定，由两个以上自然人按照协议共同投资、共同经营、共负盈亏，以雇佣劳动为基础，对债务承担无限责任的企业。

(3)私营有限责任公司：指按《公司法》、《私营企业暂行条例》的规定，由两个以上自然人投资或由单个自然人控股的有限责任公司。

(4)股份有限责任公司：指按《公司法》的规定，由五个以上自然人投资，或由单个自然人控股的股份有限公司。

Refers to profit-making economic units invested and established by natural persons, or controlled by natural persons using employed labor. Included in this category are private limited liability corporations, private share-holding corporations Ltd., private partnership enterprises and private-funded enterprises registered in accordance with the Corporation Law, Partnership Enterprises law and Interim Regulations on Private Enterprises.

(1) Private-funded enterprises: refer to enterprises registered in accordance with the Interim Regulations on Private Enterprises, invested and operated by a single natural person using employed labor and bearing unlimited liability to the debt of the enterprise.

(2) Private partnership enterprises: refer to enterprises registered in accordance with the Partnership Enterprise Law or Interim Regulations on Private Enterprises, jointly invested and operated by two or more natural persons using employed labor and bearing unlimited liability to the debt of the enterprise.

(3) Private limited liability corporations: refer to limited liability corporations registered in accordance with the Corporation Law and Interim Regulations on Private Enterprises, jointly invested by two or more

natural persons or exclusively invested by a single natural person.

(4) Private share-holding corporations Ltd.: refer to share-holding corporations registered in accordance with the Corporation Law, jointly invested by five or, more natural persons or exclusively units other than those mentioned above.

其他内资企业　Other Domestic-funded Enterprises

指上述企业之外的其他内资经济组织。

Refer to domestic-funded economic units other than those mentioned above.

与港澳台商合资经营企业　Joint-venture Enterprises with Funds from Hong Kong, Macao and Taiwan

指港澳台地区投资者与内地企业依照《中华人民共和国中外合资经营企业法》及有关法律的规定，按合同规定的比例投资设立、分配利润和分担风险的企业。

Refer to enterprises jointly established by investors from Hong Kong, Macao and Taiwan with enterprises in the mainland of China in accordance with the Law of the People's Republic of China on Sino-foreign Joint Venture Enterprises and other relevant laws, where the share of investment, profits and risks is stipulated in the contract.

与港澳台商合作经营企业　Cooperative Enterprises with Funds from Hong Kong, Macao and Taiwan

指港澳台地区投资者与内地企业依照《中华人民共和国中外合作经营企业法》及有关法律的规定，依照合作合同的约定进行投资或提供条件设立、分配利润和分担风险的企业。

Refers to enterprises jointly established by in investors from Hong Kong, Macao and Taiwan with enterprises in the mainland of China in accordance with the Law of the People's Republic of China on Sino-foreign Cooperative Enterprises and other relevant laws, where the investment or provision of facilities, and the share of profits and risks is stipulated in the cooperative contract.

港澳台商独资经营企业　Enterprises with Sole (exclusive) Investment from Hong Kong, Macao and Taiwan

指依照《中华人民共和国外资企业法》及有关法律的规定，在内地由港澳台地区投资者全额投资设立的企业。

Refers to enterprises established in the mainland of China with exclusive investment from investors from Hong Kong, Macao and Taiwan in accordance with the Law of the People's Republic of China on Foreign-Funded Enterprises and other relevant laws.

港澳台商投资股份有限公司　Share-holding Corporations Ltd. with Investment from Hong Kong,Macao and Taiwan

指根据国家有关规定，经外经贸部依法批准设立，其中港、澳、台商的股本占公司注册资本的比例达 25%以上的股份有限公司。凡其中港、澳、台商的股本占公司注册资本的比例小于 25%的，属于内资企业中的股份有限公司。

Refers to share-holding corporations Ltd. established with the approval from the Ministry of Foreign Trade and Economic Relations in line with relevant state regulations, where the share of investment from Hong Kong, Macao or Taiwan businessmen exceeds 25% of the total registered capital of the corporation. In case the share of investment from Hong Kong, Macao or Taiwan is less than 25% of the total registered capital, the enterprise is to be classified as domestic-funded share-holding corporation Ltd.

中外合资经营企业　Joint-venture Enterprises with Foreign Investment

指外国企业或外国人与中国内地企业依照《中华人民共和国中外合资经营企业法》及有关法律的规定，按合同规定的比例投资设立、分享利润和分担风险的企业。

Refers to enterprises jointly established by foreign enterprises or foreign Joint Venture Enterprises and other relevant laws, where the share of investment, profits and risks is stipulated in the contact.

中外合作经营企业　Cooperation Enterprises with Foreign Investment

指外国企业或外国人与中国内地企业依照《中华人民共和国中外合作经营企业法》及有关法律的规定，依照合作合同的约定进行投资或提供条件设立、分配利润和分担风险的企业。

Refers to enterprises jointly established by foreign enterprises or foreigners with enterprises in the mainland of China in accordance with the Law of the People's Republic of China on Sino-foreign Joint Venture Enterprises and other relevant laws, where the investment or provision of facilities, and the share or profits and risks is stipulated in the cooperative contract.

外资企业　Enterprises with Sole (exclusive) Foreign Investment

指依照《中华人民共和国外资企业法》及有关法律的规定，在中国内地由外国投资者全额投资设立的企业。

Refers to enterprises established in the mainland of China with exclusive investment from foreign investors in accordance with the Law of The People's Republic of China on Foreign-Funded Enterprises and other relevant laws.

外商投资股份有限公司　Share-holding Corporations Ltd. with Foreign Investment

指根据国家有关规定，经外经贸部依法批准设立，其中外资的股本占公司注册资本的比例达 25%以上的股份有限公司。凡其中外资股本占公司注册资本的比例小于 25%的，属于内资企业中的股份有限公司。

Refers to share-holding corporations Ltd. established with the approval from the Ministry of Foreign Trade and Economic Relations in line with relevant state regulations, where the share of investment from foreign investor exceeds 25% of the total registered capital, the enterprise is to be classified as domestic-funded share-holding corporation Ltd.

行政机关事业单位和社会团体　Government Agencies, Institutions and Social Organizations

参照企业登记注册类型，主要按其经费来源和管理方式划分。具体规定如下：

(1) 行政机关：包括国家机关和政党机关，原则上均列为“国有”。但有特殊规定的，如供销社等，则列为“集体”。

(2) 事业单位：包括经国家机构编制部门和有关业务主管部门批准成立的各类事业单位，但不包括实行企业化管理的事业单位。事业单位的划分办法如下：

①由国家财政预算拨款或列入财政预算外资金管理以及经费主要来源于国有主管部门或国有上级单位的事业单位，列为“国有”。

②经费主要来源于集体单位的事业单位，列为“集体”。

③公民个人（或个人合伙）开办的事业单位，列为“私营”。

④上述以外的其他事业单位, 如果其经费来源不明确, 按管理方式进行划分。

(3) 社会团体：包括经民政部门批准成立以及未纳入社会团体管理条例范围的工会妇联等各类社会

团体。社会团体的划分办法如下：

①未纳入民政部社会团体管理条例范围的工会、妇联、共青团、青联、工商联、科协、侨联等社会团体，国家拨款设立的基金会或基金管理组织以及经费主要来源于国有业务主管部门或国有上级单位的社会团体，列为“国有”。

②经费主要来源于集体单位的社会团体，列为“集体”。

③公民个人（或各人合伙）开办的社会团体，列为“私营”。

④上述以外的其他社会团体，如果其经费来源不明确，按管理方式进行归类。

Are classified into following categories by source of funds and way of management taking reference of the registration status of enterprises:

Government agencies: include state and party agencies, classified in principle as “state-owned”. There are exceptions, such as supply and marketing cooperatives which are classified as “collective”.

Institutions: include institutions of various types established with the approval by organization and staffing departments of the government, but exclude institutions where enterprises management system is introduced. Institutions are further classified as follows:

Institutions whose main budget is listed in the government budget appropriations or extra-budget funds, or allocated from the budget of their competent government agencies. Such institutions are classified as “state-owned”.

Institutions whose budget mainly comes from collective units. Such institutions are classified as “collective”.

Institutions other than those mentioned above whose source of budget is not clear. Such institutions are classified by way of management.

Social organizations: include social organizations established with the approval from the Ministry of Civil Affairs, and organizations that are not covered by social organization management regulations such as trade unions, women’s federations etc. . Social organizations as further classified as follows:

Social organizations that are not covered by social organization management regulations of the Ministry of Civil Affairs such as trade unions, women’s federations, communist youth leagues, youth associations, industrial and commerce associations, scientists associations, overseas Chinese associations, etc., foundations and fund management organizations established with funds from the state, and social organizations whose funds mainly come from the budget of their competent government agencies. Such institutions are classified as “state-owned”.

Social organizations whose budget mainly comes from collective units. Such institutions are classified as “collective”.

Social organizations established by individual or a group of citizens, which are classified as “private”.

Social organizations other than those mentioned above whose source of budget is not clear. Such organizations are classified by way of management.

国内(地区)生产总值 （GDP）Gross Domestic Product

指一个国家（或地区）所有常住单位在一定时期生产活动的最终成果。国内（地区）生产总值有三种表现形态，即价值形态、收入形态和产品形态。从价值形态看，它是所有常住单位在一定时期内生产的全部货物和服务价值超过同期中间投入的全部非固定资产货物和服务价值的差额，即所有常住单位的增加值之和；从收入形态看，它是所有常住单位在一定时期内创造并分配给常住单位和非常住单位的初次收入分配之和；从产品形态看，它是所有常住单位在一定时期内最终使用的货物和服务价值与货物和服务净出口之和。在实际核算中，国内（地区）生产总值有三种计算方法，即生产法、收入法和支出法。三种方法分别从不同的方面反映国内生产总值及其构成。

Refers to the final products of all resident units in a country (or a region) during a certain period of time. Gross domestic product is expressed in three different forms, i. E. Value, income, and products respectively. The form of value refers to the total value of all products and services produced by all resident units during a certain period of time minus total value of intimidate input of materials and services of the nature of non-fixed assets or the summation of the value-added of all resident units; the form of income includes all the income created by all resident units and distributed primarily to all resident and non-resident units; the form of products refers to the value of all final goods and services for final use by all resident units plus the value of net exports of goods and services during a given period of time. In the practice of national accounting, gross domestic product is calculate with three approaches, i.e. production approach, income approach, and expenditure approach, which reflect gross domestic product and its composition from different aspects.

三次产业　Three Industries

是根据社会生产活动历史发展的顺序对产业结构的划分，产品直接取自自然界的部门称为第一产业，对初级产品进行再加工的部门称为第二产业，为生产和消费提供各种服务的部门称为第三产业。我国的三次产业划分是：

第一产业：农林牧渔业。

第二产业：工业和建筑业。

第三产业：除第一、第二产业以外的其他各业。

Industry structure has been classified according to the historical sequence of development. Primary industry refers to extraction of natural resources; secondary industry involves processing of primary products; and tertiary industry provides services of various kinds for production and consumption. Industry in China comprises:

Primary industry: farming, forestry, animal husbandry, fishery, and service for farming、forestry、 animal husbandry、fishery .

Secondary industry: industry and construction.

Tertiary industry: all other industries not included in primary or secondary industry.

支出法国内(地区)生产总值　GDP Calculated with Expenditure Approach

指一个国家（或地区）所有常住单位在一定时期内用于最终消费、资本形成总额，以及货物和服务净出口总额，它反映本期生产的国内生产总值的使用及构成。

Refers to total expenditure on final consumption, total capital formation and net export of goods and services by resident units of a country in a certain period of time. It reflects the composition of GDP by its use.

最终消费　Final Consumption

指常住单位在一定时期内对于货物和服务的全部最终消费支出，也就是常住单位为满足物质、文化和精神生活的需要，从本国经济领土或国外购买的货物和服务的支出；不包括非常住单位在本国经济领土内的消费支出。最终消费分为居民消费和政府消费。

Refers to the total expenditure of resident units on final consumption of goods and services in a certain period, namely the expenditure of the resident units for purchases of goods and services from domestic economic territory and abroad to meet the requirements of material, cultural and spiritual life. It excludes the expenditure of non-resident units on consumption in the economic territory of the country. The final consumption is classified into household consumption and government consumption.

居民消费　Households Consumption

指常住居民对于货物和服务的全部最终消费支出。居民消费按市场价格计算，即按居民支付的购买者价格计算。购买者价格是购买者取得货物所支付的价格，包括购买者支付的运输和商业费用。居民消费除了直接以货币形式购买货物和服务的消费以外，还包括以其他方式获得的货物和服务的消费支出，即所谓的虚拟消费支出。居民虚拟消费支出包括以下几种类型：单位以实物报酬及实物转移的形式提供给劳动者的货物和服务；居民生产由本居民消费了的货物和服务，其中的服务仅指居民的自有住房的服务；金融机构提供的金融媒介服务；保险公司提供的保险服务。

Refers to the total expenditure of resident households on the final consumption of goods and services. The households consumption is calculated at market prices, namely the purchaser's prices which the households pay; the purchasers' prices of goods re the prices the households pay when they obtain the goods, including the transport and commercial expenses paid by the households. In addition to the consumption of goods and services bought by the households directly with money, the expenditure on goods and services obtained by the households in other ways, i.e. the so-called imputed expenditure on consumption, is also included in the households consumption. The imputation expenditure of the households on consumption includes the following types: (a) the goods and services provided to the households by the units in the form of payment in kind and transfer in kind; (b) the goods and services produced and consumed by the households themselves, in which the services refer only to the services provided by the residential buildings owned by the households; (c) the services of financial intermediary provided by the financial institutions; (d) the insurance services provided by the insurance companies.

政府消费　Government Consumption

指政府部门为全社会提供公共服务的消费支出和免费或以较低价格向居民提供的货物和服务的净支出。前者等于政府服务的产出价值减去政府单位所获得的经营收入的价值，政府服务的产出价值等于它的经常性业务支出加上固定资产折旧；后者等于政府部门免费或以较低价格向居民提供的货物和服务的市场价值减去向居民收取的价值。

Refers to the expenditure on the consumption of the public services provided by the government to the whole society and the net expenditure on the goods and services provided by the government to the households at free charge or lower prices. The former equals to the output value of the government services minus the value of operating income obtained by the government departments. (The output value of the government services equals to its current operating expenditure plus depreciation of fixed assets). The latter equals to the market value of the goods and services provided by the government free of charge or at low prices to the households minus the value received by the government from the households.

资本形成总额　Total Capital Formation

指常住单位在一定时期内获得的减去处置的固定资产加存货的变动，包括固定资本形成总额和存货增加。

Refers to the fixed assets acquired minus those disposed and the change in inventory, including the total fixed assets formation and the increase in inventory.

固定资本形成总额　Total Fixed Capital Formation

指常住单位购置、转入和自产自用的固定资产，扣除固定资产的销售和转出后的价值，分有形固定资产形成总额和无形固定资产形成总额。有形固定资产形成总额包括一定时期内完成的建筑工程安装工程和设备工器具购置（减处置）价值，以及土地改良、新增役、种、奶、毛、娱乐用牲畜和新增经济林木价值。无形固定资产形成总额包括矿藏的勘探、计算机软件、娱乐和文学艺术品原件等获得（减处置）价值。

Refers to the value of fixed assets purchased, transferred in by the resident units and those produced and used by themselves deducting the value of fixed assets sold and transferred out. It can be classified into total tangible assets formation and total tangible assets formation and total intangible assets formation. The total tangible assets formation include the value of the construction projects, installation projects completed and the equipment, apparatus and instruments purchased as well as the value of land improved, the value of draught animals, breeding stock, milk, wool and recreational animals and the newly increased economic forest in a certain period. The total tangible assets formation includes the prospecting of minerals, the originals of recreational works and works of literature and arts minus the disposal of them.

库存增加　Increase in Inventory

指常住单位存货实物量变动的市场价值，即期初与期末差额。正值表示库存增加，负值表示库存减少。具体包括本期购买的原材料、燃料和储备物资等存货，以及生产单位本期生产的产成品、半成品和在制品等存货。

Refers to the market value of the change in inventory, i.e. the difference of value between the beginning and the end of the period. The increase in inventory can be positive or negative. A positive value indicates the increase in inventory while a negative value indicates the decrease in stock. The inventory includes the raw materials, fuels and reserve materials purchased by the production units as well as the inventory of finished products, semi-finished products, work-in-progress, etc.

货物和服务净出口　Net Export of Gods and Services

指货物和服务出口与货物和服务进口的差额。出口包括常住单位向非常住单位出售或无偿转让的各种货物和服务的总值；进口包括常住单位从非常住单位购买或无偿得到的各种货物和服务的总值。由于服务活动提供与使用同时发生，因此服务的进出口业务并不发生出入境现象，一般把常住单位从国外得到的服务作为进口，反之，非常住单位从本国得到的服务作为出口。货物的出口和进口都按离岸价格计算。

Refers to the difference of the exports of goods and services minus the imports of goods and services. The imports include the value of various goods and services sold or gratuitously transferred by the resident units to the non-resident units. The imports include the value of various goods and services purchased or gratuitously acquired by the resident units from the non-resident units. Because the provision of services and the use of them happen simultaneously, the import and export of services do not appear to have the phenomena of crossing the border of the country. The acquisition of services by the resident units from abroad is usually treated as import while the acquisition of services by non-resident units in this country is usually as export. The export and import of goods are calculated at FOB.

固定资产折旧　Depreciation of Fixed Assets

指一定时期内为弥补固定资产损耗而按照核定的折旧率提取的补偿价值，或按国民经济核算统一规定的折旧率虚拟计算的补偿价值。它反映了固定资产在本期生产中的转移价值。各类企业和企业化管理的事业单位的固定资产折旧是指从成本费用中提取的折旧费。对不计提折旧的政府机关、非企业化管理的事业单位、和居民住房的固定资产折旧则按照统一规定的折旧率和固定资产原值进行虚拟折旧。

Refers to the depreciation of fixed assets drawn in accordance with the stipulated depreciation rate for the purpose of compensating the wear loss of the fixed assets or the depreciation of fixed assets calculated in a fictitious way in accordance with the stipulated unified depreciation rate in the national economic accounting system. It reflects the value of transfer of the fixed assets in the production of the current period. The depreciation of fixed assets in various enterprises and institutions managed as enterprises refers to the depreciation expenses actually draw and calculate as part of the cost. In government agencies and institutions not managed as enterprises which do not draw the depreciation expenses, as well as for the houses of residents, the depreciation of fixed asses is the imputed depreciation, which is calculated in accordance with the stipulated unified depreciation rate. In principle, the depreciation of fixed assets should be calculated on the basis of the re-purchased value of the fixed assets. However, there is no actual condition to re-evaluate all the fixed assets in China. Therefore, the above-mentioned methods are temporarily adopted at resent.

劳动者报酬　Laborers' Remuneration

指劳动者从事生产活动而获得的各种报酬。它反映劳动者参与增加值创造而获得的原始收入。包括劳动者获得的工资、奖金和津贴，包括货币形式和实物形式的；还包括劳动者所享受的公费医疗和医药卫生费上下班交通补贴和单位支付的社会保险费等。对于个体经济来说，其所有者所获得的劳动报酬和经营利润不易区分，这两部分统一作为劳动者报酬处理。

Refers to the whole payment earned by the laborers from the productive activities they are engaged in. It includes wages, bonuses and allowances the laborers earned in monetary form and in kind. It also includes the free medical services provided to the laborers and the medicine expenses, traffic subsidies and social insurance fee paid by the laborers' working units for them. As the individual economy is concerned, since the laborers' remuneration is not easily distinguished from the operating profit, both are treated as laborers remuneration.

生产税净额　Net Taxes on Production

指生产税减补贴后的余额。生产税是指政府对生产单位生产销售和从事经营活动以及从事生产活动使用某些生产要素（如固定资产、土地、劳动力）所征收的各种税、附加费和规费。生产补贴与生产税相反，指政府对生产单位的单方面收入转移，因此视为负生产税，包括政策亏损补贴、粮食系统价格补贴、外贸企业出口退税收入等。

Refers to the residual of the taxes on production minus the subsidies on production. The taxes on production refers to the various taxes, extra charges and fees levied on the production units on their production, sale and business activities as well as n some factors of production, such as fixed assets, land and labor force, used in the production activities they are engaged in. In contrast to the taxes on production, the subsidies on production refer to the unilateral transfer of part of the government's revenue to the production units and is therefore regarded as negative taxes on production. They include subsidies on the loss due to implementation of government policies, price subsidies to the grain institutions, foreign trade corporations' receipts from drawback, etc.

营业盈余　Operating Surplus

指常住单位创造的增加值扣除固定资产折旧、劳动者报酬和生产税净额后的余额。它相当于企业的营业利润加上生产补贴，但要扣除从利润中开支的工资和福利等。

Refers to the balance of the value added created by the resident units deducting the laborers' remuneration, net taxes on production and the depreciation of fixed assets. It is equivalent to the business profit of the enterprises plus subsidies on production, but the wages and welfare expenses paid from the profits should be deducted.

总人口　Total Population

指一定时点、一定地区范围内的有生命的个人的总和。

年度统计的年末总人口是指每年 12 月 31 日 24 时的人口数，未包括海外华侨人数。

Refers to the total number of people alive at a certain point of time within a given area.

The annual statistics on total population is taken at midnight, the 31st of December，not including Chinese compatriots overseas China.

市镇总人口和乡村总人口　Urban Population and Rural Population

一般是按常住人口划分的。

Are classified, in general, with the permanent population.

市镇总人口　Urban Population

指市镇辖区的全部人口。

Refers to the population living in areas under the jurisdiction of cities or towns.

乡村总人口　Rural Population

指县（不含镇）的全部人口。

Refers to the population of counties excluding those living in towns.

市　City

指经国家批准成立的"市"建制的城市。

Refers to cities establish with the approval of the central government.

镇　Town

指经省自治区直辖市批准的镇。1963 年以前为常住人口在 2000 人以上，非农业人口占 50%以上的。1964 年起改为常住人口在 3000 人以上，非农业人口占 70%以上；或常住人口在 2500 人以上，不满 3000 人，非农业人口占 85%以上的。1984 年后又调整为凡县级地方国家机关所在地；或总人口在 20000 人以下的乡，乡政府驻地非农业人口超过 2000 人的；或总人口在 20000 人以上的乡，乡政府驻地非农业人口占全乡人口 10%以上；或少数民族地区、人口稀少的边远地区、山区和小型工矿区、小港口、风景旅游区、边境口岸等地，非农业人口虽不足 2000 人都可以建镇。

Refers to towns established with the approval of the governments of province, autonomous region, or municipality directly under the central government. Prior to 1963, a town was defined as an area with more than 2000 permanent residents, of which 50% or more were non-agricultural population. A revision of the definition was made in 1964. By the new definition, a town was an area with more than 3000 permanent residents, of which 70% or more were non-agricultural population or an area with more than 2500, but lower than 3000 permanent residents, of which 85% or more were non-agricultural population. Further adjustment was made in 1984: a town is defined as: (1) an area being the location of county-level government agency, or (2) a township with a total population less than 20000, where the non-agricultural population of the location of a township government exceeds 2000; or (3) a township with a total population more than 20000, where the proportion of the non-agricultural population to the total population of the location of a township government is greater than 10%; or (4) a remote area, mountainous area small-sized mining area, small harbor, tourism area, or border area with non-agricultural population less than 2000.

出生率（又称粗出生率）　Birth Rate or (Crude Birth Rate)

指在一定时期内（通常为一年内）平均每千人所出生的人数的比率，一般用千分率表示。计算公式为：出生率＝（年出生人数 / 年平均人数）×1000‰

式中：出生人数是指活产婴儿，即胎儿脱离母体时（不管怀孕月数），有过呼吸或其他生命现象。年平均人数是指年初、年末人口数的平均数，也可用年中人口数代替。

Refers to the ratio of the number of births to the average population during a certain period of time (usually a year), which is often expressed in ‰. The following formula is used:

Birth Rate = Number of Births / Average Number of Population ×1000‰

Number of births refers to live births, i.e. the births when babies had showed any vital phenomena regardless of the length of pregnancy.

死亡率（又称粗死亡率）　Death Rate (or Crude Death Rate)

指在一定时期内（通常为一年内）一定地区的死亡人数与同期平均人数（或期中人数）之比，一般用千分率表示。计算公式为：死亡率＝（年死亡人数 / 年平均人数）×1000‰

Refers to the ratio of the number of deaths to the average population (or mid-year population) during a certain period of time (usually a year), which is often expressed in ‰. The following formula is used:

Death Rate = Number of Deaths / Annual Average Number of Population × 1000‰

人口自然增长率　Natural growth Rate of Population

指在一定时期内（通常为一年内）一定地区的人口自然增加数（出生人数减死亡人数）与该时期内平均人数（或期中人数）之比，一般用千分率表示。计算公式为：

人口自然增长率＝(本年出生人口数－本年死亡人口数） / 年平均人数×1000‰

人口自然增长率＝人口出生率－人口死亡率

Refers to the ratio of natural increase in population (number of births minus number of deaths) in a certain period of time (usually a year) to the average population or mid-year population) of the same period, which is often expressed in ‰. The following formulas are applied:

Natural Growth of Population = (number of Births-Number of deaths) / Average Number of Population × 1000‰

Natural Growth Rate of Population = Birth Rate – Death Rate

从业人员　Employed Persons

指从事一定社会劳动并取得劳动报酬或经营收入的人员，包括全部职工、再就业的离退休人员、私营业主、个体户主、私营和个体从业人员、乡镇企业从业人员、农村从业人员、其他从业人员（包括民办教师、宗教职业者、现役军人等）。这一指标反映了一定时期内全部劳动力资源的实际利用情况，是研究我国基本国情国力的重要指标。

Refers to the persons who are engaged in social labor and receive remuneration payment or earn business income, including: total staff and workers, re-employed retirees, employers of private enterprises, self-employed workers, employees in private enterprises and individual economy, employees in the township enterprises, employed persons in the rural areas, other employed persons (including teachers in the schools run by the local people, people engaged in religious profession and the servicemen, etc.). This indicator reflects the actual utilization of total labor force during a certain period of time and is often used for the research on China's economic situation and national power.

单位从业人员　Persona Employed in Various Units

指在各级国家机关、政党机关、社会团体及企业、事业单位中工作，取得工资或其他形式的劳动报酬的全部人员。包括在岗职工、再就业的离退休人员、民办教师以及在各单位中工作的外方人员和港、澳、台方人员、兼职人员、借用的外单位人员和第二职业者。不包括离开本单位仍保留劳动关系的职工。各单位的从业人员反映了各单位实际参加生产或工作的全部劳动力。

Refers to all the persona working in government agencies of various levels, political and party organizations, social organizations, enterprises and institutions, and receiving wages or other forms of payment. They include fully-employed staff and workers, re-employed retirees, teachers in schools run by the local people, foreigners and Chinese compatriots from Hong Kong, Macao and Taiwan working in various units, part-time employees, employees of other units working temporarily at current posts, and employees holding the job, but exclude staff and workers who have left their working units while keeping their labor contract (employment relation) unchanged. This indicator reflects the total number of laborers actually engaged in production or other operations in various units.

城镇私营和个体从业人员　Persons Employed in Private Enterprises and Self-Employed Individuals in Urban Areas

城镇私营从业人员指在工商管理部门注册登记，其经营地址设在县城关镇（含城关镇）以上的私营企业从业人员；包括私营企业投资者和雇工。城镇个体从业人员指在工商管理部门注册登记，并持有城镇户口或在城镇长期居住，经批准从事个体工商经营的从业人员；包括个体经营者和在个体工商户劳动的家庭帮工和雇工。

Persons employed in private enterprises refer to the persons employed in the private enterprises which have been registered at the departments of industrial and commercial administration and are situated at a county town (i.e. a town where the county government is located) for business operation or at urban areas with the level higher than a county town. The self-employed individuals in urban areas refer to persons who hold the certificates of residence in urban areas or have resided in the urban areas for a long time and have been registered at the departments of industrial and approved to be engaged in individual industrial or commercial business, including self-employed persons as well as helpers and hired laborers who work in the individual households engaged in industrial or commercial business.

职工　Staff and Workers

指在国有经济、城镇集体经济、联营经济、股份制经济、外商和港、澳、台投资经济、其他经济单位及其附属机构工作，并由其支付工资的各类人员。

Refers to the persons who work in (and receive payment therefrom) enterprises and institutions of state ownership, collective ownership, joint ownership, share holding, foreign ownership, and ownership by entrepreneurs from Hong Kong, Macao and Taiwan, and other type of ownership and their affiliated units, excluding the retired persons invited to work in the units again, teachers in the schools run by the local people and foreigners and persons coming from Hong Kong, Macao and Taiwan and working in the state-owned economic units.

在岗职工　Fully Employed Staff and Workers

指在本单位工作并由单位支付工资的人员，以及有工作岗位，但由于学习、病伤、产假等原因暂未工作，仍由单位支付工资的人员。

Refers to persons who work in, and receive wages from their working units, as well as persons who have their work posts, but are temporarily absent from work for reasons of study or on sick, injury or maternal leave and still receive wages from their working units.

国有单位职工　Staff and Workers in State-owned Economic Units

指在国有经济单位及其附属机构工作，并由其支付工资的各类人员。

Refers to the persons who work in the state-owned economic units or their attached units and are listed in their payrolls.

城镇集体单位职工　Staff and Workers of Collective Owned Units in Urban Areas

指在城镇集体经济单位及其管理部门工作，并由其支付工资的各类人员。

Refers to the persons who work in collective owned units in urban areas and their administration departments and receive payment therefrom.

其他经济单位职工　Staff and Workers in Units of Other Type of Ownership

指在联营经济、股份制经济、外商投资经济、港、澳、台投资经济单位工作，并由其支付工资的各类人员。

Refers to those who work in (and receive payment there from) enterprises and institutions of joint ownership, share holding, foreign ownership, and ownership by entrepreneurs from Hong Kong, Macao and Taiwan.

职工工资总额　Total Wages of Staff and Workers

指各单位在一定时期内直接支付给本单位全部职工的劳动报酬总额。工资总额的计算原则应以直接支付给职工的全部劳动报酬为根据。各单位支付给职工的劳动报酬以及其他根据有关规定支付的工资，不论是计入成本的还是不计入成本的，不论是按国家规定列入计征奖金税项目的，还是未列入计征奖金项目的，不论是以货币形式支付的还是以实物形式支付的，均包括在工资总额内。

Refers to the total remuneration payment to staff and workers in various units during a certain period of time. The calculation of total wages is based on the total remuneration payment to the staff and workers. Therefore, all the wages and salaries and other payments to staff and workers are included in the total wages regardless of their sources, category, and forms (in kind or cash). (Total wages of staff and workers in this yearbook include only total wages of fully employed staff and workers, excluding the living allowances distributed to those who have lift their working units while keeping their labor contract/employment relation unchanged).

奖金　Bonus

指支付给职工的超额劳动报酬和增收节支的劳动报酬。

Refers to remuneration payment to workers for extra work and for increasing earnings and practicing economy.

津贴和补贴　Subsidies and Allowances

指为了补贴职工特殊或额外的劳动消耗和因其他特殊原因支付给职工的津贴，以及为保证职工工资水平不受物价影响支付给职工的物价补贴。

Refers to subsidies paid to staff and workers for compensating special or extra labor and allowances paid to staff and workers to offset the impact of inflation on real wages.

职工平均工资　Average Wage of Staff and Workers

指企业、事业、机关单位的职工在一定时期内平均每人所得的货币工资额。它表明一定时期职工工资收入的高低程度，是反映职工工资水平的主要指标。计算公式为：

职工平均工资＝报告期实际支付的全部职工工资总额／报告期全部职工平均人数

Refers to the average wage in money terms per person during a certain period of time for staff and workers in enterprises, institutions, and government agencies, which reflects the general level of wage income during a certain period of time and is calculate as follows:

Average Wage of Staff and Workers = Total Wages of Staff and Workers in Reference Period/Average Number of Staff and Workers in Reference Period

职工平均实际工资　Average Real Wage of Staff and Workers

指扣除物价变动因素后的职工平均工资。计算公式为：

职工平均实际工资＝报告期职工平均工资／报告期职工生活费价格指数

Refers to average wage of staff and workers after removing the effects of price changes, which is calculated as follows:

Average Real Wage of Staff and Workers = Average Wage of Staff and Workers in Reference Period/Consumer Price Index of Urban Residents in Reference Period

全社会固定资产投资　Total Investment in Fixed Assets in the Whole Country

是以货币形式表现的在一定时期内全社会建造和购置固定资产的工作量以及与此有关的费用的总称。该指标是反映固定资产投资规模、结构和发展速度的综合性指标，又是观察工程进度和考核投资效果的重要依据。全社会固定资产投资按登记注册类型可分为国有、集体、个体、联营、股份制、外商、港澳台商、其他等。

Refers to the volume of activities in construction and purchases of fixed assets of the whole country and related fees, expressed in monetary terms during the reference period. It is a comprehensive indicator which shows the size, structure and growth of the investment in fixed assets, providing a basis for observing the progress of construction projects and evaluating results of investment. Total investment in fixed assets in the whole country includes, by type of ownership, the investment by State-owned units, collective-owned units, individuals, joint ownership units, share-holding units, as well as investments by entrepreneurs from foreign countries and from Hong Kong, Macao and Taiwan, and by other units.

城镇固定资产投资　Urban Investment in Fixed Assets

指城镇各种登记注册类型的企业、事业、行政单位及个体户进行的计划总投资（或实际需要总投资）50 万元及 50 万元以上的建设项目投资、房地产开发投资、城镇和工矿区私人建房投资。县城及以上区域内发生的投资，县及县以上各级政府及主管部门直接领导、管理的建设项目和企业事业单位的投资均为城镇固定资产投资。

Refers to construction projects involving a total planned (or required) investment of 500,000 yuan and over by enterprises of various types of ownership, institutions, administrative units and individuals in urban areas, investment in real estate development, and private investment in housing construction in urban areas and industrial and mining areas. In other words, all investments that take place in county towns and urban areas, investment in construction projects under the direct leadership and management of government agencies at and above county levels and investments by enterprises and institutions at and above county levels are covered in urban investment in fixed assets.

房地产开发投资　Investment in Real Estate Development

指房地产开发公司、商品房建设公司及其他房地产开发法人单位和附属于其他法人单位实际从事房地产开发或经营的活动单位统一开发的包括统代建、拆迁还建的住宅、厂房、仓库、饭店、宾馆、度假村、写字楼、办公楼等房屋建筑物和配套的服务设施，土地开发工程（如道路、给水、排水、供电、供热、通讯、平整场地等基础设施工程）的投资。包括非房产企业实际从事房地产开发或经营活动，不包括单纯的土地交易活动。

It includes the investment by the real estate development companies, commercial buildings construction companies and other real estate development units of ownership in the construction of house buildings, such as residential buildings, factory buildings, warehouses, hotels, guesthouses, holiday villages, office buildings, and the complementary service facilities and land development projects, such as roads, water supply, water drainage, power supply, heating, telecommunications, land leveling and other projects of infrastructure. It excludes the activities in simple land transactions.

农村投资　Investment in Rural Areas

包括在农村区域范围内进行固定资产投资活动的企业、事业、行政单位及农村个人投资

Refers to investment in fixed assets by enterprises, institutions, administrative units and individuals in rural areas.

固定资产投资的资金来源　Sources of Funds for Investment in Fixed Assets

根据固定资产投资的资金来源不同，分为国家预算内资金、国内贷款、利用外资、自筹资金和其他资金来源。

(1) 国家预算内资金：指中央财政和地方财政中由国家统筹安排的基本建设拨款和更新改造拨款，以及中央财政安排的专项拨款中用于基本建设的资金和基本建设拨款改贷款的资金等。

(2) 国内贷款：指报告期内企、事业单位向银行及非银行金融机构借入的用于固定资产投资的各种国内借款。包括银行利用自有资金及吸收的存款发放的贷款、上级主管部门拨入的国内贷款、国家专项

贷款（包括煤代油贷款、劳改煤矿专项贷款等） 地方财政专项资金安排的贷款、国内储备贷款、周转贷款等。

(3)利用外资：指报告期内收到的用于固定资产投资的国外资金，包括统借统还、自借自还的国外贷款，中外合资项目中的外资，以及对外发行债券和股票等。国家统借统还的外资指由我国政府出面同外国政府团体或金融组织签订贷款协议，并负责偿还本息的国外贷款。

(4)自筹资金：指建设单位报告期收到的，用于进行固定资产投资的上级主管部门、地方和企事业单位自筹资金。

(5)其他资金来源：指报告期收到的除以上各种拔款、借款、自筹资金之外，其他用于固定资产投资的资金。

State budgetary appropriation, domestic loans, foreign investment, self-raised funds, and others.

(1) State budgetary appropriation refers to appropriation in the budget of the central and local governments earmarked for capital construction and for innovation projects, and the special appropriation from the budget of the central government for capital construction and for the transfer fund to banks to be issued as loans for capital construction projects.

(2) Domestic loans refers to various funds borrowed by enterprises and institutions from banks and non-bank financial institutions during the reference period for the purpose of investment in fixed assets, including loans issued by banks from their self-owned funds and deposit, loans appropriated by higher responsible authorities, special loans by government (including loan for replacing petroleum with coal, special loan for reform-through-labor coal mines), loans arranged by local government from special funds, domestic reserve loan, and working loan, etc.

(3) Foreign Investment refers to foreign funds received during the reference period for the purpose of investment in fixed assets, including foreign fends borrowed and managed by the government, by individual units, foreign fund in joint venture program, and issue if bonds and stocks at the international financial markers. The foreign funds borrowed and managed by the government refer to foreign loans borrowed by the government from foreign government, organizations, or financial institutions under official agreement signed by both parties, under which government is responsible for the repayment of both the principal and interests of the foreign loans.

(4) Self-raised funds refer to funds received by construction enterprises from their higher responsible authorities, local governments, or raised by enterprises or institutions themselves for the purpose of investment in fixed assets during the reference period.

(5) Others refer to funds received during the reference period which are not included in the above-mentioned sources.

固定资产投资按国民经济行业分　Investment in Fixed Assets by Sector

建设项目归哪个行业，按其建成投产后的主要产品或主要用途及社会经济活动性质来确定。基本建设按建设项目划分国民经济行业，更新改造、国有单位其他固定资产投资及城镇集体投资根据整个企业、事业单位所属的行业来划分。一般情况下，一个建设项目或一个企业、事业单位只能属于一种国民经济行业。为了更准确地反映国民经济各行业之间的比例关系，联合企业（总厂）所属分厂属于不同行业的，原则上按分厂划分行业。

The classification of construction projects by sector is determined by the major products or the purpose of the projects when they are put into production or use, and by the nature of their social economic activities. The investment in capital construction is classified by construction projects, while investment in innovation, other investment by state-owned units and urban collective units are classified according to the sector which the whole enterprises or institution belongs to. In general, one project or one enterprise or institution can only belong to one sector. In order to reflect more accurately the proportions among various sectors, the branch factories of integrated complex are classified into different sectors according to their economic activities.

固定资产投资按建设性质分　Investment in Fixed Assets by Type of Construction

建设项目的性质一般分为新建、扩建、改建、迁建、恢复。基本建设按建设项目划分建设性质，更新改造、国有单位其他固定资产投资及城镇集体投资按整个企业、事业单位的建设情况确定建设性质。目前基本建设和更新改造是根据我国现行的计划管理体制区分的，所以基本建设和更新改造都可分别按新建、扩建等划分。

(1)新建：一般是指从无到有、“平地起家”新开始建设的单位。有的单位原有的基础很小，经过建设后其新增加的固定资产价值超过原有固定资产价值（原值）三倍以上的也算新建。

(2)扩建：一般是指为扩大原有产品的生产能力，在厂内或其他地点增建主要生产车间（或主要工程）、独立的生产线或总厂之下的分厂的企业；事业单位和行政单位在原单位增建业务用房（如学校增建教学用房、医院增建门诊部或病房、行政机关增建办公楼等）也作为扩建。

(3)改建：一般是指现有企业、事业单位为了技术进步，提高产品质量，增加花色品种，促进产品升级换代，降低消耗和成本，加强资源综合利用和三废治理、劳保安全等，采用新技术、新工艺、新设备、新材料等对现有设施、工艺条件进行技术改造或更新（包括相应配套的辅助性生产、生活福利设施）。有的企业为充分发挥现有生产能力，进行填平补齐而增建不增加单位主要产品生产能力的车间等，也属于改建。

The construction projects in general can be classified by the type of construction into new construction, expansion, reconstruction and moving away. In capital construction, the type of construction is determined by the condition of the project. In investment in innovation, in other investment by state-owned units and investment by collective –owned units, the type of construction is determined by the condition of the whole enterprise and restoration. The current distinction between capital construction and innovation is determined by China’s current planning and management system. Therefore the projects of capital construction and innovation can all be classified respectively into new construction, expansion, etc.

(1) New construction in general refers to newly constructed units. In the case in which the value of the original fixed assets is quite small, and the value of newly added fixed assets exceeds the original ones by three times, the expansion construction is considered as new construction.

(2) Expansion refers to construction of new major production workshop or independent production line within a factory or in other locations, or construction of a branch factory so as to increase the production capacity of the original products. Newly constructed business houses in institutions and administrative organizations (such as the newly constructed teaching buildings in schools, clinics or bed building in hospitals, and office buildings in administrative agencies, etc.) are also classified as expansion.

(3) Reconstruction refers to technical innovation and transformation of the existing equipment and

technical conditions undertaken by enterprises and institutions for the purposes of technological advancement, improvement in product quality, enlarging variety of products, promoting new generation of products, reducing production consumption and cost promoting comprehensive utilization of resources, strengthening treatment of waste gas, waste water and solid wastes, and safety in production, etc. Through application of new technologies and techniques, use of new equipment and new materials (including accessory facilities for production or for living and welfare purposes). Construction of new workshops for improving existing production capacity rather than increasing production capacity is also considered as reconstruction.

固定资产投资按构成分　Investment in Fixed Assets by Structure

固定资产投资活动按其工作内容和实现方式分为建筑安装工程，设备、工具、器具购置，其他费用三个部分。

(1) 建筑安装工程（建筑安装工作量）：指各种房屋、建筑物的建造工程和各种设备、装置的安装工程。包括各种房屋建造工程，各种用途设备基础和各种工业窑炉的砌筑工程；为施工而进行的各种准备工作和临时工程以及完工后的清理工作等；铁路、道路的铺设，矿井的开凿及石油管道的架设等；水利工程；防空地下建筑等特殊工程；以及各种机械设备的安装工程；为测定安装工程质量，对设备进行的试行工作。在安装工程中，不包括被安装设备本身的价值。

(2) 设备、工具、器具购置：指购置或自制达到固定资产标准的设备、工具、器具的价值。固定资产的标准按财务部门规定。新建单位、扩建单位的新建车间按照设计和计划要求购置或自制的全部设备、工具、器具，不论是否达到固定资产标准均计入“设备、工具、器具购置”中。

(3) 其他费用：指在固定资产建造和购置过程中发生的，除建筑安装工程和设备、工具、器具购置以外的各种应摊入固定资产的费用。

Refers to the three major parts of investment activities, i.e. construction and installation, purchase of equipment and instrument, and other expenses.

(1) Construction and installation (work volume of construction and installation) refers to the construction of various houses and buildings and installation of various kinds of equipment and instruments, including construction of various houses, equipment foundations and industrial kilns and stoves, preparation works for project construction, and clearing up works post project construction, pavement of railways and roads, drilling of mines and putting up of oil pipes, construction of projects water conservancy, construction of underground air-raid shelters and construction of other special projects, installation of various machinery equipment, testing operation for pre-testing the quality of installation projects. The value of equipment installed is not included in the value of installation projects.

(2) Purchase of equipment and instruments refers to the total value of equipment, tools, and vessels purchased or self-produced which come up to standards for fixed assets. Equipment, tools and vessels purchased or self-produced for new workshops by newly established or expanded units are categorized as “purchase of equipment and instruments” no matter whether they come up to the standards for fixe assets or not.

(3) Other expenses refers to expenses occurring during the construction or purchase of fixed assets other than construction, installation or purchase of equipment and instruments.

施工项目　Projects under Construction

指报告期内曾进行建筑或安装工程施工活动的建设项目，包括报告期内新开工项目、报告期以前开工跨入报告期继续施工的项目以及报告期施过工并在报告期内全部建成投产或停缓建的项目。

Refers to projects having construction and installation activities undertaken in the reference period, including projects started in the reference period, or continued from the previous period, or completed and put into production or suspended in the reference period.

全部建成投产项目　Projects completed and Put into Use

工业项目是指设计文件规定形成生产能力的主体工程及其相应配套的辅助设施全部建成，经负荷试运转，证明具备生产设计规定合格产品的条件，并经过验收鉴定合格或达到竣工验收标准，与生产性工程配套的生活福利设施可以满足近期正常生产的需要，正式移交生产的建设项目。非工业项目是指设计文件规定的主体工程和相应的配套工程全部建成，能够发挥设计规定的全部效益，经验收鉴定合格或达到竣工验收标准，正式移交使用的建设项目。

Industrial projects refers to the major projects and accessory facilities completed which result in forming production capacity and have been checked and accepted while the living and welfare facilities have been completed and can ensure normal production and formally put into production. Non-industrial projects refer to the major projects and accessory facilities completed which possess the designed capacity and have been checked, accepted and formally put into production.

新增生产能力　Newly increased Production Capacity

指通过固定资产投资活动而增加的设计能力或工程效益，它是用实物形态表示的固定资产投资的成果。新增生产能力的计算，是以能独立发挥生产能力或效益的单项工程（或项目）为对象。当单项工程（或项目）建成，经有关部门鉴定合格，正式移交投入生产，即可计算新增生产能力。

新增生产能力或工程效益有以下几种表现形式：

(1) 以建设项目或单位工程建成后的年生产能力表示，如煤炭开采、石油开采等。

(2) 以建设项目或单项工程建成后处理原料的能力表示。如选矿工程的年处理矿石能力，洗煤厂年洗原煤能力等。

(3) 以新增的主要设备数量或容量表示。如棉纺锭枚数，发电机组容量等。

(4) 以建筑物容积、容量、面积或长度表示。如水库容量，铁路公路里程等。

新增生产能力的数量一般按设计能力计算。设计能力是指设计文件中规定的在正常情况下能达到的生产能力，而不论投产后的实际产量如何。以设备数量、建筑物容积、面积、长度等表示的新增生产能力（或工程效益），则按建成的实际数量计算。

Refers to the increase of designed capacity and project efficiency through investment in fixed assets, which reflects the accomplishment of investment in fixed assets in kind. The calculation of newly increased production capacity is based on individual project which operates independently and efficiently. When an individual project is completed and checked and accepted and put into production, it is counted as newly increased production capacity.

The newly increased production capacity and project efficiency are usually expressed in one of the following forms:

(1) Annual production capacity, such as extraction of coal and petroleum;

(2) Raw material processing capacity, such as ore dressing capacity of ore dressing projects, the dressing capacity of a coal washery;

(3) Number or capacity of major equipment increased, such as the number of cotton spindles increased and the capacity of generating sets increased;

(4) Physical measures of construction, such as volume, capacity, area, and length, for instance, the capacity of reservoirs, the length of railways or highways.

Newly increased production capacity in terms of quantity is calculated in designed capacity in general, which refers to the production capacity of a project under conditions designed in construction documents regardless of the actual output.

房屋建筑面积　Floor Space of buildings under Construction and Completed

指从房屋外墙线算起的各层平面面积的总和，包括可供使用的有效面积和房屋结构（如柱墙）占用的面积。多层建筑按各层（包括地下室）面积总和计算

Refers to total floor space in each story of buildings calculated from the outside line of building walls, including both usable space and the space occupied by constructions like pillars or walls. The floor space of multi-story buildings includes the total floor space of each story (including basement).

住宅建筑面积　Floor Space of Residential Buildings

指施工和竣工房屋建筑面积中供居住用的施工和竣工房屋建筑面积。

Refers to the floor space of the residential buildings under construction and completed among the total space of buildings under construction and completed.

施工面积　Floor Space under Construction

指报告期内施工的全部房屋建筑面积。包括本期新开工的面积 上期跨入本期继续施工的房屋面积 上期停缓建在本期恢复施工的房屋面积 本期竣工的房屋面积及本期施工后又停缓建的房屋面积。

Refers to total floor space of all buildings under construction during the reference period, including floor space of newly started building the reference period, floor space of construction extended from the previous period to the current period, floor space of construction suspended during the previous period and resumed in the current period, floor space of construction completed in the current period, and floor space of construction started and then suspended in the current period.

竣工面积　Floor Space of Buildings Competed

指在报告期内房屋建筑按照设计要求已全部完工，达到住人和使用条件，经验收鉴定合格，正式移交使用单位的建筑面积。

Refers to the floor space of buildings completed in the reference period, which have come up to the designed standards and have been put into use.

房屋建筑面积竣工率　Completed Rate of Floor Space of Buildings

指一定时期内房屋竣工面积占同期房屋施工面积的比率。它是从房屋建筑施工速度的角度反映投资效果和建筑业经济效益的指标。

Refers to the ratio of the floor space of buildings completed in certain period of time to the floor space of buildings under construction in the same period, which reflects the investment result and economic efficiency of the construction industry from the angle of the speed of project construction.

新增固定资产　Newly Increased Fixed Assets

指通过投资活动所形成的新的固定资产价值。包括已经建成投入生产或交付使用的工程价值和达到固定资产标准的设备、工具、器具的价值及有关应摊入的费用。它是以价值形式表示的固定资产投资成果的综合性指标，可以综合反映不同时期、不同部门、不同地区的固定资产投资成果。

Refers to the newly increased value of fixed assets through investment, including the value of projects completed and put into production, the value of equipment, tools, and vessels considered as fixed assets, as well as the relevant expenses as investment in fixed assets. This is a comprehensive indicator of investment in fixed assets, reflecting the achievements of investment in fixed assets in different periods, different sectors, and different regions.

建设项目投产率　Rate of Construction Projects Completed and Put into Use

指一定时期内全部建成投入生产项目个数与同期正式施工项目个数的比率。它是从项目建设速度的角度反映投资效果的指标。

Refers to the ratio of the number of construction projects completed and put into use in certain period of time to the number of projects under construction in the same period. This reflects the investment efficiency from the angle of the speed of projects construction.

固定资产交付使用率　Rate of :Projects of Fixed Assets and Put into Operation

指一定时期新增固定资产与同期完成投资额的比率。它是反映各个时期固定资产动用速度，衡量建设过程中投资效果的一个综合性指标。

Refers to the ratio of the newly increased fixed assets to the total investment made in the same period. This is a comprehensive indicator, reflecting the speed of the employment of fixed assets and the investment efficiency.

财政收入　Government Revenue

指国家财政参与社会产品分配所取得的收入，是实现国家职能的财力保证。财政收入所包括的内容主要有：

(1)各项税收：包括增值税、营业税、消费税、土地增值税、城市维护建设税、资源税、城市土地使用税、印花税、固定资产投资方向调节税、个人所得税、企业所得税、关税、农牧业税、和耕地占用税等。

(2)专项收入：包括征收排污费收入、征收城市水资源费收入、教育费附加收入等。

(3)其他收入：包括基本建设贷款归还收入、基本建设收入、捐赠收入等。

(4)国有企业计划亏损补贴：此项为负收入，冲减财政收入。

Refers to the revenue of the government finance by means of participating in the distribution of the social products, which is the financial resources for ensuring the government to function. The contents of government revenue have been changed several times. Now it includes the following main items:

(1) Various tax revenues, including value added tax, business tax, consumption tax, land value added tax, tax on city maintenance and construction, resources tax, tax on use of urban land, stamp tax, tax on adjustment of the orientation of investment in fixed assets, personal income tax, enterprise income tax, tariff, tax on agriculture and animal husbandry and tax on occupancy of cultivated land, etc.

(2) Special revenues, including revenue collected from imposing fee on sewage treatment, revenue

collected from imposing fee on urban water resources, and extra-charges for education, etc.

(3) Other revenues, including revenue from the repayment of capital construction loan, revenue from capital construction projects, and donations and grants.

(4) Planned subsidies for the losses of the state-owned enterprises. This is an item of negative revenue, used to eat up part of the government revenue.

财政支出 Government Expenditure

国家财政将筹集起来的资金进行分配使用，以满足经济建设和各项事业的需要，主要包括：

(1)基本建设支出：指按国家有关规定，属于基本建设范围内的基本建设有偿使用、拨款、资本金支出以及经国家批准对专项和政策性基建投资贷款，在部门的基建投资额中统筹支付的贴息支出。

(2)企业挖潜改造资金：指国家预算内拨给的用于企业挖潜革新和改造方面的资金。包括各部门企业挖潜改造资金和企业挖潜改造贷款资金，为农业服务的县办“五小”企业技术改造补助，挖潜改造贷款利息支出。

(3)地质勘探费用：指国家预算用于地质勘探单位的勘探工作费用，包括地质勘探管理机构及其事业单位经费、地质勘探经费。

(4)科技三项费用：指国家预算用于科技支出的费用，包括新产品试制费、中间试验费、重要科学研究补助费。

(5)支援农村生产支出：指国家财政支援农村集体（户）各项生产的支出。包括对农村举办的小型农田水利和打井喷灌的补助费，对农村水土保持措施的补助费，对农村举办的小水电站的补助费，特大抗旱的补助费，农村开荒补助费，扶持乡镇企业资金，农村农技推广和植保补助费，农村草场和畜禽保护补助费，农村造林和林木保护补助费，农村水产补助费，发展粮食生产专项资金。

(6)农林水利气象等部门的事业费：指国家财政用于农垦、农场、农业、畜牧、农机、林业、森工、水利、水产、气象、乡镇企业的技术推广、良种推广（示范）、动植物（畜禽森林）保护、水质监测、勘探设计、资源调查、干部训练等项费用，园艺特产场补助费，中等专业学校经费，飞播牧草试验补助费，营林机构、气象机构经费，渔政费以及农业管理事业费等。

(7)工业交通商业等部门的事业费：指国家预算支付给工交商各部门用于事业发展的经费，包括勘探设计费、中等专业学校经费、技术学校经费、干部训练费。

(8)文教科学卫生事业费：指国家预算用于文化、出版、文物、教育、卫生、中医、公费医疗、体育、档案、地震、海洋、通讯、电影电视、计划生育、党政群干部训练、自然科学、社会科学、科协等项事业的经费支出和高技术研究专项经费。主要包括工资、补助工资、福利费、离退休费、助学金、公务费、设备购置费、修缮费、业务费、差额补助费。

(9)抚恤和社会福利救济费：指国家预算用于抚恤和社会福利救济事业的经费。包括由民政部门开支的烈士家属和牺牲病残人员家属的一次性、定期抚恤金，革命伤残人员的抚恤金，各种伤残补助费，烈军属、复员退伍军人生活补助费，退伍军人安置费，优抚事业单位经费，烈士纪念建筑物管理、维修费，自然灾害救济事业费和特大自然灾害灾后重建补助费等。

(10)国防支出：指国家用于国防建设和保卫国家安全的支出，包括国防费、国防科研事业费、民兵建设以及专项工程支出等。

(11)行政管理费：包括行政管理支出，党派团体补助支出，外交支出，公安安全支出，司法支出，法院支出，检察院支出以及公检法办案费用补助。

(12)价格补贴支出：指经国家批准，由国家财政拨给的政策性补贴支出。主要包括粮食加价款，粮、棉、油差价补贴，棉花收购价外奖励款，副食品风险基金，市镇居民的肉食价格补贴，平抑市价肉食、蔬菜价差补贴等以及经国家批准的教材课本、报刊新闻纸等价格补贴。

Refers to the distribution and use of the funds the government finance has raised, so as to meet the needs of economic construction and various causes. It includes the following main items:

(1) Expenditure for capital construction: it refers to the non-gratuitous use and appropriation of funds for capital construction in the range of capital construction, outlay of capital as well as the loans on capital construction approved by the government for special purpose or policy purpose and the expenditure with discount paid in an overall way within the amount of the funds appropriated to the departments for capital construction.

(2) Innovation funds of the enterprises: they refer to the funds appropriated from the government budget for the enterprises to tap the latent power, upgrade the technology and carry out innovation, including the innovation fund of the departments, loan of the enterprises for innovation, subsidies on the innovation of the small fertilizer plant, small cement plant, small coal mines, small machinery plant and small steel plant, the expenditure of interest for the loan for innovation.

(3) Geological prospecting expenses: they refer to the expenses appropriated from the government budget to the geological prospecting units for the expenditure of the prospecting work, including the expenditures of the administrative agencies for geological prospecting and their institutional units as well as the geological prospecting expenditure.

(4) Expenditures for science and technology promotion: they refer to the expenses appropriated from the government budget for the scientific and technological expenditure, including new products development expenditure, expenditure for intermediate trial and subsidies on important scientific researches.

(5) Expenditure for supporting rural production: it refers to the expenditures appropriated from the government budget for supporting the various expenditures of the rural collective units or households for production, including the subsidies to the small water conservancy projects and well drilling, sprinkling irrigation projects run by the villages; subsidies on the rural water and soil conserving measures; subsidies to the small power stations run by the villages; subsidies to the expenditure for fighting against particularly severe draughts; subsidies on the rural waste land exclamation; fund for supporting the township enterprises; subsidies to the expenditure for popularization of the agricultural technologies and plant protection in the rural areas; subsidies to the expenditure for the protection of grasslands and cattle and fowls; subsidies on afforestation and forest protection in rural areas; subsidies on the rural aquatic products industry; special fund for developing grain production.

(6) Operating expenses of the departments of farming, forestry, water conservancy and meteorology etc.: they refer to the expenses appropriated from the government budget for the expenditures of agricultural exclamation, farms, agriculture, animal husbandry, agricultural machinery, forestry, timber industry, water conservancy, aquatic products industry, meteorology, technology popularization in township enterprises, popularization (demonstration) of improved varieties, plant (cattle and fowls, forest) protection, water quality monitoring, prospecting and designing, resources investigation, cadres training, subsidies to horticulture

gardens, expenditure of specialized secondary schools, subsidies on the experiments of sowing herbage seeds by flights, expenditures of afforestation agencies and meteorology agencies, expenses for fishery administration and operating expenses for agricultural administration, etc.

(7) Operating expenses of the department of industry, transport and commerce: they refer to the expenses appropriated from the government budget to the departments of industry, transport and commerce for the expenditure of business development, including expenses for prospecting and designing, expenditures of specialized secondary schools, expenditures of the technical training schools and expenditures for cadres training, etc.

(8) Operating expenses of the departments of culture, education, science and public health: they refer to the expenses appropriated from the government budget for the expenditures of the causes of culture, publication, cultural relics, education, public health, traditional Chinese medical science, free medical services, sports, archives, earthquake, ocean, communications, broadcasting, film and television, family planning; expenditure for training of cadres of government, party and mass organization; expenditures for natural sciences, social sciences, associations for science and technology and the special expenditure for the high-tech researches. They include mainly wages, extra wages, welfare funds, pension for the retirees, stipend, expenses for official business, expenses for equipment purchases, expenses for repairs, business expenses and subsidies to the units which are unable to support their expenditures by their own earnings.

(9) Pension for the disabled or for the families of the bereaved and relief funds for social welfare: they refer to the funds appropriated from the government budget for the expenditures of pension for the disabled or for the families of the bereaved and relief funds for social welfare, including the lump-sum or regular pension paid by the departments of civil affairs to the members of martyrs families and families of those who died for the public interest, pension to the revolutionary disabled, subsidies for permanent disability of various kinds, subsidies to the military martyrs dependents and the demobilized servicemen, expenditure for settling down the demobilized servicemen, operating expenses of the consoling institutions, expenses for management and repair of the commemorative buildings for the martyrs, the expenses managed by the departments of civil affairs for the retirees and those who have quitted their work, expenses for social relief in rural and urban areas, operating expenses for providing relief to the areas of natural calamity and subsidies on the reconstruction after the particularly severe natural calamities, etc.

(10) Expenditures for national defence: they refer to the funds appropriated from the government budget for the expenditures for building up national security, including expenses of national defence, expenses of scientific researches on national defence, expenses for building up people's militia and expenditure for special projects, etc.

(11) Administrative expenses: they include expenditure for administration, subsidies to the parties and mass organizations, diplomatic expenditure, expenditure for public security, judicial expenditure, law court expenditure, procuratorial expenditure and subsidies to the expenses for treating the cases by he public security departments, procuratorial organs and law courts.

(12) Expenditure for price subsidies: it refers to the expenditure appropriated, with the approval of the government, from the government budget for the policy subsidies to price adjustment, including the funds for

the increase of grain prices, the subsidies to the difference between the selling prices and purchasing prices of grains, cotton and edible oil, awards in addition to the purchasing prices of cotton, risk fund for non-staple food, subsidies on the prices of meat and meat products, subsidies on the price difference for curbing the high market prices of meat, meat products and vegetables and the subsidies approved by the government on the prices of textbooks and newsprint of newspapers and periodicals.

中央财政收入和地方财政收入　Revenue of the central government and revenue of the local governments

指按财政体制划分的中央本级收入和地方本级收入。1994 年分税制财政体制以后，属于中央财政的收入包括关税、海关代征消费税和增值税，消费税，中央企业所得税，地方银行和外资银行及非银行金融企业所得税，铁道、银行总行、保险公司等集中缴纳的营业税、所得税、利润和城市维护建设税，增值税的 75%部分，海洋石油资源税的和证券（印花）税的 50%部分。属于地方财政的收入包括营业税，地方企业所得税，个人所得税，城镇土地使用税，固定资产投资方向调节税，城镇维护建设税，房产税，车船使用税，印花税，屠宰税，农牧业税，农业特产税，耕地占用税，契税，增值税 25%部分，证券交易税（印花税）50%部分和除海洋石油资源以外的其他资源税。

In accordance with the classification of the structure of the government finance in 1994 in the bases of the classification of channels for collection of tax revenues, the revenue of the central government and the revenue of the local governments have different coverage. The revenue of the central government includes tariff, consumption tax and value added tax levied by the customs, consumption tax, income tax of the enterprises subordinate to the central government, income taxes of the local banks, foreign-funded banks and non-bank financial institutions, business tax, income tax and profits of railways, head offices of banks, head office f insurance company, which are handed over to the government in a centralized way, tax on city maintenance and construction, 75% of the value added tax, tax on ocean petroleum resources, 50% of the tax on stock dealing (stamp tax). The revenue of the local governments includes business tax, income tax of the enterprises subordinate to the local government, personal income tax, tax on the use of urban land, tax on the adjustment of the investment in fixed assets, tax on town maintenance and construction, tax on real estates, tax on the use of vehicles and ships, stamp tax, slaughter tax, tax on agriculture and animal husbandry, tax on special agricultural products, tax on the occupancy of cultivated land, contract tax, 25% of the value added tax, 50% of the tax on stock dealing (stamp tax) and tax on resources other than the ocean petroleum resources.

中央财政支出和地方财政支出　Expenditure of the central government and expenditure of the local governments

指根据政府在经济和社会活动中的不同职责，划分中央和地方政府的责权，按照政府的责权划确定的支出。中央财政支出包括国防支出，武装警察部队支出，中央级行政管理费和各项事业费，重点建设支出以及中央政府调整国民经济结构、协调地区发展、实施宏观控制的支出。地方财政支出主要包括地方行政管理和各项事业费，地方统筹的基本建设、技术改造支出，支援农村生产支出，城市维护和建设经费，价格补贴支出等。

According to the different functions of the central government and local governments in the economic and social activities, the rights of affaire administration are classified between the central government and local governments; and the classification of the expenditure between the central government and local governments are made on the basis of the classification of the rights of affairs administration between them. The expenditure of the central government includes the expenditure for national defence, expenditure for armed police forces, the administrative expenses and various operating expenses at the level of central government, expenditure for key projects and the expenditure of the central government for adjusting the national economic structure, coordinating the development among different regions and exercising the macro-economic regulation and control. The expenditure of the local governments includes mainly the administrative expenses and various operating expenses at the level of local governments, expenditure for supporting rural production, expenditure for city maintenance and construction and expenditure for price subsidies, etc.

预算外资金收支　Extra-budgetary revenue and expenditure

预算外资金指国家机关、事业单位和社会团体为履行或代行政府职能，依据国家法律、法规和具有法律效力的规章而收取、提取和安排使用的未纳入国家预算管理的各种财政性资金。其范围主要包括：法律、法规规定的行政事业性收费、基金和附加收入等；国务院或省级人民政府及其财政、计划（物价）部门审批的行政事业性收费；国务院及财政部审批建立的基金、附加收入等；主管部门所属单位集中上缴资金；用于乡镇政府开支的乡自筹及乡统筹资金；其他未纳入预算管理的财政性资金。社会保障基金在国家财政尚未建立社会保障预算制度以前，先按预算外资金管理制度进行管理。部门和单位的预算外收入必须上缴同级财政专户，支出由同级财政按预算外资金收支计划和单位财务收支计划统筹安排，从财政专户中拨付，实行收支两条线管理。

Extra-budgetary fund refers to financial fund of various types not covered by the regular government budgetary management, which is collected, allocated or arranged by government agencies, institutions and social organizations while performing duties delegated to them or on behalf of the government in accordance with laws, rules and regulations. It mainly covers following items: administrative and institutional fees, funds and extra charges that are stipulated by laws and regulations; administrative and institutional fees approved by the State Council and provincial government and their financial and planning (price management) departments; funds and extra charges established by the State Council and the Ministry of Finance; funds turned over to competent departments by their subordinate institutions; self-raised and collected funds by township governments for their own expenditure; and other financial funds that are not covered in budgetary management. Social security funds are treated as extra-budget fund and managed for its exclusive use , given the circumstance that separate government budgetary system for social security is yet to be designed. Special accounts are opened by the financial departments in banks for the management of revenue and expenditure of extra-budgetary fund. Extra-budgetary revenue and expenditure is managed separately, namely, revenue of institutions and departments must enter into the special accounts of the financial departments at the same administrative level, and their extra-budgetary expenditure is arranged in line with the extra-budget plans and appropriated from these accounts.

商品零售价格指数　Retail Price Index

是反映城乡商品零售价格变动趋势的一种经济指数。零售物价的调整变动直接影响到城乡居民的生活支出和国家的财政收入，影响居民购买力和市场供需平衡，影响消费与积累的比例。因此，计算零售价格指数，可以从一个侧面对上述经济活动进行观察和分析。

Reflects the general change in retail prices of commodities. The change and adjustment in retail prices directly affect the living expenditure of urban and rural residents, government revenue , purchasing power of residents and the equilibrium of market supply and demand, and the ratio of consumption to accumulation. Therefore, the calculation of retail price index is useful to analyze the changes of the above economic activities.

居民消费价格指数　Consumer Price Index

是反映一定时期内城乡居民所购买的生活消费品价格和服务项目价格变动趋势和程度的相对数，是对城市居民消费价格指数和农村居民消费价格指数进行综合汇总计算的结果。利用居民消费价格指数，可以观察和分析消费品的零售价格和服务价格变动对城乡居民实际生活费支出的影响程度。

Reflects the trend and degree of changes in prices of consumer goods and services purchased by urban and rural residents, and is a composite index derived from the urban consumer price index and the rural consumer price index. Consumer price index can be used to analyze the impact of consumer price change on actual expenditure for living cost of urban and rural residents.

城市居民消费价格指数　Urban Consumer Price Index

是反映城市居民家庭所购买的生活消费品和服务项目价格变动趋势和程度的相对数。城市居民消费价格指数可以观察和分析消费品的零售价格和服务项目价格变动对职工货币工资的影响，作为研究职工生活和确定工资政策的依据。

Reflects the trend and degree of changes in prices of consumer goods and services purchased by urban households. It can be used to observe and analyze the impact of price changes in consumer goods and services→on money wages of staff and workers, and provide basis for policy making concerning the living cost and wages of staff and workers.

农村居民消费价格指数　Rural Consumer Price Index

是反映农村居民家庭所购买的生活消费品价格和服务项目价格变动趋势和程度的相对数。农村居民消费价格指数可以观察农村消费品的零售价格和服务项目价格变动对农村居民生活消费支出的影响，直接反映农民生活水平的实际变化情况，为分析和研究农村居民生活问题提供依据。

Reflects the trend and degree of changes in prices of consumer goods and services purchased by rural households. It can be used to observe the impact of change in retail prices of consumer goods and service prices in rural areas on living expenditure of rural households, and to show the changes in the living standard of peasants. It provides basis for analysis and research on condition of life in rural areas.

城镇居民家庭全部收入　Total Income of Urban Households

指被调查城镇居民家庭全部的实际收入，包括经常或固定得到的收入和一次性收入。不包括周转性收入，如银行存款、向亲友借款、收回借出款以及其他各种暂收款。

Refers to the total actual income of the sample households, including regular or fixed income and occasional income. The income of a circulating nature such as withdrawal from bank deposits, loans borrowed from relatives or friends, repayment of loans received and various temporary collection of money is excluded.

城镇居民家庭可支配收入　Disposable Income of Urban Households

指被调查的城镇居民家庭在支付个人所得税、财产税及其他经常性转移支出后所剩下的实际收入。

Refers to the income of the sample households which can be used for daily expenses, i.e.. Total income minus income tax, property tax and other current transfers.

城镇居民家庭消费性支出　Expenditure for Consumption of Urban Households

指被调查的城镇居民家庭用于日常生活的全部支出，包括购买商品支出和文化生活、服务等非商品性支出。不包括罚没、丢失款和缴纳的各种税款（如个人所得税、牌照税、房产税等），也不包括个体劳动者生产经营过程中发生的各项费用。

Refers to total expenditure of the sample households for consumption in daily life, including expenditure for various commodities and expenses for non-commodity items such as culture and service, etc., but excluding fines and confiscation, loss, tax payments (such as income tax, license tax, real estates tax, etc.) and various expenses by individual laborers for business purposes.

农村居民家庭纯收入　Net Income of Rural households

指农村常住居民家庭总收入中，扣除从事生产和非生产经营费用支出、缴纳税款和上交承包集体任务金额以后剩余的，可直接用于进行生产性、非生产性建设投资、生活消费和积蓄的那一部分收入。它是反映农民家庭实际收入水平的综合性的主要指标。农村居民家庭纯收入包括从事生产性和非生产性的经营收入，取自在外人口寄回带回和国家救济、各种补贴等非经营性收入；既包括货币收入，又包括自产自用的实物收入。但不包括向银行信用社和向亲友借款等属于借贷性的收入。

Refers to the total income of the permanent residents of the rural households during a year after the deduction of the expenses for productive and non-productive business operation, the payment for taxes and the payment for collective units for their contracted tasks, which can then be spent for investments in productive and non-productive construction for consumption in daily life and for savings deposit. It is a comprehensive indicator to show the actual level of the income of the peasants' household. The net income of the rural households includes not only the income from the productive and non-productive business operation, but also the income from the non-business operation, such as the money remitted or brought back by the members of the household who are in other places, the government relief payment and various subsidies. It includes not only the money income, but also the income in kind. But the income from borrowing from banks, friends and relatives is excluded.

农林牧渔业总产值　Gross Output Value of Farming, Forestry, Animal Husbandry and Fishery

是以货币表现的农、林、牧、渔业全部产品的总量，它反映一定时期内农业生产的总规模和总成果。

农业总产值的计算方法通常是按农林牧渔业产品及其副产品的产量分别乘以各自单位产品价格求得，少数生产周期较长，当年没有产品或产品产量不易统计的，则采用间接方法匡算其产值，然后将四业产品产值相加即为农业总产值。

1957 年以前的农业总产值中包括了厩肥和农民自给性手工业（如农民自制衣服、鞋、袜，自己从事粮食初步加工等）。1958 年及以后的农业总产值，林业中增加了村及村以下竹木采伐产值；牧业中取消了厩肥产值；副业中取消了农民自给性手工业产值，增加了村及村以下办的工业产值；渔业中增加了海洋捕捞水产品产值。1980 年及以后的农业总产值，在副业中增加了农民家庭兼营工业商品部分的产值。从 1984 年起村及村以下办工业产值划归工业。从 1993 年起，取消副业，将野生动物的捕猎划入牧业，野生植物采集和农民家庭兼营商品性工业划归农业。

Refers to the total volume of products of farming, forestry, animal husbandry and fishery in value terms, which reflects the total scale and total result of agricultural production during a given period of time. Gross output value of agricultural is obtained by first multiplying the output of each product or by-its price, resulting in the output value of each single item. For a small number of products, annual output of which is not available or difficult to get due to the long production/growing process involved, the output value is estimated through an indirect approach. The sum of out put value of all products of farming, forestry, animal husbandry, and fishery is then equal to the gross out put value of agriculture. Prior to 1957, China's gross agricultural output value included barnyard manure and handicraft products for self-consumption (clothes, shoes, stockings, and initial grain processing undertaken by peasants). Since 1958, cutting and felling of bamboo and trees by villages and other cooperative organizations under villages have been included in forestry; value of barnyard manure has been excluded from animal husbandry; self-consumed handicrafts has been excluded from sideline occupations, while the output value of industries run by villages and cooperative organizations under village had been included in sideline occupations and the output value of fish catches by motor fishing boats has been added to fishery. Since 1980, the value of handicraft products made for sale by individuals in households had been added to sideline occupations. Since 1993, the subdivision of sideline occupations has been canceled, and the hunting of wild animals has been classified into animal husbandry, and the gathering of wild plants and commodity industry run by rural household have been include in farming.

粮食产量　Grain Yield

指全社会的产量。包括国有经济经营的、集体统一经营的和农民家庭经营和其它生产单位的粮食产量。粮食除包括稻谷、小麦、玉米、高粱、谷子及其他杂粮外，还包括薯类和豆类。其产量计算方法，豆类按去豆荚后的干豆计算；薯类（包括甘薯和马铃薯，不包括芋头和木薯）1963 年以前按每 4 公斤鲜薯折 1 公斤粮食计算，从 1964 年开始及以后改为 5 公斤鲜薯折 1 公斤粮食计算。城市郊区作为蔬菜的薯类（如：马铃薯等）按鲜品计算，并且不做为粮食统计。其他粮食一律按脱粒后的原粮计算。

Refers to the yield in the whole country including grains produced by state farms, collective units, industrial enterprises and mines. Grain includes rice, wheat, corn, sorghum, millet and other miscellaneous grains as well as tubers and beans. Output of beans refers to dry beans without pods. The output of tubers (sweet potatoes and potatoes, not including taros and cassava) was converted into that of grain at the ratio 4:1, i.e. four kilograms of fresh tubers was equivalent to one kilogram of grain up to 1963. Since 1964 the ratio for conversion has been 5:1. Tubers supplied as vegetables (such as potatoes) in cities and suburbs are calculated as fresh vegetables and their output is not included in the output of grain. Output of all other grains refers to husked grain.

油料产量　Yield of Oil-bearing Crops

指全部油料作物的生产量。包括花生、油菜籽。不包括大豆，也不包括木本油料和野生油料。花生以带壳干花生计算。

Refers to catches of both artificially cultured and naturally grown aquatic products, including fish, shrimps, crabs and shellfish in sea and inland water as well as seaweed. Freshwater plants are not included.

期初（末）畜禽存栏头（只）数　Number of Livestock of Poultry in Stock at Beginning (or End) of Reference Period

指本期期初（末）农村各种合作经济组织和国营农场、农民个人、机关、团体、学校、工矿企业、部队等单位以及城镇居民饲养的大牲畜、猪、羊、家禽等畜禽的存栏头（只）数。

Refers to the total number of large animals, pigs, sheep, fowls, etc. Raised by rural cooperative organizations, state farm, rural individuals, government agencies, schools, industrial and mining enterprises, army, and urban residents at the beginning (or end) of the reference period.

猪、牛、羊肉产量　Output of pork, Beef and mutton

指当年出栏并已屠宰除去头蹄下水后带骨肉（即胴体重）的重量。

Refers to the meat of slaughtered hogs, cattle, sheep and goats with head, feet, and offal taken away.

耕地面积　Cultivated Area (Area under cultivation)

指年初可以用来种植农作物、经常进行耕锄的田地，除包括熟地、当年新开荒地、连续撂荒未满三年的耕地和当年的休闲地（轮歇地），还包括以种植农作物为主并附带种植桑树、茶树、果树和其他林木的土地，以及沿海、沿湖地区已围垦利用的“海涂”、“湖田”等面积。但不包括属于专业性的桑园、茶园、果园、果木苗圃、林地、芦苇地、天然或人工草地面积。

Refers to farmland which is plowed constantly for growing crops, including cultivated land, newly cultivated land in the current year, farmland left without cultivation for less than three years and fallow land in the current year, rotation land, rotation land of grass and crops, farmland with some fruit trees, mulberry trees and other trees and cultivated seashore land, lake land, and etc. The land of mulberry fields, tea plantations, orchards, nurseries of young plants, forest land, reed land, natural and man-made grassland and other land are not included in cultivated land.

农作物播种面积　Sown Area Corps

指实际播种或移植有农作物的面积。凡是实际种植有农作物的面积，不论种植在耕地上还是种植在非耕地上，均包括在农作物播种面积中。在播种季节基本结束后，因遭灾而重新改种和补种的农作物面积，也包括在内。

Refers to area of land sown or transplanted with crops regardless of being in cultivated area or non-cultivated area. Area of land re-sown to natural disaster is also included.

有效灌溉面积　Irrigated Area

指具有一定的水源，地块比较平整，灌溉工程或设备已经配套，在一般年景下当年能够进行正常灌溉的耕地面积。

Refers to areas that are effectively irrigated, i.e. level land which has water source and complete sets of irrigation facilities to lift and move adequate water for irrigation purpose under normal conditions.

农用化肥施用量　Consumption of Chemical Fertilizers in agriculture

指本年内实际用于农业生产的化肥数量。包括氮肥、磷肥、钾肥和复合肥。化肥施用量要求按折纯量计算数量。折纯法化肥施用量是把氮肥、磷肥和钾肥分别按含氮、含五氧化三磷、含氧化钾的百分之一百成份折算后的数量。复合肥按其所含主要成分折算。

Refers to the quantity of chemical fertilizers applied in agriculture in the year, including nitrogenous fertilizer, phosphate fertilizer, potash fertilizer, and compound fertilizer. The consumption of chemical fertilizers is required in calculation to convert the gross weight into weight containing 100% effective component (e.g. 100% nitrogen content in nitrogenous fertilizer, 100% phosphorous pentoxide contents in phosphate fertilizer, 100% potassium oxide contents in potash fertilizer). Compound fertilizer is converted with its major component.

农业机械总动力　Total Power of Farm Machinery

指主要用于农、林、牧、渔业的各种动力机械的动力总和。包括耕作机械、排灌机械、收获机械、农产品加工机械、运输机械、植物保护机械、牧业机械、林业机械、渔业机械和其他农业机械[内燃机按引擎马力折成瓦（特）计算，电动机按功率折成瓦（特）计算]。不包括专门用于乡、镇、村、组办工业、基本建设、非农业运输、科学试验和教学等非农业生产方面用的动力机械与作业机械。

Refers to total mechanical power of machinery used in farming, forestry, animal husbandry, and fishery, including ploughing, irrigation and drainage, harvesting, transport, plant protection, stock breeding, forestry and fishery. The power of internal combustion engines is required to convert horsepower into watts and the power of electric motors is required to be converted into watts. Machinery employed for non-agricultural purposes, such as the machines used in township-run and village-run industry, construction, non-agricultural transport, scientific experiments and teaching, is excluded.

农林牧渔业劳动力　Labor Force Engaged in Farming, Forestry, Animal husbandry and Fishery

指直接参加农林牧渔业生产劳动的劳动力。

Refers to the total laborers who are directly engaged in production of farming forestry, animal husbandry and fishery.

工业　Industry

指从事自然资源的开采，对采掘品和农产品进行加工和再加工的物质生产部门。

具体包括：（1）对自然资源的开采，如采矿晒盐森林采伐（但不包括禽兽捕猎和水产捕捞）；（2）对农副产品的加工再加工，如粮油加工食品加工轧花缫丝纺织制革等；（3）对采掘品的加工再加工，如炼铁炼钢化工生产机器制造木材加工等，以及电力自来水煤气的生产和供应等；（4）对工业品的修理翻新，如机器设备的修理交通运输工具（包括小卧车）的修理等。

1984 年以前农村的村及村以下办工业归属农业，1984 年以后划归工业。

Refers to the material production sector which is engaged in extraction of natural resources and processing and reprocessing of minerals and agricultural products,　including (1) extraction of natural resources, such as mining, salt production, logging (but not including hunting and fishing); (2) processing and reprocessing of farm and sideline produces, such as rice husking, flour milling, wine making, oil pressing, cotton ginning, silk reeling, spinning and weaving, and leather making; (3) manufacture of industrial products, such as steel making, iron smelting, chemicals manufacturing, petroleum processing, machine building, timber processing; water and gas production and electricity generation and supply; (4) repairing of industrial products such as the repairing of machinery and means of transport (including cars).

工业统计调查单位　Units of Industry Statistics and Inquiry

工业统计调查单位分为两类：独立核算法人企业和工业活动单位。

（1）独立核算法人工业企业：指从事工业生产经营活动的单位。独立核算法人工业企业应同时具备以下条件：①依法成立，有自己的名称组织机构和场所，能够承担民事责任；②独立拥有和使用资产，承担负债，有权与其他单位签订合同；③独立核算盈亏，并能够编制资产负债表。

（2）工业活动单位：指在一个场所从事一种或主要从事一种工业生产活动的经济单位。它包括独立核算工业企业按主营业务活动（即工业生产活动）划分的主营业务活动单位和非工业企业所属的工业生产活动单位（即原非独立核算工业生产单位）。工业活动单位，一般应同时具备以下三个条件：①具有一个场所，从事一种或主要从事一种工业活动；②单独组织工业生产经营或业务活动；③单独核算收入和支出。

They are classified into two categories : corporate industrial enterprises with independent accounting system and industrial establishments.

(1) Corporate industrial enterprises with independent accounting system refer to enterprises engaging in industrial production activities, which meet the following requirements: ①They are established legally, having their own names, organizations, location, able to take civil liability;②they possess and use their assets independently, assume liabilities, and are entitled to sign contracts with other units;③they are financially independent and compile their own balance sheets.

(2) Industrial establishments refer to economic units which located in one single place and engaged entirely or primarily in one kind of industrial activity, including financially independent industrial enterprises and units engaged in industrial activities under the non-industrial enterprises (or financially dependent). Industrial establishments generally meet the following requirements: ①they have each one location and are engaged in one kind of industrial activity each; ②they operate and manage their industrial production activities separately; ③they have accounts of income and expenditures separately.

国有经济工业（即过去的全民所有制工业或国营工业） State-owned Industry

指生产资料归国家所有的一种经济类型。包括中央和地方各级国家机关、部队、科研机构、学校、人民团体和国有经济企事业单位等举办的国有经济工业。1957 年以前的公私合营和私营工业，后均改造为国营工业，1992 年改为国有工业，这部分工业的资料不单独分列时，均包括在国有工业内。

Refers to industrial enterprises where the means of production or income are owned by the state. Joint state-private industries and private industries, which existed before 1957, have been transformed into state industries. Statistics on these enterprises has been included in the state-owned industries since 1957 when separation of data was no longer necessary.

集体经济工业 Collective-owned Industry

指生产资料归公民集体所有的一种经济类型，是社会主义公有制经济的组成部分。包括城乡所有使用集体投资举办的企业，以及部分个人通过集资自愿放弃所有权并依法经工商行政管理机关认定为集体所有制的企业。

Refers to industrial enterprises where the means of production are owned collectively, including urban and rural enterprises invested by collectives and some enterprises which were formerly owned privately but have been registered in industrial and commercial administration agency as collective units through raising fund from the public.

其他经济类型工业 Industry of Other Types of Ownership

指除国有经济、集体经济、城乡个体经济以外的其他经济类型工业企业（单位）。包括私营经济、联营经济、股份制经济（股份有限公司，有限责任公司）；外商投资经济（中外合资经营、中外合作经营、外资企业）；港、澳、台投资经济（与大陆合资经营、与大陆合作经营、港、澳、台独资企业）及其他经济类型的工业。

Refers to industrial enterprises (units) of the ownership other than the state-owned economy, collective economy, individual economy. They include the enterprises of private economy, joint-owned economy, share-holding economy (companies limited by shares and companies limited with liabilities.), foreign -funded economy (Sino-foreign joint ventures , Sino-foreign cooperative enterprises and foreign ventures exclusively with their own investment),economy funded by the entrepreneurs from Hong Kong ,Macao and Taiwan(joint ventures and cooperative enterprises with the mainland as well as ventures exclusively with their own investment)and other types of ownership.

轻工业　Light Industry

指主要提供生活消费品和制作手工工具的工业。按其所使用的原料不同，可分为两大类：（１）以农产品为原料的轻工业，是指直接或间接以农产品为基本原料的轻工业。主要包括食品制造、饮料制造、烟草加工、纺织、缝纫、皮革和毛皮制作、造纸以及印刷等工业；（２）以非农产品为原料的轻工业，是指以工业品为原料的轻工业。主要包括文教体育用品、化学药品制造、合成纤维制造、日用化学制品、日用玻璃制品、日用金属制品、手工工具制造、医疗器械制造、文化和办公用机械制造等工业。

Refers to the industry that produces consumer goods and hand tools. It consists of two categories, depending on the materials used:

(1) Industries using farm products as raw materials. These are branches of light industry which directly or indirectly use farm products as basic raw materials, including the manufacture of food and beverages, tobacco processing, textile, clothing, fur and leather manufacturing, paper making, printing, etc.

(2) Industries using non-farm products as raw materials. These are branches of light industry which use manufactured goods as raw materials, including the manufacture of cultural, educational articles and sports goods, chemicals, synthetic fiber, chemical products for daily use, glass products for daily use, metal products for daily use, hand tools, medical apparatus and instruments, and the manufacture of cultural and clerical machinery.

重工业　Heavy Industry

指为国民经济各部门提供物质技术基础的主要生产资料的工业。按其生产性质和产品用途，可以分为下列三类：（１）采掘（伐）工业，是指对自然资源的开采，包括石油开采、煤炭开采、金属矿开采、非金属矿开采和木材采伐等工业；（２）原材料工业，指向国民经济各部门提供基本材料、动力和燃料的工业。包括金属冶炼及加工、炼焦及焦炭化学、化工原料、水泥、人造板以及电力、石油和煤炭加工等工业；（３）加工工业，是指对工业原材料进行再加工制造的工业。包括装备国民经济各部门的机械设备制造工业、金属结构、水泥制品等工业，以及为农业提供的生产资料如化肥、农药等工业。

根据上述划分原则，修理中以重工业产品为修理作业对象的划为重工业，反之划为轻工业。

Refers to the industry which produces capital goods, and provides various sectors of the national economy with necessary material and technical basis. It consists of the following three branches according to the purpose of production or the use of products:

(1)Mining, quarrying and logging industry refers to the industry that extracts natural resources, including extraction of petroleum, coal, metal and non-metal ores and logging.

(2)Raw materials industry refers to the industry that provides various sectors of the national economy with raw materials, fuels and power. It includes smelting and processing of metals, coking and coke chemistry, chemical materials and building materials such as cement, plywood, and power, petroleum refining and coal dressing.

(3)Manufacturing industry refers to the industry that processes raw materials. It includes machine-building industry which equips sectors of the national economy, industries of metal structure and cement products, industries producing means of agricultural production, such as chemical fertilizers and pesticides. According to the above principle of classification, the repairing trades which are engaged primarily in repairing products of heavy industry are classified into heavy industry while these engaged in repairing products of light industry are classified into light industry.

工业总产值　Gross Industrial Output Value

是以货币表现的工业企业在一定时期内生产的已出售或可供出售工业产品总量，它反映一定时期内工业生产的总规模和总水平。包括在本企业内不再进行加工，经检验、包装入库（规定不需包装的产品除外）的成品价值，对外加工费收入，自制半成品、在产品期末期初差额价值。工业总产值采用“工厂法”计算，即以工业企业作为一个整体，按企业工业生产活动的最终成果来计算，企业内部不允许重复计算，不能把企业内部各个车间（分厂）生产的成果相加。但在企业之间、行业之间、地区之间存在着重复计算。

轻重工业总产值的划分也是按“工厂法”计算的，即一个工业企业在正常情况下生产的主要产品的性质属于轻工业，则该企业的全部总产值作为轻工业总产值；一个工业企业生产的主要产品的性质属于重工业，则该企业的全部总产值作为重工业总产值。

Is the total volume of industrial products sold or available for sale in value terms which reflects the total achievements and overall scale of industrial production during a given period. It includes the value of the finished products, which are not to be further processed in the enterprises and have been inspected, packed and put in storage, the value of industrial services rendered to other units, and the changes in the value of the semi-finished products and products in process between the beginning and closing of the period. The gross industrial output value is calculated with “factory method”. No double calculations are to be made within the same enterprise. However, double counting does occur among different enterprises.

Output value of light and heavy industries is also classified with the “factory” method. Under normal conditions, if the major products of an industrial enterprise belong to light industry products, the gross output value of that enterprise is classified wholly into light industry; the same principle applies to heavy industry.

工业增加值　Value-added of Industry

指工业行业在报告期内以货币表现的工业生产活动的最终成果。

Refers to the final results of industrial production of the industrial trade in money terms during the reference period.

固定资产原价　Original Value of Fixed Assets

指企业在建造、购置、安装、改建、扩建、技术改造某项固定资产时所支出的全部货币总额。它一般包括买价、包装费、运杂费和安装费等。

Refers to the original value of all fixed assets owned by industrial enterprises, calculated at the cost paid at the time of purchase, installation, reconstruction, expansion, and technical innovation and transformation of the said assets, which includes expenses on purchase, package, transportation, and installation, etc.

固定资产净值　Net Value of Fixed Assets

指固定资产原价减去历年已提折旧额后的净额。

Is obtained by deducting depreciation over years from the original value of fixed assets.

流动资产　Working Capital (Circulating Assets)

指可以在一年或者超过一年的一个营业周期内变现或者耗用的资产，包括现金及各种存款、短期投资、应收及预付货款、存货等。

Refers to assets which can be cashed in or spent or consumed in an operating cycle of one year or over one year, which includes cash, various deposits, short term investment, and receivable payments, and advance payments, stock, etc.

总资产贡献率　Ratio of Profits, Taxes and Interests to Average Assets

反映企业全部资产的获利能力，是企业经营业绩和管理水平的集中体现，是评价和考核企业盈利能力的核心指标。计算公式为：

Refers the profit-making capability of all assets of the enterprise and is a key indicator manifesting the performance and management and evaluating the profit-making potential of the enterprise. It is calculated as follows:

总资产贡献率（%）=（利润总额+税金总额+利息支出）/ 平均资产总额×100%

Ratio of profits, taxes and interests to average assets (%)=(Total profits + total Taxes+ interest payment) /average assets ×100%

利润总额　Total profits

指企业实现的利润。

Refer to the profits gained by the enterprises.

工业成本费用利润率　Ratio of profits to Total Industrial Costs

指在一定时期内实现的利润与成本费用之比，是反映工业生产成本及费用投入的经济效益指标，同时也是反映降低成本的经济效益的指标。计算公式：

Refers to the ratio of profits realized in a given period to the total costs in the same period, which reflects the economic efficiency of input cost and is calculated as follows:

工业成本费用利润率（%）＝利润总额 / 成本费用总额×100%

Ratio of profits to Total Industrial Cost (%)=Total Profits/Total Costs×100%

工业增加值率　Value-added Rate of Industry

指一定时期内工业增加值占同期工业总产值的比重，反映降低中间消耗的经济效益。计算公式：

Refers to the ratio of value added of industry in a given period to the gross output value in the same period, which reflects the economic efficiency of cutting down the intermediate input and is calculated as follows:

工业增加值率（%）＝工业增加值（现价）/ 工业总产值（现价）×100%

Value-added Rate of Industry (%)=Value-added of Industry(at current prices)/Gross Output Value (at Current Prices) ×100%

流动资产周转次数 Turnover of Working Capital

指在一定时期内流动资产完成的周转次数，反映流动资产的周转速度。计算公式：

Refers to the number of times of turnover of working capital in a given period of time, which reflects the speed of the turnover of working capital and is calculated as follows:

流动资金周转次数＝产品销售收入 / 全部流动资产平均余额

Turnover of Working Capital(%)=Sales Revenue of Products/Average Balance of Total Working Capital×100%

产品销售率　Ratio of Sales to Gross Output Value

指报告期内工业销售产值与同期全部工业总产值之比，是反映工业产品已实现销售的程度，分析工业产销衔接情况研究工业产品满足社会需求程度的指标。计算公式为：

Refers to the sales of industrial products to the gross industrial output value during the reference period, and is important in reflecting the linkage between production and sales and the extent of the needs of the society that has been met by the supply of industrial products. It is calculated as follows:

产品销售率（%）＝工业销售产值 / 工业总产值（现价）×100%

Ratio of Sales to Gross Output Value=Industrial sales/Gross industrial output value(at current prices) × 100%

产品销售收入　Sales Revenue of Industrial Products

指企业销售产品和提供劳务等主要经营业务的实际成本。

Refers to the revenue from the sales of products by industrial enterprises and the revenue from services provided and etc.

产品销售成本　Sales Cost of Industrial Products

指企业销售产品的销售收入和提供劳务等主要经营业务取得的收入总额。

Refers to the actual cost of products of industrial enterprises and industrial services provided, etc.

全员劳动生产率　Overall Labour Productivity of Industrial Enterprises

指根据产品的价值量指标计算的平均每一个从业人员在单位时间内的产品生产量。是考核企业经济活动的重要指标，是企业生产技术水平、经营管理水平、职工技术熟练程度和劳动积极性的综合表现。目前我国的全员劳动生产率是将工业企业的工业增加值除以同一时期全部职工的平均人数来计算的。计算公式：

Refers to the average output per employed per employed person in industrial enterprises in value terms. At present, the value added and the average number of staff and workers of an industrial enterprises in a given period are used to calculate the overall labour productivity. The formula used is:

全员劳动生产率＝工业增加值 / 全部职工平均人数

Overall Labour Productivity=Value Added of Industry/Average Number of Staff and Workers.

为了使各年度的全员劳动生产率数字可以比较，1990 年以前各年的全员劳动生产率均按指数换算成 1990 年不变价格。

For the purpose of comparison of the overall labour productivity among different years, the data on the overall labour productivity of the years prior to 1990 have been adjusted on the basis of 1990 constant prices.

总资产　Total Assets

指企业拥有或控制的全部资产。包括流动资产、长期资产、固定资产、无形及递延资产、其他长期资产递延税项等，即为企业资产负债表的资产总计项。

Refer to all assets which are owned or controlled by enterprises, including circulating assets, long term investment, fixed assets, intangible assets, and deferred assets other long term assets, and deferred taxes, etc. The summation of above items is equal to total assets shown in the balance sheets of the enterprises.

（1）流动资产　指企业可以在一年内或者超过一年的一个生产周期内变现或耗用的资产合计。包括现金及各种存款、短期投资、应收及预付款项、存款等。

Circulating assets (working capital) refer to assets which can be cashed in or spent or consumed in an operating cycle of one year or over one year, including cash, all kinds of deposits, short term investment, receivables, advance payment, stock, etc.

（2）固定资产　指企业固定资产净值、固定资产清理、在建工程、待处理固定资产损失所占用的资金合计。

Fixed assets refer to the net value of fixed assets, clearance of fixed assets, project under construction, fixed assets losses in suspense. These are corporations' fund holdings.

（3）无形资产　指企业长期使用而没有实物形态的资产。包括专利权、非专利技术、商标权、著作权、土地使用权、商誉等。

Intangible assets refer to the assets without material form used by enterprises over a long time, such as patents, non-patent technologies, trade marks, copyright, land use right, business reputation, etc.

总负债　Total Liabilities refer

指企业承担并需要偿还的全部债务。包括流动负债和长期负债、递延税项等，即为企业资产负债表的负债合计项。

To the debts that enterprises are responsible for repayment, including liquid liabilities, long-term liabilities and deferred taxes, etc. Total liabilities correspond to the summation item of liabilities shown in the balance sheets of the enterprises.

（1）流动负债　指企业在一年内或者超过一年的一个营业周期内需要偿还的债务合计，其中包括短期借款、应付及预收款项、应付工资、应交税金和应交利润等。

Liquid liabilities (also called quick liabilities or immediate liabilities) refer to enterprises' total debt payable within an operating cycle of one year or over one year, including short term loans, payables and advance payments, wages payable, taxes payable and profit payable, etc.

（2）长期负债　指企业在一年以上或者超过一年的一个生产周期以上需要偿还的债务合计，其中包括长期借款、应付债务、长期应付款项等。

Long term liabilities refers to total debt payable within an operating cycle of one year or over one year, including long-term loans, payable liabilities, long-term payables, etc.

所有者权益　Creditors' Equity

指企业投资人对企业净资产的所有权。企业净资产等于企业全部资产减去全部负债后的余额，其中包括投资者对企业的最初投入，以及资本公积金、盈余公积金和未分配利润，对股份制企业即为股东权益。

Refers to investors' ownership of net assets of the enterprise. It is equal to the total assets of the enterprise minus its total liabilities, including the primary input from investors, capital accumulation fund, surplus accumulation fund and undistributed profit. It is the shareholder's equity in share-holding companies.

资产负债率　Ratio of Debts to Assets

该指标既反映企业经营风险的大小，也反映企业利用债权人提供的资金从事经营活动的能力。计算公式为：

Reflect both the operation risk and the capability of the enterprise in making use of the capital from the creditors. It is calculated as follows:

资产负债率（%）=负债总额/资产总额×100%

Ratio of debts to assets (%)=Total debts/Total assets×100%

产品销售税金及附加　Tax and Extra Charges on Sales of Products

指企业销售产品和提供工业性劳务等主要经营业务应负担的城市维护建设税、消费税、资源税和教育费附加。

Refer to the tax on city maintenance and construction, consumption tax, resources tax and extra charges for education, which should be borne by the enterprises in selling products and providing industrial services.

产品销售利润　Sales Profit of Products

指企业销售产品和提供工业性劳务等主要经营业务收入扣除其成本、费用、税金后的利润。

Refers to the profit gained by the enterprises by deducting cost, charges and taxes from the business income of the enterprises obtained in selling products and providing industrial services.

应交增值税　Value-added Tax Payable

指企业在报告期内应交纳的增值税额。

Refers to amount of the value added tax which should be paid by the enterprises in the reporting period.

实收资本　Capital Obtained

指企业实际收到的投资人投入的资本。 按投资主体可分为国家资本、集体资本、法人资本、个人资本、港澳台资本和外商资本。

Refers to capital actually received by the enterprise from investors. It can be further classified by investors as state capital, collective capital, individual capital, capital from Hong Kong, Macau and Taiwan foreign capital.

建筑业总产值(自行完成施工产值)　Gross Output Value of Construction (Output Value of Projects Under Construction)

是以货币表现的建筑安装企业在一定时期内生产的建筑业产品的总和。建筑业总产值包括：

Refers to total of construction products, expressed in money terms, completed by construction and installation enterprises during a given period of time. It includes:

(1) 建筑工程产值　指列入建筑工程预算内的各种工程价值。

Output value of construction projects, that is the value of projects covered by the project budgets.

(2) 设备安装工程产值　指设备安装工程价值，不包括被安装设备本身价值。

Output value of installation projects, that is the value of the installation equipment, (excluding the value of the equipment to be installed).

(3) 房屋、构筑物修理产值　指房屋、构筑物修理所完成的价值， 但不包括被修理房屋、构筑物本身的价值和生产设备的修理价值。

Output value of repair of buildings and structures, that is the value created through the repairs of buildings or structures but does not include the value of buildings or structures being repaired and the value of the repair of production equipment.

(4) 非标准设备制造产值　指加工制造没有定型的、非标准的生产设备的加工费和原材料价值， 以及附属加工厂为本企业承建工程制作的非标准设备的价值。

Output value of manufactured non-standard equipment,that is the value of non-standard production equipment (including raw materials and manufacturing cost) made for the construction project, and the equipment manufactured by subsidiary workshops.

建筑业统计单位　Statistical Unit in Construction

指从事房屋、构筑物建造和设备安装活动的法人企业。建筑业法人企业应同时具备的条件是：（1）依法成立，有自己的名称、组织机构和场所，能承担民事责任；（2）独立拥有和使用资产，承担负债，有权与其他单位签订合同；（3）独立核算盈亏，能够编制资产负债表。

Refers to corporate enterprise engaged in the construction of buildings and structures and in the installation of equipment. A corporate construction enterprise should meet the following 3 requirements: (1) being set up in line with relevant legal basis, having its full name, organization and location, and capable of taking civil liabilities; (2) independently possessing and using its assets and assuming its liabilities, and entitled to sign contracts with other institutions; and (3) making independent accounts of its profits and losses, and capable of compiling its own balance sheet.

建筑业增加值　Value-added of Construction

指建筑业企业在报告期内以货币表现的建筑业生产经营活动的最终成果。目前建筑业增加值采用分配法（收入法）计算，即从收入的角度出发，根据生产要素在生产过程中应得到的收入份额计算。具体计算公式为：

Refers to the final result of the activities of production and management of construction in monetary terms in the reference period. At present, the value-added of construction is calculated with the income approach. In other words, it is the sum of income of various production factors in the production process. The formula is as follows:

建筑业增加值=本年提取的固定资产折旧+应付工资+应付福利费+管理费用中的劳动待业保险金、税金+工程结算税金及附加+工程结算利润

Value-added of construction=depreciation of fixed assets in the year + wages payable + welfare expenses payable + insurance premium and tax for waiting for employment in the administrative expenses + taxes and surcharges on project settlement + profit gained from project settlement.

房屋建筑施工面积　Floor Space of Buildings Under Construction

指在报告期内施工的全部房屋建筑面积，包括本期新开工的房屋面积、上期施工跨入本期继续施工的房屋面积、上期停缓建在本期恢复施工的房屋面积、本期竣工的房屋面积及本期施工后又停缓建的房屋面积。

Refers to floor space of buildings under construction during the reference period, including newly started buildings, buildings started earlier and continued during the reference period, and buildings suspended earlier but restarted during the reference period, buildings completed during the reference period, and buildings under construction and then suspended during the reference period.

房屋建筑竣工面积　Floor Space of Buildings Completed

指在报告期内房屋建筑按照投计要求全部完工，达到了住人和使用条件，经验收鉴定合格，正式移交使用单位的房屋建筑面积。

Refers to the floor space of buildings that are completed in the reference period in accordance with the requirements of the design, up to the standard for putting them into use, and have been checked and accepted by concerned departments as qualified ones.

自有机械设备年末总台数　Total Number of Machinery and Equipment Owned by the End of Year

指归本企业所有，属于本企业固定资产的生产性机械设备年末总台数。包括施工机械、生产设备、运输设备及其他设备。

Refers to the number of machines and equipment owned by the enterprises, and listed as the fixed assets of the enterprises by the end of the year, including machinery and equipment for construction, production and transportation.

自有机械设备年末总功率　Total Power of Machinery and Equipment Owned by the End of Year

指本企业自有施工机械、生产设备、运输设备以及其他设备等列为在册固定资产的生产性机械设备年末总功率，按设定能力或查定能力计算。包括机械本身的动力和为该机械服务的单独动力设备，如电动机等。计算单位用千瓦，动力换算可按 1 马力=0. 735 千瓦折合成千瓦数。电焊机、变压器、锅炉不计算动力。

Refers to the total power of machinery and equipment owned by the enterprises, and listed as the fixed assets of the enterprises by the end of the year, including machinery and equipment for construction, production and transportation. The power of the machinery is calculated on basis of the designed or verified capacity, covering the power of the machinery/equipment and the separate power equipment serving the machinery/equipment (such as electric motors), but excluding welders, transformers and boilers. The unit used for the calculation of power is kilowatt, with horsepower converted to kilowatt by 1 horsepower=0.735 kilowatt.

工程结算收入　Income from Settlement of Projects

指企业承包工程实现的工程价款结算收入，以及向发包单位收取的除工程价款以外的按规定列作营业收入和各种款项，如临时设施费、劳动保险费、施工机械调迁费等以及向发包单位收取的各种索赔款。

Refers to the income received by the construction enterprise from the contracted project through settlement procedures, and other charges to the contractores as operational costs in addition to the value of the project, such temporary facility fee, labour insurance premium, moving cost of construction equipment, as well as various types of claims to the contracte.

工程结算利润　Profit from Settlement of Projects

指已结算工程实现的利润，如亏损以“-”号表示。计算公式为：

Refers to profit realized through settled projects. It is calculated with the following formula:

工程结算利润=工程结算收入-工程结算成本-工程结算税金及附加

Profit from Settlement of Projects=Income from Settlement of Projects - Settled Cost – Settled Taxes and Other Cost.

企业总收入　Total Revenue of Enterprises

指与企业生产经营直接有关的各项收入，包括工程结算收入和其他业务收入。计算公式为：

Refers to the sum of income from production and operation of enterprises, including income from settlement of projects and other operational income, namely:

企业总收入=工程结算收入+其他业务收入

Total Revenue of Enterprises=Income from Settlement of Projects + Other Operational Income.

公路里程　Length of Highways

指在一定时期内实际达到《公路工程(WTBZ)技术标准 JT101-88》规定的等级公路，并经公路主管部门正式验收交付使用的公路里程数。包括大中城市的郊区公路以及通过小城镇街道部分的公路里程和桥梁、渡口的长度，不包括大中城市的街道、厂矿、林区生产用道和农业生产用道的里程。两条或多条公路共同经由同一路段，只计算一次，不得重复计算里程长度。它是反映公路建设发展规模的重要指标，也是计算运输网密度等指标的基础资料。

Refers to the length of highways which are built in conformity with the grades specified by the highway engineering standard formulated by the Ministry of Communications, and have been formally checked and accepted by the departments of highways and put into use. The length of highways includes that of the suburb highways at large and medium-sized cities, highways passing through streets at small cities and towns, and also the length of bridges and ferries. It does not include the length of streets in big and medium-sized cities and highways built for the production purpose at factories, mines, forest areas and agricultural areas. If two or more highways go the same section of the way, the length of the section is only calculated for once and no duplication is allowed. The length of highways is an important indicator to show the development of the highway construction and to provide essential information to calculate the transport network density.

民用航空线里程　Length of Civil Aviation Routes

指民航运输定期班机飞行的航线长度的总和。航线长度按机场之间的距离计算，通常有两种计算方法：一是将每条航线长度相加称为重复计算航线里程；二是将两线或两条以上航线经过同一区段里程，只计算一次航线长度称为不重复计算航线里程。一般常用的是后者，它能确切反映民航运输网的规模，表明民航事业为国民经济服务和方便人民生活程度的主要指标。

Refers to the length of all routes for regular civil aviation flights. There are usually two ways to calculate the distance between airports connected by the route length: One is to put the length of all air routes together, called duplicated calculation of the length of the routes; the other is not to allow the duplication in calculation when two or more routes passing the same section of aviation routes. The latter is usually used, as it can precisely show the size of the civil aviation network and indicate the extent of civil aviation serving the national economy and the people.

货（客）运量　Freight (Passenger) Traffic

指在一定时期内，各运输部门实际运送的货物（旅客 ）数量。是反映运输业为国民经济和人民生活服务的数量指标，也是制定和检查运输生产计划，研究运输发展规模和速度的重要指标。货运按吨计算，客运按人计算。货物不论运输距离长短，货物类别，均按实际重量统计；旅客不论行程远近或票价多少，均按一人一次作为客运量统计。半价票、小孩也按一人统计。

Refers to the volume of freight (passenger) transported with various means. Freight transport is calculated in tons and passenger traffic is calculated in the number of persons. Despite the type of freight and traveling distance, the freight transport is calculated in the actual weight of the goods: and despite the traveling distance and ticket price, the passenger traffic is calculated by the principle that one person can be counted only once in one travel. The passenger who travel with a half-price ticket or a child ticket is also calculated as one person. The freight (passenger) traffic provides a quantitative measure to show how the transport industry serves the national economy and people, and is also an important indicator for planning the transport industry and for studying the development scale and speed of the transport industry.

货（客）运密度　Freight (Passenger) Traffic Density

指在一定时期内某种运输方式在营运线路的某一区段平均每公里线路通过的货物（旅客）运输周转量。计算单位是吨（人）公里／公里。计算公式为：

Refers to the freight (passenger) traffic volume carried by a particular means of transportation during a given period through one kilometer of a specific section of transportation route. The formula is as follows:

货（客）运密度＝货物（旅客）周转量／营业线路长度

Freight (Passenger) Traffic Density=Freight Ton-kilometers (Passenger-kilometers) / Length of Route in Operation

货（客）运密度是反映交通运输线路上货物（旅客）运输量运输繁忙程度的主要指标。是平衡运输线路运输能力和通过能力，规划线路建设及改造、配备技术设备，研究运输网布局的重要依据。

Freight (passenger) traffic density reflects the degree of business of freight (passenger) traffic on transportation routes, and therefore provides important information for balancing transport capability, planning construction and upgrading of transport routes and studying the distribution of transport network.

货物（旅客）周转量　Freight Ton-kilometers (Passenger-kilometers)

指在一定时期内，由各种运输工具运送的货物（旅客）数量与其相应运输距离的乘积之总和，是反映运输生产总成果的重要指标，也是编制和检查运输生产计划，计算运输效率、劳动生产率以及核算运输单位成本的主要基础资料。计算货物周转量通常按发出站与到达站之间的最短距离，也就是计费距离计算。

Refer to the sum of the products of the volume of transported cargo (passengers) multiplying by the transport distance, usually using ton-kilometer and passenger-kilometer as units for measurement. Normally, the shortest distance between the departure station and the destination station (i. e., the payable distance) is the basis to calculate the freight ton-kilometers. This is an important indicator to show the total results of the transport industry, to prepare and examine the transport plan and to measure the efficiency, the labour productivity and the unit cost of transport.

邮电业务总量　Business Volume of Post and Telecommunications

指以货币表现的邮电部门用于传递信息和提供其他邮电服务的总数量。它综合反映了一定时期邮电工作的总成果，是研究邮电业务量构成和发展趋势的重要指标。根据邮电管理体制不同，分为中央国营业务总量和地方国营业务总量。它用各种邮电分类业务量，如函件件数、电报份数、长话张数、市内电话和农村电话的年均户数、订销报刊累计份数等，分别乘以相应的平均单价（不变价），加总后再加上出租电路和设备的收入、代用户维护电话交换机和线路等设备的收入、其他业务收入求得。

Refers to the total amount of post and telecommunications services, expressed in value terms, provided by the post and telecommunications departments for the customers. Post and telecommunications services can be classified as letters, parcels, remittance, issue of newspapers and magazines, fast mail service, express mail service, savings deposits, stamps for collection, public and individual telegraph service, facsimiles, long-distance telephone service, leasing of telephone lines, urban paging service, mobile telephone service, data transfer and transmission, etc. The accounting approach is to multiply the service products of all types with their average unit price (constant price) to get sum of business value, plus income from other services such as leasing of telephone lines and equipment, maintenance of telephone switchboards and lines on behalf of customers. This indicator reflects the overall results of post and telecommunications service during a given period, and is important to study the composition of business service and the development of post and telecommunications service.

无线寻呼电话用户　Subscribers of Paging Services

指携带小型寻呼机，接收市话用户通过无线寻呼中心，在规定范围内向其发出声音、数字或文字显示的信息的用户。目前在邮电部门办理登记手续的无线寻呼电话用户，每一部寻呼机按一户计算。

Refer to subscribers who carry small-size pagers and receive audio signals, digital signals or character signals sent out by city telephone through wireless paging center within assigned area. Each pager is counted as a subscriber.

移动电话用户　Mobile Telephone Subscribers

指在邮电部门登记，通过移动电话交换机进入移动电话网、占有移动电话号码的电话用户。用户数量以实际办理登记手续进入邮电部门移动电话网的户数进行计算，一部或一台移动电话统计为一户。

Refer to the persons who own mobile telephone number connected with the mobile telephone communication network and registered by post and telecommunications organization. The number of subscribers is calculated only when the subscribers who have gone through all the register formalities and entered into the mobile telephone network. One mobile telephone is treated as a subscriber.

社会消费品零售额　Total Retail Sales of Consumer Goods

指各种经济类型的批发零售贸易业、餐饮业、制造业和其他行业对城乡居民和社会集团的消费品零售额。这个指标反映通过各种商品流通渠道向居民和社会集团供应的生活消费品来满足他们生活需要，是研究人民生活，社会消费品购买力、货币流通等问题的重要指标。社会消费品零售额包括：（1）售给城乡居民作为生活用的商品和住房及修建房屋用的建筑材料；（2）售给社会集团的各种办公用品和公用消费品；（3）售给机关、团体、学校、部队、企业、事业单位的职工食堂和旅店（招待所）附设专门供本店旅客食用，不对外营业的食堂的各种食品、燃料；企业、单位和国营农场直接售给本单位职工和职工食堂的自己生产的产品；（4）售给部队干部、战士生活用的粮食、副食品、衣着品、日用品、燃料；（5）售给来华的外国人、华侨、港澳台同胞的消费品；（6）居民自费购买的中、西药品、中药材及医疗用品；（7）报社、出版社直接售给居民和社会集团的报纸、图书、杂志、集邮公司出售的新、旧纪念邮票、特种邮票、首日封、集邮册、集邮工具等；（8）旧货寄售商店自购、自销部分的商品零售额；（9）煤气公司、液化石油气站售给居民和社会集团的液化灶具和灌装液化石油气；（10）城市建设，房产管理等部门、企业、事业单位售给居民的商品房；（11）农民售给非农业居民和社会集团的商品。不包括售给国民经济各部门企业、事业单位（包括国有经济的农场）生产经营用的各种原材料、燃料、设备、工具等和售给批发零售贸易业、餐饮业作为转卖用的商品、旧货寄售商店受托寄售卖出的商品、服务业的营业收入、邮局出售邮票的收入、自来水、电力、煤气生产（供应）单位的产品供应收入，也不包括农民之间的商品销售。

Refer to the sum of retail sales of consumer goods sold by all sectors of the national economy to urban and rural residents and social groups. This indicator is used to show the supply of consumers goods through various channels to households and institutions, and is very important for the study on people's livelihood, on the purchasing power of consumer goods and on money. The retail sales of consumer goods include:

(1)commodities sold to urban and rural residents for their daily use and building materials sold to them for the construction or repair of houses; (2) office appliances and supplies sold to institutions; (3)food and fuels sold to canteens of institutions, enterprises, schools, military units and to canteens of hotels that only serve their guests, and commodities produced by enterprises, institutions or state farms and sold directly to their employees or their canteens; (4) grain and non-staple food, clothing, daily articles and fuels sold to military personnel; (5)consumer goods sold to foreigners, overseas Chinese, and Chinese compatriots from Taiwan, Hong Kong and Macao during their stay in the mainland of China; (6)Chinese and western medicines, herbs and medical facilities purchased by residents; (7)newspapers, books and magazines directly sold to residents and social groups by publishers, new and old commemorative stamps, special stamps, first-day covers, stamp albums and other stamp-collection articles sold by stamp companies; (8) consumer goods purchased and then sold by second-hand shops; (9) stoves and other heating facilities and liquefied gas sold by gas companies to households and institutions; and (10) commodities sold by farmers to non-agricultural residents and social groups. Excluded under this heading are: raw materials, fuels, equipment, tools sold to enterprises, institutions and state farms for production purpose; commodities sold to trade establishments for re-selling; commissioned sales at second-hand shops; operational income of urban public utilities; stamps sold at post offices; income of water, power, gas production and supply establishments from the supply of their products; and sales of commodities among farmers.

批发零售贸易业商品购、销、存、总额　Purchase, Sales and Stock of Commodities by Wholesale and Retail Trade

指以各种经济类型的批发、零售贸易业（不包括个体）为总体的商品购、销、存。

Refer to the purchase, sales and stock of commodities by wholesale and retail establishments of different status of registration (excluding individual sellers).

商品购进总额　Total Purchases of Commodities

指从本企业（单位）以外的单位和个人购进（包括从国外直接进口）作为转卖或加工后转卖的商品。这个指标反映批发零售贸易业从国内、国外市场上购进商品的总量。商品购进总额包括：（1）从工农业生产者购进的商品；（2）从出版社、报社的出版发行部门购进的图书、杂志和报纸；（3）从各种经济类型的批发零售贸易企业（单位）购进的商品；（4）从其他单位购进的商品，如从机关、团体、企业、单位购进的剩余物资，从餐饮业、服务业购进的商品，从海关、市场管理部门购进的缉私和没收的商品，从居民收购的废旧商品等；（5）从国（境）外直接进口的商品。不包括企业（单位）为自身经营用，和未通过买卖行为而收入的商品以及销售退回、商品升溢等。

Refer to the total of value of purchases of commodities by the establishments from other establishments or individuals (including direct import from abroad) for the purpose of re-selling, either with or without further processing of the commodities purchased. This indicator is used to show the total value of purchases of commodities by wholesale and retail establishments from domestic and overseas markets. The total purchases include: (1) agricultural and industrial products purchased from producers; (2) books, magazines and newspapers purchased from distribution departments of the publishers; (3)commodities purchased from wholesale and retail establishments of different status of registration;(4) commodities purchased from other units, such as surplus materials purchased from government agencies, enterprises or institutions, commodities purchased from catering and service establishments, confiscated goods purchased from customs authorities or market management agencies, second-hand goods and wastes purchased from residents; and (5) commodities directly imported from abroad. Excluded are commodities purchased by establishments (units) for use in their own business operation, commodities obtained without buying or selling procedures, rejected commodities, etc.

商品销售总额　Total Sales of Commodities

指对本企业（单位）以外的单位和个人出售（包括对境外直接出口）的商品。它反映批发零售贸易业在国内市场上销售商品以及出口商品的总量。商品销售总额包括：（1）售给城乡居民和社会集团消费用的商品；（2）售给工业、农业、建筑业、运输邮电业、批发零售贸易业、餐饮业、服务业等作为生产、经营使用的商品；（3）售给批发零售贸易业作为转卖和加工后转卖的商品；（4）对国（境）外直接出口的商品。不包括：出售本企业（单位）自用的废旧包装用品，未通过买卖行为付出的商品，经本单位介绍，由买卖双方直接结算，本单位只收手续费的业务，购货退出的商品以及商品损耗和损失等。

Refer to selling of commodities by the establishments to other establishments and individuals (including direct export). This indicator is used to show the total value of sales of commodities at domestic markets and export. The total sales include: (1) commodities sold to urban and rural residents and social groups for their consumption; (2) commodities sold to establishments in industry, agriculture, construction, transportation, post and telecommunications, wholesale and retail trades, catering trade and public utility for their production and operation; (3) commodities sold to wholesale and retail establishments for re-selling, with or without further processing; and (4) commodities for export to other countries. Excluded are selling of waste packaging materials used by the establishments (units) themselves, commodities transferred without buying or selling procedures, commission income from brokerage in transactions whose settlement is directly handled and sellers, rejected commodities in the purchase, loss in commodities, etc.

批发零售贸易业库存　Commodity Stock of Wholesale and Retail Enterprises

指报告期末各种登记注册类型的批发零售贸易企业（单位）已取得所有权的商品。它反映批发零售贸易企业（单位）的商品库存情况和对市场商品供应的保证程度。期末库存包括：（1）存放在批发零售贸易业经营单位（如门市部、批发站、经营处）仓库、货场、货柜和货架中的商品；（2）挑选、整理、包装中的商品；（3）已记入购进而尚未运到本单位的商品，即发货单或银行承兑凭证已到而货未到部分；（4）寄放他处的商品，如因购货方拒绝承付而暂时存放在购货方的商品和已办完加工成品收回手续而未提回的商品；（5）委托其他单位代销（未作销售或调出）尚未售出的商品；（6）代其他单位购进尚未交付的商品。 不包括所有不属于本单位的商品、拨付除批发零售贸易业以外的其他行业所属独立核算加工厂等加工生产尚未收回成品的商品、代国家物资储备部门保管的商品等。库存总额采用的计算价格是：农副产品采购单位按购进价计算，批发单位按进货价计算，零售单位按核算价格计算，即按什么价格核算就按什么价格计算。

Refers to total commodities possessed by wholesale and retail enterprises (units) of various types of registration status at the end of the reference period, which reflects the commodity stock level of various wholesale and retail enterprises and the potential for market supply. It includes: (1)commodities located in storage, garages, counters, and shelves of operating units (such as sale stores, wholesale centers, and operating offices) of wholesale and retail enterprises; (2)commodities in the process of selecting, sorting, and packing; (3)commodities not arrived but recorded as purchase in the account, i. e.. commodities not arrived but payment receipts for the commodities from the sellers or the banks arrived; (4) commodities deposited in other places rather than places mentioned above, for instance: commodities in the hold of purchasers temporarily due to the refusal of payment and commodities not taken back after going through the formalities; (5) commodities entrusted to other units to sell but not sold yet; (6) commodities purchased for other units but not delivered yet. Commodities not included as stock are those not owned by the enterprises (units), those allocated to financially independent factories rather than wholesale and retail enterprises for processing but not taken back yet, and finally those put in stock by wholesale and retail enterprises on behalf of the state material reserves units. For the calculation of the value of commodities stock, the value is calculated at purchasing prices in agricultural goods purchasing units and wholesale units, and at the accounting prices in retail units.

城乡集市贸易成交额　Volume of Business (Transaction Value) at Urban and Rural Free Market

指在农村集市和城市集市上买卖双方（包括农民、非农业居民、机关、团体、工商企业、个体商贩）成交的全部商品金额，是反映集市贸易规模的综合性指标。

Refers to the value of all goods changed hands between sellers and buyers, including farmers, no-agricultural residents, institutions, organizations, enterprises and private peddlers, at urban and rural free markets. It is a comprehensive indicator used to show the size of the transaction at the free trade markets.

进出口总额　Total Imports and Exports at Customs

海关进出口总额是指从实际进出我国国境的货物总金额，包括对外贸易实际进出口货物来料加工装配进出口货物，国家间、联合国及国际组织无偿援助物资和赠送品，华桥、港澳台同胞和外籍华人捐赠品，赁期满归承租人所有的租赁货物，边境地方贸易及边境地区小额贸易进出口货物（边民互市贸易除外），中外合资经营企业、中外合作经营企业、外商独资经营企业进出口货物和公用物品，到、离岸价格在规定限额以上的进出口货样和广告品（无商业价值、无使用价值和免费提供出口的除外），从保税仓库提取在中国境内销售的进口货物，以及其他进出口货物。进出口总额用以观察一个国家在对外贸易方面的总规模。我国规定出口货物按离岸价格统计，进口货物按到岸价格统计。

Refer to the value of commodities imported into and exported from the boundary of China. They include the actual imports and exports through foreign trade, imported and exported goods under the processing and assembling trades and materials, supplies and gifts as aid given gratis between governments and by the United Nations and other international organizations, and contributions, donated by overseas Chinese, compatriots in Hong Kong and Macao and Chinese with foreign citizenship, leasing commodities owned by tenant at the expiration of leasing period, the imported and exported commodities processes with imported materials, commodities trading in border areas (excluding mutual exchange goods), the imported and exported commodities and articles for public use of the Sino-foreign joint ventures, cooperative enterprises and ventures exclusively with foreign own investment. Also included are import or export of samples and advertising goods for whose CIF or FOB value are beyond the permitted ceiling (excluding goods of no trading or use value and free commodities for export), imported goods sold in China from bonded warehouses and other imported or exported goods. The indicator of the total imports and exports at customs can be used to observe the total size of external trade in a county. It accordance with the stipulation of the Chinese government, imports are calculated at CIF, while exports are calculated at FOB.

旅游人数　Number of Tourists

人数包括入境国际旅游者、出境居民人数和国内旅游者人数。

Include international tourists entering into China, Chinese residents going abroad and domestic tourists.

（1）入境国际旅游者人数：指来我国参观、访问、旅行、探亲、访友、休养、考察、参加会议和从事经济、科技、文化、教育、体育、宗教等活动的外国人、华侨、港澳台湾同胞的人数。不包括外国在我国的常驻机构，如领使馆、通讯社、企业办事处的工作人员；来我国常住的外国专家、留学生以及在岸逗留不过夜人员。

International tourists refer to foreigners, overseas Chinese, Chinese compatriots from Hong Kong, Macao and Taiwan coming to China for sightseeing visits, tours, family reunions, vacations, study tours, conferences and other activities of a business, scientific and technological, cultural, educational and religious nature. It does not include representatives and employees of resident institutions of foreign countries in China such as embassies, consulates, news agencies and offices of foreign companies and organizations, no does it include long-term foreign experts or students residing in China, or persons in transition without spending a night in China.

（2）出境居民人数：指大陆居民因公务活动或私人事务短期出境人数。公务活动出境居民人数包括在国际交通工具上的中国服务员工，因私出境居民人数不包括在国际交通工具上的中国服务员工。

Chinese residents going abroad refer to Chinese residents going abroad refer to Chinese residents going abroad for short terms for short terms for either public business or private purposes. Chinese employees working on international transport carriers are included in those going abroad for public business purpose, not in those for private purpose.

（3）国内旅游者人数：指我国大陆居民和在我国常住 1 年以上的外国人、华侨、港澳台湾同胞离开常住地在境内其他地方的旅游设施内至少停留一夜，最长不超过 6 个月的人数。

Domestic tourists refer to residents of the mainland of China who stay for one night at least but no more than 6 months at tourist facilities in other places than their permanent residence within the territory of the mainland China, including foreigners, overseas Chinese and Chinese compatriots from Hong Kong, Macao and Taiwan who have resided in China for over one year.

国际旅游（外汇）收入　Foreign Exchange Earnings from International Tourism

指入境旅游的外国人、华侨、港澳和台湾同胞在中国大陆旅游过程中发生的一切旅游支出，对于国家来说就是国际旅游（外汇）收入。

Refer to the total expenditures of foreigners, overseas Chinese, Chinese compatriots from Hong Kong, Macao and Taiwan during their stay in the mainland of China, which are earnings of foreign exchange from international tourism from the point of view from China.

企业存款　Deposit

指企业、机关、团体或居民根据可以收回的原则，把货币资金存入银行或其他信用机构保管并取得一定利息的一种信用活动形式。根据存款对象的不同划分为企业存款、财政存款、机关团体存款、对外贸易存款、城乡居民储蓄存款、农村存款等科目。它是银行信贷资金的主要来源。

Is a form of credit by which enterprises, institutions, organizations or households can put money into banks and other credit institutions for safekeeping and interest earning under the principle of free withdrawal.

According to different depositors, deposits are divided into enterprise deposits, treasury deposits, deposits of government agencies and organizations, capital construction deposits, urban savings deposits, rural deposits and other deposits. Deposits are major sources of the credit funds of banks.

贷款　Loan

银行或其他信用机构根据必须归还的原则，按一定利率，为企业、个人等提供资金的一种信用活动形式。我国银行贷款，分流动资金贷款，中短期设备贷款以及农户贷款等科目。

Is a form of credit by which banks and other credit institutions provide funds at certain interest rate to enterprises and individuals in the light of the principle of unconditional repayment. Loans from Chinese banks include circulating capital loans, fixed assets loans, loans to urban and rural individuals engaged in industrial and commercial business and agricultural loans.

赔款　Settled Claim

指保险人根据保险合同的规定，向被保险人支付的赔偿保险责任损失的金额。

Is the compensation paid by the insurer to the insurant in accordance with the insurance contract.

普通高等学校　Regular Institutions of Higher Learning

按国家规定的设置标准和审批程序批准举办，通过国家统一招生考试，招收高中毕业生为主要培养对象，实施高等教育的全日制大学、独立设置的学院和高等专科学校、短期职业大学。

Refer to educational establishments set up according to the government evaluation and approval procedures, enrolling graduates from senior secondary schools and providing high professional schools and courses and training for senior professionals. They include full-time universities, colleges, high professional schools and short-term professional universities.

成人高等学校　Institutions of Higher learning for Adults

指按照国家有关规定审批，招收通过全国成人高教统一招生考试的具有高中毕业或同等学历的在职从业人员利用脱产、半脱产、业余或函授等多种形式对其实施高等学历教育，培养高等教育专科或本科毕业水平的专门人才，修业年限、课程设置和总学时数均按高等学历教育要求付诸实施的学校。包括广播电视大学、职工高等学校、农民高等学校、管理干部学院、教育学院、独立设置的函授学院等。

Refer to educational establishments, set up in line with relevant rules approved by the government, enrolling staff and workers with senior secondary school or equivalent education, and providing higher education courses in many forms of full-time, part-time, spare-time, or correspondence for adults. Professionals thus trained receive a qualification equivalent to graduates studying regular courses at regular universities, colleges and professional colleges. Institutions of higher learning for adults include Radio and TV universities, schools of high education for staff and workers and peasants, colleges for management cadres, pedagogical colleges, independent correspondence colleges.

小学学龄儿童入学率　Enrollment Rate of Primary School-age Children

指调查范围内已入小学学习的学龄儿童占校内外学龄儿童总额（包括弱智儿童在内，但不包括盲聋哑儿童）的比重。计算公式：

小学学龄儿童入学率＝已入学的小学学龄儿童数／校内外小学学龄儿童总数×100％

Refers to the proportion of school-age children enrolled at schools to the total number of school-age children both in and outside schools (including retarded children, but excluding blind, deaf and mute children). The formula is :

Enrollment Rate of Primary School-age Children = Total Primary School-age Children at Schools / Total Primary School age Children Both at and Outside Schools ×100%

独立研究与开发机构　Independent Research and Development Institutions

指有明确任务和研究方向，有一定学术水平的业务骨干和一定数量的研究人员，具有研究、开发、开展学术工作的基本条件，主要进行科学研究与技术开发活动，并且在行政上有独立的组织形式，财务上独立核算盈亏，有权与其他单位签订合同，在银行有单独户头的单位。包括国务院各部门、中国科学院、中国社会科学院和各省、自治区、直辖市以及地（市）以上［含地（市）］各部门所属的国有独立的科学研究与技术开发机构。

Refer to the state owned institutions which have direct mission and research purpose, a certain number of core member with higher research level and a certain number of research personnel, necessary conditions for R&D activities and engaging in scientific research and technological development. The institutions also have their own independent organization and finance, authority to sign contracts with other units, with their own accounts in banks. Independent research and development institutions include the institutions attached to central government agencies, Chinese Academy of Sciences. Chinese Academy of Social Sciences and the institutions attached to local governments.

独立研究与开发机构职工　Personnel of Independent Research and Development Institutions

指在科学研究与技术开发机构工作，并由其支付工资的各种人员。包括长期职工和临时职工，不包括编制以外的离休、退休人员和停薪留职人员，但包括招聘人员。

Refers to the persons working in and receiving payment from research and development institutions. It includes regular full-time and temporary staff and workers and employees working on contracts, but excludes retirees and persons leaving their work without payment but still retaining their posts, who are not on the employee list.

研究与发展经费支出　Total Expenditure on Research and Development

指报告期内用于研究与试验发展课题活动（基础研究、应用研究、试验发展）的全部实际支出。包括用于研究与发展课题活动的直接支出，还包括间接用于研究与发展活动的一切支出（院、所管理费、维持院、所正常运转的必需费用和与研究发展有关的基本建设支出）。

Refers to all actual expenditure made for R&D (basic research, applied research and experimental development) in reference period. It includes direct expenditure on R&D and indirect expenditure on R&D (including management and necessary administrative expenses of research institutes, investment in capital construction relating to R&D) .

科学家和工程师　Scientists and Engineers

指具有大学本科及以上学历和不具备上述学历但有高、中级职称的人员。

Refer to persons who have completed university or higher education or obtained titles of senior and middle-level professional positions.

其他科技人员　Other Scientific and Technical Personnel

指大专、中专毕业和具有中级职称的从事科技活动的人员。

Refer to persons who engage in scientific activities that have completed college or technical secondary school or obtained titles of middle-level professional positions.

自然科学技术人员　Scientific Technical Personnel

指已取得科学技术职称，或大学、中专的理、工、农、医科系毕业，以及国民经济各部门从工作实践中提拔，从事理、工、农、医等自然科学技术的研究、教学、生产的专业人员和在机关、企业、事业中从事科学技术业务管理工作的专业人员。

Refer to persons who obtained titles of scientific and technical positions, or graduated from department of science, technical, agriculture or medicine in college or technical secondary school, and promoted from practice in department of national economy, or research, teach, produce in technology of science of science, technical, agriculture or medicine, or engage in scientific management in government, enterprises and institutions.

工程技术人员　Engineering Professionals

指在国民经济各行业从事工程技术工作的自然科学技术专业人员，包括：高级工程师、工程师、助理工程师、技术员和未评定职称的技术人员。

Refer to the persons who are engaged in engineering science and technology in different sectors of the national economy, including senior engineers, engineers, assistant engineers, technicians and technical personnel without professional titles.

农业技术人员　Agricultural Professionals

指在国民经济各行业从事农业技术工作的自然科学技术专业人员，包括：高级农艺师、农艺师、助理农艺师、技术员和未评定职称的技术人员。

Refer to the persons who are working on the science of agriculture in different sectors of the national economy, including senior agronomists, agronomists, assistant agronomists, technicians and technical personnel without professional titles.

卫生技术人员　Public Health Professionals

指在国民经济各行业从事卫生医务工作的自然科学技术专业人员，包括：正副主任医师、主治医师、医师、医（护）士和未评定职称的技术人员。

Refer to the persons who are engaged in medical and health work in different sectors of the national economy, including director doctors and their deputies, doctors in charge, paramedics, nurses and technical personnel without professional titles.

科学研究人员　Scientific Research Personnel

指在国民经济各行业从事科学技术活动的自然科学技术专业人员，包括：正副研究员、助理研究员、研究实习员、技术员和未评定职称的技术人员。

Refers to those personnel engaged in scientific and technical activities in different sectors of the national economy, including research fellows and their deputies, assistant research fellows, research trainees, technicians and technical personnel without professional titles.

教学人员　Teaching Personnel

指在国民经济各行业从事自然科学技术方面教学活动的专业人员，包括：正副教授、讲师、助教、教师和在中学从事自然科学技术方面教学活动的人员。

Refers to those professionals engaged in the teaching in different sectors of the national economy, including professors, associate professors, lecturers, teaching assistants, teachers and teaching personnel in science and technology in middle schools.

文化事业机构　Cultural Institutions

指从事专业文化工作和为专业文化工作服务的独立建制的单独核算的单位。不包括这些单位另外举办独立核算的其他机构和各部门的业余文化组织。

Refer to units which have their own organizational system and independent accounting system and specialize in or serve cultural development. They exclude other establishments run by these cultural institutions and amateur cultural groups established by various departments. Art Troupe refers to the troupe which is engaged in drama, opera, music, dance, acrobatics or other art performance, opens independent accounts with banks and has self-supporting accounting system; excluding the troupes which are engaged partly in industrial or agricultural activities, partly in art performance and the professional troupes organized by the people.

艺术表演团　Number of Spectators at Art Performance

指从事戏曲、音乐、舞蹈、杂技等专业艺术表演，有独立帐户，实行单独核算的团体。不包括半工半艺、半农半艺的业余剧团。

Refers to the number of attendants at commercial shows, completely booked shows or free shows given in minority national areas, and does not include the number of spectators at rehearsals for examination and internal shows for study.

电影放映单位　Film Projection Units

指具有放映机器设备、固定或不固定的放映场所与专职或兼职的放映技术人员，经有关部门登记批准，经常为一定的观众对象放映电影的机构。包括批准对外开放进行营业，并与电影发行放映管理机构分帐的专用放映单位和军委系统片单位。

Refer to units with film projection equipment, full or part-time projectionists, permanent or non-permanent places, approved by related administrative departments to show films regularly regularly for certain groups of audience, including those film projection units which have been approved to give commercial shows and run business with independent accounting system as well as those film-renting units of the military system.

体育场　Stadiums

指有 400 米跑道(中心含足球场)，有固定道牙、跑道 6 条以上，并有固定看台的田径场。以看台容纳观众人数分：甲级 25000 人以上，乙级 15000—25000 人，丙级 5000—15000 人，丁级 5000 人以下。

Refer to stadiums for track and field events with six lane 400-meter tracks around soccer fields, permanent track marks and permanent bleachers. Stadiums are classified according to seating capacity. They include: Class A stadiums seating 25000 people each. Class B stadiums seating 15000 to 25000 people each. Class C stadiums seating 5000 to 15000 people each. And Class D stadiums seating fewer than 5000 people.

体育馆　Gymnasiums

指有固定看台可供篮球、排球、羽毛球、乒乓球、体操等项目训练比赛活动用的室内场地，以看台容纳观众人数分：甲级 6000 人以上，乙级 4000—6000 人，丙级 2000—4000 人，丁级 2000 人以下。

Refer to indoor sports grounds with permanent seats in which basketball, volleyball. badminton, table tennis and gymnastics competitions can be held. Gymnasiums are classified according to seating capacity. They include Class A gymnasiums seating over 6000 people. Class B gymnasiums seating 4000 to 6000 people. Class C gymnasiums seating 2000 to 4000 people, and Class D gymnasiums seating fewer than 2000 people.

等级裁判员人数　Number of Referees in Grades

指经考试正式批准授予等级裁判员称号的人数。裁判员等级分为国际级裁判，国家级裁判、一级、二级、三级裁判。

Refers to the number of referees who have been given titles after examination. They are classified as international referees, national referees and referees of the first, second and third grades.

等级运动员人数　Number of Athletes in Grades

指经考核正式批准授予等级运动员称号的人数。运动员等级分为国际运动健将、运动健将、一级、二级、三级运动员、少年运动员。

Refers to the number of athletes who have been given titles through examination. The titles of athletes include international masters of sports, masters of sports, first-grade and third-grade sportsmen and young athletes.

医院　Hospitals

指名称为医院，设有固定床位能收容病人住院并能为病人提供医疗、护理服务的医疗机构。包括县及县以上医院、农村乡卫生院、其他医院三部分。按所属性质分为卫生部门、工业及其他部门、集体所有制三类。其中县及县以上医院按业务性质分为综合医院和专科医院。

Refer to medical institutions with permanent hospital beds, which are able to take in patients and provide them with medical and nursing services. Hospitals are classified into three categories: hospitals at or above the county level, hospitals of rural townships, and other hospitals. According to their ownership, hospitals can be classified into three categories: hospitals under the public health departments, hospitals under industrial and other departments and collective-owned hospitals. Hospitals at or above county level are divided into comprehensive and specialized hospitals.

卫生技术人员　Medical Technical Personnel

指卫生事业机构支付工资的全部固定职工和合同制职工中现任职务为卫生技术工作的人员。包括中医师、西医师、中西医结合高级医师、护师、中药师、西药师、检验师、其他技师、中医士、西医士、护士、助产士、中药剂士、西药剂士、检验士、其他技士、其他中医、护理员、中药剂员、西药剂员、检验员、其他初级卫生技术人员。

Refers to all medical staff and workers employed by medical institutions, including doctors of Chinese and Western medicine, senior doctors who integrate traditional Chinese therapeutics with Western therapeutics in practice, senior nurses, pharmacists of Chinese and Western medicine, laboratory specialists, other specialists, paramedics of Chinese and Western medicine, nurses, midwives, druggists in Chinese and Western medicine, laboratory technicians, other technicians, other practitioners of Chinese medicine, nursing attendants, pharmacological workers of Chinese and Western medicine, laboratory workers, and other primary medical personnel.

医生　Doctors

指经卫生部门审查合格，从事医疗工作的专业人员。分为中医医生和西医医生。包括卫生技术人员的中医师、西医师、中西结合高级医师、中医士、西医士和其他中医。

Refer to qualified professional medical workers approved to practice by public health departments. They are classified into doctors of Chinese medicine, doctors of Western medicine, senior doctors who integrate traditional Chinese therapeutics with Western therapeutics in practice, paramedics of Chinese medicine and Western medicine, and other specialists of Chinese medicine.

附录 2:

政府工作报告

——2015 年 1 月 18 日在西藏自治区第十届人民代表大会第三次会议上

自治区主席　洛桑江村

各位代表:

现在，我代表自治区人民政府，向大会作政府工作报告，请予审议，并请各位政协委员提出意见。

2014 年工作回顾

2014 年是全面深化改革的开局之年，是完成“十二五”规划目标任务的攻坚之年。在党中央、国务院亲切关怀和全国人民大力支援下，在自治区党委坚强领导下，我们全面贯彻落实党的十八大和十八届三中、四中全会精神，贯彻落实中央第五次西藏工作座谈会精神，贯彻落实习近平总书记系列重要讲话精神、特别是“治国必治边、治边先稳藏”的重要战略思想和“努力实现西藏持续稳定、长期稳定、全面稳定”的重要指示，贯彻落实俞正声主席“依法治藏、长期建藏、争取人心、夯实基础”的重要原则，贯彻落实党中央、国务院和自治区党委关于改革发展稳定的一系列决策部署，坚持稳中求进工作总基调，主动适应经济发展新常态，围绕打牢农牧业和基础设施两个基础、突出特色产业和生态文明建设两个重点、加强民生改善和基本公共服务两个保障、激活改革开放和对口支援两个动力、强化科技和人才两个支撑、巩固民族团结和社会稳定两个基石的“六对抓手”，强化民生先动、市场推动、项目带动、金融撬动、创新驱动、环境促动的“六动措施”，坚守和谐稳定、生态保护、安全生产的“三条底线”，稳增长、调结构、促改革、惠民生、保稳定，奋力推进跨越式发展和长治久安，圆满完成了自治区十届人大二次会议确定的年度目标任务。

预计，2014 年全区生产总值 925 亿元、增长 12%，全社会固定资产投资 1100 亿元、增长 19.8%，社会消费品零售总额 323.6 亿元、增长 12.9%，公共财政预算收入 124 亿元、增长 30.8%，完成税收收入 174.1 亿元、增长 17.8%，农村居民人均可支配收入 7471 元、增长 14%，城镇居民人均可支配收入 22026 元、增长 8%，城镇登记失业率控制在 2.5%以内，居民消费价格涨幅控制在 3%以内。农村居民人均可支配收入、社会消费品零售总额、公共财政预算收入增速均居全国前列。

一年来，在全国经济下行压力增大的情况下，我们主动作为，精准发力，加强调控，强化措施，全区经济增长快、投资力度大、质量效益好、支撑能力强、民生改善实、生态环境优、社会大局稳，在全面建成小康社会进程中迈出了新的坚实步伐。

一、加大“三农”工作力度，农牧民收入持续快速增长

强农惠农富农政策全面落实，财政支农资金达 168 亿元、增长 6.5%。农牧业再获丰收，全区粮食产量达 98.5 万吨，创历史新高。推广“藏青 2000”等新品种 56 万亩，建设高标准农田 8.7 万亩，新增改良黄牛 16.5 万头。农牧民工资性收入增长明显加快，占可支配收入四分之一。农牧民专业合作经济组织蓬勃发展，达到 2937 家、增长 55%。全面启动建设 353 个乡镇农牧综合服务中心。大力实施扶贫攻坚，减少贫困人口 13 万。改造农村危房 6.3 万户，完成 1000 个行政村人居环境建设和环境综合整治，行政村移动通信全覆盖、通邮90%以上，农牧民生产生活条件不断改善，农牧业基础进一步夯实。

二、狠抓投资拉动，基础设施建设全面提速

加强沟通协调，积极争取国家投资，注重运用信贷手段，大力激活民间投资，不断扩大全社会投融资规模。全年落实中央政府投资353亿元、增长30.3%，中央企业投资100亿元、增长58.7%，民间投资300亿元、增长30.6%，项目带动成效显著。“十二五”规划投资累计完成74.1%，项目完工63个、在建148个。拉日铁路通车运营，拉林铁路控制性工程开工建设，标志着我区步入铁路建设的新时代。拉林高等级公路开工路段完成工程总量的75%以上，米林机场至八一镇专用公路、嘎拉山隧道和雅江特大桥改扩建工程加快实施，新增通油路县3个、通油路乡镇36个。全区公路建设完成投资161亿元、增长24%，新增公路通车里程4332公里。川藏电力联网工程建成投运，结束了昌都缺电和电网孤网运行的历史，为国家清洁能源基地建设打下了基础。藏木水电站2台机组、旁多水利枢纽4台机组发电，多布、果多、羊易电站加快建设。无电地区电力建设、农网升级改造稳步推进。全区电力装机总容量达169.7万千瓦、增长32.4%。雅鲁藏布江中游水电规划和环评通过国家审查，拉洛水利枢纽和雅砻、恰央等重点水库开工建设。

三、大幅增加民生投入，公共服务保障能力明显增强

我们始终坚持把保障和改善民生放在突出位置，强化民生先动，以民生“十件实事”为抓手，用真心、动真情、出真招，围绕提标扩面，投入71亿元，全面落实18项民生政策，新增11项惠民举措，进一步丰富和发展了边疆民族地区民生工作的时代内涵。

就业和社会保障力度明显加大。全年新增就业4.3万人，农牧区转移就业98.5万人次。城乡居民基本养老制度合并实施，各项社会保险参保人员达260.6万人次。先后两次提高城乡居民最低生活保障标准，近37万城乡低收入居民基本生活得到有效保障。“双集中”爱心工程顺利推进，72%有意愿的五保对象实现集中供养，5900多名孤儿得到有效救助。利寺惠僧政策全面落实，基本解决了寺庙饮水安全问题，维修改造僧舍2.93万间。新开工保障性安居工程7.2万套，9.47万人住房条件得到改善。第三批强基惠民活动投入资金7.4亿元，实施项目8685个。拉萨城市供暖工程基本完成。

社会事业全面进步。义务教育均衡发展步伐加快，新增幼儿园109所，改扩建义务教育薄弱学校350所，拉萨教育城投入使用，类乌齐、普兰等6县通过县域义务教育均衡发展评估验收，农牧民子女高考和内地班录取比例分别达到71.8%、70%。卫生计生服务能力不断提高，自治区第三人民医院等一批重点项目建成启用，新增卫生计生人员1009名，出生缺陷一级干预试点县扩大到24个，孕产妇住院分娩率达85%，藏医药发展大会的成功召开有力推动了藏医药事业发展。文化事业繁荣发展，692个乡镇综合文化站和39个民间艺术团排练场全面建成，广播电视人口综合覆盖率分别达94.78%、95.91%，第一次可移动文物普查成效显著。第十一届全区运动会成功举办。

安全生产管理不断加强。我们始终高度重视安全生产，妥善处理“8·09”、“8·18”重特大交通事故，深入开展打非治违专项行动和安全生产大检查、大排查、大整治行动，消防安全形势持续稳定，食品药品安全监管有力，安全生产秩序得到有效整治。

四、优化产业结构，特色优势产业进一步做大做强

瞄准特色，充分发挥资源优势、比较优势，科学谋划产业布局，把旅游文化、清洁能源、天然饮用水作为强区产业重点培育，把高原种养加、特色食品、生态林果、藏医药、民族手工业作为富民产业大力扶持，产业发展重点进一步突出，产业结构进一步优化。

一产抓水平提升，特色农牧业产业化发展势头强劲。青稞、牦牛等高原种养加发展加快，净土健康产业、设施农牧业、生态林果业蓬勃兴起。林芝天麻、日喀则岗巴羊等获国家地理标志产品保护。自治区级农牧业产业化龙头企业产值达 23.2 亿元，产业化经营率达 38.6%。

二产抓重点突破，园区经济加快发展。二产增加值达 336 亿元、增长 13.5%。拉萨国家级经济技术开发区上缴税收 46 亿元。藏青工业园招商引资项目近 100 个，入园企业 103 家，实现产值 17.8 亿元，有望成为新的经济增长极。天然饮用水产业签订战略投资合作项目 16 个，总投资 36 亿元，产量突破 30 万吨，已成为新的经济增长点。

三产抓龙头带动，旅游文化产业快速发展。经国务院批准，文化部、国家旅游局和自治区政府共同举办首届中国西藏旅游文化国际博览会，打响了“人间圣地·天上西藏”品牌，搭建了西藏旅游文化开放合作交流的综合性高端国际平台。全年接待游客 1553 万人次，旅游总收入 204 亿元，分别增长 20.3%、23.5%。大昭寺景区被评为国家 5A 级。文化产业产值 27 亿元、增长 12%。青藏铁路完成客运量 238.1 万人次、货运量 508.7 万吨，分别增长 14.1%、7.6%，航空旅客吞吐量 315 万人次、增长 14.2%。通信业务总量 45 亿元，邮政业务收入 4 亿元。房地产市场健康发展。电子商务等现代服务业不断发展壮大。

五、全面深化改革开放，发展活力持续增强

重点改革扎实推进。加大简政放权力度，减少区中直部门审批项目 54%。扎实推进商事登记制度改革，实施“先照后证”，全区市场主体达 14.6 万户、增长 8.7%。白朗等 4 个自治区农村改革试验区全面启动。开展农村宅基地和集体土地所有权确权登记发证试点。深化电价、燃气价格改革。“营改增”扩面、资源税从价计征和社会领域各项改革全面推进。

金融撬动成效显著。年末全区存贷款余额分别突破 3000 亿元、1600 亿元，比年初增长 23.5%、50.2%。涉农、中小微企业贷款超额完成目标任务，扶贫贴息贷款增长一倍以上。灵康药业、华钰矿业首发上市进入审核阶段。保险业稳步发展。

开放合作打开新局面。出台特色优势产业目录，招商引资到位资金 284 亿元，项目 540 个。首届藏博会签约项目 33 个、合同总额 387 亿元。吉隆口岸实现中尼双边开放，中国西藏—尼泊尔经贸洽谈会升格为国家级。自治区政府代表团成功出访尼泊尔，签约项目资金 5 亿美元。我区与尼泊尔合作成立喜马拉雅航空公司，为西藏航空业进入国际市场开辟了广阔空间。涉藏外事外宣工作取得积极成果。

援藏工作成就巨大。中央对口支援西藏工作 20 周年电视电话会议进一步明确了援藏工作的新举措，20 年累计落实援藏资金 260 亿元、项目 7615 个，援藏干部和专业技术人员达 6000 多名，为我区改革发展稳定作出了重要贡献。全年完成援藏投资 36 亿元，建设项目 695 个，援藏力度和效益不断提升。

六、坚守底线，生态环境保护与建设成效显著

广泛开展生态文明宣讲活动，开展以涉矿企业、城镇生活垃圾、农村公路建设为重点的环保专项行动。出台实施自治区大气污染防治行动计划和水资源管理、县域环境保护考核等制度，落实环境保护与财政转移支付挂钩的奖惩机制。编制完成“两江四河”流域造林绿化工程规划，植树造林 124 万亩。国家级重点生态功能区增至 18 个县。启动雅鲁藏布江、拉萨河源头国家重要生态功能保护区项目。落实草原生态保护补助奖励、森林生态效益补偿资金 28.8 亿元。新建城镇垃圾填埋场、污水处理厂、医废集中处置中心等项目。淘汰黄标车、老旧车 3824 辆，圆满完成国家下达任务。实施最严格的环境保护制度，主要污染物排放控制在国家核定范围内，全区生态环境持续良好，水和空气质量处于全国前列。林芝、山南被批准为国家生态文明先行示范区，拉萨市被评为国家环境保护模范城市。

七、突出创新驱动，科技人才支撑不断加强

科技应用能力逐步增强，建设重点实验室、科技试验示范基地、科技示范园区 45 个，青稞育种和牦牛改良国家重点实验室培育基地建成，行政村科技特派员覆盖率达 90%，青稞牧草害虫防控技术获国家科技进步二等奖。人才强区战略深入实施，扎实推进中央支持西藏的 12 项重点工程，为基层补充各类人才 1.1 万名，接收 20 名博士服务团成员和 2000 名西部计划志愿者进藏服务，西藏大学招收首届博士研究生，首次评选表彰 25 名自治区工艺美术大师、20 名自治区名藏医，1 人获评第二届“国医大师”。

八、完善治理体系，社会持续和谐稳定

着力推动社会治理体系和治理能力现代化，平安西藏建设扎实推进。深入开展反分裂斗争，全面落实十项维稳措施，严密防范、严厉打击十四世达赖集团渗透破坏活动。城镇网格化管理水平不断提高，先进双联户创建评选工作进一步深化，干部驻村驻寺深入推进。创新寺庙管理，平安和谐寺庙创建活动深入开展，“塔尔钦”等大型宗教活动安全圆满。全面贯彻党的民族政策，扎实开展民族团结宣传教育，22 个单位、33 名个人被评为全国民族团结进步模范。实施兴边富民项目 870 个，加快了人口较少民族聚居区发展。各民族交往交流交融日益深入，平等、团结、互助、和谐的社会主义民族关系进一步巩固。社区矫正工作全面推开，信访、调解、仲裁等排查调处工作不断加强。刑事案件、治安案件发案数持续下降，综治考评首次进入全国优秀行列，西藏各族群众的安全感、拉萨市公共安全感位居全国前列。

国防动员工作得到加强，军政军民团结，军民共建共创共保活动扎实推进。统计、社科、地勘、地震、气象、测绘、人防等工作又有新进展。经国务院批准，日喀则、昌都撤地设市。

各位代表，我区改革发展稳定成绩来之不易。这是党中央、国务院亲切关怀，全国人民大力支援的结果；是自治区党委坚强领导，全区各族干部群众团结奋斗的结果。在此，我代表自治区人民政府，向全区人民，向全国各族人民特别是对口支援省市、中央国家机关和中央骨干企业，表示衷心的感谢！向人大代表、政协委员和离退休干部，向驻藏人民解放军、武警官兵、政法干警，表示诚挚的谢意！向关心、支持西藏改革开放和现代化建设的海内外各界人士，表示崇高的敬意！

同时，我们应清醒地看到，我区经济社会发展中还存在一些突出困难和问题，主要是：经济发展不平衡，农牧业产业化水平较低，基础设施瓶颈制约比较突出，市场机制作用发挥不够，对外贸易增长乏力，改革创新力度有待加大，反分裂斗争形势依然尖锐复杂，维护国家安全和西藏社会稳定任务十分繁重。政府工作也存在一些不足，个别地方和部门懒政、懈怠、不作为，落实力度不够，有待改进和加强。对这些问题，我们将坚持问题导向，敢于担当作为，认真研究解决。

2015 年工作安排

2015 年是自治区成立 50 周年，是全面深化改革的关键之年、全面推进依法治藏的开局之年。做好今年工作，确保“十二五”圆满收官，为“十三五”开局奠定良好基础，意义十分重大。

政府工作总体要求是：全面贯彻落实党的十八大和十八届三中、四中全会精神，贯彻落实中央经济工作会议和中央民族工作会议精神，以邓小平理论、“三个代表”重要思想、科学发展观为指导，贯彻落实习近平总书记系列重要讲话精神、特别是“治国必治边、治边先稳藏”的重要战略思想和“努力实现西藏持续稳定、长期稳定、全面稳定”的重要指示，贯彻落实俞正声主席“依法治藏、长期建藏、争取人心、夯实基础”的重要原则，坚持走有中国特色、西藏特点的发展路子，按照区党委八届六次全委会和全区经济工作会议部署，坚持稳中求进工作总基调，坚持以提高经济发展质量和效益为中心，坚持“663”工作思路不动摇，主动适应经济发展新常态，突出稳增长、调结构、促改革、惠民生、保稳定，强化投资拉动、强化改革开放、强化产业支撑、强化扶贫攻坚，促进经济持续快速健康发展、社会大局持续和谐稳定、生态环境持续良好、各族群众生活水平持续提高，圆满完成“十二五”经济社会发展目标任务。

主要预期目标是：地区生产总值增长 12%左右，全社会固定资产投资增长 20%以上，社会消费品零售总额增长 13%以上，公共财政预算收入增长 15%，居民消费价格涨幅控制在 4%以内，农村居民人均可支配收入增长 13%以上，城镇居民人均可支配收入增长 10%，新增就业 4.6 万人。

今年，我们将抓好以下重点工作。

一、打牢农牧业和基础设施两个基础

提升农牧业综合生产能力。新建 20 万亩高标准农田，推广“藏青 2000”等新品种 115 万亩，粮食产量达到 100 万吨。大力扶持农牧民专业合作经济组织，实施示范社创建工程。建设标准化规模养殖示范场 12 家，改良黄牛 16.5 万头。切实做好重大动物疫病防控工作。培训农牧民 6 万人次。大力推进精准扶贫，强化地县主体责任，实施整村推进，真正在贫困户脱贫致富上见实效，力争减少贫困人口 8 万人、低收入人口占农牧区总人口比例降至 12%以下。

加快破解基础设施瓶颈。争取国家投资不放松，激活民间投资不松劲，更好发挥金融杠杆作用，确保全社会固定资产投资突破 1300 亿元，完成中央政府投资 466 亿元以上，基本完成“十二五”规划项目建设任务。加快拉林铁路建设，开工建设青藏铁路格拉段扩能改造工程。完成拉林高等级公路开工路段、嘎拉山隧道和雅江特大桥改扩建工程，开工建设米拉山隧道工程，推进川藏公路改造整治工程。力争新增 5 个县、45 个乡通油路，全区公路总里程突破 8 万公里。加强干线公路、农村公路以及农村客运班线建设，加快至 3A 级以上景区的油路建设。加快推进拉萨贡嘎机场、林芝米林机场、昌都邦达机场改扩建工程。加强与国家电网公司战略合作，加快川藏电力联网延伸、藏中电网 220 千伏网架、城网改建工程建设。加快农网升级改造、无电地区电力建设，58 个县纳入主电网覆盖范围并实现农电代管，加快大古、街需、加查、苏洼龙等水电站建设，全面启动金沙江、澜沧江、雅江中游规划电源点“三通一平”建设。开工建设湘河水利枢纽、结巴等水库，加大农田水利、民生水利、生态水利综合配套建设力度，新增工程供水能力 7 亿立方米。扩大边境地区移动通信覆盖范围，提升旅游景区、干线公路等重点地域通信服务，实现乡镇邮政网点服务全覆盖。扎实做好京藏高速那曲至拉萨段、川藏铁路林芝至昌都段、日喀则至口岸铁路、拉萨新机场、叶巴滩和拉哇水电站等项目前期工作。

积极稳妥推进中国特色、西藏特点的新型城镇化。坚持以人为本、优化布局、生态文明、传承文化、产业支撑的基本原则，突出沿路、沿边、沿江重点，建设一批特色小城镇。整合资金，启动新型城镇化试点。

二、突出特色产业和生态文明建设两个重点

大力发展特色农牧业。编制实施西藏高原特色农产品基地建设规划，着力做大做强特色农牧业。新扶持发展自治区级农牧业产业化龙头企业 3 至 5 家。推行基层组织+专业合作经济组织+龙头企业+农牧民等发展模式，扶持发展种养大户、家庭农牧场、农牧民合作社，加强品种品质品牌和农产品质量安全示范区建设，力争产业化率达到 40%。

推动工业上规模增效益。加快三江流域、雅江中游水电开发，扎实推进“藏电外送”前期工作。实施品牌带动战略，加紧编制天然饮用水产业发展规划，加强“西藏好水·世界共享”整体推介，力争天然饮用水产量实现较大突破。支持藏医药企业兼并重组、产品研发创新，力争藏医药产值达到 13 亿元以上。继续推进藏青工业园建设，争取 50 家入园企业建成投产。加快拉萨国家级经济技术开发区 B 区建设。推动工业经济集约集聚发展，力争园区经济增加值占工业增加值的比重提高 5 个百分点。

加快建设重要的世界旅游目的地和中华民族特色文化保护地。实施旅游强区战略，推进跨区域景区管理经营体制改革，着力开发特色精品高端旅游产品，着力建设拉萨国际旅游城市和林芝生态旅游区，力争全年接待游客 1700 万人次、收入 240 亿元。促进旅游与文化、生态、藏医药、民族手工业互动融合发展，打造西藏旅游升级版。加快建设中国西藏旅游产业园，推进国家藏羌彝文化产业走廊建设。积极扶持现代物流业向农牧区延伸，加快建设日喀则综合物流园区。大力发展电子商务等新兴业态。积极发展家政养老、文化娱乐、高原体育等产业。继续实施家电家具下乡，促进汽车、住房、家电、农机等大宗商品消费。

大力加强生态文明建设。始终坚守生态保护底线。全面完成环境功能区划和生态保护红线划定工作。严格执行新环保法，强化环境监管，落实环境保护责任追究制度和环境保护与财政转移支付挂钩的奖惩机制。坚持矿产资源开发自治区政府“一支笔”审批制度和“环保一票否决”制度，确保“三高”企业和项目零审批、零引进。加快推进“两江四河”流域造林绿化工程，植树造林和封山育林 110 万亩以上。全面实施公益林管护办法，不断提高造林绿化成林率。开展湿地和水生态补偿试点，积极争取国家公园试点。开展“十二五”主要污染物总量控制目标考核，编制“十三五”主要污染物排放总量控制规划。以“绿化、净化、亮化、美化”为重点，实施 898 个行政村人居环境综合整治，大力推进美丽乡村建设。

三、加强民生改善和基本公共服务两个保障

始终秉承爱民、利民、惠民理念，把 70%以上的财力投向民生，重点向农牧民、向基层、向弱势群体倾斜，继续办好民生“十件实事”，不断提升公共服务水平。

进一步提标扩面。投入 86 亿元，实施 10 个方面 26 项提标扩面政策。教育“三包”年生均补助标准增加 100 元。五保供养标准年人均增加 750 元。城乡居民社会养老保险基础养老金月人均增加 20 元；企业退休人员基本养老金月人均增加 332 元。农牧区医疗制度补助标准、城镇居民基本医疗保险补助标准年人均分别增加 40 元。城乡居民最低生活保障补助分别提高到月人均 590 元、年人均 2350 元。边民补助标准年人均增加 300 元。村医、兽医待遇标准月人均增加 300 元；老党员、老干部、老劳模生活补助月人均增加 50 元；村干部基本报酬和业绩考核奖励标准提高 50%。二、三、四类区，乡村医护人员和教师月生活补助标准增加 100 元、200 元、300 元；乡镇干部职工月生活补助标准增加 50 元、100 元、200 元。建立困难残疾人生活补贴和重度护理补贴制度、经济困难的高龄失能老年人补贴制度，完善贫困家庭大学生助学金制度。

增强社会保障能力。全面建成 63 所五保集中供养机构、9 所地市级儿童福利院，提前实现有意愿的五保对象县以上 100%集中供养、孤儿地市以上 100%集中收养的目标。逐步完善异地就医结算和城乡居民大病保险办法。继续实施农村危房改造。稳步推进棚户区和旧城改造，开工建设乡镇干部职工周转房 3.2 万套、保障性安居住房 3.38 万套。全面完成那曲镇、狮泉河镇集中供暖工程。实施更加积极的就业政策，建立激励保障机制，促进高校毕业生就业创业。健全公益性岗位有序进入和退出机制，动态消除城镇零就业家庭。实现农牧民转移就业 100 万人次，不断提高农牧民群众闯市场和增收致富的能力。

扎实推进教育公平。继续加强德育教育和思想政治工作。新建、改扩建农牧区学前双语幼儿园和城镇幼儿园 237 所。加快寄宿制学校标准化建设。完成 12 个县义务教育均衡发展评估验收。深化“双语”教育，强化国家通用语言文字教学，有序推进内地西藏班校混合编班。引进培养技术技能型师资，加快建设现代职业教育体系。加强校长、教师队伍建设。加强高校专业学科平台建设，大力培养适合我区经济社会发展需要的各类人才。

提升公共卫生服务水平。实施县乡医疗卫生综合服务能力提升工程，推进远程医疗等卫生计生信息化建设，基本实现常见病、多发病不出县。改扩建自治区藏医院，新建自治区妇产儿童医院。推进高海拔地区高压氧舱项目建设。积极稳妥推进公立医院改革。推行农牧民在各级医疗机构就医即时结算。培训乡村医护人员1万名。加强医疗重点专科建设，提升藏医药服务能力。加强妇幼卫生和优生优育工作，力争孕产妇住院分娩率达到90%。

完善公共文化服务体系。开工建设西藏青少年宫，改扩建西藏博物馆。建设西藏民族文字出版基地。实现县级有线电视数字化全覆盖。全面建成文化信息资源共享工程基层服务点。切实抓好重点文物保护工程建设，加大非物质文化遗产保护传承力度。大力扶持西藏题材文艺作品创作，不断提高广播影视译制制作水平。积极备战第十届全国民族运动会和第一届全国青年运动会。

强化安全生产监管和防减灾工作。坚守安全生产底线，加强安全生产治理体系和监管能力建设。扎实做好生产经营领域、工程建设领域、农产品质量安全和食品药品安全监管，重点整治道路交通、油气管道、消防等领域安全秩序，坚决遏制重特大安全事故。加快完善自然灾害应急预警、指挥、救助体系，加强农牧业防减灾体系建设，开工建设拉萨中央级救灾物资储备库。全面完成昌都地震灾区等的恢复重建。

四、激活改革开放和对口支援两个动力

释放改革最大红利。加快集体土地所有权确权登记发证，稳妥推进农村土地承包经营权确权登记颁证，抓好农村改革试验区工作。完善政府预算体系，实现政府预算公开，增加对高寒地区、偏远地区、边境地区和贫困地区的财政转移支付。整合产业扶持资金，设立30亿元的自治区强区产业创业投资引导基金。鼓励支持民间资本发起设立产业投资基金和股权投资基金。全面清理规范税收优惠政策。推进“营改增”、地方税税制和商事登记制度改革。加大国有企业重组力度，发展混合所有制经济。建立不动产统一登记制度。完善资源开发利益补偿机制。稳慎推进社会领域各项改革。

强化金融服务支撑。加大对涉农、中小微企业以及重点工程建设项目的信贷投放力度，继续落实扶贫贴息贷款政策，力争年末贷款余额突破2000亿元、增长25%以上。推进多层次资本市场建设，支持符合条件的企业上市以及在新三板、区域性股权交易市场挂牌。成立西藏金融租赁公司，争取年内新设1家证券公司和1家基金管理公司，加快筹建地方保险法人机构。开展农牧民及中小微企业贷款保证保险业务。加快社会信用体系建设。

扩大对内对外开放。切实落实首届藏博会成果，精心筹备举办第二届藏博会。加大招商引资力度，优化投资环境。认真落实“五放六支持”政策，大力发展非公经济，力争在2010年基础上增加值、市场主体、就业岗位翻一番，税收翻两番。加快建设南亚大通道，积极对接“一带一路”和孟中印缅经济走廊，推动环喜马拉雅经济合作带建设，力争进出口贸易总额增长10%。

深化对口援藏工作。编制自治区对口援藏总体规划，全面推进经济援藏、产业援藏、教育援藏、就业援藏、干部人才援藏。制订援藏项目资金管理实施细则，加大衔接落实力度，项目资金向民生、向基层倾斜。

五、强化科技和人才两个支撑

着力推进科技创新。建设高原特色种质创制、农畜产品加工、生态安全等科研平台和科研基地，农牧业科技贡献率达45%以上。抓好科技企业孵化器、科技园区和种质资源库建设。提高农牧民科技特派员生活补助标准，实现行政村科技特派员全覆盖。完成全区第一次地理国情普查。进一步加强科普宣传教育。

着力加强人才队伍建设。坚持培养与引进并重，切实用好现有人才，大力培养实用紧缺人才，精准引进中高级人才。完善定向招生政策，为基层培养教育、卫生、科技、农牧等急需专业人才。发挥好西部计划志愿者作用。建设特色资源国家级创新团队。建立健全人才激励机制、科技奖励机制和人才工作目标责任制。进一步加强新型智库建设。

六、巩固民族团结和社会稳定两个基石

进一步巩固民族团结。坚定不移走中国特色解决民族问题的正确道路，深入开展民族团结进步创建活动，加强民族团结宣传教育，不断增强对伟大祖国、中华民族、中华文化、中国特色社会主义道路的认同，建设中华民族共同家园。大力推进兴边富民行动，不断提高边境地区发展水平和边民生活质量。

依法管理宗教事务。认真落实创新寺庙管理的各项措施，坚持属地管理、分级负责，严格地县寺庙管理责任，依法管理宗教事务，认真做好宗教界代表人士培养工作，维护正常宗教活动秩序，积极促进宗教与社会主义社会相适应。

落实十项维稳措施。坚守和谐稳定底线，全面推进依法治藏。切实履行“一岗双责”，做到发展稳定两手抓、两手硬、两促进，抓实抓好平安西藏建设，完善维稳长效机制。加快创新立体化社会治安防控体系，继续加强驻村驻寺工作，不断深化先进双联户创建活动，提高网格化管理覆盖面，依法打击各类违法犯罪活动。加快推进覆盖城乡居民的公共法律服务体系建设，深入开展矛盾纠纷排查调处化解工作。坚决贯彻对十四世达赖集团斗争方针，严厉打击各种分裂破坏活动，确保社会持续稳定、长期稳定、全面稳定。

支持国防建设，深入开展拥军优属、拥政爱民和军民共建活动，加强人防工作，推动军民深度融合发展，促进国防建设与地方经济社会协调发展。

各位代表，美丽西藏、幸福人民，是我们共同追求的目标。我们将着眼推进跨越式发展和长治久安，以法治的思维、改革的精神、开放的意识、创新的理念，精心编制好“十三五”规划，为确保到 2020 年西藏与全国一道全面建成小康社会谋划好蓝图。

加强政府自身建设

过去的一年，我们依法主动接受自治区人民代表大会及其常委会的法律监督和人民政协的民主监督，认真办理人大代表建议和政协委员提案 743 件，办复率达 100%；提请人大常委会审议地方性法规议案 3 件，制订政府规章 3 件。充分发挥公众参与、专家论证和政府决策相结合的优势，依法、民主、科学决策水平不断提高。深入开展党的群众路线教育实践活动，坚决贯彻落实中央八项规定和区党委“约法十章”“九项要求”，解决“四风”“两问题”“一薄弱”取得明显成效。“三公”经费较上年下降 19%。深入开展纠风、执法监察工作，查处了一批违法违纪案件，政风建设和廉政建设进一步加强。

面对新的形势和任务，我们必须进一步加强政府自身建设，着力提高社会治理能力、经济管理能力、依法行政能力、安全发展能力，努力建设人民满意政府。

一、转变政府职能，建设有为政府

正确处理好政府与市场的关系，遵循市场规则、运用市场手段、利用市场力量推动发展，着力培育有效市场，努力建设有为政府。大力简政放权，继续开展行政审批项目清理工作，逐步建立标准明确、程序严密、运作透明、制约有效、权责分明的行政审批体制。建立权力清单、责任清单和负面清单制度，完善政府向社会购买服务制度。探索实行“一个窗口受理、一个柜台办结、一条龙服务”，加快政务服务中心、便民服务大厅建设。探索实行网上审批，积极推行电子政务。开展政府质量和效能考核。

二、强化依法行政，建设法治政府

坚持党的领导，政府严格依照法定权限和程序行使职权、履行职责，真正做到“法无授权不可为”、“法定职责必须为”。依法接受人大法律监督，自觉接受政协民主监督，及时办理人大代表建议和政协委员提案。全面清理政府规章和规范性文件。完善政府重大决策合法性审查机制、政府法律顾问制度、重大决策终身责任追究制度。加强政府性债务管理，严格审批程序。加大行政执法监督力度。提高干部职工学法用法守法的自觉性。依法推进政务公开。

三、践行群众路线，建设为民政府

深入贯彻落实中央八项规定和区党委“约法十章”“九项要求”，严格按照“三严三实”的要求，巩固拓展党的群众路线教育实践活动成果，继续解决形式主义、官僚主义、享乐主义、奢靡之风等深层次问题。严格政治纪律、组织纪律、工作纪律、廉政纪律，坚持科学决策、民主决策、依法决策。完善领导干部和领导机关调查研究、联系群众、服务基层机制。以“钉钉子”的精神，坚持高标准、严要求，狠抓政策措施和目标任务的落实。厉行节约，反对浪费，继续严控“三公”经费，以作风转变的实际成效取信于民，真正做到政府过紧日子、群众过好日子。

四、坚决惩治腐败，建设廉洁政府

全面加强政府廉政建设，严格执行廉洁从政各项规定。严肃财经纪律，强化预算约束，加强对财政资金、重大项目的审计监督，加强对工程建设、公共资源交易、政府采购等方面的监管，坚持用制度管人、管权、管事。坚决查处违法违纪案件，始终保持惩治腐败的高压态势，营造风清气正的政务环境，以良好的政府形象赢得人民群众的信任和拥护。

各位代表，我们正处在全面深化改革、全面推进依法治国、全面建成小康社会的关键时期。让我们紧密团结在以习近平同志为总书记的党中央周围，在自治区党委坚强领导下，凝心聚力、攻坚克难，开拓创新、真抓实干，为推进西藏跨越式发展和长治久安而努力奋斗！

附录 3：

西藏自治区 2014 年国民经济和社会发展计划执行情况与 2015 年国民经济和社会发展计划草案报告

——2015 年 1 月 18 日在西藏自治区第十届人民代表大会第三次会议上

西藏自治区发展和改革委员会

各位代表：

受自治区人民政府委托，现将 2014 年国民经济和社会发展计划执行情况与 2015 年国民经济和社会发展计划草案提请自治区第十届人民代表大会第三次会议审议，并请自治区政协各位委员和各位列席代表提出意见。

一、2014 年国民经济和社会发展计划执行情况

2014 年，面对错综复杂的国内外经济形势，在自治区党委坚强领导下，全区上下认真贯彻落实中央一系列决策部署，始终坚持稳中求进工作总基调，落实“六对抓手”、“六动措施”和“三条底线”，主动作为，精准发力，全面落实稳增长、调结构、促改革、惠民生、保稳定系列政策措施，经济社会又好又快发展，呈现出“三稳三快三新”的良好态势，主要表现为“快、大、好、强、实、优、稳”的特点，为顺利完成“十二五”规划目标任务奠定了坚实基础。“三稳”即增速稳，预计我区生产总值完成 925 亿元、增长 12%，其中第一产业增加值 94 亿元、增长 4%，第二产业增加值 336 亿元、增长 13.5%，第三产业增加值 495 亿元、增长 12.6%，实现平稳较快增长；物价稳，预计居民消费价格涨幅控制在 3%以内，向市场投放中央储备冻猪肉 3000 吨、牛肉 1850 吨、羊肉 200 吨，组织采购大米 2469.6 万公斤，居民主要生活必需品供需平衡；就业稳，预计新增就业 4.3 万人。“三快”即投资增长快，预计落实中央政府投资 353 亿元，其中中央预算内投资首次突破 200 亿元；民间投资达到 300 亿元、增长 30.6%；项目建设快，交通、能源、水利等重点项目加快实施，特别是“十二五”规划标志性工程项目拉日铁路通车运营，川藏电力联网工程建成投运；贷款增长快，贷款余额呈现“阶梯状”增长态势，预计突破 1600 亿元。“三新”即开放合作打开新局面，成功举办首届中国西藏旅游文化国际博览会，“人间圣地·天上西藏”品牌形象影响广泛；天然饮用水产业发展取得新进展，签订战略投资合作项目 16 个、总投资 36 亿元、产量突破 30 万吨；藏青工业园区建设取得新突破，落实招商引资项目近 100 个，实现产值 17.8 亿元。

（一）需求增长较快

——投资持续增长。预计完成全社会固定资产投资 1100 亿元、增长 19.8%，其中中央政府投资 353 亿元、增长 30.3%。累计落实“十二五”规划项目投资 1642 亿元，占“十二五”规划投资 2217 亿元的 74.1%。236 个项目累计完工 63 个、在建 148 个。拉日铁路通车运营，拉林铁路控制性工程开工建设。改则至革吉、丁青至斜拉山等一批公路建设项目获得国家批复，拉林高等级公路已开工建设路段完成工程总量的 75%以上，米林机场至八一专用公路、嘎拉山隧道和雅江特大桥改扩建工程加快实施，新增通

油路县3个、通油路乡（镇）36个。拉萨贡嘎机场航站区改扩建工程开工建设。川藏电力联网工程建成投运。藏木水电站2台机组、旁多水利枢纽工程4台机组发电，多布水电站、羊易地热电站开工建设。无电地区电力建设、农网改造升级工程稳步推进。全区电力装机总容量达169.7万千瓦、增长32.4%。雅鲁藏布江中游水电规划和环评通过国家审查。拉洛水利枢纽工程、雅砻、恰央等重点水库开工建设。拉萨城市供暖实现全覆盖。

——消费保持平稳。预计全社会消费品零售总额实现323.6亿元、增长12.9%。印发加快流通产业发展的实施意见，制定了农牧区市场体系建设方案和南菜北运东果西运主销区建设工程实施方案，加快城乡网点规划和农牧区市场体系建设规划。定向刺激消费，安排1亿元财政资金，对家电家具采购进行补贴。落实商务基础设施建设资金2.93亿元，建成县级配送中心20个、乡（镇）商贸中心69个、农家店1400个，商品流通网络进一步完善，有效促进了农牧区消费市场繁荣。引导区内物资交易会趋于规模化、品牌化，建成特色产品电子商务平台，完成30家企业80种产品信息上线工作。建成4个粮油配送中心和13个粮油示范店，销售粮油1140万公斤。

——外贸合理运行。有效遏制异地企业虚增西藏统计贸易值，完成进出口总额15.79亿美元、下降43.3%。受樟木口岸尼方贸易通道发生重大山体滑坡事件影响，边境小额贸易小幅下降，完成进出口总额14.45亿美元、下降1.2%。口岸规划编制和基础设施建设进展顺利，吉隆口岸正式通关。

（二）产业运行平稳

——农牧业基础扎实。农作物播种面积377.02万亩，预计粮食产量达到98.5万吨。农业科技支撑力度不断加大，“藏青2000”等新品种推广56万亩，高产创建示范面积100万亩，良种繁殖面积15.69万亩。农机购置补贴2.85亿元，三项作业综合机械化水平达到57.5%。出栏牲畜660万头（只）、禽类300万羽，肉类产量32.6万吨、奶类产量35.5万吨。落实草原生态保护奖励资金20亿元。自治区级农牧业产业化经营龙头企业总产值23.2亿元、增长9.4%，农畜产品加工企业总产值24亿元、增长14.3%，农牧业产业化经营率达到38.6%。落实扶贫农发专项资金25亿元，实施农业综合开发县38个、扶贫项目1898个，减少贫困人口13万人。

——工业经济保持平稳。预计全区工业增加值实现71亿元、增长14%，规模以上工业增加值实现43亿元、增长4%。“十二五”规划重点工业和信息化项目累计完成投资242.4亿元，提前超额完成规划投资目标，昌都水泥生产线建设项目基本竣工，日喀则高新雪莲生产线已完成设备安装。重点园区集聚力进一步增强，藏青工业园区加快建设，那曲物流中心累计引进企业96家、注册资金突破5亿元、上缴税收7亿元。成立专项领导小组及办公室，出台专门意见，推动天然饮用水产业做大做强。加大“西藏好水”宣传推介力度，在北京举办了“西藏好水·世界共享”主题宣传活动，中国黄金、三峡集团、光明乳业等一批国内500强企业进藏考察洽谈天然饮用水投资合作开发事宜。预计区管重点国有企业累计利润总额16.52亿元、上缴税金7.22亿元，分别增长60.72%、16.5%。

——旅游和房地产业发展较快。加大旅游宣传推介力度，狠抓旅游市场秩序整治，推动旅游持续升温。接待国内外游客1553万人次、增长20.3%，实现旅游总收入204亿元、增长23.5%。房地产业产销两旺，新开工楼盘37个、总投资92.89亿元。

（三）民生保障更惠

——社会保障投入大幅增加。投入71亿元，全面落实18项民生政策，新增11项惠民举措。城乡社会救助工作稳步开展，城镇居民最低生活保障标准由每人每月440元提高到540元、农村居民最低生活保障标准由每人每年1750元提高到2150元、农村五保集中供养标准由每人每年2600元提高到3650

元。开工建设五保集中供养项目48个、地（市）儿童福利院项目6个。新开工保障性安居工程7.2万套，9.47万人住房条件得到改善。向灾区下达救助资金1320万元，调拨价值875万元的救灾物资。农牧民转移就业98.5万人次、劳务收入20亿元。全区公益性岗位使用安置26018个，动态消除零就业家庭96户。居民收入较快增长，预计农村和城镇居民人均可支配收入分别达到7471元、22026元，增长14%和8%。全区各项社会保险参保260.6万人次，在政策层面上实现了社会保障全覆盖目标。

——社会事业不断进步。教育“三包”经费标准再次提高，学年生均达到2900元，学生在校生活质量进一步提高。实现义务教育农牧民子女营养改善计划全覆盖，惠及38万多名学生。向全区乡（镇）正式在岗教师发放生活补助，月人均补助600元，1.6万余名乡村教职工受益。农牧区医疗制度保持全覆盖，城乡居民医疗补助标准分别提高到年人均340元、380元，将22种重大疾病和20种特殊门诊病种纳入保障目录。为273.3万城乡居民、2.8万名在编僧尼免费体检。每月向乡（镇）卫生人员平均发放生活补助600元。加快实施创新驱动发展战略，批准各类创新平台9个，科技服务特色优势产业能力逐步增强。西藏自然科学博物馆项目基本完成展陈施工、西藏（拉萨）科技企业孵化器、种质资源库项目建设顺利推进。乡（镇）综合文化站、县级民间艺术团排练场基本竣工，建成那曲、山南地区图书馆，开工建设山南地区、昌都市博物馆，全区公共文化设施总量比2013年增加192个，服务网络更加完善。“东风工程”加快实施，新闻出版产业持续健康发展。完成8.4万户广播电视盲点覆盖，广播电视人口综合覆盖率达到94.78%和95.91%。全区光缆线路达到9.7万公里，乡（镇）通光缆率达到97.8%，61.4%的行政村具备宽带接入能力。

——安全生产形势基本稳定。开展安全生产大检查、大排查、大整治行动和“六打六治”打非治违专项行动。全区共发生各类安全生产事故500起、下降41%，死亡262人、下降17%，实现“双下降”。大力实施质量振兴战略，不断强化特种设备、食品安全、执法打假等监管工作，有效维护社会公共安全。

（四）发展支撑强劲

——财税金融运行稳健。预计公共财政预算收入124亿元、增长30.8%；公共财政预算支出1185亿元、增长16.9%。全区各项税收收入174.1亿元、增长17.8%。各项存款余额3089.19亿元、比年初增长23.5%；各项贷款余额1619.46亿元、比年初增长50.2%。信贷投向重点突出、结构进一步优化，中小微企业贷款余额608.92亿元、比年初增长44.72%，涉农贷款余额297.26亿元、比年初增长98.09%，扶贫贴息贷款余额214.56亿元、比年初增长近两倍。

——油电气运运转有序。全社会用电量30.68亿千瓦时、增长9.86%，工业用电量14.63亿千瓦时、增长21.45%，销售成品油60.55万吨、增长5.34%，销售天然气425.66万立方米、增长218.69%。科学调度，合理安排运力，尽可能满足不同季节、不同时段铁路客货运输需求，完成铁路客运量238.1万人次、货运量508.7万吨。公路交通运输生产有序发展，预计全年完成客运量4358万人次、货运量1240万吨，公路客运班线县级覆盖率达98.6%、乡（镇）覆盖率61%、行政村覆盖率41%。航空运输生产持续增长，新开辟航线9条，通往区外城市33个，预计全年完成旅客吞吐量315万人次、货邮吞吐量2.51万吨，分别增长14.2%、16.43%。邮政和快递业务收入4亿元、增长41.3%，电信业务总量完成45亿元、增长38%。

——信息化建设步伐明显加快。组建铁塔公司西藏分公司，通过贷款贴息方式启动了移动通信盲区覆盖工程，639个行政村盲区覆盖任务基本完成；“十二五”规划6项通信工程建设任务进展顺利，全年完成投资10亿元，基础通信服务能力进一步提高。加强互联网信息管理队伍建设和行业信息化建设，启动了互联网信息管控指挥中心、基础教育信息化试点工程、司法审判信息系统等政务信息化工程，基本建成城乡居民养老保险信息系统、基于北斗卫星的安全生产综合监管平台及推广应用等信息化项目。拉萨市纳入创建信息惠民国家示范城市。

（五）改革协调推进

——改革任务扎实推进。贯彻落实十八届三中全会《决定》和《中央全面深化改革领导小组 2014 年工作要点》，量化分解了我区 246 项改革举措，明确了 2014 年的 177 项重点改革任务。目前，177 项重点改革任务均已启动实施，148 项已完成和接近完成，29 项正在实施；已出台或即将出台各类改革成果 275 个。

——发展环境不断优化。推进商事制度改革，先证后照改为先照后证，实缴制改为认缴制，进一步放宽市场主体住所登记条件，市场主体活力进一步迸发。新登各类市场主体 20841 户、增长 5.98%，总数 14.6 万户、增长 8.7%，注册资本 1938.26 亿元、增长 49.6%。财税体制改革进一步深化，出台企业所得税政策实施办法，“营改增”试点扩展到铁路运输、邮政和电信领域；建立政府全口径预算体系，完善转移支付向高寒边远贫困地区重点倾斜机制。全面启动 1 个国家级和 4 个自治区级农村改革试验区试点工作。

——经济合作深入推进。加快招商引资体制改革，修订出台《西藏自治区招商引资若干规定》，投资环境进一步改善和优化，招商引资实际到位资金 284 亿元、项目 540 个。成功举办首届中国西藏旅游文化国际博览会。中国西藏—尼泊尔经贸洽谈会升格为国家级。自治区政府代表团成功出访尼泊尔，签约 5 亿美元项目，与尼泊尔合作成立喜马拉雅航空公司，打开西藏航空业进入国际市场的窗口。认真贯彻中央对口支援西藏工作 20 周年电视电话会议，援藏工作体制机制进一步完善，力度不断加大，落实对口援藏资金 36 亿元、实施项目 695 个。

——规划编制工作取得重要进展。印发实施《西藏自治区主体功能区规划》，自治区党委、政府审定通过《西藏自治区新型城镇化规划（2014—2020 年）》，为全区推进实施主体功能区战略、加快新型城镇化发展指明了方向。起草形成了自治区“十三五”时期经济社会发展基本思路，为“十三五”规划纲要编制工作奠定坚实基础。

（六）生态环境良好

——生态建设加快。编制完成《西藏生态安全屏障保护与建设规划纲要（初稿）》，启动全区生态环境功能区规划编制工作。林芝、山南地区国家级生态文明先行示范区建设顺利推进，落实江河湖泊生态保护专项资金 2500 万元，申扎生态草原监测站建成投运，拉萨河源头生态功能保护区建设一期、雅江源头生态功能保护区建设一期和泽当生态监测站项目前期工作顺利推进。启动“两江四河”流域造林绿化工程，防护林体系、防沙治沙、自然保护区、湿地保护与恢复、天然林保护、退耕还林、森林防火及林业有害生物防治等林业重点工程进展顺利，完成造林绿化 124 万亩，超出全年计划近 10%。

——环境保护力度加大。有效控制开发建设活动对环境的不利影响和新增污染物排放量，审批水利、交通、市政、园区、矿产资源开发等各类建设项目环境影响报告书（表）187 份。强化重点项目环境监管工作，积极推行企业环境信用等级评价制度，对 190 家企业实施重点监控监督。开展整治违法排污企业保障群众健康环保专项行动，重点对矿产资源开发、城镇环保基础设施建设等 5 个专项领域环境保护工作进行了检查。

——国土资源管理规范。全力保障全区重点项目用地需求，安排土地利用计划指标 3 万亩，土地出让收益 15.25 亿元。推进农村地籍调查和农村集体土地所有权确权登记颁证，69 个县完成农村宅基地调查数据入库，启动曲水、乃东、江孜、白朗四县集体土地所有权登记发证试点工作。继续实施找矿突破战略行动，开展矿业权出让招拍挂试点工作。

二、2015年经济社会发展面临的形势

（一）新常态下蕴含的新机遇。一是从投资机会看，随着国家投融资体制改革不断深化，政策导向有利于我区市场化运作，在民生型、公共消费型基础设施领域扩大投资，使投资继续对经济发展发挥关键作用。二是从区位优势看，我区是国家面向南亚开放的陆路贸易大通道，处在链接“一带一路”的侧枝，具有北借“一带”、南达“一路”的优势，随着国家新一轮沿边开发开放战略实施、与周边国家基础设施互联互通步伐加快，加快边境地区开发开放、口岸贸易快速增长，具有难得机遇。三是从资源禀赋看，我区清洁能源、天然饮用水、高端旅游、高原特色农产品等比较优势明显、市场前景广阔、政策环境有利，抓住并用好当前国家产业结构调整创造的资本流动性充裕、投资机会缩窄的有利时机，引进信誉好、实力强的战略投资者，有望在较短的时间内把资源优势转化为经济发展优势。四是从差异化区域优惠政策看，进一步吃透、抓住、用好中央赋予我区差异化的金融、税收以及对口支援等特殊优惠政策，对激发产业发展活力、增强发展后劲十分有利；新常态下国家完善区域政策、优化经济发展空间格局、继续实施西部开发，促进各地区协调发展、协同发展、共同发展，为我区加快提高社会基本公共服务水平提供了有利契机。五是从人口结构看，一方面我区老年抚养比远低于全国同期平均水平，人口老龄化引发的社会负担轻，百姓对创造财富的贡献、提高生活水平的消费周期长；另一方面随着新型城镇化建设步伐加快，城镇居民消费潜力将进一步释放，以城镇为中心的消费服务业有望成为拉动经济增长新引擎。六是从产业发展看，我区产业发展后发优势，当前承接内地转移的节能环保、绿色低碳类项目是调整窗口期，有望创造新的增长点。互联网、物联网技术加快发展，我区信息服务的可得性、便利性和交通运输的便捷性不断提高，发展小型化、智能化、专业化新型生产、商贸业态条件日臻成熟，消费服务业有望带动我区经济转型发展。

（二）新常态下面临的新挑战。一是经济下行压力不断显现。新常态下我区依靠投资，特别是政府投资拉动的增长已显乏力，大规模扩大投资的外部环境发生变化，我区财力较弱、政府性投资主要投向改善民生的公益性领域，投资回报率低、融资渠道窄，客观上束缚了政府撬动社会资本服务重大工程投资的宏观调控运作。消费拉动能力外流加快，以网购为代表的电子商务消费对我区传统商贸服务业态冲击日益显现。进出口贸易受制于交通瓶颈制约、区内生产制造能力弱、周边国家经济发展水平低、口岸服务水平有限等因素，短期内实现快速发展困难较大。二是投资环境亟待优化、投资效益亟需提高。在新常态难以大规模扩大政府性投资的情况下，多渠道招商引资吸引社会资本参与开发建设重要性凸显，深化有利营商的体制机制改革，营造优质政务服务软环境留住投资，加强法治化建设、保持政策稳定性和连续性保障投资者预期收益，我区的任务依然十分艰巨。三是基础要素支撑能力不足。我区人才资源短缺、交通和能源等基础公共服务供给不足。四是维护稳定、改善民生、保护环境压力较大。反分裂斗争任务依然艰巨；贫困人口占比大，扶贫攻坚任务繁重；自然环境脆弱，生态安全屏障建设责任重大。

三、2015年经济社会发展的总体要求和预期目标

2015年全区经济工作的总体要求是：全面贯彻落实党的十八大和十八届三中、四中全会精神，贯彻落实中央经济工作会议和中央民族工作会议精神，以邓小平理论、“三个代表”重要思想、科学发展观

为指导，贯彻落实习近平总书记系列重要讲话精神、特别是“治国必治边、治边先稳藏”的重要战略思想和“努力实现西藏持续稳定、长期稳定、全面稳定”的重要指示，贯彻落实俞正声主席“依法治藏、长期建藏、争取人心、夯实基础”的重要原则，坚持走有中国特色、西藏特点的发展路子，按照区党委八届六次全委会和全区经济工作会议部署，坚持稳中求进工作总基调，坚持以提高经济发展质量和效益为中心，坚持“663”工作思路不动摇，主动适应经济发展的新常态，突出稳增长、调结构、促改革、惠民生、保稳定，强化投资拉动、强化改革开放、强化产业支撑、强化扶贫攻坚，促进经济持续快速健康发展、社会大局持续和谐稳定、生态环境持续良好、各族群众生活水平持续提高，圆满完成“十二五”经济社会发展目标任务。

2015年我区经济社会发展主要预期指标是：全区生产总值增长12%左右，全社会固定资产投资增长20%以上，社会消费品零售总额增长13%以上，公共财政预算收入增长15%，进出口总额增长10%，农村居民人均可支配收入增长13%以上，城镇居民人均可支配收入增长10%，居民消费价格涨幅控制在4%以内，实现新增就业4.6万人。

四、2015年经济社会发展的主要任务和措施

2015年是自治区成立50周年，也是全面深化改革的关键之年、全面推进依法治藏的开局之年、全面完成“十二五”规划的收官之年。做好全区经济工作、为“十三五”发展奠定良好基础，意义十分重大。我们将立足“十二五”收尾，着眼“十三五”开局，按照这次会议的部署，锁定目标，强化措施，狠抓落实，开拓创新，推动有质量有效益的发展，重点抓好八个方面工作，确保“十二五”时期经济社会保持跨越式发展势头，为“十三五”时期发展奠定坚实基础。

（一）着眼项目收官，加快投资进度

1、加大投资落实力度。充分调动政府投资和民间投资两个积极性，力争固定资产投资突破1300亿元、增长20%。积极衔接，主动作为，争取支持，确保2015年中央预算内投资申报计划中共计121个项目、总投资335亿元尽快得到落实。加强与中央企业沟通衔接，加快落实能源、矿产、通信等规划项目。同时，推行bt、ppp模式，引导民间资本逐步参与我区社会基本公共服务领域、市政公用设施领域、重大基础设施领域、重点产业发展领域的建设和运营，实现民间投资较快增长。

2、加快项目建设进度。全力推进重点项目快开工、快建成、快见效，确保规划项目中除按规划只推进前期工作的9个藏电外送项目外，全部落地开工。加快拉林铁路建设，开工建设青藏铁路格拉段扩能改造工程。倒排工期、加快进度，确保拉林高等级公路已开工路段、嘎拉山隧道和雅江特大桥改扩建工程等建成投运。开工建设米拉山隧道。推进川藏公路改造整治工程。加大通县油路、通乡油路建设力度，实现村村通公路、镇镇有干线。加强经济干线和农村公路以及农村客运班线建设。加快实施林芝、拉萨贡嘎、昌都机场改扩建工程。加快推进川藏联网延伸工程、藏中电网220千伏网架工程、城网建设与改造工程。加快农网升级改造、无电地区电力建设，58个县纳入主电网覆盖范围并实现农电代管，加快大古、街需、加查、苏洼龙水电站建设。加快拉洛水利枢纽工程建设，开工建设湘河、结巴等水库，加大农田水利、民生水利、生态水利综合配套建设力度。创新项目管理机制，提高项目建设管理水平。

3、研究储备一批项目。立足“十三五”，紧紧围绕到2020年与全国一道实现全面建成小康社会宏伟目标，研究储备一批交通、能源、水利、民生、矿产、生态等重大项目，结合推进新型城镇化，储备一批城镇建设项目，争取国家投资在“十二五”基础上翻一番。做深做细做实项目前期工作，特别是京

藏高速公路那曲至拉萨段、川藏铁路林芝至昌都段、日喀则至口岸铁路、拉萨新机场、叶巴滩和拉哇水电站以及昌都、阿里与藏中电网联网工程等重大项目前期工作，推进怒江上游水电规划审批。

（二）着眼扩大流通，努力刺激消费

4、完善商品流通网络。进一步优化商贸流通建设总体设计，实施城乡商业网点规划和农牧区市场体系建设规划。落实好商务发展专项资金，打造推动区域商贸流通升级加速的“亮点”工程，重点加强农牧区产业基地、专业市场和农畜产品流通设施、储备及市场监测体系建设。积极争取将区域中心城镇列入全国农产品流通骨干网络体系、全国重点物流节点城市。抓好“粮安工程”，推进粮油仓储设施、应急体系、检测体系、放心粮油工程建设。

5、挖掘居民消费潜力。推动城乡居民将潜在消费需求转化为即期消费。深入挖掘“万村千乡市场工程”、“新网工程”一店多用潜力，积极扶持特色产品电子商务平台，拓展特优产品销售渠道，切实解决“工业品下乡难、农产品进城难”问题。专项刺激汽车、房地产消费，促进大宗商品消费稳定增长。及时出台促进我区快递业发展的意见，对“快递下乡”给予更多的税收、资金支持，帮助快递企业健全县以下快递网络，让更多的农牧民群众享受快递服务便利。

6、促进外贸健康发展。加强与南亚各国的经贸往来，继续用好用活中央赋予西藏外贸优惠政策，确保不出现贸易虚增回潮。积极向国家部委争取边民互市贸易差别化政策，加大口岸、边贸市场、边民互市贸易点建设力度，改善对外贸易环境，扩大自产品出口和资源性产品进口，提升贸易便利化水平。

（三）着眼高原特色，促进产业发展

7、加快发展农牧业。大力开展青稞增产模式集成推广工作，推广“藏青2000”等新品种115万亩以上，实现粮食总产量100万吨、良种覆盖率达到85%以上。抓好重大动物疫病防治，加大畜禽良种选育推广力度，力争完成黄牛改良16.5万头、绵羊改良2万只，肉类奶类产量分别达到34万吨、37万吨。加快农牧业现代化建设，推动无公害、绿色、有机产品开发认证工作，推进农畜产品标准化生产。加大对自治区级农牧业产业化龙头企业扶持力度，农牧业产业化经营率达到40%以上。不断推进扶贫开发、农业综合开发向纵深发展，力争减少贫困人口8万人。

8、壮大工业经济。抓好工业投资和项目建设，通过总量扩张、提质增效、结构调整，实现工业经济稳中有进。坚持水、电、矿优势资源优先开发、重点发展，培育地方特色和比较优势的战略支撑产业。扎实做好水源地勘查、水质监测等前期工作，加快编制天然饮用水产业发展规划，加大“西藏好水”宣传推介力度，以要素整合和品牌培育为重点，合理布局天然饮用水产能，加强与国内500强企业合作开发。依托川藏联网工程正式投运，积极参与全国电力平衡，打造国家重要的清洁能源基地。进一步加快外送电源点和电力输出工程前期工作，对国家核准开工建设的水电站尽快开工建设，加快构建以水电为主的战略支撑性能源产业。加快藏青工业园区建设，提高矿产品加工程度，延伸矿业产业链条，推进矿产资源开发向规模化、集约化、效益型方向发展。继续做大农畜产品加工业、藏药业、民族手工业，加快转型升级。妥善处理好工业生产和能源保障之间的矛盾，不断强化工业运行电力保障。

9、促进第三产业大发展。积极推动建设重要的世界旅游目的地上升为国家战略，大力实施特色鲜明、功能完备、国际标准、融合发展为主要内涵的“旅游转型升级工程”，打造西藏旅游升级版。立足独具特色的藏文化和高原生态景观，着力构建拉萨国际旅游文化中心、林芝世界生态旅游区、珠峰文化旅游区、雅砻文化旅游区、象雄文化旅游区、羌塘草原旅游区、大香格里拉旅游合作区、陕甘青藏旅游合作区、中尼国际旅游合作实验区。加快旅游项目建设，着力撬动社会资本开发旅游项目。继续开展“请进来、走出去”宣传促销活动，认真筹划2015年中印旅游年活动。力争全年接待游客1700万人次、增长9.5%，实现旅游总收入240亿元、增长17%。以旅游业为引擎，带动商贸物流、休闲娱乐、餐饮住宿、信息咨询、文化等行业加快发展，培育好以旅游业为核心的产业链。加快建设拉萨、日喀则、山南、昌都文化创意园区，推进国家藏羌彝文化产业走廊建设，打响一批特色文化产业品牌。积极探索养老、健康、家政服务业发展，抓紧制定市场准入、财税价格、投融资、人才等优惠政策。

（四）着眼凝聚民心，大力改善民生

10、优先发展社会事业。大力加强寄宿制学校标准化建设，着力改善农村义务教育薄弱学校基本办学条件，加大对农牧区中小学附属工程投入力度。统筹推进卫生计生事业全面发展，进一步完善县、乡、村三级公共卫生服务体系，加快县级区域医疗中心和乡镇卫生院能力建设，继续保持农牧区医疗制度覆盖面。加强高原特色领域原始创新、集成创新和协同创新，突出科技创新支撑农牧业发展能力，推进民生科技进步。加快地（市）图书馆、博物馆、群艺馆等公共文化设施建设，启动实施自治区级公共文化服务体系示范区（项目）创建工作，促进西藏与内地文化交往交流交融。创作一批献礼歌舞剧目，为自治区成立50周年营造热烈的文化氛围。着力加强新闻出版广播影视产品生产供给，广播电视人口覆盖率达到94.9%、96.03%。

11、着力提升保障水平。坚持把70%以上财力投向民生，其中投入86亿元实施10个方面26项提标扩面政策。继续把高校毕业生作为就业工作的重中之重，扩大就业创业，鼓励自主创业。新增就业4.6万人、城市调查失业率控制在2.5%以内。坚持城镇转移就业、扶持就近就地就业和返乡创业三结合，实现农牧区富余劳动力转移就业100万人次、劳务收入巩固在20亿元以上。把城镇就业困难人员作为帮扶重点，切实解决“零就业”家庭等困难群体的就业问题，新增公益性岗位3000个。进一步扩大养老、医疗、工伤、生育、失业等社会保险覆盖面，提高城乡居民的社会保障水平。健全和完善劳动关系协调机制、劳动人事争议调处机制和劳动保障监察机制，构建和谐劳动关系，切实维护劳动者与用人单位双方的合法权益。健全人才工作机制，完善人才引进政策，突出抓好专业技术人才队伍和高技能人才队伍建设。加快县以下周转房建设进度，大力改善乡村干部职工的工作生活条件。

12、推进救助体系建设。不断完善城乡低保、医疗救助和临时救助制度。基本建立养老服务体系，全面建成63所五保集中供养机构，实现全区五保有意愿集中供养率达到100%；完善儿童福利制度，全面建成9所地（市）级儿童福利院机构，实现全区孤儿集中收养率达到100%。进一步加强灾害救助体系建设，开展拉萨中央级救灾物资储备库建设，完成55个乡镇救灾物资储备库建设。加强防灾减灾工作，完善救灾预测预警、应急响应、灾害评估等机制，建立村（居）基础数据库。加快樟木口岸和昌都市地质灾害治理工作。动员和依靠社会力量，加强优抚安置工作，切实保障优抚对象合法权益。

13、加强安全生产监管。切实把安全生产作为经济社会发展的基本“底线”和“红线”，建立健全“党政同责、一岗双责、齐抓共管”责任体系。健全安全生产法律法规，强化依法治理。不断强化安全生产基础设施建设。以高危行业（领域）为重点，持续深入开展严厉打击各类违法生产经营建设行为，深入推进道路交通、矿山、危险化学品、建筑施工等重点行业（领域）安全专项整治，坚决遏制重特大安全生产事故发生，实现各类安全事故起数和死亡人数“双下降”。

（五）着眼增强活力，深化改革开放

14、加快重点领域改革。进一步推进行政审批制度改革，加快取消和下放行政职权和审批事项，不断向市场放权、向基层放权，加强事中事后监管。深入总结农牧区改革试点经验并进行推广，在坚持“三个长期不变”的前提下，积极推动耕地、草场承包经营权流转。深化财税体制改革，推进事权和支出责任相适应。清理整合专项转移支付，提高一般性转移支付占比，增加对高寒地区、偏远地区、边境地区和贫困地区的转移支付。推进营改增等税制改革。加大国有企业整合重组力度，吸引多种所有制企业参与国有企业改革重组。积极探索交通投融资运作模式。深化投资体制改革，探索建立负面清单制度。继续深化商事制度改革。深化资源性产品价格改革。完善资源开发利益补偿机制。稳慎推进社会领域各项改革。

15、构建开放型经济新格局。认真贯彻落实国家沿边地区开发开放规划，积极打造环喜马拉雅经济合作带。加强吉隆口岸跨境经济合作区建设，推进面向南亚开放大通道建设。加大向国家层面协调力度，争取与尼泊尔进一步加强战略合作，积极推进西藏航空有限公司拓展国际航空业务，尽快启动日喀则至吉隆铁路前期可研工作，开辟欧美游客进藏新通道。精心谋划、周密筹备第二届藏博会。加大招商引资力度，切实提高合同履约率、项目开工率和资金到位率，力争招商引资增长 15%以上。继续落实“五放六支持”政策，激发非公有制企业的活力和创造力，发挥非公经济在繁荣市场、扩大就业、增加税收的功能作用。贯彻落实好中央对口支援西藏工作 20 周年电视电话会议精神，全面推进经济援藏、教育援藏、就业援藏、干部人才援藏、产业援藏，提升与援藏省（市）的交流合作层次。加快推进青藏经济一体化进程，积极融入陕甘宁青经济一体化，进而融入“丝绸之路经济带”。

（六）着眼美丽西藏，保护好生态环境

16、加强生态文明建设。完成环境功能区划和生态保护红线划定工作。加强环保法律法规宣传和环境执法监管，落实环境保护责任追究制度，严禁破坏生态、严禁污染环境、严禁浪费资源。探索制定生态环境负面清单，全面推行环境保护考核，严格落实环境保护与财政转移支付挂钩的奖惩机制。全面实施“两江四河”流域造林绿化工程，启动拉林高等级公路、拉日铁路适宜路段绿化工程，植树造林和封山育林 110 万亩以上，确保成活率达 85%以上。实施拉鲁湿地三期保护工程。开展水生态补偿试点工作，进一步完善草原保护奖励制度、森林生态效益补偿制度。协调推进生态安全屏障保护与建设规划有效实施。加快林芝和山南国家生态文明先行示范区创建工作，建设循环经济示范单位。加强耕地保护，把“红线”落地划死，将耕地红线、永久基本农田、城市建设用地开发边界和生态红线落实到土地利用总体规划中。

17、强化节能减排。严格环境准入，严把生态环境关、产业政策关、资源消耗关，严禁“三高”企业和项目进入我区。强化环境监测监管，加大矿产、水能、交通等重点建设项目环境监管，加快推进主要城镇和各类园区污水处理厂以及县城和乡(镇)生活垃圾填埋场、转运站建设。积极推广使用先进节能技术、节能材料，实施绿色建筑方案，推进太阳能、风能、地热、沼气等能源利用与建筑一体化科研、开发和建设。

（七）着眼长远发展，谋划好“十三五”

18、编制好“十三五”规划。坚持目标导向和问题导向，立足我区基础设施薄弱、发展条件差、生态环境脆弱、经济总量小、城乡和区域间发展不平衡、与内地发展差距大、特殊矛盾突出的基本区情和阶段性特征，以改革的精神、开放的思维、创新的理念，编制好自治区“十三五”时期国民经济和社会发展规划。积极向国家发展改革委汇报衔接，指导我区编制好“十三五”项目规划方案，争取中央更多的支持、更大的投入。

19、配合好中央调研组相关工作。认真总结中央第五次西藏工作座谈会以来我区经济社会发展取得的主要成绩、积累的基本经验以及存在的差距和困难，积极配合中央调研组开展各项工作，及时、准确向中央调研组提供有关数据、资料等背景材料。认真研究梳理需要中央支持西藏经济社会发展的特殊优惠政策和扶持措施。

（八）着眼团结和谐，保持社会大局稳定

20、营造和谐稳定的好局面。继续抓好“两件大事”，既营造科学发展的好局面，又营造和谐稳定的好局面，实现发展与稳定同时抓、都要硬、互促进。全面贯彻好中央民族工作会议精神，坚决落实自治区党委一系列维护稳定的决策部署，坚持“依法治藏”，落实“一岗双责”，强化驻村驻寺工作，深入开展“双联户”评选活动，创新寺庙管理，加强城镇网格化管理，全力以赴维护好社会和谐稳定，为自治区成立50周年大庆营造良好的社会氛围。

各位代表，2015年是承前启后的关键一年，对与全国同步全面建成小康社会具有十分重要的意义。我们将按照区党委的决策部署，贯彻落实全区经济工作会议和自治区十届人大三次会议精神，锐意进取，勇于创新，全面推动“十二五”规划实施，奋力推进我区跨越式发展和长治久安，确保圆满实现年度各项目标，为全面建成小康社会奠定坚实基础。

名词解释

1、经济发展新常态：是中央审时度势做出的重大战略判断，主要呈现速度变化、结构优化、动力转换三大特点，经济增长速度从高速增长转向中高速增长，经济发展方式从规模速度型粗放增长转向质量效率型集约增长，经济结构从增量扩能为主转向调整存量、做优增量并存的深度调整，经济发展动力从传统增长点转向新的增长点。

2、政府和社会资本合作（ppp）模式：指政府为增强公共产品和服务供给能力、提高供给效率，通过特许经营、购买服务、股权合作等方式，与社会资本建立的利益共享、风险分担及长期合作关系。

3、“建设一移交”（bt）模式：是政府利用非政府资金来进行基础非经营性设施建设项目的一种融资模式，指项目的运作通过项目公司总承包，融资、建设验收合格后移交给业主，业主向投资方支付项目总投资加上合理回报的过程。

附录 4:

西藏自治区 2014 年财政预算执行情况和 2015 年财政预算草案的报告

——2015 年 1 月 18 日在西藏自治区第十届人民代表大会第三次会议上

西藏自治区财政厅

各位代表:

受自治区人民政府委托，现将西藏自治区 2014 年财政预算执行情况和 2015 年财政预算草案提请自治区十届人大三次会议审议，并请自治区政协各位委员提出意见。

一、2014 年财政预算执行情况

2014 年是全面贯彻落实党的十八届三中全会各项改革部署的第一年，也是实施“十二五”规划承前启后的关键之年。全区各级财政部门在自治区党委的正确领导下，在人大、政协及社会各界的监督指导下，面对经济发展新常态，在刚性支出激增、调控余地趋紧的情况下，始终坚持稳中求进的工作总基调，紧紧围绕“三个确保”、“六对抓手”、“六动措施”、“三条底线”的工作要求和思路，审时度势，因势利导，顺势而为，全面落实稳增长、调结构、促改革、惠民生、保稳定、防风险等一系列政策措施，全力推进经济社会平稳较快发展，为顺利完成全年目标奠定了坚实基础，财政预算执行情况良好。

（一）2014 年预算执行情况

自治区十届人大二次会议审议通过的自治区 2014 年财政预算为：一般公共预算总财力 8,749,892 万元。其中：一般公共预算收入 736,868 万元；中央补助 6,812,405 万元；上年结转 1,200,619 万元。公共财政预算支出 8,749,892 万元。2014 年政府性基金预算收支安排 232,056 万元。年度预算执行中，根据财力变化情况，经自治区十届人大常委会第十二次会议同意，一般公共预算收支调整为 11,713,840 万元，政府性基金预算收支调整为 309,730 万元。

2014 年，财政预算执行结果为：一般公共预算总财力 13,238,646 万元，比年初预算增加 4,488,754 万元，增长 51.3%，比变更预算财力增加 1,524,806 万元，增长 13%。其中：一般公共预算收入完成 1,242,695 万元，为预算的 168.6%，比上年决算收入增长 30.8%。一般公共预算支出 11,854,594 万元，比上年决算支出增加 1,711,466 万元，增长 16.9%。上解支出 2,367 万元。收支相抵并扣除结转下年支出 1,373,483 万元后，当年实现净结余 8,202 万元，其中自治区净结余 8,202 万元。实现了收支平衡，略有结余。

政府性基金预算财力 677,930 万元，其中：地方政府性基金预算收入完成 405,211 万元。政府性基金预算支出 525,240 万元。收支相抵，结余资金 152,690 万元结转下年继续使用。

以上预算执行结果待地方财政决算汇总后，会略有变化。

（二）2014 年财政主要工作

1、夯实基础，加快农牧业发展和基础设施建设。充分认识农牧业和基础设施建设在我区发展稳定全局中的基础地位，大力推进农牧业发展和基础设施建设。

健全财政支农政策，促进农牧业持续发展。2014 年，全区财政支农预算支出达到 1,680,000 万元，比上年增加 75,000 万元，同比增长 6.5%。一是加大农村基础设施建设，推进社会主义新农村建设。继续推进“八到农家”工程，整合资金 114,813 万元，完成 1000 个行政村人居环境建设和环境综合整治，在全区 96 个村开展村级公益事业一事一议财政奖补和“美丽乡村”项目建设。落实资金 111,964 万元，完成 6.33 万户农村危房改造和 1.48 万户农房建筑节能示范建设。落实资金 11,550 万元，完成 385 个边境地区自然村（村民小组）组织活动场所建设。落实农田水利建设补助资金 125,503 万元，实施 66 个小型农田（牧区）水利、10 个山洪灾害防治和 39 个乡村防堤建设项目，实施中小河流域治理项目 30 个。二是完善财政补贴政策，千方百计拓宽农牧民增收渠道。落实农作物和牲畜良种、农机具购置、粮食直补、农资综合补贴等生产补贴资金 73,185 万元，全区农作物繁育及推广面积达 194 万亩，牲畜良种推广 12.2 万头（只），农机具购置补贴覆盖 11 大类 26 小类 60 个品目，配方施肥面积达 60 万亩。落实资金 7,877 万元，培训农牧民 60716 人次，农牧民技能培训的针对性和实效性得到有效增强。落实资金 19,991 万元，加强农业病虫害防治和生产救灾能力建设。落实保费补贴资金 32,013 万元，大力推进政策性涉农保险工作。完成历年家电家具下乡补贴资金清算，并将城镇低保对象纳入补贴范围，累计兑现补贴资金 43,986 万元。三是加大农业综合开发力度，提升农牧业产业化经营程度。落实农业综合开发资金 64,991 万元，实施 93 个土地治理和产业化经营项目，土地开发及治理面积 52.35 万亩，年增粮食生产能力 1.8 万吨。落实资金 17,319 万元，实施 8.7 万亩高标准农田建设。整合安排资金 119,093 万元，大力扶持现代农业和高原特色农牧业发展，建设优质青稞生产基地 37 万亩，建设人工饲草料基地 5.4 万亩、舍饲暖棚圈 3.1 万户。四是突出扶贫重点，深入推进财政扶贫工作。落实财政扶贫专项资金 206,777 万元，在 189 个乡镇实施整乡推进、产业扶贫、面上扶贫、兴边富民及以工代赈项目 2763 个。五是规范农村土地管理，促进农业可持续发展。落实资金 7,694 万元，支持全区农村宅基地确权登记发证工作，启动农村集体土地所有权确权登记发证工作。2014 年，全区农牧民人均纯收入达到 7471 元，财政对农牧民群众的直接、间接补贴达人均 3629 元。

突出项目带动作用，优化项目建设环境。充分发挥投资拉动作用，全区基建投资到位 3,596,500 万元，比上年增加 1,368,000 万元，增长 61.4%，全区交通、水利、能源、通信等基础设施建设取得重大突破。落实资金 1,326,900 万元，推动交通事业跨越式发展，其中：安排资金 500,000 万元，支持拉林高等级公路控制性工程等交通重点项目建设。落实资金 33,307 万元，支持旁多水利枢纽、拉洛水利枢纽等水利重点项目建设。落实资金 57,797 万元，加快无电地区电力建设和“金太阳”工程示范工程建设。落实资金 62,000 万元，支持拉萨市既有建筑节能改造。加快保障性住房建设，落实资金 565,247 万元，支持全区 20058 套周转房、6000 套廉租房、19000 套公共租赁住房建设和 17216 户棚户区改造。落实资金 25,843 万元，持续推进县城供水工程建设。落实资金 70,000 万元，支持我区重点城镇主体功能配套设施建设。援藏资金支持地方经济社会发展的能力持续增强，全年通过地方财政划拨的援藏资金规模达到 313,336 万元。

2、突出重点，推动特色产业发展和生态文明建设。加大企业扶持资金的整合力度，推动特色优势产业发展，积极支持节能环保与高原生态保护，把资源和生态优势转化为经济社会发展的现实动力。

创新资金扶持办法，推动产业转型升级。整合产业、中小企业、非公经济等企业扶持资金 55,000 万元，转变扶持方式，通过贴息、投资入股、以奖代补、设立基金等方式，扶持企业和产业发展，提高资金使用效率。落实国有企业扶持资金 10,462 万元，支持国有企业改革改制。落实资金 3,000 万元，支持昌都、日喀则、阿里三地担保体系建设。加快打造世界旅游目的地，改善旅游发展软硬环境，落实旅游产业发展资金 12,000 万元，实施 30 个旅游基础设施建设项目，加大旅游宣传促销支持力度，首届西藏旅游文化国际博览会顺利召开。支持西藏民航事业发展，落实航线补贴及贷款贴息资金 18,300 万元。落实矿产资源勘查资金 24,658 万元，继续支持实施找矿突破行动，加快矿产资源开发基地和矿产资源战略储备基地建设。落实资金 4,832 万元，积极支持口岸建设和出口产品基地建设，促进内外贸易发展。

坚守生态保护底线，构建高原生态屏障。积极争取国家支持，西藏国家重点生态功能区县由 8 个增加到 18 个，落实国家重点生态功能区转移支付 108,300 万元。加强生态环境保护监督管理，对生态环境保护工作成绩显著的县给予奖励。落实资金 210,981 万元，继续实施草原生态保护奖励机制，草场禁牧及草畜平衡面积达到 10.25 亿亩。认真执行林业生态保护政策，落实资金 77,223 万元，在 65 个县实施森林生态效益补偿机制，国有和地方国家重点公益林管护面积达到 15169 万亩。落实资金 64,967 万元，继续支持退耕还林、天然林保护、重点区域造林、防沙治沙等工作开展。落实资金 9,000 万元，开展水生态、湿地保护试点工作，保护水环境及生物多样性。落实资金 19,176 万元，用于湖泊生态环境保护、城镇和农村水源地保护、污水处理、重金属污染防治及地质灾害治理等项目实施。

3、着力保障，促进民生改善和基本公共服务能力提升。积极筹措资金，安排资金 711,000 万元，办好社保、教育、医疗卫生等“十件民生实事”，持续增进民生福祉，推动基本公共服务均等化，促进社会公平正义。

完善社会保障制度，持续加强民生保障。2014 年，全区社会保障和就业支出 818,113 万元，比上年增加 88,717 万元，增长 12.2%。一是继续完善社会保险政策体系。连续十年提高标准，企业退休职工养老保险基本养老金待遇达到月人均 3320 元。新型农村社会养老保险基础养老金从月人均 105 元提高至 120 元，实现城乡居民社会基本养老保险制度一体化。城镇居民基本医疗保险财政补助标准从人均 300 元提高至 340 元。完善工伤保险政策，将所有公务员和参照公务员法管理的事业单位、社会团体的工作人员纳入工伤保险保障范围。全民意外伤害保险政策平稳实施。二是继续完善社会救助政策体系。年内两次提高城乡居民最低生活保障标准，城镇低保标准从月人均 440 元提高至 540 元，农村低保标准从年人均 1750 元提高至 2150 元，农村五保户供养标准从每人每年 2600 元提高至 3650 元。适时启动社会救助和保障标准与物价上涨挂钩联动机制，惠及城乡困难群众达到 40 余万人。继续为低收入群体发放“三大节日”一次性生活补助。加快推进五保集中供养和孤儿集中收养工作，落实资金 93,526 万元，实施全区 43 所县五保集中供养机构和 9 所地（市）级孤儿集中收养机构建设。加强自然灾害救助工作，落实救灾储备物资资金 20,082 万元；落实冬春自然灾害救助资金 3,100 万元，解决受灾群众基本生活困难问题。落实资金 4,440 万元，为全区所有县采购配备救灾应急专用车辆。三是积极扩大就业。完善就业惠民政策，落实就业再就业专项资金 9,440 万元，支持高校毕业生到农牧区、企业工作，鼓励自主择业和自主创业，西藏籍应届高校毕业生实现全就业。进一步完善政府购买公益性岗位开发管理，落实资金 38,729 万元，确保全区 2.6 万名公益性岗位的工资及社保补贴支出。四是继续全面深化收入分配体制改革。住房按月补贴和住房公积金政策平稳运行。落实资金 22,000 万元，用于拉萨市城镇居民供暖用气补贴。进一步提高标准，腹心地区村书记主任、其他村干部的基本报酬和业绩考核奖励补助标准从年人均 9126 元、4568 元分别提高至 10404 元、5208 元，边境地区村书记主任、其他村干部的基本报酬和业绩考核奖励补助标准从年人均 9444 元、4830 元分别提高至 10766 元、5506 元；“三老”人员生活补助标准每人每月提高 50 元；干部职工取暖期内补贴标准从每月 220 元提高至 250 元。五是做好社会优抚安置工作。落实资金 102,577 万元，确保自主择业军队转业干部、军队移交地方安置离退休人员、退伍义务兵的安置所需支出。开展特困离退休老干部帮扶，加强离退休党支部建设，为老干部疗养、参观提供支持。

支持社会事业发展，提升公共服务能力。一是坚持教育优先发展。2014 年，全区教育支出 1,458,006 万元，比上年增加 386,230 万元，增长 36%。进一步提高“三包”经费保障标准，达到年生均 2,900 元，全区“三包”经费支出总量达到 149,300 万元，惠及近 52 万农牧民子女及城镇困难家庭学生。落实资金 24,738 万元，实现义务教育农牧民子女营养改善计划全覆盖，惠及 38 万多名义务教育阶段农牧民子女学生。落实资金 207,600 万元，加快农牧区学前教育建设、农村义务教育薄弱学校改造及高寒高海拔中小学“四有工程”实施。大力支持职业教育和特殊教育发展。落实资金 43,712 万元，支持高校发展，推动高校特色优势学科建设以及重点实验室建设。二是强化医疗卫生服务。2014 年，全区医疗卫生支出 496,982 万元，比上年增加 94,080 万元，增长 23.4%。继续执行城乡居民免费体检政策。提高医疗经费保障标准，农牧区医疗制度财政补助标准从年人均 340 元提高至 380 元，村医、兽医待遇标准从月人均 300 元提高至 600 元，基本公共卫生服务经费标准从 35 元提高至 45 元。加大公共卫生投入，推动建立完善先心病儿童筛查治疗常态化机制，实施孕前孕期出生缺陷一级干预工程，支持疾病预防控制、妇幼卫生保健、食品安全监管等工作开展，做好昌都地区大骨节病群众异地搬迁及综合防治。促进藏医药事业加快发展，提高基层藏医药服务和救治能力。三是加强基层文化建设。2014 年，全区文化体育与传媒支出 328,241 万元，比上年增加 103,071 万元，增长 45.8%。落实资金，对民族手工业创新产品研发、国家公共文化服务体系示范区、原生态歌舞《寻找·香巴拉》等项目进行了重点扶持。加强基本公共文化服务保障，推进文化信息资源共享工程，支持文化、体育等公共文化场所免费开放，对实行免费开放的图书馆、群艺馆、文化馆及体育场馆等机构进行财政补贴。落实资金 54,856 万元，加大重点寺庙和文物保护力度，鼓励非物质文化遗产的保护、传承与开发。支持广播电视事业发展，支持西藏题材的文艺、影视作品创作，促进优秀文化作品走向荧幕。加大群众体育投入，促进群众身体素质全面提升。第十一届全区运动会顺利举办。四是推进公路养护事业发展。落实公路养护资金 192,167 万元，为经济社会发展提供坚实保障。

4、强化支撑，支持科学技术推广和人才引进。坚持科技创新驱动，推动应用技术研究与成果转化，促进科学研究成果向现实生产力转化；支持实施人才强区战略，化解经济社会快速发展与人力资源建设相对滞后的矛盾。

提升科技应用水平，提高科技服务能力。围绕特色优势产业发展，落实资金 19,288 万元，加大应用技术研究与开发投入，继续开展青稞基因组计划及农业科技成果转化、农业科技推广、基层农技推广体系建设等工作。完善科技特派员制度，落实科技特派员生活补助资金 3,583 万元，充分调动农牧科技特派员的积极性。落实科普专项资金 3,345 万元，支持科学技术宣传教育与引导。

加大人力资源投入，引导智力支持发展。完善人才工作资金投入机制，为引进补充教育、科技、卫生等急需紧缺人才提供资金支持。落实资金 28,504 万元，建立乡镇机关事业单位干部职工生活补贴制度，鼓励基层干部职工安心工作。加大教师培训投入，落实资金 6,336 万元，加强师资培养，提高教师教学水平。加强基层卫生人才队伍建设，落实资金 2,000 万元，加大乡村医护人员培训力度，引导优秀的医疗卫生专业高校毕业生到基层医疗机构工作。落实资金 1,000 万元，安排国有企业经营管理人才培训项目 62 个，支持国有企业人员素质提高和企业文化塑造。落实资金 5,000 万元，进一步加强乡镇、村居组织负责人的培训工作。落实资金 1,665 万元，支持大学生志愿服务西部计划实施，全区大学生志愿者数量达到 2000 人，人才结构得到进一步改善。

5、强基固本，增进民族团结与社会稳定。创新财政投入体制机制，支持公共管理与社会治理，促进社会长期稳定，推动实现人民安居乐业。

支持深入开展民族团结教育和民族团结进步创建活动，加强和创新寺庙管理，认真落实各项利寺惠僧措施，落实爱国守法先进僧尼表彰经费 11,175 万元，进一步引导广大僧尼提升爱国热情和法律意识。落实资金 1,502 万元，对开展民族团结的先进集体和个人予以表彰。继续全力支持深入开展强基惠民活动，全区各级财政共落实强基惠民专项资金 180,000 万元，确保了办实事、队员生活补贴及短平快项目实施的经费需求。落实资金 23,536 万元，支持“双联户”创建评选及表彰活动开展。做好铁路护路联防经费保障，落实青藏、拉日铁路护路联防经费 13,610 万元。妥善处置“8·09”、“8·18”重特大交通事故善后工作，按照“两限一警”政策要求，落实资金 6,171 万元，保障道路旅客运输班线车辆的安全运营和市场稳定。安排专项资金，支持村居“两委”班子换届及第一书记、乡镇长及基层党员培训工作开展。

加大维护稳定经费投入的同时，进一步将财力向基层政府、边境地区和财政困难地区倾斜，提高基层政府调控能力，提升基层政府的公共服务水平。继续扩大自治区对下均衡性转移支付规模，2014 年，自治区对地(市)、县均衡性转移支付规模达到 1,207,596 万元，比 2013 年增加 251,599 万元，增长 26.3%。进一步完善县级基本财力保障奖补机制，安排奖补资金 64,880 万元，改善困难县财力状况。完善边境地区转移支付政策，进一步提高“普惠性”边民补助标准，一线、二线“普惠性”边民补助标准分别从年人均 1200 元、1000 元提高至 1400 元、1200 元，落实边境地区转移支付资金 81,100 万元。加强基层政权建设，落实资金 38,589 万元，切实改善基层乡镇机关办公及生活条件。

6、深化改革，全面构建规范的现代财政制度。坚持按照全面深化财税体制改革的总体要求，遵循社会主义市场经济原则，加快转变政府职能，完善管理制度，创新管理方式，提高管理绩效，用好增量资金，进一步规范财政管理，防范财政风险，实施有效监督，资金效益提高。

加强财政制度建设，深化财税体制改革。加强政府全口径预算管理，明确四大预算的收支范围，研究建立政府性基金预算和国有资本经营预算与一般公共预算的统筹机制。加强人员编制和资产管理，完善人员编制、资产管理与预算管理的衔接机制。规范结余结转资金管理，建立结转结余资金定期清理机制和预算编制与结转结余资金相衔接的管理机制。继续扩大国有资本经营预算编制范围，逐步提高国有资本收益收缴比例。不断深化国库集中收付制度改革，推进资金支付电子化改革试点和财政票据电子化改革，公务卡改革和财税库银横向联网工作进展顺利。进一步完善预算执行动态监控机制。加强自治区本级财政国库现金管理，清理收回财政借（垫）款、基本建设结余资金 52.1 亿元和预算单位应缴未缴收入及超过 2 年未实施项目资金及结余资金 6.12 亿元。全面规范税收优惠政策，修订企业所得税优惠政策，配合财政部开展所得税专项检查工作。稳步推进“营改增”试点工作。研究确定青藏工业园区税收分成及资金划转方式。加强政府债务管理，做好政府存量债务甄别工作，切实防范化解财政风险。

大力整饬财经纪律，严格控制一般性支出。依法行政，依法理财，自觉接受人大监督和社会各界的监督。及时回复财政经济委员会的相关咨询。规范理财行为，严格按照规范的程序和要求编报预决算，按规定用途拨付和使用财政资金，确保财政资金安全有效。严肃财经纪律，完善财政监管与内控机制，完成文物维修、水利建设、小金库专项治理等 33 项监督检查任务，查出违规违纪资金 4.36 亿元，追缴资金 6044 万元。认真履行代行中央监督管理职能，完成 18 家驻藏中央预算单位 544 个账户的年检工作；对西藏电信、西藏移动等驻藏中央企业进行会计监督检查，查出各类违规资金 6.31 亿元，补缴税金及罚款 3,187 万元。牢固树立过紧日子的思想，严格执行中央和自治区的规定，大力压缩一般性支出，“三公”经费比上年压缩了 19%。推进预算公开工作，部门决算和“三公”经费公开范围扩大至自治区 40 家部门和所有地（市）本级 10 家预算单位。全面加强预算绩效管理工作，继续开展重点项目绩效评价试点，把绩效评价结果作为年度预算安排的重要依据。

在肯定成绩的同时，我们也清醒地认识到，我区财政预算管理仍存在一些矛盾和问题。一方面，由于国内经济发展正面临阶段性调整，在经济运行下行压力加大、政策性减收因素增多、刚性支出规模不断扩大的情况下，我区各级财政的收支矛盾依然十分突出；另一方面，预算管理和控制方式仍需完善，跨年度预算平衡机制尚未建立，预算约束力有待增强，预算资金的使用绩效有待提高，财经纪律仍有待加强。我们要进一步采取措施，优化财政支出结构，改进和加强预算管理，整饬财经纪律，确保财政资金安全有效。

二、2015年财政预算草案

根据《预算法》、《国务院关于编制中央预算和地方预算的通知》（国发〔2014〕54号）的规定和要求，结合我区实际，编制完成了2015年西藏自治区财政预算草案。

（一）预算编制指导思想

高举中国特色社会主义伟大旗帜，坚持以邓小平理论、“三个代表”重要思想、科学发展观为指导，全面贯彻落实党的十八大和十八届三中、四中全会精神，贯彻落实习近平总书记系列重要讲话精神，特别是“治国必治边、治边先稳藏”的重要战略思想和“努力实现西藏持续稳定、长期稳定、全面稳定”的重要指示，贯彻落实俞正声主席“依法治藏、长期建藏、争取人心、夯实基础”的重要指示要求，贯彻落实中央第五次西藏工作座谈会、中央经济工作会议、自治区党委八届六次全委会议、自治区经济工作会议精神，坚持稳中求进工作总基调，主动适应经济发展新常态，不断深化改革创新，促进经济发展方式转变。按照“保运转、保民生、保增长、保稳定”的工作要求，突出“六对抓手”，强化“六动措施”，坚守“三条底线”，优化财政支出结构，加大“三农”、教育、社会保障和就业、医疗卫生、文化、科技、节能环保、公共安全、强基惠民、创新寺庙管理等重点环节、重点工作和关键领域的投入。从严控制一般性支出，严肃财经纪律。深化财税体制改革，健全政府预算体系，完善预算管理各项制度，加大预算统筹力度，切实推进预算公开透明。

（二）预算编制基本原则

1、预算安排坚持量入为出，收支平衡。预算支出安排充分考虑财力可能，按照轻重缓急的顺序，优先考虑刚性及重点支出需求，确保年初预算编制收支平衡，不编赤字预算。

2、收入预算坚持实事求是，积极稳妥。收入预算安排充分考虑经济发展新常态和政策调整因素，结合预算执行情况，既保证一定增幅，又确保与经济社会发展实际相适应。

3、支出预算坚持勤俭节约，统筹兼顾。支出预算安排坚持有保有压、重点突出。一方面，牢固树立过紧日子思想，严格控制各部门的机关运行经费和楼堂馆所等支出，继续压缩“三公”经费支出。另一方面，将财力更多地向“三农”、教育、社会保障和就业、医疗卫生、文化、科技、节能环保、维护稳定等重点领域倾斜，全力做好强基惠民、维护稳定、促进就业等重点工作的资金保障。

4、预算管理坚持依法理财，监督有效。强化部门的预算执行主体责任，推进预算绩效管理工作，提高财政资金的使用效益。全面规范税收优惠政策，对违反招商引资规定，擅自出台的税收先征后返政策，预算不安排支出。加强地方政府债务管理，切实防范政府债务风险。

5、预算编制力求全面完整，讲求绩效。将政府的收入和支出全部纳入预算管理。进一步扩大自治区对下转移支付提前告知的范围和规模，将资金尽可能地落实到具体项目和单位。取消教育、科技、支农投入与其他指标挂钩机制，据实安排项目支出预算。加大结余结转资金统筹力度，激活存量资金，减少资金沉淀。

（三）2015年预算安排总体情况

1、一般公共预算安排情况

2015年，全区一般公共预算总财力为10,531,661万元，按可比口径计算，比上年增加1,603,510万元，增长21.2%。其中：一般公共预算收入剔除2014年一次性收入因素，并考虑企业所得税免征地方分享部分的因素后，安排963,099万元，同口径比较，比上年增长15%；中央补助8,189,684万元，比上年增加1,377,279万元，增长20.2%；上年结转1,378,878万元（含政府性基金转入一般公共预算资金5,395万元）。

一般公共预算支出安排10,531,661万元，按可比口径计算，比上年增加1,603,510万元，增长21.2%。其中：自治区本级支出安排4,813,576万元，剔除上年结转财力因素后，比上年增加165,180万元，增长5.1%，占当年预算财力的比重为37.5%，比上年下降5.8个百分点；地（市）级支出安排5,718,085万元，比上年增加1,438,330万元，增长62.5%，占当年预算财力的比重为62.5%，比上年提升5.8个百分点。

2、政府性基金预算安排情况

2015年，全区政府性基金预算财力为432,889万元，其中：地方政府性基金预算收入285,594万元。政府性基金预算支出安排432,889万元。

3、社会保险基金预算安排情况

2015年，全区社会保险基金预算收入安排734,286万元，支出安排581,909万元，各项社会保险政策可实现平稳运转。

（四）2015年预算安排的重点

1、坚持推动农牧业发展和基础设施建设两个基础不动摇。

加大强农惠农投入，促进城乡统筹协调发展。安排支农投入1,191,361万元，同口径比较，比上年增加127,325万元，增长12%。一是加大农牧区基础设施投入。整合资金79,601万元，其中地方预算财力安排10,450万元，继续实施898个行政村人居环境建设和环境综合整治工程。加快推进农村危房改造、农房建筑节能示范工作。进一步推进农村饮用水水源地保护、农牧区应用太阳能热水器澡堂试点工作。二是完善农牧业政策性补贴政策，安排农机具购置、化肥、牲畜良种、粮食直补、农资综合补贴等农牧业补贴资金65,078万元。三是提升农牧业产业化经营水平。安排资金145,576万元，支持农业综合开发土地治理和产业化经营，扶持现代农业、特色产业及农民合作组织发展。四是健全农村综合服务经费保障机制。安排农村综合改革补助资金55,207万元，加快推进“美丽乡村”建设进程。安排资金43,221万元，加大“菜篮子”工程、农牧民技能培训、农牧业技术推广和农业资源保护的扶持力度，促进农村信息、交通、储蓄等综合服务发展，推进农村集体土地所有权确权登记工作。安排资金10，000万元，继续实施家电家具下乡补贴政策。五是加大农牧业防灾减灾投入。安排资金39,011万元，认真落实政策性涉农保险补贴政策，提高农业病虫害防治和生产救灾能力，将村级动物防疫员补助标准从月人均600元提高至900元。六是促进水利改革加快发展。安排资金99,310万元，加快推进小型农田水利工程建设，支持防洪抗旱、水土保持、草原水利灌溉、水生态保护、中型灌区及节水改造等项目实施。七是加大财政综合扶贫投入。安排财政扶贫资金188,927万元，增加34,107万元，增长22%。

加大基础设施建设投入，夯实经济发展基础。安排基础设施建设投入1,528,126万元，增加593,903万元，增长64.9%。一是加大地方基建投入。安排地方预算内基本建设投入100,000万元，增加10,000万元。二是加快交通基础设施建设。安排车辆购置税用于公路建设项目资金1,000,000万元，农村公路养护资金20,000万元，公路大中修专项45,000万元，国省道公路养护资金196,164万元。三是推进重点城镇功能配套建设，安排资金 50,000 万元，提升重点城镇公共服务和吸纳就业能力。四是加大保障性住房投入，安排资金 90,532 万元，支持全区周转房、公共租赁住房建设及棚户区改造。五是支持其他基础设施建设，安排口岸建设资金 5,000 万元，地质灾害治理 5,000 万元，金太阳示范工程地方配套资金 10,000 万元。

2、坚持促进特色产业发展和生态文明建设两个重点不动摇。

加大产业扶持资金整合力度，推动经济持续稳定增长。对各类企业扶持资金进行整合，安排自治区投入 30,000 万元，并整合资金设立自治区富民强区投资引导基金 30 亿元，进一步创新扶持方式，引导市场资本投入，通过基金管理公司，扶持促进我区特色优势产业发展。安排民航发展专项 15,000 万元；信息化建设资金 6,000 万元。贯彻金融撬动措施，安排中小微企业信用担保、贷款风险补偿、保证保险资金 6,000 万元，引导在藏金融机构加大对中小微企业信贷支持；安排小额贷款担保资金 6,000 万元，支持就业困难人群、高校毕业生等创业就业。安排县域金融机构涉农贷款增量奖励资金 1,509 万元，鼓励县级金融机构发放涉农贷款。支持西藏特色优势产业发展，安排旅游产业发展资金 12,000 万元，矿产资源勘查专项 5,000 万元。

加大节能环保投入，支持构建高原生态安全屏障。安排环境保护投入 434,551 万元，增加 43,228 万元，增长 11%。其中：安排重点生态功能区建设和环境保护工作奖励资金 52,450 万元，草原生态奖补资金 210,981 万元，森林生态效益补偿资金 77,223 万元，重点区域造林资金 20,000 万元，天然林保护工程补助资金 9,611 万元，退耕还林资金 5,658 万元，湿地和水生态保护补偿试点资金 6,000 万元。安排节能环保专项资金 8,000 万元，实施重大环境保护项目实施。

3、坚持加强民生改善和基本公共服务两个保障不动摇。计划投入 860,020 万元，重点实施教育、医疗、社会保障等十个方面二十六项民生政策，持续增进民生福祉，促进基本公共服务均等化。

完善社会保障制度，持续加强民生保障。安排民生投入 704,769 万元，比上年增加 95,307 万元，增长 15.6%。一是完善社会保障制度，确保城乡各项社会保险制度平稳运行。安排各项社会保险补助资金 148,145 万元。提高保障标准，按 10%的比例继续提高企业退休职工基本养老金待遇，将城乡居民基本养老保险基础养老金从月人均 120 元提高至 140 元。继续落实全民意外伤害保险和全民大额医疗费补充商业保险政策。二是健全社会救助和社会福利制度，让更多的特困群体享受改革成果。安排社会救助和社会福利投入 136,921 万元。提高标准，将城镇居民最低生活保障标准从每月 540 元提高至 590 元，将农村低保标准从每年 2150 元提高至 2350 元，将“三老”人员生活补贴在现行标准的基础上月人均提高 50 元。继续为低收入群体发放“三大节日”一次性生活补助。完善社会救助和保障标准与物价上涨挂钩的联动机制。建立经济困难的高龄、失能等老年人补贴制度和贫困残疾人生活及重度护理补贴制度，推动实现基本养老服务均等化，切实保障残疾人权益。三是全面落实各项就业优惠政策。安排就业投入 132,800 万元，保证 30000 名政府购买公益性岗位工资及社保缴费补助的资金需求，对吸纳高校毕业生就业的企业继续进行补贴和奖励，确保西藏籍高校毕业生全部实现就业，动态消除零就业家庭。四是安排资金 152,412 万元，继续深化收入分配制度改革。认真落实住房按月补贴和住房公积金政策。完善拉萨市城镇居民供暖补贴政策。将干部职工取暖补贴标准从取暖期内每月 250 元提高至 260 元；将农村五保户供养标准从每年 3650 元提高至 4400 元，将腹心地区村书记主任、其他村干部的基本报酬及业绩考核奖励标准从年人均 10404 元、5208 元分别提高至 15606 元、7812 元，边境村书记主任、其他村干部基本报酬及业绩考核奖励标准从年人均 10766 元、5506 元分别提高至 16687 元、8535 元。五是安排资金 112,910 万元，支持社会优抚安置工作。做好自主择业军队转业干部、军队移交地方安置离退休人员和退伍义务兵的安置工作。继续实施特困离退休老干部帮扶工程，支持离退休党支部建设，为老干部疗养、参观提供资金支持。六是加大市场风险应急准备投入。安排资金 10,660 万元，完善地方粮油储备轮换机制，扩大粮油储备规模，积极应对市场风险。

加大社会事业投入，推进基本公共服务均等化。一是坚持教育优先发展。安排教育事业投入 927,340 万元，比上年增加 156,319 万元，增长 20.3%。加快学前教育和职业教育发展，加快义务教育薄弱学校改造，继续实施“三包”、内地西藏班、农牧林水地矿专业免学费等教育优惠政策，完善义务教育学生营养改善计划政策，加快高寒高海拔中小学“四有”工程建设。进一步提高标准，将“三包”经费标准从年生均 2900 元提高至 3000 元。二是加快医药卫生体制改革进程，促进基本公共卫生服务均等化。安排卫生事业发展资金 249,102 万元，增加 37,482 万元，增长 17.7%。将农牧区医疗制度、城镇居民基本医疗保险财政补助标准分别提高 40 元，达到年人均 420 元和 380 元，将基本公共卫生服务经费补助标准从年人均 45 元提高至 50 元，将村医岗位补贴由每月 600 元提高至 900 元。安排资金 26,707 万元，支持各级医疗卫生机构能力建设，推进县级医院国家基本药物制度改革，为自治区第三人民医院、县乡医疗机构的设备配备提供资金支持，进一步改善村级卫生室医疗条件，提升各级医疗机构的医疗水平和救治能力。安排公共卫生项目投入 23,124 万元，加强重大疾病防治、食品安全、卫生监督、妇幼卫生等工作。安排资金 4,000 万元，支持藏医藏药事业加快发展。安排全民免费健康体检资金 15,044 万元，城乡医疗救助资金 15,000 万元。三是支持构建现代公共文化服务体系。安排文化事业发展投入 62,814 万元，增加 10,376 万元，增长 19.9%。提升西藏特色文化的产业化水平，加快百幅唐卡工程实施，加大对非物质文化遗产传承开发和重点文物、寺庙的保护投入，鼓励文化创作。加快农村文化事业发展，继续实施文化体育场馆免费开放政策。加快县级有线电视数字化推广进程，增强基本公共文化服务保障水平。四是积极支持其他社会事业发展。安排资金 7,400 万元，支持邮政、通信普遍服务能力提升。安排宣传专项经费 6,000 万元。新增安排西藏自治区成立 50 周年庆祝活动经费 5,000 万元。安排“十三五”规划编制经费 5,000 万元。

4、坚持强化科技和人才两个支撑不动摇。

健全科技投入机制，为创新驱动战略实施提供支撑，安排科技事业发展投入 29,846 万元，比上年增加 7,210 万元，增长 31.9%。加大应用技术研究与开发、科学普及投入，促进科技创新与成果转化，推动科技研究成果向现实生产力转化。加大人才引进与人力资源建设投入，安排教育、科技、卫生人才引进资金 5,000 万元；干部、党员和村干部培训经费 15,000 万元。安排资金 3,313 万元，确保西部计划志愿者生活补贴及时发放。安排资金 6,700 万元，完善科技特派员制度，力争实现全区所有行政村农牧科技特派员全覆盖。提高乡镇机关事业单位干部职工生活补助标准，按二类区 100 元/月，三类区 200 元/月，四类区 300 元/月的标准提高乡镇教师和医护人员生活补助标准，按二类区 50 元/月，三类区 100 元/月，四类区 200 元/月的标准提高乡镇干部生活补助标准。

5、坚持巩固民族团结和社会稳定两个基石不动摇。

加大维护稳定投入，确保社会局势长期稳定。安排维护稳定投入 499,355 万元，增加 86,262 万元，增长 20.9%。一是支持政法队伍能力建设。二是支持创新社会管理，确保社会局势持续稳定。安排爱国守法先进僧尼表彰经费 11,000 万元，统战民族工作及民族团结表彰奖励经费 7,186 万元。安排寺庙管委会特殊岗位补贴资金 19,597 万元，进一步提高补助标准，将寺庙管委会特殊岗位补贴标准从月人均 1000 元提高至 1500 元。三是加大安全生产投入，安排青藏铁路、拉日铁路护路联防经费 13,544 万元，安全生产专项 2,000 万元。根据自治区确定的“两限一警”政策，新增安排交通专项经费 5,000 万元，客运班线及场站补贴 20,000 万元，确保客运市场稳定以及道路运输、旅游体制改革顺利推进。

加大基层组织工作投入，推进和谐社区组织建设。安排资金 153,700 万元，继续做好强基惠民工作的各项资金安排。安排资金 15,200 万元，支持“双联户”工作开展和先进“双联户”表彰；安排资金 12,904 万元，支持村级党组织、社区居委会和团组织建设。继续做好村党支部第一书记派驻工作经费保障。

加大基层财力补助，推动层级政府均衡发展。安排自治区对下均衡性转移支付 1,245,477 万元，增加 237,880 万元，增长 22.5%。安排县级基本财力保障机制奖补资金 40,000 万元。安排边境地区转移支付 69,100 万元，提高标准，将一线、二线“普惠性”边民补助标准分别从年人均 1,400 元、1,200 元提高至 1,700 元、1,500 元。安排基层财政奖励资金 38,000 万元，基层政权建设资金 36,080 万元。

各位代表，2015 年是实施“十二五”规划的收官之年。我们将在区党委的正确领导下，继续深化改革，加强财政监督，推进预算公开，自觉接受人大代表的监督，虚心听取政协委员的意见和建议，以高度的责任感、使命感和改革创新精神，切实履行职责，加强协调配合，认真落实各项改革措施，合力推进预算管理制度改革，确保预算圆满完成，为实现 2015 年经济社会发展目标作出贡献！

三、2015 年计划实施的民生政策

2014 年，自治区投入 70 亿元，在教育、社会保障和就业、医疗卫生等方面，着力办好“十件实事”，得到了社会的普遍欢迎与认可。为进一步提高社会事业发展水平，增进民生福祉，2015 年，拟安排资金 86 亿元，重点实施教育、医疗卫生、社会保障等十个方面二十六项民生政策。具体如下：

（一）养老保险待遇提标

1、提高企业退休人员基本养老金待遇。拟按 10%的标准调整企业退休人员基本养老金待遇，即在目前平均标准 3320 元/月的基础上增加 332 元，达到人均 3652 元/月。提标后，预计全区企业退休人员养老金支出总量将达到 200,000 万元，其中，2015 年提标新增基础养老金支出 14,342 万元，所需资金从企业养老保险基金专户列支，专户收支缺口由财政全额保障。

2、提高城乡居民社会养老保险基础养老金待遇。拟将城乡居民社会养老保险基础养老金待遇由月人均 120 元提高到 140 元，人均增加 20 元。提标后，预计全区财政用于城乡居民社会养老保险的支出总量达到 50,000 万元，其中，2015 年提标新增财政支出 5,760 万元，由区、地（市）、县（市、区）三级财政按 8∶1∶1 的比例分别承担。

（二）完善特困群体生活救助制度

1、提高城乡居民最低生活保障标准。拟将我区城镇居民最低生活保障标准由现行的每人每月 540 元提高到每人每月 590 元；农村居民最低生活保障标准由现行的每人每年 2150 元提高到每人每年 2350 元。提标后，预计全区用于城乡居民最低生活保障的支出总量达到 71,000 万元，其中：2015 年提标新增财政支出 9,580 万元，由区、地（市）、县（市、区）三级财政按 8∶1∶1 的比例分级承担。

2、建立贫困残疾人生活补贴和重度护理补贴制度。为进一步体现自治区党委、政府对贫困残疾人、重度残疾人的关爱与关心，健全我区残疾人社会保障和服务体系，切实保障残疾人权益，拟安排资金 1,750 万元，建立贫困残疾人生活补贴和重度护理补贴制度，确保贫困、重度残疾人的基本生活需求。

3、建立经济困难的高龄 失能等老年人补贴制度。为进一步体现自治区党委、政府对经济困难的高龄 失能等老年人的支持和关怀，完善老年人权益保障制度和养老服务体系建设，拟安排资金 1,500 万元，建立经济困难的高龄 失能等老年人补贴制度，推动实现基本养老服务均等化。

4、发放“三大节日”一次性生活补贴。为体现自治区党委、政府对城乡低保户、五保户、企业退休人员、城乡优抚对象等低收入群体的关心，拟安排资金 20,000 万元，在“三大节日”期间，为低收

入群体发放一次性生活补贴，提高低收入群体的支付能力，提高他们在节日期间的基本生活质量。

（三）基层干部职工及特殊岗位生活补助调标

1、提高乡镇机关事业单位干部职工生活补助标准。拟在2014年建立乡镇机关事业单位干部职工生活补助制度的基础上，提高补助标准。其中：乡镇教师和医护人员生活补助按二类区100元/月，三类区200元/月，四类区300元/月的标准提高；乡镇干部按二类区50元/月，三类区100元/月，四类区200元/月的标准提高。提标后，预计全区用于乡镇机关事业单位干部职工生活补助的支出总量将达到36,000万元，其中：2015年提标新增财政支出10,000万元，由自治区财政全额承担。

2、提高寺庙管委会特殊岗位补贴标准。拟将寺庙管委会特殊岗位补贴标准从每人每天35元提高至50元，即从月人均1000元提高至1500元。提标后，预计全年用于寺庙管委会特殊岗位补贴的支出总量达到20,000万元，其中，2015年提标增加支出6,500万元由自治区财政全额承担。

（四）提高"普惠性"边民补助标准

拟将一线乡镇边民补助标准由每人每年1400元提高至1700元，二线乡镇边民补助标准由每人每年1200元提高至1500元。提标后，预计全区用于"普惠性"边民补助的支出总量达到21,000万元，其中：2015年提标新增财政支出3,846万元，由自治区财政全额承担。

（五）村级人员待遇提标

1、提高村干部基本报酬和业绩考核奖励补助标准。拟从2015年起，分两年提高我区村干部基本报酬和业绩考核奖励补助标准。其中：2015年，将村书记主任、其他村干部的基本报酬及业绩考核奖励标准从年人均10404元、5208元分别提高至15606元、7812元，边境村书记主任、其他村干部基本报酬及业绩考核奖励标准从年人均10766元、5506元分别提高至16687元、8535元。提标后，预计全区村干部基本报酬和业绩考核奖励补助支出总量达到33,000万元，其中，2015年提标增加财政支出10,474万元，由自治区、地（市）、县三级财政按5:3:2的比例分级承担。

2、提高村医、兽医待遇。拟将村医、兽医待遇标准由每人每月600元提高到900元。提标后，预计全区用于村医、兽医待遇的补贴支出总量达到18,000万元，其中，2015年提标新增支出6,148万元由自治区财政全额承担。

3、提高"三老"人员生活补助标准。拟将"三老"人员（老党员、老干部、老劳模）生活补贴在现行标准的基础上，月人均增加50元。提标后，预计全区"三老"人员生活补助支出总量达到8,000万元，其中，2015年提标新增支出1,060万元由自治区财政全额承担。

4、提高农村五保户供养标准。将农村五保户供养标准由年人均3650元提高至4400元。提标后，预计全区用于农村五保户供养的支出总量达到4,000万元，其中，2015年提标新增支出650万元由自治区财政全额承担。

5、提高村干部体检经费标准。完善村干部体检制度，将村干部体检经费标准从人均300元提高至600元，每三年安排一次体检经费。提标后，村干部体检经费预计支出1,858万元，由自治区财政全额承担。

（六）促进教育事业优先发展

1、提高学前补助、义务至高中教育阶段农牧民子女"三包"及城镇困难家庭子女助学金（简称"三包"经费）标准。拟从2015年秋季新学期开始，将"三包"经费在现行标准基础上每生每学年提高100元，分别达到二类区2900元、三类区3000元、四类区或边境县3100元。调标后，预计全区用于"三包"经费的支出总量将达到153,000万元，其中：2015年提标新增财政支出2,700万元，由自治区财政全额承担。

2、高寒高海拔中小学“四有”工程。针对基层中小学存在的取暖成本高、用水困难、洗澡不便和蔬菜短缺问题，为切实解决基层学校师生基本生活困难，拟在 2015 年，统筹中央专款和地方预算内资金，投入 20,000 万元，继续实施高寒高海拔中小学“四有”工程（有暖廊、有水井、有澡堂、有菜窖）。

3、实施义务教育阶段农牧民子女营养改善计划。在国家级营养改善计划试点的基础上，按每生每天 4 元全年 200 天标准，实施营养改善计划试点工作，将覆盖面扩大到县以上义务教育学校农牧民子女，实现义务教育阶段农牧民子女营养改善计划全覆盖。预计全年支出总量达到 23,000 万元，惠及 38 多万名义务教育阶段农牧民子女在校生。

（七）促进医疗卫生事业发展

1、提高农牧区医疗制度财政补助标准。拟将农牧区医疗制度财政补助标准由年人均 380 元提高到 420 元。提标后，预计全区农牧区医疗制度财政补助支出总量达到 112,000 万元，其中，2015 年提标新增财政支出 12,450 万元，由自治区财政全额承担。

2、提高城镇居民基本医疗保险财政补助标准。拟将城镇居民基本医疗保险财政补助标准由年人均 340 元提高到 380 元。提标后，预计全区农牧区医疗制度财政补助支出总量达到 10,000 万元，其中，2015 年提标新增财政支出 1,088 万元，由自治区财政全额承担。

3、提高人均基本公共卫生服务财政补助标准。拟将人均基本公共服务财政补助标准由年人均 45 元提高到 50 元。提标后，预计全区人均基本公共卫生服务财政补助支出总量达到 16,000 万元，其中，2015 年提标新增财政支出 1,625 万元，由自治区财政全额承担。

4、县乡医疗机构设备配备。为提升县乡医疗机构的医疗水平和救治能力，拟安排资金 10,000 万元，为县乡医疗机构配备医疗设备。

5、出生缺陷干预工程。为切实降低出生缺陷风险，增进生育家庭幸福，提高出生人口素质，促进优生优育，2015 年，拟安排资金 1,757 万元，在免费孕前优生健康检查项目工作的基础上，开展 10000 对夫妇孕前、孕期健康干预。

（八）推进县级有线电视数字化

拟安排资金 17,424 万元，推进县级有线电视数字化进程，其中：项目建设经费 16,124 万元、光纤租用传输费用 1,300 万元。自治区、地（市）、县各按 50%、40%、10%比例承担。按照分年度实施的原则，2015 年预算安排自治区补助资金 5,300 万元。

（九）完善农牧民科技特派员制度

提高农牧民科技特派员生活补助标准，扩大覆盖范围，力争实现全区行政村农牧科技特派员全覆盖，预计全年用于农牧民科技特派员生活补助的支出总量达到 6,700 万元。

（十）金融惠民工程

拟安排资金 6,000 万元，完善城乡小额贷款保证保险保费补贴制度和小额贷款担保补贴制度，缓解城乡妇女和残疾人贷款难问题，提升金融扶持城乡妇女和残疾人的创业就业能力。

附录5：

2014年西藏自治区国民经济和社会发展统计公报

西藏自治区统计局
国家统计局西藏调查总队
2015年4月

2014年，是我区实施“十二五”规划的关键之年，自治区党委、政府团结带领全区各族人民，认真贯彻党的十八大和十八届三中、四中全会精神，深入贯彻落实科学发展观，贯彻落实习近平总书记系列重要讲话精神，坚持稳中求进的工作总基调，统筹推进，稳增长、调结构、促改革、惠民生，统筹做好改革发展稳定各项工作，经济运行呈现出“总体平稳、稳中有增、增中提质”的良好态势。

一、综合

初步核算，2014年，实现全区生产总值（GDP）920.83亿元，按可比价格计算，比上年增长10.8%。其中：第一产业增加值91.57亿元，增长4.2%；第二产业增加值336.84亿元，增长14.6%；第三产业增加值492.42亿元，增长9.5%。人均地区生产总值29252元，增长9.1%。

在全区生产总值中，第一、二、三产业增加值所占比重分别为9.9%、36.6%、53.5%，与上年相比，第一产业比重下降0.4个百分点，第二产业提高0.7个百分点，第三产业下降0.2个百分点。

图1 全区生产总值及增长速度

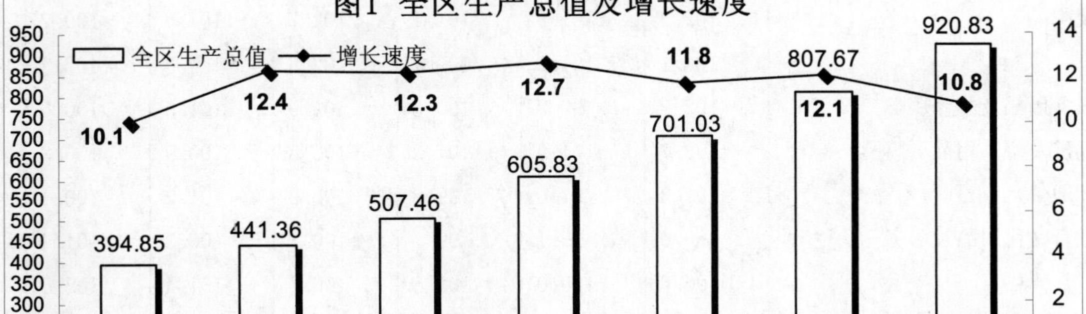

全区居民消费价格总水平比上年上涨 2.9%。其中：城市上涨 3.3%，农村上涨 2.5%。服务项目价格上涨 2.9%，消费品价格上涨 2.9%。从居民消费价格构成大类看，食品类、烟酒类、衣着类、家庭设备用品及维修服务类、医疗保健及个人用品类、交通和通讯类、娱乐教育文化用品及服务类和居住类，分别比上年上涨 5.3%、0.1%、2.3%、1.3%、1.0%、0.6%、 1.7%和 2.4%。商品零售价格上涨 2.2%。农业生产资料价格上涨 0.9%。工业品出厂价格下降 1.0%。

表 1　消费价格变化情况

上年=100

年份	2008	2009	2010	2011	2012	2013	2014
居民消费价格指数	105.7	101.4	102.2	105.0	103.5	103.6	102.9
城市	105.7	101.5	102.2	105.2	103.6	103.5	103.3
农村	105.7	101.3	102.2	104.7	103.4	103.6	102.5
服务项目价格指数	102.6	101.0	101.5	104.3	102.0	102.7	102.9
消费品价格指数	106.4	101.5	102.3	105.2	103.9	103.8	102.9
食品	112.1	103.9	104.5	109.1	106.9	107.7	105.3
烟酒及用品	102.3	101.9	101.1	102.7	101.5	100.2	100.1
衣着	103.1	101.6	102.1	102.8	104.3	102.2	102.3
家庭设备用品及维修服务	102.3	99.3	100.6	101.9	101.5	100.5	101.3
医疗保健及个人用品	102.7	101.4	101.2	102.8	100.9	100.2	101.0
交通和通信	101.3	97.0	99.8	102.2	101.2	100.4	100.6
娱乐教育文化用品及服务	99.0	99.1	99.7	100.7	100.3	101.4	101.7
居住	106.6	100.0	102.8	106.3	101.4	102.5	102.4
商品零售价格指数	103.9	99.5	101.0	103.7	102.9	103.0	102.2
城市	104.1	99.5	101.0	103.9	103.1	103.3	102.4
农村	103.5	99.6	101.0	103.3	102.5	102.5	101.9
农业生产资料价格指数	103.2	99.1	100.6	102.6	101.6	101.8	100.9

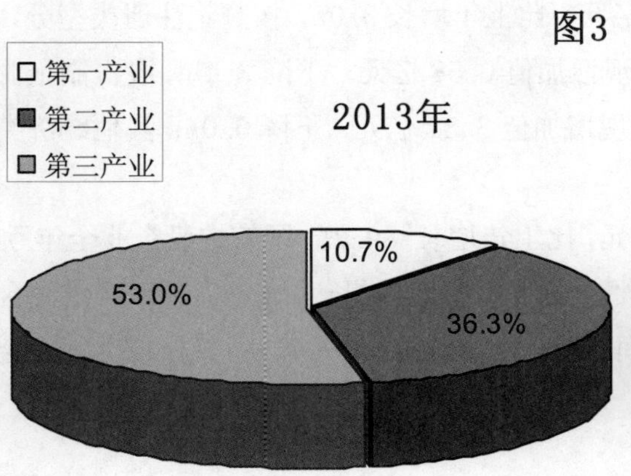

二、农牧业

全年农作物种植面积250.87千公顷，比上年增加2.3千公顷。其中：青稞面积125.19千公顷，比上年增加1.34公顷；小麦面积36.92千公顷，减少0.89千公顷；油菜籽面积24.36千公顷，增加0.02千公顷；蔬菜面积23.77千公顷，减少0.09千公顷。全年实现粮食总产量97.97万吨，比上年增长1.9%；油菜籽6.34万吨，增长0.1%；蔬菜68.21万吨，增长1.8%。年末牲畜存栏总数1861.44万头（只、匹），比上年末减少86.87万头（只、匹）。其中：牛594.16万头，减少4.70万头；羊1189.51万只，减少82.91万只。全年猪牛羊肉产量达28.62万吨，比上年下降2.0%；奶类产量34.06万吨，增长4.8%。

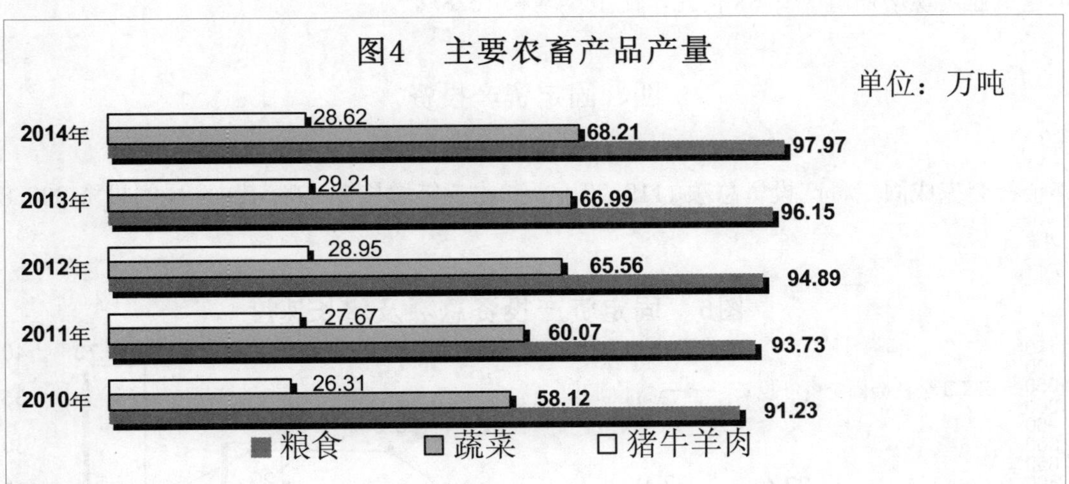

三、工业和建筑业

全年全部工业实现增加值66.16亿元，比上年增长9.3%。规模以上工业企业实现增加值48.87亿元，比上年增长6.0%。其中：轻工业实现增加值18.87亿元，增长18.3%；重工业实现增加值30.00亿元，与上年持平。国有控股企业全年实现增加值 19.02 亿元，比上年增长 3.0%。按登记注册类型分，国有企业实现增加值 0.11 亿元，下降 22.6%；集体企业实现增加值 0.58 亿元，下降 3.4%；股份制企业实现增加值 44.85 亿元，增长 7.2%；外商及港澳台企业实现增加值 3.31 亿元，下降 5.0%；其他经济类型企业实现增加值 0.03 亿元。

全年规模以上工业企业实现利润总额 12.44 亿元，比上年增长 89.2%。国有控股企业全年亏损 4.70 亿元，比上年下降 4.2%。其中：股份制企业实现利润 10.49 亿元，增长 1.2 倍。外商及港澳台企业实现利润 1.71 亿元，增长 4.1 %；集体企业实现利润 0.22 亿元，增长 19.7 %；规模以上工业企业产品销售率 94.4 %。

图5　工业增加值及增长速度

全年规模以上工业企业完成水泥产量 342.25 万吨，比上年增长 15.7%；发电量 20.05 亿千瓦时，下降 9.0%；啤酒 15.85 万吨，下降 8.4%；中成药（藏医药）1515 吨，下降 10.1%；自来水 12257 万吨，增长 8.7%；瓶（罐）装饮用水 11.45 万吨，增长 38.0%；铬矿石 9.11 万吨，下降 23.0%。

全年建筑业实现增加值 270.68 亿元，比上年增长 16.8%。

四、固定资产投资

全年全社会完成固定资产投资总额 1119.73 亿元，比上年增长 21.9%。其中：民间投资 308.83 亿元，增长 34.4%。

图6　固定资产投资总额及增长速度

按产业分：第一产业完成 57.53 亿元，比上年增长 18.4%；第二产业完成 355.90 亿元，增长 24.3%；第三产业完成 706.30 亿元，增长 21.0%。按经济类型分：国有经济完成投资 770.45 亿元，比上年增长 14.7%；集体经济完成投资 4.48 亿元，下降 45.3%；其他各种经济类型完成投资 306.42 亿元，增长 47.7%；个体经济完成投资 38.38 亿元，增长 23.6%。

在固定资产投资中，农林牧渔业投资完成 57.53 亿元，增长 18.4%；采矿业投资完成 61.15 亿元，增长 3.6 %；制造业投资完成 65.48 亿元，增长 33.3%；电力、燃气及水的生产和供应业投资完成 229.27 亿元，增长 33.3%；交通运输、仓储和邮政业投资完成 214.14 亿元，增长 26.9%；信息传输、计算机服务和软件业投资完成 6.89 亿元，增长 42.6%；批发和零售业投资完成 9.81 亿元，下降 50.7%；住宿和餐饮业投资完成 28.71 亿元，增长 11.4%；金融业投资完成 13.40 亿元，增长 42.3%；房地产业投资完成 85.21 亿元，增长 19.8%；租赁和商务服务业投资完成 10.78 亿元，增长 1.8%；科学研究和技术服务业投资完成 11.38 亿元，增长 11.2%；水利、环境和公共设施管理业投资完成 81.45 亿元，下降 5.9%；居民服务、修理和其他服务业投资完成 18.28 亿元，增长 281.7%；教育投资完成 32.08 亿元，下降 5.5%；卫生和社会工作投资完成 15.64 亿元，增长 96.8%；文化、体育和娱乐业投资完成 13.93 亿元，下降 39.0%；公共管理、社会保障和社会组织投资完成 111.72 亿元，增长 12.9%。

全年房地产开发投资 52.91 亿元，比上年增长 4.5 倍。房地产开发施工房屋面积 273.17 万平方米，比上年增长 3.7 倍；竣工房屋面积 52.47 万平方米，增长 1.9 倍；商品房销售面积 59.33 万平方米，增长 1.3 倍。

五、国内贸易

全年社会消费品零售总额 364.51 亿元，比上年增长 13.1%。分地域看，城镇消费品零售额 303.01 亿元，增长 13.9 %；乡村消费品零售额 61.50 亿元，增长 9.6 %。分行业看，批发和零售业零售额 307.60 亿元，增长 14.0%；住宿和餐饮业零售额 56.91 亿元，增长 8.4%。

图7　社会消费品零售总额及增长速度

在限额以上批发和零售业零售额中，增长较快的有：石油及制品类增长 12.2%，中西药类增长 81.2%，化妆品类增长 4.4%，服装、鞋帽、针纺织品类增长 1.1 倍。

六、对外贸易

全年进出口总额 138.48 亿元，比上年下降 33.0%。其中：出口总额 129 亿元，下降 36.6%；进口总额 9.48 亿元，增长 2.1 倍。

图8　对外进出口

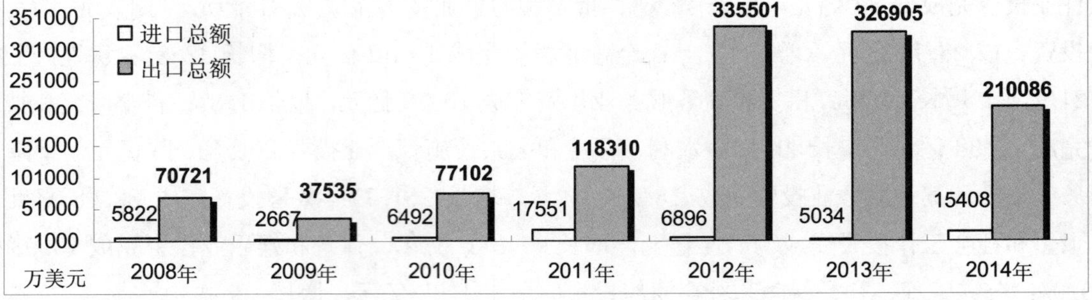

在进出口贸易中，边境小额贸易实现进出口总额 121.74 亿元，比上年增长 2.2%，占进出口贸易总额的 87.4%。其中：出口 120.6 亿元，增长 1.8 %；进口 1.06 亿元，增长 72.3%。

全年尼泊尔联邦民主共和国为最主要贸易伙伴。2014 年，西藏自治区与 99 个国家和地区开展双边贸易，其中与尼泊尔的贸易总值为 122.09 亿元，增长 1.5%，占外贸进出口总值的 91.2%，超过其它 98 个国家和地区的贸易值总量。除尼泊尔外，西藏外贸前三位伙伴国分别为德国、美国和比利时，双边贸易额分别为 3.69 亿元、2.33 亿元和 2.28 亿元，比上年分别减少 7.5%、78.8%和增长 77.9%。

全年合同利用外商直接投资 5947.86 万美元，实际利用外商直接投资 15854.62 万美元，全年审批利用外商直接投资项目 12 家。

七、交通、邮电和旅游

全年完成货运量 2397.54 万吨，比上年增长 3.6%。其中：公路运输完成 1871 万吨，增长 5.2%；铁路运输完成 508.71 万吨，下降 2.1%；航空运输完成 2.46 万吨，增长 9.8%；管道运输完成 15.37 万吨，增长 3.1%。全年客运总量 1934.55 万人次，增长 6.8%，其中：公路运输完成 1408 万人次，增长 6.2%；铁路运输完成 211.41 万人次，增长 1.3%；航空运输完成 315.14 万人次，增长 14.2%。

年末公路总通车里程 75470 公里，比上年增加 4878 公里，其中：有铺装路面总里程 11707 公里，增加 1093 公里。

图9　公路通车里程及增长速度

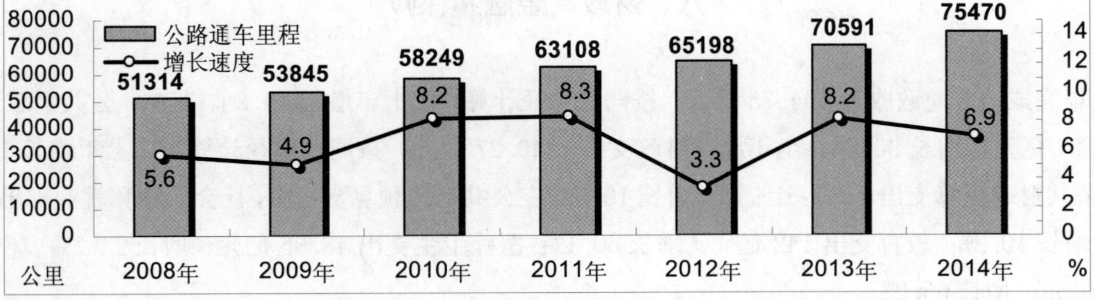

全年完成邮电业务总量47.04亿元，比上年增长15.9%。其中：邮政业务总量1.64亿元，增长5.7%；电信业务总量45.4亿元，增长14.6%。年末局用交换机总容量128.7万门。年末固定电话用户35.9万户，其中：城市电话用户35.2万户，乡村电话用户0.7万户。移动电话交换机总容量达393万门。新增移动电话用户36.3万户，年末达到291.8万户。年末全区固定及移动电话用户总数达到327.7万户，比上年末增加22万户。电话普及率达到106.6部/百人。

图10　移动电话和固定电话用户数量

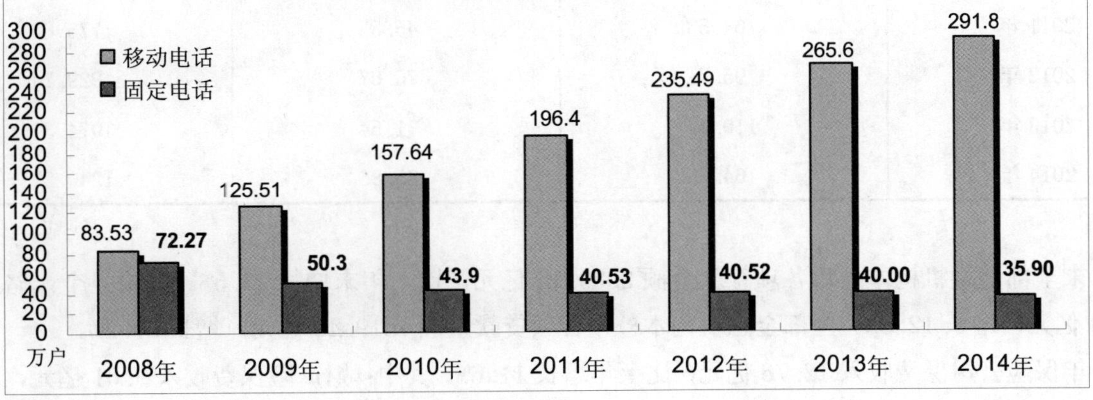

全年接待国内外旅游者1553.14万人次，比上年增长20.3%。其中：接待国内旅游者1528.70万人次，增长20.5%；接待入境旅游者24.44万人次，增长9.5%。旅游总收入204.00亿元，增长23.5%；旅游外汇收入14469万美元，增长13.2%。

图11 旅游情况

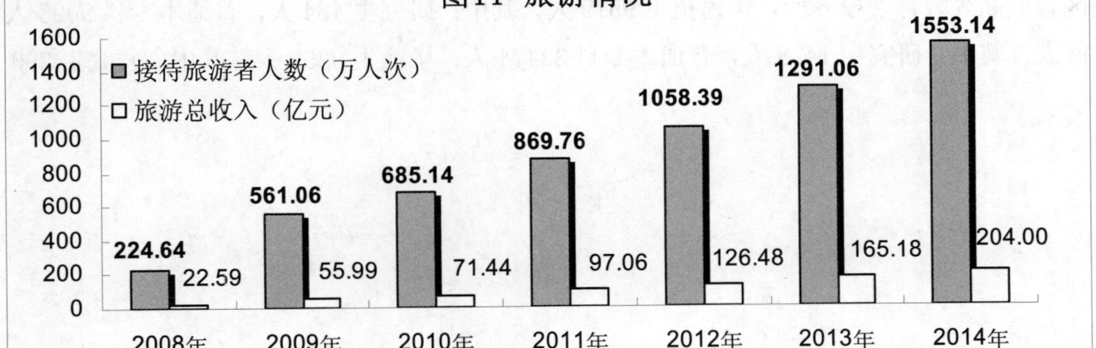

八、财政、金融和保险

全年完成地方财政收入 164.75 亿元，按同比口径计算，比上年增长 49.2%。其中：公共财政预算收入 124.27 亿元，增长 30.8%。全年地方财政支出 1240.27 亿元，按同比口径计算，比上年增长 18.2%。其中：公共财政预算支出 1185.51 亿元，增长 16.9%。在公共财政预算支出中，社会保障和就业支出 85.97 亿元，增长 10.2%；教育支出 142 亿元，增长 30.1%；医疗卫生支出 48.86 亿元，增长 24.3%；环保支出 29.23 亿元，增长 65.2%。

表 2　地方财政收入和支出情况

单位：亿元

	地方财政收入	#各项税收	地方财政支出
2007 年	23.14	11.68	279.36
2008 年	28.59	15.19	384.02
2009 年	30.91	18.48	471.13
2010 年	42.47	25.25	562.58
2011 年	64.53	45.83	775.68
2012 年	95.71	70.07	929.74
2013 年	110.42	71.54	1014.31
2014 年	164.75	85.86	1240.27

年末全部金融机构本外币各项存款余额 3089.19 亿元，比上年末增长 23.5%。其中：个人储蓄存款 559.28 亿元，增长 12.8%。全部金融机构本外币各项贷款余额 1619.46 亿元，增长 50.2%。

全年保险公司保费收入 12.76 亿元，比上年增长 11.6%。其中：财产险保费收入 9.01 亿元，比上年增长 13.2%，其中机动车辆险保费收入 6.32 亿元，增长 21.0%；人寿险保费收入 1.09 亿元，增长 16.4%；意外险保费收入 1.47 亿元，增长 4.5%；健康险保费收入 1.18 亿元，增长 5.1%。全年共支付各类赔款 6.06 亿元，比上年增长 8.4%。

九、教育、科学技术

全区普通高等教育院校 6 所，年内招生 9579 人，其中：研究生 484 人，普通本专科 9095 人；在校生 34902 人，其中：研究生 1428 人，普通本专科 33474 人；毕业生 9399 人，其中：研究生 290 人，普

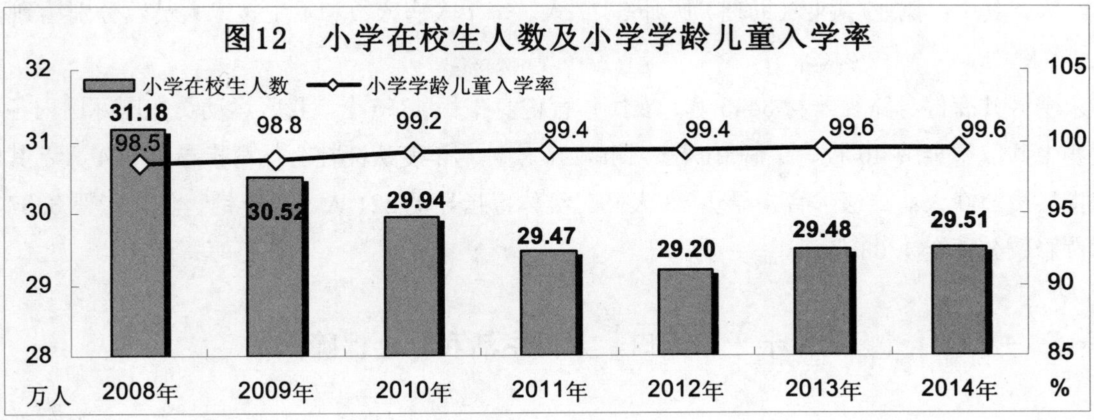

通本专科9109人。中等职业学校9所，招生6874人，在校生16719人，毕业生6294人。中学125所，其中：高级中学25所，完全中学7所，初级中学93所，高中招生18398人，在校生55669人，毕业生16182人；初中招生42697人，在校生124295人，毕业生41873人。小学829所，招生50885人，在校生295142人，毕业生46306人。特殊学校招生115人，在校生656人。年末幼儿园在园幼儿81123人，比上年增加7718人。全区小学学龄儿童入学率达99.64%，比上年提高0.05个百分点。

2014年西藏气象系统共有220个自动气象站，其中：有人值守气象台站39个，无人值守气象站181个。天气雷达站14个，其中：多普勒雷达站4个，数字化雷达站10部。

十、文化、卫生和体育

年末全区共有电视台2座，广播电视台6座，广播电台1座。广播、电视人口综合覆盖率分别达94.78%和95.91%。出版报纸174193千印张，期刊出版230.08千册，图书1860万册。

年末全区共有卫生机构1432个，其中：医院114所、卫生院678个，疾病预防控制中心（卫生防治机构）82个，妇幼保健院、所、站54个。实有病床床位12024张，其中：医院8079张。卫生技术人

表3　卫生机构床位数和技术人员数

单位：张、人

	床位数	技术人员数	每千人拥有床位数	每千人技术人员数
2007年	7127	8535	2.51	3.02
2008年	8765	9435	3.05	3.29
2009年	8553	10047	2.95	3.47
2010年	8838	9983	3.02	3.44
2011年	9642	10664	3.17	3.52
2012年	10134	11313	3.29	3.67
2013年	11036	11716	3.54	3.75
2014年	12024	12946	3.82	4.11

员 12946 人，其中：执业/执业（助理）医师 5617 人。每千人病床数和卫生技术人员数分别达到了 3.82 张和 4.11 人。

年末全区共有健身路径器材 3445 套、农民体育健身工程 4856 个。我区运动员在国际国内各种竞技体育比赛中共取得金牌 40 枚、银牌 21 枚、铜牌 27 枚。本年度认证社会体育指导员 504 人，其中：一级体育指导员 200 人；二级体育指导员 83 人；三级体育指导员 221 人。全年销售体育彩票 3.87 亿元，筹集体育彩票公益金 1.03 亿元。

十一、人口、人民生活和社会保障

根据人口抽样调查资料推算，年末全区常住人口总数为 317.55 万人，比上年净增加 5.51 万人。其中城镇人口 81.77 万人，占总人口的 25.75%；乡村人口 235.78 万人，占总人口的 74.25%。人口出生率为 15.76‰，死亡率为 5.21‰，自然增长率为 10.55‰。

全区居民人均可支配收入 10730 元，增长 10.1%，其中，城镇居民人均可支配收入达 22016 元，比上年增长 7.9%；农村居民人均可支配收入 7359 元，增长 12.3%。年末城镇居民人均居住面积 28.9 平方米，农牧民人均居住面积达到 33.8 平方米。

到 2014 年底，全区参加企业职工基本养老保险人数为 14.7 万人，城乡居民社会养老保险人数为 130.29 万人，工伤保险人数为 23.50 万人，失业保险人数为 11.8 万人，生育保险人数为 21.9 万人；参加城镇职工基本医疗保险人数为 32.55 万人，参加居民基本医疗保险人数为 25.86 万人。

全区城镇居民共有 47033 人享受政府最低生活保障，发放低保救助金 23152 万元。农村居民有 32.34 万人享受政府最低生活保障，发放低保救助金 35513 万元。年末全区各类社会福利机构共有 71 个，公办儿童福利院 10 所，民办儿童福利院 2 所，集中收养 1559 人；供养五保户 15811 人。全年销售社会福利彩票 7.27 亿元，筹集社会福利公益金 2.08 亿元。

十二、矿产资源、安全生产

2014 年度全年新发现矿产 25 处，有 3 种矿新增储量，实施地质勘探项目 187 项，经费投入 6 亿元，完成了钻探实物工作量 17.17 万米。

全年共发生各类安全事故 500 起，比上年下降 41.0%；死亡 266 人，下降 16%。亿元 GDP 生产安全事故死亡率 0.29，比去年同期相比下降 25.6%；工矿商贸发生生产安全事故 7 起，死亡 11 人。

注：

1. 本公报数据均为初步统计数，正式数据以《西藏统计年鉴—2015》为准。

2. 对外贸易、交通、邮电、旅游、财政、金融、保险、教育、科技、气象、环保、文化、卫生、体育、社会福利和保障、资源、安全生产方面的数据均由自治区有关部门提供。

3. GDP、各产业增加值绝对数按现价计算，增长速度按可比价计算。

中国统计出版社最新图书简目

(仅供参考,以实际出版为准)

统计资料

中国统计年鉴 中国统计摘要 中国发展报告
中国经济普查年鉴2013 国际统计年鉴 金砖国家联合统计手册
中国-东盟国家统计手册 中国区域经济统计年鉴 中国县域统计年鉴
中国城市统计年鉴 中国农村统计年鉴 中国地区经济监测报告
中国贸易外经统计年鉴 中国对外直接投资统计公报 中国商品交易市场统计年鉴
大中型批发零售和住宿餐饮企业统计年鉴 中国零售和餐饮连锁企业统计年鉴 中国住户调查年鉴
中国价格统计年鉴 中国农产品价格调查年鉴 全国农产品成本收益资料汇编
中国环境统计年鉴 中国能源统计年鉴 国外资源、能源和环境统计资料汇编
中国工业统计年鉴 中国建筑业统计年鉴 中国房地产统计年鉴
中国城市建设统计年鉴 中国城乡建设统计年鉴 中国第三产业统计年鉴
中国证券期货统计年鉴 中国科技统计年鉴 中国高技术产业统计年鉴
工业企业科技活动资料 中国劳动统计年鉴 中国人口和就业统计年鉴
中国人才资源统计报告 中国社会统计年鉴 中国文化及相关产业统计年鉴
文化及相关产业统计概览 中国教育经费统计年鉴 中国民政统计年鉴
中国民族统计年鉴 中国工会统计年鉴 中国残疾人事业统计年鉴
中国妇女儿童状况统计资料（英） 中国乡镇街道行政区域简册

省级综合统计年鉴系列

北京 天津 河北 山西 内蒙古 辽宁 吉林 黑龙江 上海 江苏 浙江 安徽 福建 江西 山东 河南 湖北 湖南 广东 广西 海南 重庆 四川 贵州 云南 西藏 陕西 甘肃 青海 宁夏 新疆 新疆生产建设兵团

市(县)级综合统计年鉴系列

天津滨海新区 石家庄 唐山 邯郸 保定 沧州 邢台 廊坊 承德 衡水 秦皇岛 张家口 太原 大同 阳泉 长治 晋城 朔州 晋中 运城 忻州 临汾 呼和浩特 呼和浩特新城区 鄂尔多斯 包头 沈阳 大连 长春 四平 哈尔滨 齐齐哈尔 黑龙江垦区 上海浦东新区 南京 无锡 徐州 常州 苏州 南通 连云港 淮安 盐城 扬州 镇江 泰州 宿迁 江阴 丹阳 杭州 宁波 温州 嘉兴 绍兴 金华 衢州 舟山 台州 丽水 合肥 安庆 马鞍山 福州 厦门 宁德 南昌 九江 上饶 新余 抚州 济南 青岛 枣庄 滕州 郑州 洛阳 平顶山 三门峡 南阳 商丘 济源 武汉 十堰 荆州 宜昌 荆门 咸宁 长沙 广州 深圳 惠州 东莞 南宁 柳州 桂林 来宾 海口 三亚 成都 贵阳 昆明 西安 兰州 庆阳 银川 乌鲁木齐 兵团一师 兵团十师

调查年鉴系列

天津 山西 内蒙古 辽宁 吉林 上海 福建 河南 湖北 湖南 广西 重庆 四川 云南 甘肃 宁夏 新疆

“十二五”规划教材

统计学（经济管理类专业本科适用，单薇 等） 抽样调查理论与方法（冯士雍 等）
贝叶斯统计（茆诗松 等） 统计学（黄良文 等） 试验设计（茆诗松 等）
统计学：从数据到结论（吴喜之） 医学统计学（于浩） 统计学（经济、管理类专业基础教材，张小斐）
概率论与数理统计三十三讲（魏振军） 概率论与数理统计三十三：学习指导与习题解答（魏振军）
非参数统计（吴喜之 等） 统计学：经济与管理中的数据分析（李慧云 等）
卫生管理统计学（新编医学院校基础课教材，尚磊） 医院统计学（新编医学院校基础课教材，徐天和 等）
社会统计学（蒋萍 等） 现代金融投资统计分析（李腊生 等）
国民经济核算初级教程（经济类、统计类、管理类专业适用，蒋萍 等）

重点图书

图解中国经济2015 新编英汉汉英统计大词典 中华医学统计百科全书
挑大学选专业2016—考研择校指南 挑大学选专业2015—高考志愿填报指南

中国统计出版社发行部电话：（010）63376907 63376908 同楫行书店电话：68783171 68783172
地址：北京市丰台区西三环南路甲6号 邮政编码：100073 网址：http://www.zgtjcbs.com